U0023782

〈2003新版序〉／薩依德

後九一一的省思：為《東方主義》二十五週年版作

編按：《東方主義》自一九七八年問世以來，備受討論，迄今世界各地已有三十六種語言的譯本。在二〇〇三年的最新版本中，特別增訂為本書出版二十五週年而寫的新序，作者薩依德針對後九一一及美伊戰事激盪的新局勢，重申人文主義精神的要義。

九年之前，一九九四年的秋天，我正在為《東方主義》寫一篇後記，試圖澄清我自認說過或者未曾說過的話語。我要強調的不僅是此書自一九七八年出版以來引發的百家爭鳴，還包括像這樣一部論述「東方」諸般呈現的作品，是如何讓自身成為各種錯誤呈現與錯誤詮釋的繁衍溫床。今日情形雖然依舊，但我發現自己的感受與其說是惱怒，不如說是諷刺，這正顯示了年歲對我的影響；此外我的期許盼望與教育熱忱日漸低落，也是步入老態龍鍾的常見徵兆。最近我有兩位主要是知識上、同時也是政治與個人方面的導師——伊克巴．阿合馬（Eqbal Ahmad）與易卜拉欣．阿布—路高德（Ibrahim Abu-Lughod，本書的題贈對象之一）——相繼辭世，帶來了悲傷，失落與消沉，但也激起一股繼續前進的頑強意志。這並不是一種樂觀心態，而是對於正在進行且無窮無盡的解放與啟蒙過程，繼續保有信心：在我看來，這種過程為知識份子的天職指出了方向。

儘管如此，我還是覺得訝異，《東方主義》至今居然仍備受討論，而且迻譯為世界各地的三十六種語言。感謝我的摯友與同仁蓋比・彼得伯格（Gaby Peterberg），先前任教以色列的本古里昂大學（Ben Gurion University），目前在加州大學洛杉磯分校（UCLA）教授的努力，《東方主義》終於有了希伯來文譯本，並在以色列讀者與學生之間引發熱烈的討論與爭議。此外，越南文譯本也在澳州方面的協助之下出版，我希望這麼說不致於太狂妄：中南半島的知識界似乎已打開空間，準備面對此書的諸多命題。無論如何，身為一位從未夢想到自己作品會如此風行的作者，我欣然得知：各界對我書中努力成果的興趣並未完全消失，尤其是在眾多殊異的「東方」地域。

當然，興趣並未消失的一部分原因在於，中東地區、阿拉伯人與伊斯蘭教至今仍激盪出巨大的變化、抗爭、論戰以及我振筆疾書的此刻正在進行的：戰爭。如同多年前我曾說過的，《東方主義》產生於基本上——甚至是激進地——擾攘動蕩的背景環境。我在回憶錄《鄉關何處》（*Out of Place*, 1999）中描繪了我成長過程歷經的幾個奇特與矛盾的世界，為我自己與讀者詳細記述影響我一生的巴勒斯坦、埃及與黎巴嫩的成長背景。但《鄉關何處》是非常個人化的記述，並未涉及我從一九六七年以阿戰爭以來的政治參與，在那場戰爭的餘波蕩漾（以色列軍隊至今仍佔領巴勒斯坦領土與戈蘭高地）之中，對我這一代阿拉伯人

與美國人至關緊要的抗爭語彙與重大理念，似乎仍綿延不絕。然而我還是要再次強調，本書以及我在這方面的思想工作，大體上都要歸功於我的大學學者生涯才能夠實現。雖然經常遭人詬病，但美國的大學——尤其是在我執教的哥倫比亞大學——依然可以讓思想與研究以近乎烏托邦的方式進行，這種地方在美國已經所剩無幾。我從未教授過任何中東方面的課程，在學術訓練與實際事業中，我都是一個主要以歐美人文學術為本行的老師，一個現代比較文學專家。大學校園以及兩個世代以來，我與第一流學子以及優秀同仁共度的教育工作，使我能夠實現這本書中深思熟慮的分析研究；此書雖然與當下世事密切相關，但仍舊是一本論述文化、理念、歷史與權力的作品，而非中東政治的泛泛之論。我自寫作伊始就抱持這種想法，至今日依然凜然於心。

然而《東方主義》還是與當代歷史混亂的動態發展密切相關，因此我在書中強調，無論「東方」這個詞語抑或「西方」這個觀念，都不具備任何本體論層面的穩定性，兩者都是由人為的努力構成，是對於「他者」（the Other）的斷定與確認。這些最高層虛構容易受到操控，容易被集體熱情組織起來，事例在我們這個時代再明顯不過，鼓動恐懼、仇恨、憎惡、死灰復燃的自尊與傲慢——諸多涉及伊斯蘭教及阿拉伯人與「我們」西方人之間的壁壘分明——竟是規模非同小可的事業。《東方主義》開篇就是一段一九七五年對黎巴嫩內戰的描寫，那場內戰結束於一九九〇年，但暴力與險惡的流血事件直至此時此刻仍未止息。我們看到奧斯陸和平進程的失敗，第二次巴勒斯坦起義抗暴（intifada）的爆發，約旦河西岸與迦薩走廊的巴勒斯坦人遭到以色列再度入侵之苦，以軍用F—16戰機與阿帕契

（Apache）攻擊直昇機對付手無寸鐵的平民百姓，目的是一種集體懲罰。自殺式炸彈攻擊行為全然展現其恐怖的破壞力，當然，最為血腥殘忍、猶如世紀末的事例就是九一一事件以及隨之而來的阿富汗戰爭與伊拉克戰爭。當我寫下這些字句的時候，英國與美國正在對伊拉克進行非法、未經授權的帝國主義侵略佔領行動，其後遺症將是大規模實質破壞、政治動亂以及日後層出不窮、難以想像的侵略行為。據說這一切結果都是肇因於所謂的文明衝突，永不休止，難以平息、無藥可救。但我不能苟同這種說法。

我真希望我能夠這麼說：美國各界對於中東地區、阿拉伯人與伊斯蘭教的了解已經有所進展；可嘆的是，實情並非如此。歐洲的情況似乎要好得多，原因不一而足。在美國，心態的日漸僵化、貶抑鄙夷的一概而論與沾沾自喜的陳腔濫調日益根深柢固、赤裸權力的宰制掌控，結合了對異議者與「他者」的簡化鄙視，這些現象與伊拉克圖書館及博物館的劫掠破壞事件若合符節，前呼後應。我們的領袖與其御用學者似乎無法理解，歷史不可能像塊黑板那樣一拭而淨，好讓「我們」在上面書寫自己的未來，並勉強那些劣等民族遵循我們自家的生活方式。常常聽到華盛頓或其他地方的高官談論如何改變中東的全貌，就好像古老社會與無數人民可以像罐子裡的花生一樣搖晃重組。不過這在「東方」是司空見慣的事，從十八世紀末葉拿破崙入侵埃及以來，這種半神話式的架構已經被建構與重建過無數次，背後主宰的強權透過一種知識的權宜形式來行使，斷定某種事物屬於東方的本質，因此我們必須對症下藥。在這樣的過程中，數不盡的歷史沉積——包括無數歷史事件與多采多姿的民族、語言、經驗與文化被一掃而空、視若無睹、棄置如沙堆，就如同巴格達圖書館與博物館的寶藏化為無意義的碎片。我的論點在於，歷史是由男男女女所塑造，正如同它可以被塗抹與重寫，總是帶有各式各樣的沉默與省略，強加的形態與逆來順受的扭曲，因此「我們的」東方也會讓「我們」佔有與指使。

我必須重申，其實我並沒有一個「真正的」東方可資論爭，然而我非常佩服那個地區人們的力量與才華，他們為自身的形象與前景而抗爭。阿拉伯人與穆斯林社會一直遭到規模龐大、處心積慮的攻擊，攻擊他們發展落後、缺乏民主、扼殺女性權益；但是我們忘記了，現代化、啟蒙與民主之類的觀念，絕不會像能不能在客廳找到復活節彩蛋一樣，是那麼簡單明瞭、普遍接納的觀念。貧乏的時事評論家以駭人的輕忽態度大談外交政策，他們沒有任何具生命力的觀念（也渾然不知真正的人們使用何種語言），卻虛構出一幅荒涼的場景，好讓美國強權建立一個自由市場「民主」的代用品模型，完全不懷疑這種計劃其實只存在於斯威夫特（Swift）的拉格多科學院（Academy of Lagado）。

我真正要主張的是，對於其他民族與其他時代的兩種知識有其差異：其一是來自以這些民族為出發點的理解、同情、謹慎研究與分析；另一種知識——如果它稱得上是知識——則是一項全面行動的環節之一，為一場自說自話、窮兵黷武、明目張膽的戰爭效勞。兩種意志之間畢竟存在深刻的歧異，前者是為了共同生存與擴大人文視野而去理解的意志，後者則是為了控制與外部統治而想主宰一切的意志。一場由一小撮非民選美國官員（他們都沒有服過兵役，因此被稱之為「小鷹派」）發動的帝國主義戰爭，對付一個民窮財盡的第三世界獨裁國家，理由完全是基於世界主宰、安全控制、稀有資源之類的意識形態，然而卻有一群背棄學術天職的東方主義者，協助這些美國官員掩飾其真正的意圖，在一旁煽風點火，並為他們找尋藉口，這的確是可列入歷史的一場知識界災難。對喬治・布希（George W. Bush）的五角大廈與國家安全會議最具影響力的人物，是伯納德・路易士（Bernard Lewis）、富厄德・阿賈米（Fouad Ajami）這類阿拉伯與伊斯蘭世界專家，他們協助美國鷹派人士設想出如此荒誕錯謬的景象：只有美國強權才能挽救阿拉伯心靈以及伊斯蘭世界數百年來的衰頹。今日美國各大書店充斥著低劣冗贅的著作，打上駭人聽聞的標題，諸如伊斯蘭與恐怖活動、揭發伊斯蘭真面目、阿拉伯的威脅與穆斯林的恐嚇，其作者都是些逞辯的政論家，號稱自身的知識與別人一樣是來自某些專家，這些專家據說能夠深入遙遠奇特的東方民族的內幕，而那些民族一直是插在「我們」肌膚上的可怕棘刺。與這類專業戰爭販子狼狽為奸的是美國全知全能的有線電視新聞網（CNN）與福斯電視網（Fox），眾多的福音與右派廣播節目主持人，不可勝數的小報甚至中等水平的新聞媒體，他們都是在反覆利用同一套無法證實的想像虛構以及無所不包的一概而論，只求能夠刺激「美國」起而對抗異國的魔鬼。

伊拉克雖然有其各種嚴重弊病與無惡不作的獨裁者（他的崛起有一部分要感謝美國二十年前的政策），但如果它是全世界頭號香蕉或柑橘出口國，那麼就肯定不會爆發戰爭；也不會有由不知所蹤的大規模毀滅性武器所引起的歇斯底里；不必將龐大的陸海空兵力運到七千哩外，去摧毀一個連受過良好教育的美國人都不太可能知道的國家，所有這一切都是訴諸「自由」之名。如果沒有一種條理井然的理念，認定那裡的人們和「我們」不一樣，拒絕接受「我們的」價值觀——這正是我在此書中論述的傳統東方主義者教條的核心——就不會有戰爭。

當年征服馬來西亞與印尼的荷蘭人；印度、兩河流域、埃及與西非的英國軍隊；中南半島與北非的法國軍隊，都曾招攬一群支薪的職業學者，而現在美國也有五角大廈與白宮豢養的顧問群；他們陳陳相因，賣弄同一套老生常譚、貶抑的刻板印象、為權力與暴力辯解的說辭（畢竟他們只聽得懂權力的語言）。如今這些美國顧問在伊拉克有許多同路人，他們是一大群民間包商與興致勃勃的企業家，從教科書的編寫、憲法的制定到伊拉克政治生態的改造與石油工業的私有化，都由這夥人包辦。每一個帝國在其官方論述中，都會聲稱它與歷史上其他帝國不同，它的處境特殊，它擔負著啟蒙、文明化、引進秩序與民主的使命，訴諸武力只是最不得已的手段。更令人難過的是，總有一群心甘情願的知識份子在一旁唱和，談論帝國的善意與利他精神來安撫人心，就好像告訴人們不要相信自己眼睛看到的毀滅、苦難與死亡，而這一切都是發生在最近一回的「文明化任務」（*mission civilizatrice*）之中。

美國對於這種帝國論述有一樁特殊貢獻，就是一套外交專有術語。你不必用阿拉伯語、波斯語甚至法語，就可以堂而皇之地宣稱阿拉伯世界需要民主骨牌效應。那些咄咄逼人且無知得可憐的政策專家，對這世界的經驗只限於華府政壇，卻製造出一本又一本書籍來論述「恐怖主義」與自由主義，或者伊斯蘭教基本教義派思想與美國外交政策，或者歷史的終結，這一切都是要博取注意力與影響力，全然不顧事實真相或思想深度或真知灼見。作者只在意這些書看起來是否實用有效、旁徵博引，以及它能夠吸引哪些人上鉤。這類一言以蔽之的著作最惡質的地方在於：將人類最為緻密、充滿痛苦的受難經驗一掃而空。美國有句常用的鄙夷話語「你已經是歷史了」(you're history.)，記憶與歷史過往在這句話中磨滅殆盡。

我的《東方主義》出版二十五年之後，再度引發一個問題：自從拿破崙兩個世紀前入侵埃及以來，現代帝國主義是否已然終結，還是仍在東方肆虐？阿拉伯人與穆斯林受到諄諄告誡：探討自身為何受害與念念不忘帝國的劫掠，其實只是在逃避當前的責任。你們失敗了，你們走錯路了，現代東方主義者如是說。這當然也是奈波爾（V. S. Naipaul）的文學業績所在：帝國的受害者只知怨天尤人，坐視自己的國家向下沉淪。然而這是對帝國侵略何等膚淺的思考，全然忽略了帝國對「劣等」人民與「臣民種族」世世代代生活的巨大扭曲，幾乎無法面對長年以來，帝國在巴勒斯坦人、剛果人、阿爾及利亞人或伊拉克人生活中的持續運作。我們正確地認知到，猶太人大屠殺（Holocaust）永遠改變了我們這個時代的意識：但為何我們不能對帝國主義的所作所為以及東方主義持續至今的行徑，也從認知的層面脫胎換骨？先想一想自拿破崙伊始的歷史脈絡，順著東方研究興起與北非遭到佔領而延續，然後是越南、埃及與巴勒斯坦的類似歷程，以及整個二十世紀中在波斯灣、伊拉克、敘利亞、巴勒斯坦、阿富汗等地對石油與戰略控制的爭奪。再參照並觀反殖民民族主義的崛起，經過解放獨立的短暫時期，充斥著軍事政變、叛亂、內戰、宗教狂熱、非理性鬥爭，以及殘暴鎮壓碩果僅存的「原住民」的年代；每一個階段與年代都會針對他者而為自身製造出扭曲的知識、化約的形象與紛擾的爭議。

我在《東方主義》中的理念是要運用人文的判準來打開鬥爭的場域，引介一系列較詳盡的思想與分析，來取代爭議頻仍、不假思索的激憤，後者以各種標籤與你死我活的辯論來禁錮我們，其目標是要追求一種躍躍欲戰的集體認同，而不是相互理解與知識交流。我曾經稱自己的所作所為是「人文主義」(humanism)，儘管有些繁複的後現代學派批評家對這個字眼嗤之以鼻，我還是堅持使用。我的「人文主義」首先意謂著嘗試解開從布萊克(Blake)筆下由心靈打造的枷鎖，如此一來，人才能夠讓心靈為了反省的理解與真誠的告白，進行歷史與理性的思考。進而言之，人文主義是由一種社群意識維繫，與其他的詮釋者、社會以及年代聲氣相通：因此嚴格而論，不存在所謂的孤立的人文主義者。

換言之，每一個領域彼此之間都緊密關連，世間發生的每一件事情都不是毫無依傍、不受外在影響。但令人沮喪的是，這種觀點越能夠得到文化批判研究的證實，它的影響力就越薄弱，而「伊斯蘭vs.西方」之類的簡化對立似乎也會征服更多的領域。

對於我們這種受到環境影響、實際過著伊斯蘭與西方的多元文化生活的人，長久以來我一直感覺到，我們身為學者與知識份子，擔負著特殊的知識與道德責任。我當然認為我們應該針對那些簡化的公式與抽象但具影響力的思想，加以複雜化並且／或者予以拆解，那些思想帶領心靈離棄真實具體的人類歷史與經驗，走入意識形態、形而上衝突與集體熱情的領域。這並不是說我們不能談論違反公義與苦難煎熬的議題，而是要強調我們在如此談論的時候，必須顧及歷史、文化與政治—經濟現實的豐富脈絡。我們扮演的角色是要擴大討論的場域，而不是依循佔優勢的威權來設定界線。過去三十五年來，我將一大部分時間投注於鼓吹巴勒斯坦人民應有民族自決的權利，但是我在這麼做的同時，一直力圖密切注意猶太人的生活境況，以及他們遭受的迫害凌虐與種族屠殺之苦。最重要的是，追求巴勒斯坦／以色列平等的抗爭必須導向一個人道目標——也就是和平共處——而不是變本加厲的壓迫與否定。可想而知，我指涉的東方主義與現代反猶太主義有共同的根源。是故獨立自主的知識份子一定要提出其他模式，來取代過度簡化侷限的模式，後者以相互的敵意為基礎，長久以來一直盛行於中東與其他地區。

現在我要討論一種另闢他途的模式，這種模式在我的著作中對我而言極為重要。身為一個以文學為專業的人文主義者，我的年歲已長，早在四十年前就接受過比較文學領域的訓練，其主導理念要追溯到十八世紀晚期與十九世紀初葉的德國。在那之前我還必須提及維科（Giambattista Vico）極具創造性的貢獻，這位出身義大利紐波利頓（Neopolitan）地區的哲學家與語文學家，其觀念預示並深刻影響了我將要討論的一系列德國思想家。他們屬於赫德（Herder）與伍爾夫（Wolf）的年代，後繼者有歌德、洪堡（Humboldt）、狄爾泰（Dilthey）、尼采、伽達瑪（Gadamer），最終則是二十世紀偉大的浪漫主義語文學家奧爾巴哈（Erich Auerbach）、史畢澤（Leo Spitzer）與庫丘斯（Ernst Robert Curtius）。對年輕的一代而言，「語文學」（philology）這個概念本身就深具老朽陳腐之感，但語文學其實是最基礎也最具創造力的一門詮釋性藝術。在我看來，最令人激賞的典範就是歌德對伊斯蘭教的廣泛興趣，特別是對於波斯詩人哈菲茲（Hafiz），這股高度熱情後來讓他寫下《西東詩集》（West-*Östlicher Diwan*），並改變了他對「世界文學」（*Weltliteratur*）的想法，所謂「世界文學」是將世界上所有文學作品視為一個交響共鳴的整體，從理論上來看，它既能保持每部作品的個別性，又不會有見樹不見林之憾。

諷刺的是，隨著今日的全球化世界——透過某些我曾經談過的可悲方式——日趨緊密，我們可能正走向歌德在觀念上極力要避免的標準化與同質性。奧爾巴哈一九五一年發表的〈世界文學的語文學〉（"Philologie der Weltliteratur"）一文中正是如此認為，當時戰後時期剛剛開始，同時又即將進入冷戰時代。他的扛鼎之作《模擬》（*Mimesis*）於一九四六年在瑞士伯恩出版，但寫作時期正逢大戰方殷，奧爾巴哈以流亡者身分在伊斯坦堡教授拉丁系語言，他寫這本書是要作為一篇證言，彰顯西方文學上自荷馬，下至維吉妮亞・伍爾芙（Virginia Woolf），對於現實所表現的多樣性與具體性。然而讀者看過他一九五一年那篇文章之後會覺得，對奧爾巴哈而言，他那部偉大著作是悼念一個時代的輓歌；當其時，人們能夠透過語文學的角度，具體、敏感、直覺地詮釋文本，以深博學識與精通數種語言的能耐，來維繫歌德為理解伊斯蘭文學而倡導的理解方式。

對於語言和歷史的確實掌握有其必要，但並不足夠；就如同機械化地蒐羅事實並非透徹理解但丁這類作家的適當方法。想實踐奧爾巴哈與其前輩談論並嘗試的語文學理解方式，主要的條件就是讀者要感同身受且主觀地進入文本的生命之中，並從其時代與作者的角度來觀照。「世界文學」運用的語文學並不會疏離與敵視不同的時代與文化，而是要以寬闊胸襟與——如果這個字眼恰當——溫暖善意來發揚深厚的人文主義精神。如此一來，詮釋者的心靈會主動闢出一處空間，接納來自異國的「他者」。這種為陌生遙遠的作品創造性地闢出心靈空間，是詮釋者的語文學使命中最重要的一個面向。

上述這一切在德國顯然都遭到國家社會主義（National Socialism）的破壞摧殘。大戰之後，奧爾巴哈悲嘆指出，隨著觀念的標準化與節節高升的知識專業化，像他代表的這種追根究柢、孜孜不倦的語文學工作，實現的機會正與日俱減。更令人難過的是，一九五七年奧爾巴哈過世之後，人文研究的觀念與實踐無論是視野範圍抑或中心性（centrality）都日漸式微。奠基於檔案研究以及心靈普遍原則的書籍文化，過去曾經維繫人文主義作為一門歷史學科，如今也消失殆盡。今日我們的學生不再研讀文字的真正意義，反而經常被網際網路與大眾媒體上唾手可得的知識吸引分心。

更糟的是，教育正受到民族主義者與宗教正統派的威脅，他們經常透過大眾媒體散播理念，以不顧歷史、煽風點火的心態將焦點集中於遠方的電子戰爭，給予觀者一種外科手術般的精確感，事實上卻模糊了現代「乾淨」戰爭造成的恐怖痛苦與毀滅。一個未知的敵人遭到妖魔化，其「恐怖份子」的標籤能夠讓人們一直處於激動與憤怒的狀態，媒體影像在此一過程中吸引了太多的注意力，並且會在危機與不安的時刻受到利用，後九一一（post-9/11）時期就是如此。同時以美國人與阿拉伯人的身分發言的我，必須要求讀者不要低估這種簡化的世界觀，一小撮五角大廈文職菁英據以擬定美國對整個阿拉伯與伊斯蘭世界的政策；恐怖、先發制人的戰爭、獨斷獨行的政權更換——以膨脹到史無前例的軍事預算來支撐——是其主要概念，在媒體中受到了無止境且貧乏已極的辯論，媒體更自告奮勇，製造出一批為政府方針辯護的所謂「專家」。

奠基於「人類必須創造自身歷史」此一俗世觀念的反省、論辯、理性爭執與道德原則，已經被這些抽象觀念取代：頌揚美國人或西方人的異常優越、鄙視事件脈絡的相關性、對其他文化滿懷嘲諷輕蔑。或許你會質疑，我在人文主義詮釋與外交政策之間做了太多跳躍式論述；而且一個現代化的科技社會，加上一個擁有F－16噴射戰鬥機與網際網路的前所未見強權，到最後一定得由唐納德．倫斯斐（Donald Rumsfeld）與理查．裴爾（Richard Perle）這類令人生畏的技術－政策專家來掌舵。然而真正失落的是一種感受，對於人類生活的厚實內涵與相生相倚的感受，既不能簡化為一道公式，也不該視若敝屣。就連談論戰爭的語言都已非人性化到極點：「我們要長驅直入，剷除薩達姆，以乾淨的外科手術式攻擊摧毀他的軍隊，這將讓大家嘆為觀止。」一位女國會議員某天晚上在全國性電視節目上如是說。我覺得有一件事非常能夠說明，我們正生活在一個危機四伏的時刻：錢尼（Cheney）副總統在二〇〇二年八月二十六日發表強硬談話，談論攻打伊拉克的勢在必行，他只引述了一名中東事務「專家」的言論來支持美國對伊拉克採行軍事干預，此人是阿拉伯裔學者，以每晚計酬的方式擔任大眾媒體顧問，不斷發洩他對自己同胞的仇恨以及對出身背景的厭棄。這種「學者的背叛」（*trahison des clercs*）充分顯示出，真誠的人文主義會如何墮落為侵略主義與虛假的愛國精神。

上述是這場全球性論辯一邊陣營的情景，但在阿拉伯與穆斯林國家這邊，情況幾乎同等惡劣。正如盧拉・哈拉夫（Roula Khalaf）二〇〇二年九月四日在英國《金融時報》（*Financial Times*）上一篇精湛文章中所論，這個區域已經淪入一種輕率的反美心態，對美國社會實情的了解微不足道。由於各國政府對於美國對他們的政策無可奈何，因此他們將精力轉向鎮壓抑制自家的人民，造成怨恨、憤怒與無助的詛咒等全然無益於開放社會的結果；關於人類歷史與發展的俗世理念，也都屈服於失敗與挫折以及一種伊斯蘭教義，後者來自於教條的死背硬記，抹殺了其他可與之抗衡的俗世知識，無法在百家爭鳴的現代論述天地中進行理念的分析與交換。伊斯蘭教特異傳統「伊智提哈德」（*ijtihad*，個人詮釋）的逐漸消亡，是發生在我們這個時代的文化浩劫之一，導致批判性思考以及對現代世界問題的個人探索消失無蹤，反而任由正統教派與僵化教條發號施令。

這倒並不是說文化世界已全面倒退，一邊是退向窮兵黷武的新東方主義，另一邊則是全然的排斥抗拒。最近在南非約翰尼斯堡召開的「聯合國世界高峰會」（United Nations World Summit）儘管有各種束縛掣肘，事實上已揭示了一個全球共同關懷的廣大領域，其細部運作涵蓋了環境、飢饉、先進國家與發展中國家差距、醫療衛生、人權等事務，顯示一種令人欣慰的新群體正在浮現，而且使「四海一家」（one world）這個經常流於輕易的觀念具備了新的迫切性。儘管如此，我們仍必須承認，沒有人能夠了解我們這個全球化世界極為複雜的整體情況；雖然情形如此，但就如我一開始所說，這世界的各個部分確實都是相生相倚，不可能讓「孤立」有存在的機會。

總而言之，我現在想強調的是，以「美國」、「西方」、「伊斯蘭」等看似融匯貫通、實則不然的標題誤導人們，為實際上天差地別的無數個體虛構出集體的認同，人們對於這些簡化事實的可怕衝突，不能再坐視它們繼續保持強大，而必須與之對抗，大幅降低其邪惡的效力與動員的力量。我們仍然可以運用理性的詮釋技巧，這些技巧來自人文主義教育的遺澤，其內涵並不是要求人們回歸傳統價值或經典的濫情虔誠，而是俗世理性論述的積極實踐。俗世是一個歷史的世界，由人類所塑造。人類的行為要接受考察與分析，掌握、批判、影響與評斷都是理解的使命。最重要的是，批判性思考不能屈服於國家權力，屈服於要求我們加入行列、對抗某個既定敵人的命令。我們專注致力的目標不應該是人為製造的文明衝突，而是各個文化緩慢的共同運作，文化之間彼此重疊、互相因襲，其共存方式遠比任何零碎或虛矯的理解模式更有意趣。但是為了達到那種更廣闊的視野，我們需要的是時間以及耐性與存疑的探索，透過各個詮釋社群的信念來支撐，在一個要求立即行動與反應的世界，要維繫這些信念並非易事。

人文主義的核心是人類個體的行動與主體的直覺，而非既定的概念與現成的權威。文本必須被解讀為透過各種我所謂的世俗方式（worldly ways），產生並綿延於歷史領域之中的文本。但這絕不意謂無視於權力的存在，因為恰恰相反，我在書中想要彰顯的是：就連最深奧晦澀的研究，都不免帶有權力的影射與堆疊。

最後也最為重要的是，對於扭曲歷史的非人性作法與不公不義，我願意大膽推論，人文主義是我們唯一的而且是最終極的抵抗憑藉。今日電腦網路的民主領域欣欣向榮，令我們大受鼓舞激盪，這個領域對所有使用者開放的方式，幾代以前的暴君或正統教派難以想像。伊拉克戰爭開打之前遍及全球的示威活動，都要歸功於世界各地的另類社群，他們交流各種另類資訊，敏銳覺察環境、人權、自由主義等將我們在這顆小小行星上結為一體的脈動。儘管這世上有眾多的倫斯斐、賓拉登、夏隆與布希，以強大到難以置信的力量橫生阻擾，人類與人文主義對於啟蒙與解放的渴望，不會那麼容易受到拖延敷衍。我相信，在通往人類自由那條漫長崎嶇的道路上，《東方主義》將會盡一份心力。

（閻紀宇譯）

新世紀叢書

當代重要思潮・人文心靈・宗教・社會文化關懷

作者◎愛德華・薩依德（Edward W. Said）

校訂◎傅大為、廖炳惠、蔡源林

譯者◎王志弘、王淑燕、莊雅仲、郭菀玲、游美惠、游常山

他們不能代表自已；他們必須被別人再現與詮釋。

They cannot represent themselves; they must be represented.

——卡爾・馬克思（Karl Marx）
《路易波拿巴之霧月十八》
（*The Eighteenth Brumaire of Louis Bonaparte*）

東方是畢生志業。

——班雅明・狄瑟瑞利（Benjamin Disraeli）
《坦可立德》（*Tancred*）

英文版相關評論

非常令人興奮……書中所言，不但極具說服力，更具有結論性。

—約翰・雷納德(John Leonard)
《紐約時報》(*The New York Times*)

他最重要的一本著作。《東方主義》樹立了新基準，供人探討西方對阿拉伯世界與伊斯蘭教世界的偏狹觀點。

—賽門・路雅許(Simon Louvish)
《新政治家與社會》(*New Statesman & Society*)

愛德華・薩依德橫跨多個不同的領域，展現精彩的博學多聞……書中閱讀的寬度令人驚異！

—傅萊德・英格里司(Fred Inglis)
《時報高等教育副刊》
(*The Times Higher Education Supplement*)

一篇激勵人心、優雅但充滿戰鬥力的論文。

—《觀察家》(*Observer*)

對思想的沿革與力量有興趣者……一定會覺得本書令人興奮。

—J. H. 普朗(J. H. Plumb)
—《紐約時報書評》
(*The New York Times Book Review*)

鋪陳優美，論述熱切。

—尼可拉斯・理查森(Nicholas Richarsdon)
《新政治家與社會》(*New Statesman & Society*)

〈導讀①〉
薩依德與《東方主義》

南華大學助理教授
專研宗教學與伊斯蘭文化研究
蔡源林

本世紀的最後這十年中，影響美國的社會與人文學科領域最普遍與最深遠的一股思潮，毫無疑問是「後殖民主義」（post-colonialism），**而其影響將持續地進入下一個世紀的西方學術與知識份子圈內，甚至向第三世界國家挺進，而使八〇年代崛起的後現代主義思潮相形見絀**，後者其影響始終未超出西方知識圈（及那些專門師法西方世界潮流的東亞之所謂「新興工業國家」）的範圍。這只要看後殖民主義思潮之理論經典之一的《東方主義》（*Orientalism*）一書，在一九七八年首次出版至今總共出現了包括本中文譯本在內的近二十種語文版本，及這二十年來其所引發的廣泛討論，及學術界一片後殖民主義式的反省聲浪可見一斑（見本書〈後記：對一九九五年版作〉）。而**本書作者薩依德則為此一思潮公認的兩位「先知」之一，另一位是法國的法農**（Frantz Fanon）。有趣的是，當時《東方主義》一書內容因不符合七〇年代末期的知識界癖好，薩依德還差點找不到出版社出其書呢！

究竟薩依德所挑起的後殖民現象，該如何去理解呢？其形成的知性的與社會的脈絡無疑對我們進一步理解《東方主義》的內容密切相關，故在此有必要先做一釐清。薩依德本人以一介巴勒斯坦裔移民的身分，接受英美西式教育，而後在美國常春藤名校任教（其個人背景國內已有專書介紹，茲不贅述），卻寫出如此一本從保守派眼中乃是充滿反西方偏見的著作，而薩依德本人則予以還擊，嚴厲地批判西方的東方專家之反「伊斯蘭教」（Islam，中文所稱之「回教」）意識形態，以及對東方世界近乎頑固的偏見與貶抑，而其文本批判的細膩及人文關懷的深摯，常能引發讀者的共鳴，也使其批判的對手相形見絀，於是**其論述就像骨牌效應般的，首先直接掃向中東及伊斯蘭研究圈內，接著衝擊到非洲、南亞、東南亞、中南美洲、最後是東亞等區域研究內之西方及本土學者的論著，也就是所有傳統東方研究的不同學科領域，都不可能不涉及《東方主義》一書所引發的認識論上、方法論上、及倫理上的問題。**無疑地，漢學或中國研究圈內可能是對此一後殖民挑戰反應最慢者，這本身也是另一有趣的問題，在此不多贅述。

後殖民主義「知識／權力」論述的理論基礎

本書的方法論如同薩依德在〈緒論〉所言，主要是傳承葛蘭西（Antonio Gramsci）的「文化霸權」（cultural hegemony）論和傅柯（Michel Foucault）的知識與權力的相關研究。有趣的是，如一般人所熟知者，傅柯等後結構主義的分析，將其研究焦點置於一種個體化的、局部化的、體現於日常世界的權力與知識支配關係，但薩依德卻將此一理論架構放在非常總體的、事實上是全球化的西方殖民（或後殖民）勢力對東方世界的權力支配及知識再生產之霸權架構的分析，使葛蘭西和傅柯兩人在薩依德的著作中做了一巧妙的結合，而殖民與被殖民者間的關係所涉及的政治、經濟與文化等諸要素間的交叉辯證發展，使其東西方之間不對稱的權力關係，不折不扣是一種主奴式的霸權體系，而且是在全球性的網絡中被長期地建構起來的。

當然，《東方主義》一書最精采處，還不是在其理論與方法論的陳述，而是在其接下來幾章對這近兩百年的西方之伊斯蘭與近東（與中東）研究的思想史分析，他將這段期間在此領域所產生的最代表性的東方學文本及其作者，放在前述之相應的西方帝國主義對東方殖民侵略所產生之權力支配關係脈絡來詮釋，以便解構一種具有歷史延續性，但也是可因時空變異而略微調整的論述風格及結構。

其內容的緯線是由殖民的政治建制、東方學者的學術生產事業，與描述東方的文藝創作與通俗報導，這三個部門及各自的代言人所組成。其內容的歷史經線，則是自拿破崙征服埃及之役（1798-1801）起至薩依德寫作的一九七〇年代為止，區分成三個歷史階段：拿破崙征埃及至一八六九年蘇彝士運河的開通為第一階段，以英、法兩國為主導的西方列強開始滲透伊斯蘭世界的時期；從一八六九年至一九四五年的第二次世界大戰結束止，為第二階段，蘇彝士運河的開通標示著西方殖民主義狂潮的席捲伊斯蘭與其他東方世界的開始，不只是近、中東地區淪為西方的殖民地或附庸，甚至伊斯蘭世界的邊緣地區，如黑人非洲、印度和東南亞，也被西方殖民化，而中國此時也淪為「次殖民地」了，而這時期的殖民事業大贏家是英國，上述的主要伊斯蘭地區均由英國殖民政權所控制，法國雖然欲與英國競爭，但終究不敵，只佔領一些據點，及控制中南半島；第三階段，則從一九四五年至七〇年代，這時候英法殖民主義退潮，取而代之的是美國的全球性霸權來塡補此一後殖民時代的權力真空。這經緯六大項目的交織之下，形成了一部史詩般的東方主義交響曲。

殖民主義的歷史轉型和東方主義的典範遞變

當然，薩依德和馬克思主義者不同，其著重點不在西方殖民主義的政治經濟史，而在文化思想史的層面，上述的歷史脈絡是做為其論述英、法、美伊斯蘭學傳統下所產生文本的背景而已。事實上，薩依德批判了不同時期的伊斯蘭學者的共通之「東方／西方」二分法的論述結構，及他們強烈西方中心主義的認同，使其在遭遇伊斯蘭的「他者」(other) 之際，產生非常強烈的「我們／他們」的文化區別意識，並生產了非常片面與扭曲的對「伊斯蘭他者」的再現 (representation)，這個虛構的「他者」幽魂，遊走在西方的東方研究學術殿堂近兩百年，這個對東方之「他者」認知風格的轉變，和三個歷史階段的殖民權力建制的轉變是密切相關的，這因此產生了東方學研究典範的遞變：在第一歷史階段，以建立可供比較的高度抽象與理論化的及演化論式的語言學典範為主；到第二階段，以實際深入被殖民地區從事田野調查的人類學典範為主，但對第一階段的成果仍有累積性，無疑地，此種研究的成就和殖民政府在被研究地區的權力鞏固有密切關聯；第三個階段，則是在以社會科學典範主導下的美國區域研究為主，乃是對前兩階段研究成果及方法的重構中產生。

在每個階段，薩依德均針對其代表性人物及著作加以詳細分析，這其中最有趣的對比是英國和法國傳統的差異性，前者充滿具象的經驗、官僚學究氣習、強調理性客觀分析、及行政與法制權力的展現；後者卻充滿主體情感的流露、時空移置的想像、冥想式的獨白，以及歷史的失落感與無奈的悲嘆，這剛好對照英國殖民權力的穩固及法國的殖民事業之失敗，前者是寫實主義式的；後者是浪漫主義式的。

薩依德分別分析了英國的藍尼（Edward William Lane）、波頓（Sir Richard Burton）、勞倫斯（T. E. Lawrence，即阿拉伯的勞倫斯）、法國的雷南（Ernest Renan）、夏多布里昂（François-René Chateaubriand）、聶瓦（Gerard de Nerval）、福樓拜（Gustave Flaubert）等作家及學者的文本來強化這個對比，最後這兩個傳統在二次大戰期間西方的現代東方主義達到最高峰時期，分別由英國的吉伯（Sir Hamilton Gibb）與法國的馬西格農（Louis Massignon）集其傳統之大成，而顯然當代的美國東方學下的伊斯蘭與中東研究是繼承前者的。

但薩依德與傅柯等後結構主義者最大不同點在於其強調：個別作家與學者的創作，不能純粹視為是一種特定權力關係和論述結構的消極被動產物，他非常強調作家與學者的主體性，其個人天賦與不凡經歷所營造出來的成就對整體學術傳統的走向及其論述風格，仍可產生某種程度之積極影響，然而主體的創造性終究改變不了現實世界之支配性權力結構。或者因為薩依德本身的人文主義的關懷，使其對更加充滿人文氣息的前述法國東方學傳統給予更高評價，特別是馬西格農這位特異獨行的、具有虔誠天主教信仰的伊斯蘭學大師，他要在伊斯蘭蘇菲神秘主義大師哈拉智（Mansur al-Hallaj）的思想行誼中，找到對耶穌基督殉道與博愛精神的具體實踐。相反地，薩依德對前述的英國傳統之不時宣示嚴謹客觀學術研究立場，但骨子裡卻以護衛英國殖民統治的正當性作法頗多批評，上述這些精闢論點，讀者可從其字裏行間去細細品味。這種強調人文主義價值，及不願放棄「解放與啟蒙的大敘述」的立場（見〈後記〉），或將使薩依德的思想被激進的後現代主義者視為一種主體主義哲學的殘餘吧！這種差異或者是因第一世界和第三世界知識份子的不同關懷及不同歷史條件所使然吧！

當代美國學術界的東方主義

薩依德對美國當代伊斯蘭與中東研究則給予嚴厲的批評。比起其它的東方研究領域，例如南亞、東亞等區域研究均比戰前有更大的進展之狀況相比，中東區域與伊斯蘭研究是相對缺少進步的。這個領域的專家繼續地再生產過去東方學研究對伊斯蘭與阿拉伯民族的偏見與歧視，這些美國所謂的中東區域研究的專家打著客觀學術研究的口號，遊走於各大學院校、基金會及政府決策部門之間，繼續為美國在中東的軍事及經濟利益服務，這個情形大概在薩依德寫書的七〇年代特別顯而易見，當時正好是石油危機，正是西方將矛頭指向中東阿拉伯國家的時刻，也正是以色列因薩依德的祖國巴勒斯坦的問題和鄰近阿拉伯國家發生流血衝突的時刻，這些歷史背景更使我們覺得《東方主義》，實際上是以相當冷靜理性的筆調，來對美國學院和政治霸權體制掛勾做出最佳控訴。

或者有人會質疑《東方主義》一書主要是討論西方的伊斯蘭學與近、中東研究的歷史，這個討論模式也適用在西方其他的東方研究，例如漢學與中國研究嗎？究竟，中國乃至東亞的歷史脈絡不同於伊斯蘭世界，當然我們可以說這兩個東方世界人民的歷史經驗確實非常不一樣。但很不幸的是，自十九世紀下半葉起，不論是近東或遠東世界，都已經被納入西方帝國主義的勢力範圍了，也都開始其不可逆轉的西化與現代化了，兩大古老東方文明也面臨了相同之西方文化霸權的問題，以及傳統文化之存續危機的困境，故我們將會訝異地發現薩依德所提到一些在中東世界所發生的現象在東亞世界也同樣存在，例如：美式通俗文化之吸引年輕一輩、世俗化與物質主義、年輕學生留學西方的熱潮、知識份子甘為西方殖民主義之買辦等等，於是便產生所謂「東方化的東方」(Orientalized Orient) 的現象，即本土知識份子以西方的東方學者所建構出的東方來看待自己的母文化，而欠缺深刻反省能力的問題。這些現象台灣的知識份子應該不會太陌生吧！台灣的知識界和一般大眾對美式文化及美式理論的趨之若鶩，恐怕還比中東阿拉伯青年有過之而無不及哩！

薩依德特別稱許晚近許多阿拉伯與印度本土學者，開始突破西方之東方主義的框架，進行許多相當具有本土關懷與兼顧理論批判反省深度的研究。反觀當前台灣社會，卻在「國際化」的大前提下，不只使我們的政治經濟結構越來越依賴西方霸權，在文化學術生產上，也更成為西方理論的實驗場所，或是扮演提供許多「土著報導人」(native informant，見〈後記〉）**給西方學術中心的角色**。事實上，許多台灣本土學者及側身西方學術機構的華裔學者正是扮演此種角色，而尚沾沾自喜，**這也就可以理解為何在漢學與中國研究領域之內沒有出現類似薩依德這樣具影響力的學者，能從理論上、認識論上及倫理學上根本地深入西方學術的核心予以強力的挑戰者。**

盼台灣讀者在閱讀本書時，也能認真思考反省薩依德所提出來的許多「後殖民」的問題，為未來台灣邁向二十一世紀的發展提供新思維。

〈導讀②〉

西方眼中的東方

清華大學外語系教授
廖炳惠

最近二十年來，在人文學科的領域裡，最常被引用的著作之中，薩依德(Edward W. Said)的《東方主義》(*Orientalism*, 1978.，或課《東方學》)可能是排在前面幾名內。

這本書終於在台灣以中文本問世，可說是學術史上的一個里程，尤其此刻正邁向另一個世紀，而東、西方的既定權力及文化瞭解並未見得改善。

一九九八年在南亞金融風暴的效應下，有關東、西方的傳統與現代形象及其文化優越順序又加深其刻板、物化的作用，一度被看好的「東亞倫理」、「亞太世紀」，已淪爲環球泡沫經濟的笑話，成了「腐化」、「貪污」、「舞弊」、「專制」、「集權」、「非理性」、「不民主」、「裙帶關係」等世界（即西方）文明的反面代表。因此，東、西方的差異不僅日愈對立，而且觀察家（如杭亭頓、季辛吉等）更強化了「東方是問題，西方才是答案」的錯誤常識與政治立場。二十年後，重新閱讀《東方主義》，對其中不少有關知識權力關係的描寫，特別倍感親切，例如我們依然花天價，請國外的「大師」來說法，而學術界昇等、獎助的衡量仍以歐美的論文引用數據爲最高指標。

當然，薩依德談的「東方」是近兩百年來歐美世界所看待的中東、阿拉伯與伊斯蘭世界，並非中國、日本或其他東南亞地區，那是他生長經驗中，接觸了二種英國殖民主義（巴勒斯坦及埃及），後來又在美國受教育，針對廣泛刻劃在他身上的「所有軌跡」有感而發的回應清理工作。

在批判的對象上，薩依德也只就法、英、美去選樣分析，並未擴及其殖民勢力；然而，這本書的許多洞見並不受限於它的地理範圍及知識譜系，拿「東方主義」的觀點來看歐美之於東亞世界，或藉助此一角度，去詮釋台灣之知識社會學，乃至本地之內部殖民過程中，對台灣弱勢族群所進行的再現、揑造、扭曲、壓抑及操縱活動，同樣具有借鏡作用。

其實，薩依德在「緒論」及「後記」中便對《東方主義》這本書的力道及其局限做了相當清晰的交待。許多不必要的攻擊，只是由於批評者未能細讀該書或出自東方研究者的惱羞成怒。

薩依德認爲：「東」、「西」方是人製造出來的地理及文化實體，這個理念有其歷史、思想源流及想像空間。換句話說，東方是意義「存在於西方，同時也是爲了西方而出現，並被賦予其現實」。爲了進一步耙梳這種西方發明東方，再以「客觀」學術去印證東方的歷史淵源，薩依德以法、英、美等帝國勢力與其東方研究及其相關之文化政治再現策略爲主軸，列舉了許多知名的知識份子、文藝工作者、旅行家，如法國的雷南、聶瓦、福樓拜，英國的藍尼、波頓、勞倫斯，美國的種種學術及情治機構（尤其普林斯頓、哥倫比亞大學等），評述學術研究(特別是語源學及風俗學)、文化霸權與帝國主義之間的沆瀣一氣。薩依德不但要我們瞭解東方研究及其不同再現方式的脈絡背景，同時也一再指出這些東方理論的誤導作用，如一九七五年在學術殿堂的課程指南中，關於阿拉伯語這門課就寫道：「阿拉伯語的每個字必定和暴力有關」(417)。隨著日愈猖獗的種族主義，這種刻板印象衍生了許多不幸的衝突及流血事件。最近，美國科羅拉多州中學的悲劇，或是不斷上演的音樂劇《西貢小姐》、歌劇《蝴蝶夫人》都只是眞實或想像的案例。

針對膚色、種族、性別、階級等問題在環球文化經濟上，日趨不均、惡化的現象，《東方主義》的許多見解可以說歷久彌新，仍有相當大的啓發作用，這是知識份子與一般讀者必看的經典。除了《東方主義》，薩依德另外也有《文化與帝國主義》及晚近的自傳《鄉關何處》(*Out of Place*)，以多方面的切入點去討論。在《鄉關何處》中，他說第一次到美國唸書時，作文題目是「論點燃一根火柴」，他做了相當詳細的報告，觸及火柴的發明及其作用種種面向，而老師除了給了「甲上」外，還評說：「火柴可燒掉森林，可讓黑暗的洞穴中閃亮著蠟燭，也可引喻爲洞察神秘(如地心引力)，啓發全人類」。《東方主義》就是那一把火炬，洞悉秘辛，想把暗中已燒到林木邊的種族大火將其來龍去脈予以闡明、照亮，引導我們將之撲滅。此刻，薩依德已爲慢性淋巴性白血病(Chronic Lymphocytic Leukemia)所苦，來日不多，《東方主義》能在台灣推出，而且譯、校與編輯均十分用心，應是對國內學術界的一大獻禮。

〈翻譯校訂序〉

翻譯在東方

清華大學歷史所教授
傅大為

薩依德(Edward Said)的《東方主義》一書，當然是西方晚近的一本名著，我不在這裡為之解釋，更不是企圖來解讀它，這些當然都不是我在此寫「校訂序」的用意。

近年來，西方的名著，翻譯、或從中國轉譯過來台灣的很多。報章雜誌也常有介紹，不想讀外文的學生乃至學者，也常閱讀它們，甚至在論文中，就直接引用中文翻譯本為註釋。在這些名著的出版過程中，我們看到台灣的一些名家、媒體明星等，熱情的為之寫序、替它推薦，我們也常看到在報章中，有書評來對之作評論，意氣飛揚地述說此名著在思想上的來龍去脈等。但奇怪的是，這些序、推薦、書評、評論等文字，幾乎從不談這些翻譯書的翻譯。同時，我也幾乎可以確定，這些附著在那些名著四周的評論家們，不會花時間去對照討論它們的翻譯。所以，一個不明就裡的讀者，讀了這些評論名家們的序、推薦、書評後，大概還以為該書是個了不起的台灣人所寫呢！當然，那些意氣飛揚的評論家們，在評論這些書時，大概也想像自己正如《紐約書評》中的大書評家一般，談天說地、左右開弓，根本忘了自己只是在東方台灣島的某某報章中，評論一本爛翻譯書。

台灣的翻譯書多，近年尤多，但是台灣沒有負責任的「翻譯評論」。翻譯者也沒有制度規定、考核可言，或更來自中國，根本不知道是誰，而肯認真校訂、不管出版時限壓力的學者也少，最後，當然是苦了（或說便宜了）那些外文不好、或懶得讀外文的廣大沈默讀者。這種台灣「翻譯文化」的惡性循環，已經很久了。一本爛翻譯名著，如果根本讀不通，學生們要不就覺得自己程度太差，益覺西方思想的仰之彌高；要不就把幾個版本的爛翻譯集合起來，「互相參考」，然後創造出一個讀法，但是天知道那與原著的距離有多遠。還有，一本爛翻譯，如果經過編輯想當然爾的「順文字」的工作，令台灣讀者讀來覺得舒適流暢，不需經過思考就覺得「有道理」，這就是便宜了讀者，使得他們根本不能克服自己泛泛的常識之見，進而認識到該原著的革命性思想。

或許有人會問，我要求的，是否是個百分之百的「真實」（逐字逐句）翻譯？如果不是，那許多翻譯書，在許多現實的限制下，有個八成的真實度，其實不也就差強人意了？作為一個研究孔恩所謂「不可共量性」的學者而言，我當然知道「真正的翻譯」常是個理論上的錯誤：因為在不同典範間的彼此翻譯，常有局部性的「無法翻譯」之現象。但是，揚棄了百分之百的真實翻譯，不表示我們就不可以有個中介在兩個文化間的、具有高度溝通效果的「合理」翻譯——並且與附加的「豐富譯註」結合。一般所謂的「八成」真實度之概念，其實大有問題。透過粗糙譯者的想當然爾、編輯的順文字取巧、讀者泛泛的常識性發明，使得一本八成翻譯書所剩下的「二成」空間，常常成為台灣主流意識形態寄生性的複製場所。透過這種寄生性的複製，主流意識形態一方面肆意地掩蓋與扭曲原書的挑戰性想法；另方面它又暗中藉著西方思想的權威，附著在經典名著的翻譯之中，夾雜地發揮它的影響力。當然，這種所謂夾譯夾敘的二成空間，我不是說它不可能有好的效果，過去的知識分子，從嚴復到殷海光，都很優於利用這個二成的策略空間；打著翻譯西學的名號，其實卻常按著自己的意思，在「譯著」（又譯又著）西學。

但是就歷史而言，這種隱密的策略，在今天開放的台灣已經不需要，何況，這種策略的空間，就「反—東方主義」的意義而言，畢竟只是寄生的空間；東方知識分子在這種夾譯夾敘的空間中，只能挾西方的權威來批判東方保守的傳統，卻不能真正地撼動整個東方主義在「西方 vs. 東方」二者之間所建立起的歷史、政治、學術／權力的結構。當然這也包括了翻譯本身的歷史。所以，不論如何，我認為都需要拋棄這個二成空間，並且，從真實翻譯的老路子，轉而採取合理翻譯的新立場。唯有透過一個具有高度溝通效果的合理翻譯及譯註，我們才有可能充分地、非寄生地了解西方思想，觀看其全貌，並進而可以談到掌握它、乃至超越它的可能。

大概就是在這樣的一種感想與理念上，我接受了《東方主義》一書的校訂工作，並同時邀廖炳惠教授一起進行校訂。當然，校訂的理念易寫，但校訂的實際卻大費工夫，出乎我的意料之外。薩依德的英文雖然易懂，但《東方主義》一書所涵蓋的知識／權力之殖民歷史卻是如排山倒海，常常令人透不過氣來。仔細、合理的翻譯固然不易，但包含著同情與批評二者的校訂工作也是壓力沈重。有一陣子，雖然碰到的問題層出不窮，我常懷疑是否我校訂得太慢；所以我常問有經驗的朋友，比較他們校訂一頁所需的時間要多少等等。整個過程下來，我對「時間」一事，不禁有更深一層的認識；也更了解，為什麼有朋友在作了一次校訂工作後，就發誓絕不再校訂，寧可自己翻譯！

至於我上面寫的「具有高度溝通效果的合理翻譯及譯註」，也是理念易寫，實踐起來難。在校訂時，我們的努力，還有所加上的一點「校註」，只能說盡量幫忙把翻譯推向那個理想而已。無論如何，我後來發現我的進度太慢，不得不臨時邀請蔡源林教授跨刀相助，我在這兒也特別要謝謝蔡教授的慨然加入，透過他對伊斯蘭的研究，一定會使得我們校訂的工作更形出色。在校訂過程中，除了許多英文、法文、德文的專有名詞需要注意與校訂之外，為了表示我們對伊斯蘭的敬重，我們也參考了最新而完備的《古蘭經》中文本，盡量使用華語世界中伊斯蘭教固有的專有名詞。

最後，我記錄下我們三人分別校訂的責任區域與劃分。傅大為，校訂〈緒論〉、第一章。廖炳惠，校訂第二章，還有第三章第一、二節。蔡源林，校訂第三章第三、四節，還有一九九五年重印時薩依德寫的〈後記〉。在校訂我的部份中，也請我的研究助理鮑家慶幫了一些忙，特此致謝。

校定再記／傅大為

在我們校定的「東方主義」一書出版後，目前已經面臨再版。這一年中，我曾經刻意鼓勵朋友或讀者對此書的校定有所不足之處，提出揪錯。所以，除了我自己發現的外，一年之內在網路及其他文本上我們大致收到了三十多個有用的揪錯。其中有些部分，約四分之一，很遺憾地是立緒本身的作業問題，我們原來的校定考量，在製版印刷的過程中消失了。但是其他部分，的確是我們力有未逮之處。這三十多個錯誤，再版時都會改過來。至於第一版的讀者，如果要索取這組揪錯，可直接向立緒索取。總之，我們要特別感謝下列的讀者與朋友們的揪錯：網路上有成大的祝平次教授、台電的林炳炎先生，報章上有中研院的李有成教授，會議論文中則有中研院的單德興教授，另外還有佛光大學戚國雄教授。

其次，對於一些朋友對我們翻譯校定的結果之進一步意見，我這裡簡單回應一下。一些朋友認爲，同樣的句子、同樣的字，如果在全書中重複出現，則必須使用相同的翻譯。當然，一些地方，是我們這個繁複的翻譯與校定過程之疏失所致，但是，卻不必然如此。所以，東方主義一詞的豐富與多樣意涵，使得我們在不同的地方譯法略有不同。扉頁中的

「represent」一字，雖然在英文中重複出現在同一句中，在中文卻不必然如此。這是翻譯中有孔恩所謂「不可共量性」的常見結果。也所以，「East was a career.」這一句，在不同的地方不必然有相同的譯法。

第三，我還是需要簡單討論一下我們同意把 Orientalism 的書名譯成「東方主義」的理由。請勿以爲，把它譯成「東方主義」就是「翻譯惰性」的結果，或自動把「ism」譯成主義。在此書「緒論」一開始，薩依德就解釋了 Orientalism 的三層含意。一般的「東方研究」(Oriental studies)，包括了學術界的相關研究，只是此詞的第一層意義而已。更何況，東方研究本身當然也不只有一種「學」，所以，我覺得將書名譯成「東方學」是很不恰當的。但是，在字裡行間之中，有時將之譯成「東方學學者」，倒是好的。至於有人認爲一旦譯成「主義」，就是一種「呆板僵硬的政治意識型態」，在台灣，我們好像並不如此認爲。所以這也許是中文如「主義」一詞，在不同的地方流通，而其意涵不全同的現象。原來我們對此書名的譯法沒有討論，是因爲從薩依德的規定看來，大概沒有什麼爭議可言，但是經過單德興教授等詳細比較一些其他譯法時，我才覺得有必要解釋一下。

以上，是我在再版時的校定再記。至於我們對《東方主義》一書的其他譯本、翻譯片段等等的評論、批評、還有稱讚，就不應該在這裡多話了。

西元二〇〇〇年九月二十七日

東方主義

【目錄】全書總頁數588頁

III 當代的東方主義 297

本書譯文校訂者及譯者負責之章節：

校訂者：

蔡源林：第三章三、四節及〈後記〉。

廖炳惠：第二章全部及第三章一、二節。

傅大為：〈緒論〉、第一章全部。

譯者：

王志弘：第三章第一節（內文及註釋）及〈後記〉之註釋部份。

王淑燕：第三章第四節。

莊雅仲：第二章一、二節。

郭菀玲：第三章二、三節及全書之註釋（除了第三章第一節及〈後記〉之外）。

游美惠：〈緒論〉、〈後記〉。

游常山：第一章全部、第二章三、四節。

註：本書〈緒論〉、第一章、第三章三、四節及〈後記〉之法文部份，由龔卓軍先生校訂。

緒論
Introduction

I

一位法國記者在一九七五至一九七六年間，貝魯特(Beirut)內戰時到訪該處，見到那被焚毀的城市面貌，難過地寫道：「這地方似乎一度是屬於夏多布里昂(Chateaubriand)和聶瓦(Nerval)（筆下）的東方（註1）。」他對這個地方的描述與感受當然是正確無誤的，尤其是從一個歐洲人所關心和在意的眼光看來。「東方」(the Orient)幾乎就是歐洲的一項發明，而且自古以來便是一個充滿浪漫、異國情調、記憶和場景縈繞、令人驚艷的地方。而今，它消失了；或者說，它曾經存在發生過，只是氣數已盡，走到盡頭了。一切似乎都是不相干的，即使是在夏多布里昂和聶瓦筆下的東方時代，曾居住在那兒的東方人，他們在這過程中是真正得失攸關的(at stake)，並且現在仍是他們這些人在受苦受難。但是，這些種種似乎都是不相干；對這位歐洲訪客而言，最重要的事情就是，「東方」是一個歐洲觀點的再現以及這個「再現」(representation) 它當今的命運如何，這二點對這位記者及那些佔盡優勢地位的法國讀者而言，才有其重要性。

美國人對東方就沒有如此相同的感受，對他們來說，「東方」更可能是牽連方式十分不同的遠東（主要是中國及日本）。和美國人不同的是，法國人和英國人擁有我所稱的**東方主義**(Orientalism)的悠久傳統。至於德國人、蘇俄人、西班牙人、葡萄牙人、義大利人和瑞典人，則此傳統較弱。這個傳統是基於歐洲人的西方經驗中，如何去看待東方的特殊位置而來的。東方不只是與歐陸毗鄰，它也是歐洲最大且最富足、最古老的殖民地，是其文明及語言的來源，它的文化競爭著，以及其最深、最常一再出現的「異己」(the Other)意象。除此之外，東方作為一個相對照的意象、理念、人格與經驗，也幫助了對歐洲（或西方）的自我界定與示明。然而，這個東方絕不只是一種想像性的東方。東方是歐洲物質文明與文化之整體中的一部份。而東方主義即是在文化、甚至是意識形態的層面，將這一部份表現與再現為一種論述模式；而這一論述模式受到制度、字彙、學術、意象、教義、甚至是殖民的階層體制與殖民的風格等等的支持。相反地，儘管最近我們（譯註：指作者所身處的美國）在日本、韓國和中南半島的冒險，應該已刺激了我們對東方將會有更嚴肅與務實的認識，但美國人對東方世界的了解似乎就不是如此詳盡；然而，美國在近東（中東）的政治經濟角色的大幅擴張，又更讓我們體認到對東方的了解有更擴大加深的必要。

讀者們很快就會知曉（而且在繼續讀下去之後，將會更清楚），我所說的東方主義，其實是指好幾樣事物，而且，在我看來，這些事物之間是互相依賴的。最為大家所接受的這個東方主義的頭銜，是學術界所使用，誠然這個標籤仍廣為許多學術機構所採用。任何教、寫或研究東方的人——這同時都可適用於人類學家、社會學家、歷史學家或語文學家——就某一特定層面而言，他們都是東方學專家(Orientalist)，而他／她們在做的事便可說是東方主義。相較於**東方研究**或**區域研究**（area studies）這樣的稱號，東方主義這個詞是比較不受專家們所喜愛的，一來由於東方主義太模糊且空泛，二來因為其意涵十九世紀與二十世紀初歐洲殖民主義專橫高壓的行政態度；然而，「東方」仍是他們寫書與學術研討會舉行時的主要討論焦點，東方學專家仍是其主要的權威，不管是以舊的或新的面貌呈現，重點是——就算東方主義現在不再像過去一般地存在著，透過有關東方的教義與相關於東方的論文，（我們可以說）東方主義的的確確仍在學院中存活。

跟這個學術傳統有關的，就構成了東方主義的一個更一般性的意義，這個學術傳統的命運、變遷、專門化與傳承都是這本書的部份主題。東方主義是一種思想的風格，它是基於一個對「東方」與「西方」二者之間作本體論與知識論的區隔的思想風格。所以有無數的作家——包括詩人、小說家、哲學家、政治理論家、經濟學家及帝國的行政官員，都已接受這最根本的東西方之區別，且將之當作是建構理論、史詩、小說、社會描述、或是對東方、東方的人、風俗、「心靈」、命運等作政治討論的總起點。**這個**東方主義可以收納阿奇勒斯(Aeschylus)〔譯註：希臘的悲劇詩人〕、雨果(Victor Hugo)、但丁(Dante)和馬克思(Karl

Marx)。在這篇緒論的稍後，我將會討論在這一個如此廣義被認定的「領域」中的一些方法論問題。

學術界的東方主義與或多或少具想像性意義的東方主義之間是持續交流的，而且自十八世紀晚期起，二者之間便有相當大量且有紀律的——也許更可以說是被規約地——交流。在此，我將提出東方主義的第三義，比起前述二者而言，此定義是更具歷史性與物質性的。若是粗略地以十八世紀末為討論的起點，東方主義可被分析討論成一個為了處置東方——透過陳述對東方的看法、提出有關的權威觀點、描述東方、教授東方、安頓東方並統治東方等方式，而存在的集團制度(corporate institution)。簡而言之，東方主義便是為了支配、再結構並施加權威於東方之上的一種西方形式。在此，我覺得引用傅柯(Michel Foucault)在《知識考古學》(*The Archaeology of Knowledge*)和《規訓與懲罰》(*Discipline and Punish*)中的「論述」概念，將會有助於認清東方主義。我認為若不將東方主義視為一套論述，將無法使我們理解歐洲文化何以能在這後啟蒙時期(the post-Enlightenment period)，透過一系統性的規訓系統（discipline）進行政治性地、社會學式地、軍事性地、意識形態地、科學地甚或想像式地在管理東方，或甚至生產東方。更甚的是，東方主義是佔據著一個相當有權威的位置，我相信沒有一個人在寫作、思考或對東方有任何行動時，可以不用去考慮到因東方主義而有的思想及行為限制。簡單地說，就是因為這東方主義，「東方」並不是（過去不是，現在也不是！）一個可以自由發揮的思想與行動的主題（或主體）。但這不是說，東方主義片面地決定了在談論東方時可以談些什麼，而是這一整個利益網絡在任何討論「東方」這個特殊實體時，不可避免地便會對之有影響、更會把它牽連進網絡。本書便是試著要去探討這個過程是如何地產生。而我也試圖要去探究歐洲文化如何藉著將其與東方分割對照的過程而獲得力量與認同，並成為東方的代理人甚或是其檯面下隱藏的自我。

就歷史與文化而言，直到第二次世界大戰後、美國佔優勢之前，英、法對東方的涉入與其他歐陸及大西洋勢力對東方的涉入，在量與質上均有差異。當論及東方主義時，其實最主要的、雖然不是唯一的，便是指英國和法國的文化企業——這項計畫，它的面向包括了許多具有相當不同想像力的領域：整個印度與東地中海(the Levant)沿海(岸)諸國(島)、《聖經》的文本與《聖經》中的國度、香料與貿易、殖民軍隊與殖民官員的悠久傳統、一整套艱難的學術集成、數不盡的東方「專家」與「人手」(hands)、一項東方學專家封號(professorate)、一整套複雜的「東方」理念(東方專制、東方光輝、殘暴、情色)、許許多多的東方教派、哲學和智慧，都被歐陸在地畜養而納為己用——這份清單是可以更無止境地臚列下去的。我要強調的重點則是：東方主義就是源自於英、法與東方之間的特定親近經驗，但在十九世紀初以前，此東方所指的其實只是印度及與《聖經》有關的地區而已。西方(英、法、美)的力量相較而言，總是更被證明為強大，從十九世紀的一開始以至第二次世界大戰，英、法支配了東方和東方主義，但自第二次世界大戰之後，美國如同過往英、法對東方的統治一般，也全面支配了東方。而也就是此種緊密關連，所以其動態是具有強大生產力的，一大堆的東方主義文本才因而陸續問世。

在此我必須說明的是，儘管我檢視了大量的書籍與作者，但尚有更多的文獻資料被我遺漏了。我的論點既不是仰賴於對所有討論東方的文本作一個全面而窮盡的分類目錄，當然也不是仰賴在弄出一套構成東方主義典律(canon)的明確文本、作者和理念。我反倒是依循另一不同的方法論取向——而其主幹便是我在這篇緒論中所作的一套歷史推演(historical generalizations)，我將在以下作分析性的細節討論。

II

我已接受這個預設——「東方」並非是一個被動的自然地理——並由此出發。東方並不僅僅是在**那兒**，就好像西方也不僅僅在**那兒**一樣。我們必得嚴肅地考慮維科(Vico)的偉大觀察：人們製造了他們自己的歷史，他們所能得知的便是他們已經製造出的那些。將此推展至地理學：作為一地理實體同時也是文化實體——且不提歷史實體——例如坐落地點、地區(regions)、地理區 (geographical sectors)等的「東方」和「西方」，都是人製造出來的(man-made)。因此，像「西方」一樣，「東方」這一觀念有著自身的歷史以及思維、想像和詞彙的傳統，正是這一歷史與傳統使其被賦予實在性，並出現於西方，且爲西方而存在。這二者（西方與東方）因此便成爲互相支持，同時就一定程度來說，也互相反映了彼此的兩個地理實體。

言及至此，必得提出一些合理的附帶聲明。首先，說東方在本質上「是個概念」、或

「是一個與現實無關的創造物」，都是錯的。在小說《坦可立德》(*Tancred*)中，作者迪斯萊利(Disraeli)曾經說過，東方是一項畢生志業(the East was a career)，他之所以會如此說，乃是意指西方的年輕人將會發現「東方」是個可以讓人熱情全副投入的前途；他的意思當然不是說，東方**只**(only)是一個事業而已。實際位於東方的國家與文化，他們的生活、歷史與習俗是遠比在西方所能描述的「東方」，更是一個活生生、血淋淋的現實(a brute reality)。但是關於這個事實，我這本研究東方主義的書，除了默然地加以承認之外，所能貢獻的則眞的是相當有限。在此我主要是討論東方主義的一些現象，並非著眼於東方主義與東方之間相對應的情形，而是探究東方主義的內在一致性以及其中的「東方」（東方是一項畢生志業〔the East as career〕這個理念，儘管這個東方可能是與現實中的「眞正」東方巧合、相合或不相合。我認爲迪斯萊利所說的東方主要指的是那被創造出來的一致性，那被當作是「東方」最顯著標幟的（被創造出的）規律性理念組，而不是指「僅存在那兒」(mere being)的東方，如美國詩人史蒂文斯(Wallace Stevens)的片語所指的。

第二點附帶聲明的是：理念、文化以及歷史都不能脫離其（社會）力量來加以理解，或者更精確地說，他們的權力輪廓(configurations of power)必也得納入研究之中。相信東方是被創造出來的——或者，就如我所說的，是東方化(Orientalized)的結果——以及同時相信這些事物會產生，均只是由於一種想像上的需要，其實並不誠實。東方和西方之間的關係根本就是權力、支配和一套程度多變的複雜霸權，潘尼卡(K. M. Panikkar)在其經典之作《亞洲與西方的支配》(*Asia and Western Dominance*)(註2)的書名之中，便已相當精確地表示出這一點了。東方之所以會被東方化，不只是因為它是被一般的十九世紀歐洲人以各種相當平常的方式發現而成為「東方」的，而且由於它是有**可能被**(could be)——受屈服而被——**製造**(made)成東方。舉例而言，恐怕很少人會同意說因為福樓拜(Flaubert)邂逅了一位埃及高級妓女，故而產生了一個相當具有影響力的東方女人模型：她從未談過自己，她從來沒有呈現過自己的感情、當下，或歷史。是**他**在替她說、替她再現。他是個外國人，且是個相當有錢的男人，而這些關於支配的歷史事實，不僅容許他在肉體上(physically)擁有庫加・翰寧(Kuchuk Hanem)，能替她說話，且告知他的讀者，她究竟是怎樣的一個「東方典型」(的女人)。而我的論點是，相對於庫加・翰寧，福樓拜的強勢處境，絕不是一個孤立的例子。這個例子其實足以代表東、西方之間的相對力量之模式，以及其中所能啟動的有關東方之論述。

而這又可以接連到第三點附帶聲明：絕不要假設東方主義的結構只是一種謊言或神話結構，一旦這其中的真相被揭發出來後，一切都將會消失不見。我個人是更傾向相信東方主義其實便是歐洲大西洋對東方權力施展的符號展現，而較不認為東方主義是有關東方的評斷式論述(那是在學術圈中及學院形式裡所被宣稱的)。但我們必須要重視且探究這種東方主義的論述是如何地緊密自我接合在一起，其與社會、經濟和政治制度間的親密關連又為何，並探究它那驚人的持久性。畢竟，一套理念系統可以持續不變地自一八四〇年代末雷南(Ernest Renan)時期開始成為可被教授的智慧(在學術界、書籍中、研討會、各大學裡以及一些外事服務機構中），直至今日的美國，它一定是遠比一套謊言的集成還要更複雜難纏。所以說，東方主義不是歐洲人空幻虛浮的東方幻想，而是好幾代以來，被創造出來的一整套有相當多的物質投資的理論與實務。這持續不斷的投資，造就了東方主義，一套關於東方的知識體系，先將東方放在一個可被接受的柵欄中，加以過濾，以便進入西方的意識中，而也就是這同樣的投資過程——的確是真實的生產——將此種東方主義式的陳述，不斷增殖繁衍成一般的文化。

葛蘭西(Gramsci)提出的一組分析性區分概念相當有用：市民社會（civil society）和政治社會（political society）。前者指的是一種像學校、家庭和工會等自願性的親近結合（至少是理性且非脅迫性的），而後者則是指國家體制（如軍隊、警察、中央官僚機構等），其所扮演的政治角色是一種直接的宰制。當然，文化是在市民社會中運作的，理念、制度和其他個人性的運作都不是透過宰制而是透過葛蘭西所說的共識(consent)。在任何的一個非極權社會中，某些文化形式一定會壓過並支配其他的文化形式，就如同某些想法會比其他的理念更具有影響力一般，而這種文化上的領導統御(cultural leadership)便是葛蘭西所言的**霸權**(hegemony)，一個欲了解當今工業化的西方社會不可缺少的重要概念。我現在所談到的東方主義之所以可以如此持久且強勢，便是由於霸權，或者說是文化霸權所造成的結果。東方主義從來未曾遠離過丹尼斯・黑(Denys Hay)所說的歐洲理念(the idea of Europe)（註3），它是一套為了要彰顯「我們」(us)歐洲人並對抗「那些」非歐洲人而集合起來的理念。而事實上這個歐洲文化的主要元素，便是同時在歐洲之內與之外的文化霸權：歐洲人自我認定是較其他非歐洲人和非歐洲文化更為優秀的一種想法。除此之外，還有「東方主義」的霸權，它藉此重申歐洲是比落後東方更優秀的，且通常都漠視了會有一種可能性，即一個更獨立或存疑的思想家對此可能會有不同的看法。

從過去到現在，東方主義的策略是依賴於一種彈性的**位置**優越感，在一系列的與東方之可能關係中，總是將西方人置於東方人之上。而且，難道不該如此嗎？特別是從文藝復興末期以降迄今這段歐洲不斷「竄升」的時期中。科學家、學者、傳教士、商人、軍人可以待在東方，或思考東方，因為他（們）是**有可能待在那兒**，或因為東方罕有抗拒，所以有可能去思考東方。在東方知識的標題之下，自十八世紀末以降在西方對東方的霸權大傘底下，漸漸浮現了一個複雜的東方：它是適合作學術研究的，可在博物館中展示的，可以在殖民者辦公室中重建的，可以在人類學、生物學、語言學、種族及歷史論文中幫助說明人與宇宙的關係，例如經濟學和社會學中的發展、革命、文化人格、國民性與宗教性格等議題。除此之外，這種對東方事物想像性的檢視，其實或多或少都是基於至高無上的西方意識，由於那不允許被挑戰的中心性，一個東方世界才因此而產生。它首先是透過有關「誰是或什麼是東方」的概念，並透過由經驗實體、還有一整套慾望、壓抑、投資和投射所支配而作用的細密邏輯，而後，東方世界才因而孕生。假如我們能指出像沙錫（Slivestre de Sacy）選註的《阿拉伯古典名著選》（*Chrestomathie arabe*）或藍尼（Edward William Lane）寫的《近代埃及人禮儀風俗論》（*Account of the Manners and Customs of the Modern Egyptians*）是真正學術性的偉大東方主義作品，則我們也必須要留意到雷南和郭比諾(Gobineau)的種族想法也是出自同一原動力，而其他許多維多利亞式的色情小說亦是如此（可參見史蒂芬・馬庫斯〔Steven Marcus〕在〈好色的土耳其人〉〔"The Lustful Turk"〕之分析）（註4）。

然而，一再地自我詢問也是相當必要的：如果東方主義重要的是一般性的概念，但若不顧慮到許多其他資料，是否會有問題——有誰能加以否認，那些資料中常充斥著歐洲優越性的教義，各式各樣的種族主義、帝國主義以及像視「東方」為一種理想的、不變的抽象概念的武斷看法？——或者，重要的是那些出自於沒沒無聞的作者之手的更多各式各樣的作品，我們也該將之提出作為一些討論東方的案例？可以說，這兩種選擇，一般通則性的或特殊個案性的，其實是同一物質的兩種觀點：在這二者中，我們都必得討論到這個專業領域的先驅威廉・瓊斯爵士(Sir Willian Jones)及偉大的文學家，如聶瓦或福樓拜。但是我們為何不能同時一起運用這二種觀點，或者在一個觀點之後接著用另外一個？是否，不論是太過一般性或太過特定性，都會有明顯扭曲現實的危險（而這也正是學術界的東方主義總是傾向會有的毛病）？

我所擔憂害怕的兩項事情便是扭曲和不正確，或者說是由於太過武斷的空泛概推和由於太過實證的狹隘焦點(a localized focus)所造成的不正確。為了要解決這些問題，我已經試著去討論我自己的當代現實(my own contemporary reality)的三個主要層面，它們可以帶我走出上述方法論以及觀點上的困境：這些困境首先似乎逼迫著我的寫作不得不進入到一場聲嘶力竭的爭辯之中——作如此概括層次的描述，是否能讓人接受，而且值得努力如此去作？其次，是否進到對寫作細微末節的分析，可能會完全失去對這個專業領域內的論證力量與特殊的說服力？到底該如何讓個別性(individuality)能浮現出，而又是在一種具理解力而絕非被動或僅是獨裁的、普遍的、霸權式的脈絡之中出現？

III

我已提及寫作此書，我的現實考量有三個層面，現在需要加以解釋並簡短地作些討論，如此（讀者）才能了解我是如何進入這個特殊的研究和寫作過程。

一、純粹知識與政治知識的區分。我們可以很輕易地就說關於莎士比亞(Shakespeare)和華茲華斯(Wordsworth)的知識，不是政治性的，但關於當代中國和蘇聯的知識則是政治性的；我的正式而專業的職稱是「人文學家」(humanist)，如此的一個頭銜表示人文學科是我的專業領域，因此我在這領域中所做的，就後果而言，應當不可能為政治性的。當然，我這裡所說的，一般來說是被廣泛認可的，雖然這兒使用的標籤和語詞相當粗糙。之所以這麼說，理由之一是，假設一個人文學者在寫華茲華斯，或是一個編者其專長為濟慈(Keats)，這些會被認為不具政治性，乃是因為在我們的日常現實中，他們似乎沒有直接的政治效應。而若一個專長為蘇聯經濟的學者，他所從事的領域是政府相當感興趣的，而他也可能會提出一些研究或提綱並作為政治決策者、政府官員、體制內的經濟學家或其他情報專家們所採用。因此，人文學家與其他具政策啟示或政治意義的研究二者之間的區別，就可以更廣義地說：前者的意識形態色彩，對政治具有附屬的重要性（雖然有時他們對同行會產生衝擊，也會被其他同行批評為史達林主義〔stalinism〕或法西斯主義〔fascism〕，或者是天真的自由主義〔liberalism〕），但是相反地，後者的意識形態是與其所生產出的東西直接交織牽連在一起——的確，現代學術界中的經濟學、政治學和社會學都是意識形態的科學（ideological sciences）——所以當然就會被認為是具「政治性」的。

然而，對當代西方（這裡我所指的主要是美國）所生產出來的知識的最大衝擊則是「非政治性的」(nonpolitical)要求，亦即，必須是學術性的、不偏不倚的、超越黨派或狹義教義信仰的。在理論上，如此的企圖是不會有所爭議的，但是在實務上做起來便會產生很多問題。從來就沒有人曾經設計出一種方法，能讓學者遠離他所生活的環境和他在生活各方面的介入牽連（有意或無意識地）：他的階級、信仰、社會位置，以及他作為社會一份子的基本活動，這些不可能是毫無關連的；即使他的研究及其成果自然地試圖要極盡所能以擺脫日常生活的限制，而維持一種相對的自由，這些因素都會持續地影響其專業所為。儘管可能會有一種知識比它的生產者較不偏頗（而不是更偏頗！），但知識也不會就因此而自動地沒有政治性意涵。

到底文學或古典語源學是否充滿著政治意義，這是個大問題，我在別處有更詳盡的討論（註5）。我現在所感興趣並想提出的是，一般自由派認為「真正」的知識，基本上是非政治的（或者，反過來說，過度政治性的知識不是「真正」的知識），這種講法模糊了那原本就已高度組織化的生產知識之政治環境。在今天，其實不需要任何幫助便可輕易地了解此點，尤其形容詞「政治的」已被當成是一個標籤，它可以使任何研究因為其違反了需假裝超政治的客觀性之規定，而價值受損。首先，我們可以說，在市民社會中，對各種不同的知識領域，有一套區別它們政治重要性程度的量表。一個領域的政治重要性，某些程度是來自於其中的內容是否有可能可以轉變成經濟術語；但是有更大的程度，則是來自於該領域與「政治社會」中可索求的權力來源之親密性。因此，一個有關蘇聯長期的能源蘊藏及其對軍事力量之影響的研究，是更有可能被國防部同意付其佣金來獎勵該研究，也因此，這個研究便能獲得一種政治地位，而這是探討托爾斯泰（Tolstoi）早期小說的研究絕對不可能得到的，後者可能也只能獲得基金會部份補助而已。然而，這兩個作品在市民社會中都被認定為是屬於同一個俄羅斯研究（Russian Studies）領域，儘管其中的一個作品可能是由一非常保守的經濟學家所作的，而另一個是由一位基進的文學歷史家所寫的。我的重點是，「俄羅斯」已被認為是一個一般性的主題學科，而掩蓋了其他可能更好的區分如「經濟學」和「文學史」之區別，是因為其政治優先性的考量，就如葛蘭西所言，在市民社會的學術領域中，政治社會的影響已經伸入其中並且達到飽和了。

在一般性的理論基礎上，關於以上這些我不想再談得太遠，現在我似乎可以將本研究的價值與可信度說得更特定且明確一些了，就像——例如杭士基（Noam Chomsky）曾經探究過越戰與那個「學術研究的客觀性」概念二者之間的工具性關連，後者常用來涵蓋那些受國家贊助的軍事研究（註6）。我們知道，因為英、法以及最近的美國都是具帝國主義權力者，當有些關連到他們帝國在國外的利益時，他們原本對市民社會的政治涉入，便會更顯得迫切。同樣無庸置疑地，在十九世紀末，一個在印度或埃及的英國人會對那些國家有興趣，其實是與那些國家在他心中作為「英國殖民地」的身份有密切關連。這樣的說法似乎就與說到所有關於印度和埃及的學術知識，都和赤裸裸的政治行為有所沾染、受其銘刻或被其侵犯的說法彼此相當不同——然而這**後者正是我**在這個東方主義研究**所要說的**。因為既然在人文科學中沒有一種知識的生產，可以忽視或否認作者作為一個人及其環境的涉入因素，那麼一個歐洲人或美國人對東方的研究，就更必須要承認他所生活的現實環境：亦即他首先是一個面對東方的歐洲人或美國人，其次他才是一個個人。而且在此種情境之下，身為一個歐洲人或美國人，就絕不是一個不會起作用的事實。也就是說，不管多微弱，他都應該知曉他是屬於由東方獲取一定利益且握權的那一方，而更重要的是，在歷史上他是屬於地球上幾乎是自荷馬（Homer）時代以來，就對東方有介入歷史的這一部份的一員。

也可以這麼說，這些政治的現實還都不確定也太空泛，以致沒能真正讓人覺得有趣。大家都可以同意這些現實，但卻不必然同意它們對福樓拜寫《薩倫坡》（*Salammbô*），或者吉柏（H. A. R. Gibb）寫《伊斯蘭教的現代趨勢》（*Modern Trends in Islam*）有多麼的重要。麻煩的地方在於如我所描述的具支配性的這個大事實，和那些會影響小說或學術著作文本一些日常生活細節，距離實在是太遙遠了。然而，假設我們從一開始便排除將「大」事實（如帝國主義的支配）視為是可以被機械式和決定性地運用到像文化和理念如此複雜的事物上，那麼，我們便可以開始做一種很有趣的研究。我的想法是，歐洲人以及隨後的美國人對東方的興趣是政治性的，那當然是因為我現在所談的一些歷史而來，但是，是「文化」創造出那種興趣，並伴隨著赤裸的政治、經濟和軍事的決策彼此互動，而後才在我所稱的東方主義領域中，東方被製造成是那麼一個多變而又複雜的地方。

所以，東方主義不是被動地反映出文化、學術及制度後而出現的一個政治議題或研究領域而已，也不是一大套廣泛的關於東方的文本全集。它也不是某個邪惡的西方帝國主義者設計出來貶低「東方」世界的情節再現與表達。它毋寧是一種地緣政治意識的**分佈與流佈**(a distribution of geopolitical awareness)而進入到美學的、學術性的、經濟學的、社會學的、歷史學的和哲學文本中；它不只是一種基本地理學區分（世界被分成不均等的二半，東方與西方）之**推演**(elaboration)，也是藉由學術發現、語源學的重建、心理學的分析、地景和社會學式的描述而有的一系列「利益」的建構。與其說它只是在表達，毋寧說是一特定**意志力**(will)和**意圖**(intention)想要去了解、去控制、操縱、統合那一個明顯不同（或說另類的和新奇的）的世界。總而言之，它是一套論述，它並非有直接、赤裸的政治權力關連，而是存在於、生產於一個不公平的各式權力交換的場域中，並在與下列諸權力的交換過程中被形塑：政治性權力（如關連著殖民和帝國建制）、知識性權力（如關連一些主流的科學如比較語言學或解剖學，或其他的當代政策科學等）、文化性權力（例如關於何謂品味、文本與價値的正統與典律），還有道德性權力（就如一些關於「我們」做什麼和「他們」不能做什麼等）。的確，我真正的論點是：東方主義是當代政治、知識文化的一個顯著面向，而不只是一個再現而已，也就是如此，它與東方的關連其實是少於與「我們的」世界的關係。

正因為東方主義是一個文化以及政治事實，所以它不是存在於某種文件真空(archival vacuum)之中，相反地，我認爲，關於東方，任何被想著、被說著、或做過的事情，都遵循著某些明確而且可以智識查知的路線（也可能這些事情就是發生在這些路線之中）。同時在這裡也有一些在超結構性的壓力以及創作的細節二者之間，一些微妙差異和推演的運作可以相當程度地被揭露出來。我想大部份的人文學者都會十分高興接受以下這個概念，亦即文本是存在於情境脈絡之中(texts exit in contexts)，所謂的互爲文本性(intertextuality)，還有約定俗成的壓力、先例和修辭的風格都會造成一種限制，約制了如班雅明(Walter Benjamin)所曾說過的「以『創造力』原則之名來對一個有生產力的人橫徵暴歛」，詩人便是因爲此原則而被相信他的純粹心靈可以創造生產出作品來（註7）。但是，另外尚有一些，往往學者就不願去接受：政治性、制度性和意識形態等等限制，同樣地在作者個人身上發生作用。人文學者一定會相信，這對每個巴爾扎克作品的詮釋者，都是個有趣的事實：巴爾扎克在《人間喜劇》(*Comédie humaine*)中被聖西拉(GeoffroySaint-Hilaire)和庫枇葉(Cuvier)之間的衝突所影響。但是，同樣存在有一種反動的君主主義思想在巴爾扎克身上，以致他的文學「天分」因而受到貶抑，甚至他的作品也被認爲較不値得去作嚴謹的探究。同樣地，正如布來肯(Harry Bracken)一直不厭其煩地指出：哲學家們在討論洛克(Locke)、休姆(Hume)和經驗主義時，也從不會考慮到這些古典作者們的「哲學性」教義及其種族理論、對奴隸制之辯護或其對殖民剝削的看法間，其實是有相當外顯的關連性（註8）。這些都是一般當代學術爲保持自身純淨而常常在做的事。

或許，有人會說，那些老想把「文化」打入政治泥沼，老認為文化與政治利益有瓜葛的人，大部份只是廉價的憤世嫉俗而已；也或許在我的專業領域內，對文學作品的社會詮釋，比起以詳盡的純文本分析而達成巨大的技術進展，前者其實是落後的。但是，一般性的文學研究，以及更特定地說是美國的馬克思派理論家，並沒有努力且嚴謹地將文本及歷史學術研究中的上層建築與下層之間的鴻溝作好連結〔校註：上層建築這裡指「純」文本分析，下層則指文學的社會與政治詮釋〕，這一點是無法迴避的事實；在另一處，我其實已經宣告，甚至點出：今天整體的「文學—文化」建制，竟然把認真對帝國主義與文化作研究的方向，排除在他們的領域之外（註9）。正由於東方主義直接地挑起了一個問題——亦即，應該要明瞭政治帝國主義在統治著整個研究領域、想像力和學術機構——如此一來，在智識上以及歷史上，都不可能再作逃避了。然而，有一個經常性的逃脫機制卻也總是存在著，例如說到：一個文學學者和哲學家分別受到文學和哲學訓練，而不是受到政治學或是意識形態分析之訓練。換句話說，我覺得這種所謂專業性的辯解，頗能夠有效地封鎖更大且在智識上更嚴肅的觀點。

對我來說，至少在作帝國主義和文化（或東方主義）的研究關注中，似乎有一個簡單的二部份答案(a simple two-part answer)可以被找出。第一部份是，幾乎每一位十九世紀的作家（更早時期的作家其實也是一樣），都極為明瞭這個關於帝國的事實：這項主題並沒有被好好地研究，然而，任何一位現代維多利亞時代的專家也都不需多花時間就可承認那些自由派的文化英雄，如彌爾(John Stuart Mill)、阿諾德(Arnold)、卡萊爾(Carlyle)、紐曼(Newman)、馬高雷(Macaulay)、羅斯金(Ruskin)、喬治・艾略特(George Eliot)，甚至是狄更斯(Dickens)，都對種族和帝國主義有特定的觀點，這在他們的作品中是相當容易發現的。所以，舉例來說，一個專家必得要討論到彌爾在其著作《論自由》(*On Liberty*)與《代議政府》(*Representative Government*)中明確指出，他在該書的看法其實並不能被應用到印度（雖然在他大半生中，他曾是印度辦公室的官員），因為印度在文明進展上是較卑下落後的（假設不說其在種族上是比較卑下），而同一種弔詭(paradox)也可在本書中我所論及的馬克思著作上發覺。第二部份則是，相信政治以帝國主義的形式對文學作品、學術研究、社會理論和歷史著作有所影響，絕不是等同於說文化因此就是個自貶身價或有壞名譽的事物。恰好相反地，我要強調的重點是，我們可以更了解到文化這種霸權體系之持續性和耐久性，特別是當我們明瞭到文化的內在規約施展在作者和思想家身上時，是多麼地具有**生產性**(productive)，而非只是片面地進行壓抑與約束。而這也是葛蘭西（當然一定要提到他）、傅柯和雷蒙・威廉斯(Raymond Williams)分別以不同的方式，試著說明的理念。甚至在威廉斯的著作《漫長的革命》(*The Long Revolution*)中，讀讀他以一、兩頁的篇幅來討論「帝國的用處」(the uses of the Empire)，我們就可得知比起（去閱讀）許多冊艱深難懂的文本分析，更多的十九世紀的文化豐富性（註10）。

因此，我探討東方主義並將之視為是個別作者們與被三個大帝國——英、法、美——所形塑的宏大政治關切間的動態交換關係，是在這三個大帝國的想像性畛域中，這些（東方主義的）著作被生產了出來。然而，對我作為一個學者來說，最感興趣的並不是在那明顯可見的政治真理，而是在其中的細節部份，就好比對我們來說，我們會對藍尼或福樓拜或雷南這些人感到興趣，絕不是因為對他們所認定為「真相」而不容置疑的西方人優越性感到興趣，是由於被這「真相」所開啟的廣大空間中，他們是如何在其上深刻地運作並且在其中有哪些他們的作品細節可供以佐證。為了要讓我們更了解我現在所談論的重點，我們只需記住：藍尼的作品《近代埃及人禮儀風俗論》之所以會是一部歷史與人類學式觀察的經典作品，是因為它的風格和其中了不得的聰明而精采的細節，而不是由於它是種族優越感的簡單反映。

所以，東方主義引起的政治問題便是：會有什麼其他種類的智識性的、美學的、學術性的和文化的能源也（共同）注入其中，並造就了此種東方主義式的帝國主義傳統？而古典語源學（philology）、辭典編纂學（lexicography）、歷史學、生物學、政治經濟理論、小說和田園詩寫作，又如何作用而助長了東方主義的廣大帝國主義世界觀？在這個情境下，原創性、連續性和個別性的意義又是什麼？而世世代代交替之中，東方主義自身又是如何地傳遞與再製？最後，我們如何在其所有的歷史複雜性、細節和價值之中，將東方主義的文化、歷史現象視爲一種**被欲求的人類作品**——而不僅是不受任何條件限制的邏輯推理；但同時又不會忽略到文化作品、政治傾向、國家、與宰制的特定現實之間的密切關係？在這樣的一種關懷探索的引導下，人文研究才能眞正負起同時關涉政治和文化的責任。但是，這並非意謂這樣的一個研究便在知識和政治之間建立了一個牢固的規則，我的論點是，每一次的人文探索都應在其研究的特定脈絡中、其主題中、與其歷史情境中，闡明這一聯繫（知識與政治之聯繫）的性質。

二、方法論的問題：在我之前寫過的一本書裡提到有關人文學科的研究，要如何去發現並提出那第一步驟、出發點或原則之方法論上的重要性，我討論了很多並且也作了不少分析（註11）。而我由其中學習到最多，同時也試著要去說明的是：絕對沒有一種所謂只是被給定(given)或只是因其存在而可取得(available)的出發點：每一個研究計畫的起始，都應該成為是一個可以**啟動**後繼者的「起始」。而這個想法，我在這本東方主義的研究中（在此，我尚不敢說此研究會有何成就或失敗），有最深切的體會。一個最初的想法，其實是開創的行為，必然會牽扯到一個畫界線的舉動，須決定什麼是應從一大堆資料中劃出來、區分開、並成為是具代表性的起始點。對許多文本的研究者來說，這一個開始性的定界線(inaugural delimitation)概念便是阿圖塞(Louis Althusser)所稱的**問題框架**(problematic)——研究分析中對文本所提出之有特殊決定意義的統一性（註12）。然而，在這個東方主義（研究的）個案，（不同於阿圖塞所探索的馬克思文本個案），問題並不僅僅在於是找尋到一個出發點或一個問題框架，也在於要決定哪些文本、作者和時期是最適合來作研究的。

對我來說，若嘗試著去作東方主義的百科全書式的歷史敘述，似乎是相當愚蠢的，理由是：第一，若我的指導原則是「歐洲人的東方理念」，那麼，我必須要去處理、討論的材料就無止境了；第二，敘說式的模式本身就與我的描述興趣與政治興趣並不相合；第三，在史瓦柏（Raymond Schwab）的《東方的文藝復興》（*La Renaissance orientale*），約翰・福克（Johann Fück）的《歐洲二十世紀初葉之前的阿拉伯研究》（*Die Arabischen Studien in Europa bis in den Anfang des 20. Jahrhunderts*）以及最近的梅特茲斯基（Dorothee Metlitzki）的《中世紀英格蘭的阿拉伯事務》（*The Matter of Araby in Medieval England*）（註13）等書中，早已有關於歐洲和東方交會（流）的百科全書式的作品了，以上所勾勒出來的政治和知識情境，將使我的這一份批評工作會有不一樣的面貌。

然而，如何在眾多的文件中刪減到一個可以被處理的方向？更重要的是，要如何在這一整群的文本中，勾勒出一個具知識次序的內容，而非遵循著一種膚淺的年代次序？因此，我的出發點是將英、法和美國的東方經驗視為一個單位，然後去探討是經由如何的歷史和知識背景，讓那（東方主義的）經驗成為可能，並造就了那經驗的特質。我現在要討論的將僅僅集中於（但仍然是過度地大）一些有限的問題，特別是針對英—法—美的阿拉伯和伊斯蘭——那千年來一直代表著東方的地區——的經驗。而在此同時立即就會有個問題產生：有一大部份的東方似乎已被排除在外了——像印度、日本、中國以及遠東的其他地區，但這並非是由於這些地區不重要（他們反倒是相當重要），而是因為我們能夠將歐洲的近東經驗與其遠東經驗區分開來加以討論。然而，在談到一般歐洲的東方興趣之歷史時，有特定的一些時期，特別是談到埃及、敘利亞(Syria)和阿拉伯（半島）(Arabia)等地區時，是無法不去討論歐洲對較遠處東方的介入情形，其中波斯和印度可以說是最重要的，至少對十八和十九世紀的英國來說，連結埃及和印度中間的，此為最顯著的案例。同樣地，在對《任德—阿凡斯特》(*the Zend-Avesta*)〔譯註：古波斯祆教的經典，Avesta是「知識」的意思〕作解讀時，法國所扮演的重要角色，還有在十九世紀初的前十年間，巴黎成為梵文研究的重要中心，以及拿破崙(Napoleon)對東方感到興趣的事實，其實都是受到英國在印度所扮演的角色所影響：所有這些遠東利益都直接地影響到法國對近東、伊斯蘭和阿拉伯世界的關心和興趣。

自十七世紀末起，英、法便支配了東地中海區，然而我有關那個支配關係和系統性利益的探討，卻無法對以下兩個問題加以充分討論：㈠德國、義大利、俄羅斯、西班牙和葡萄牙等東方主義的重要貢獻。㈡促成十八世紀的東方研究的重要動力之一，乃是由一些各式各樣有趣的先驅者如洛斯(Bishop Lowth)、艾克宏(Eichhorn)、赫德(Herder)和米高李斯(Michaelis)等人所促成的《聖經》研究(Biblical studies)的革命。首先，我必須嚴格地將焦點擺在英、法以及稍後的美國的材料上，理由不只是因為英國和法國是（進入）東方與東方研究的先驅國家，也是由於在二十世紀之前的歷史上，維持這兩個先驅位置的那兩個巨大的殖民網絡；而我也很有自覺地認為，美國則是在第二次世界大戰之後，在東方填補了由這兩支早期歐洲勢力所發掘出來的位置。而後，我相信英、法和美國的這些東方著作的品質、一致性與大量生產，其實是超越了在德國、義大利和俄羅斯以及世界的其他地方的這一類重要的工作。但同樣為真的是，東方學術研究發展的重要步驟，起初是由英國和法國開頭，後來在德國才更細緻地發展開來。以沙錫為例來說，他不僅是歐洲第一位專注於研究伊斯蘭、阿拉伯文學、德魯茲宗教(the Druze religion)和薩珊波斯王朝(Sassanid Persia)的體制式東方學專家，他也同時是夏波里昂(Champollion)和波普(Franz Bopp)的教師，後者是德國比較語言學的創始者。此外，類似的優越傑出聲名也可放在瓊斯和藍尼的身上。

其次——這也是我的東方主義研究之失敗處，但可以被充分補足的地方——已經有一些重要的近期作品討論到我所講的近代東方主義之背景：《聖經》學術。其中最好而且也最能說明其相關的便是薛佛(E. S. Shaffer)那令人印象深刻的作品《「忽必烈汗」和耶路撒冷的沒落》(*"Kubla Khan" and The Fall of Jerusalem*)(註14)：一部研究浪漫主義起源不可或缺的書，它也探討到其他如柯立茲(Coleridge)、伯朗寧(Browning)和喬治．艾略特等人所作的許多其他智識活動的成果。就某種程度而言，薛佛的著作將史瓦柏所提出的想法細緻化，聰明而有趣地連結了德國《聖經》學者之資料，並將之用來解讀三位主要的英國作家的作品；然而，可惜的是此書對於我所關切的英、法作家的那些東方主義的材料，並沒有展示出一些政治或意識形態上的高明論點。除此之外，我與薛佛不同的是，我打算要闡明英、法東方主義的學術界和文學東方主義的後繼發展情形，特別是將它們聯繫上那具明顯殖民心態的帝國主義之興起而作一個說明。然後，我也希望能指出這些早期的事件如何或多或少地在二次世界大戰後的美國東方主義中被複製著。

然而，我的研究也可能會有一誤導的面向，那就是，除了偶然一筆的參考文獻外，我並沒有對沙錫所開創主導的東方主義在德國的發展作透徹的討論。一部試圖去探索了解東方主義的學術作品，卻又忽略了像斯湯達爾(Steinthal)、穆勒(Müller)、貝克(Becker)、郭德依合(Goldziher)、布洛克曼(Brockelmann)、諾代克(Nöldeke)等不勝枚舉的學者，這的確是應該要被責備的，而我也不客氣地在作自我指責。我尤其後悔沒能多討論一些十九世紀中葉以前的德國學者之偉大的科學聲望，而這種疏忽也被孤立的英國學者喬治・艾略特所公開抨擊。我知道喬治・艾略特在《中進鎮》(*Middlemarch*)中對卡紹本先生(Mr. Casaubon)之刻劃描寫是相當令人難忘的，據他的表弟來蒂斯諾(Will Ladislaw)指出，卡紹本之所以無法完成他的作品《所有神話學之鑰》(*Key to All Mythologies*)的原因之一，是由於他對德國學術不熟悉，因為卡紹本選擇了一個「像化學般變化：新的發現不斷地製造出新的觀點」的主題：他正在作一件類似於要駁倒派拉賽色斯(Paracelsus)的事情，因為「你知道，他並不是一位東方學專家」(註15)。

喬治・艾略特說得一點也沒錯，在一八三〇年左右也就是在《中進鎮》的時代背景，德國的學術研究便已達致歐洲的超群地位了。並且很快地，在十九世紀的前三分之二時期中，德國的學術也能夠發展出一種在東方主義專家與持續的國家的東方利益擴張之間的親密關係。英、法在印度、東地中海、北非等地的存在，德國是無法匹配的，德國所刻劃的東方(the German Orient)幾乎完全就是一種學術性的，或至少是古典的東方：東方是那些田園詩、幻想，或甚至小說的主題而已，它從來就不是真實的(actual)——埃及和敘利亞只有在夏多布里昂、藍尼、拉馬丁（Lamartine）、波頓（Burton）、迪斯萊利，或聶瓦的眼中才是真實的。特別重要的則是以下的事實：兩本最著名的德國東方著作，歌德（Goethe）的《東西詩篇》（*Westöstlicher Diwan*）以及許雷葛（Friedrich Schlegel）的《印度人的智慧及語言》（*Über die Sprache und Weisheit der Indier*），其實分別是根據一趟萊茵河之旅以及長期待在巴黎的圖書館中而創作出來的。因此，德國的東方學術所作的，其實就是將更仔細精緻的技術運用到英、法帝國由東方所蒐羅得來的文本、神話、理念和語言之中。

然而，德國的東方主義和英、法以及稍後的美國式東方主義的共同點在於，它們都是一種凌駕於那個西方文化的「東方」之上的智識**權威**。任何對東方主義的描述中，都必須要佔有相當大的篇幅去探討這種權威，而在本研究中也不例外。即使**東方主義**這個名字暗示了一種嚴肅的或可能是艱澀的專家風格，當我用此名稱去指涉當代美國的社會科學家（他們並不用東方學專家來指稱自己，所以我對這個詞語的使用不是正規的），我想要引起注意的是那些中東專家的（運作）方式，仍然可以說是十九世紀歐洲東方主義知識傳統的遺跡。

關於權威，其實沒有什麼神祕或自然的。它是被形成的、被點亮發光而傳播出去的，它是工具性且具說服力的，它擁有地位，並且樹立了品味與價值的典律，基本上，它與一些特定被尊為真實的理念是無法被區別的，並且從傳統、感受以及判斷之中，權威不斷地形成、傳遞並且再製。總之，權威是可以而且必須被分析的。所有這些被運用到東方主義的權威之特性，以及我在此研究中所想要探究的，便是去描述在東方主義中的歷史權威（the historical authority)以及個人權威(the personal authorities)。

關於在此所要研究的權威，我的方法論設計主要是**策略位置**(strategic location)以及**策略形構**(strategic formation)，前者指的是去描述文本之中作者的位置，並扣連到其所書寫的東方材料，而後者策略形構的分析指的則是去探討下列二者之間相互的關係：其一是文本，另一則是那些文本、文本類型(types)、寫作文類(genres)如何在彼此之間以及在更大的文化領域中獲取重量、密度，以及指涉到的權力。在此我用「策略」這個概念，僅僅是為了要指出在書寫東方時，每一個作者都會面對到的問題：如何去接近它，如何不被它的莊嚴性、範圍及其可畏的面向所擊敗(倒)。每一個書寫東方的人，都應該將自己與東方的關係作好定位而後轉介入文本，這個定位包含他所採納的敘事發聲的種類，他所建造的結構類型，以及種種在他的文本之中循環的意象、主題、主旨，而所有的這些加總起來會決定出對讀者發言、將東方納入的刻意方式，而最後將它再現且替它發言。然而，所有的這些都不只是在理論上發生，所有的東方書寫者(對荷馬來說亦然)都會預設了某個東方先例，某種關於東方的先前知識，而這也就是他所指涉與所仰賴的。除此之外，每一個關於東方的作品都會與其他的作品、與觀眾、制度以及東方本身**結盟**。而這一整套介於作品、觀眾以及東方的某些特定層面之間的關係，便構成了一個可被分析的形構——舉例來說，語源研究、東方文學精選集、旅遊手冊、東方搜奇等——這一整套關係，在時間中、在論述中、在制度(學校、圖書館、外事服務機構)內之呈現，更因此而產生了力量與權威。

我希望我所要分析的權威，並不限定在東方文本的隱含層面而已，毋寧更希望能包含文本的表面及其外於所描述的「外在性」(exteriority)。我並不認為這個想法還可以被過分地強調。東方主義是以其外在性作為前提：東方學專家、詩人或學者促使東方發言，是為了西方而來描述東方，同時也專門提供西方那些東方神祕事物的謎底。他從來都不曾去關心東方，除非是要爲他所說的（事情）找理由時。憑藉著已言說與已書寫的，他的所言所寫，在在意指著東方學專家仕紳是處於東方之外的，這是一個存在主義式的、同時也是一個道德事實。這種外在性的最主要產物當然就是「再現」：早在阿奇勒斯的劇作《波斯人》(*The Persians*) 之中，東方就已從遙遠且具有威脅性的異己，轉化成一些令人覺得熟悉的人物（在阿奇勒斯的例子中是悲傷的亞洲女人）。《波斯人》此劇中所再現的戲劇立即性模糊了一項事實：亦即觀眾其實是正在觀看一個由非東方人召喚出來的高度人工的象徵物，以用來代表整個東方。我對東方文本的分析因而便將特別強調這些絕不是不可見的證據，畢竟再現之所以會是**再現**，就是由於它並非是對東方的「自然」描繪而已。這個證據不僅可以自所謂的真實文本中（如歷史、語源學分析、政治學術論文）發現，也可以在公開性的藝術（亦即具開放想像力的）文本中發現。我們要去審視的是風格、比喻、場景、敘事設計、歷史以及社會環境等等，而**非**要去探究再現的正確性或其是否忠實於其起源。而再現的外在性便總是受到特定的一種公理說法所引導，這公理就是，假若東方可以再現它自己，它便會如此做了，而既然它無法做到，再現就只好來作這項工作，是為了西方，同時，為了可憐的東方，別無他法。「他們不能代表自己，他們必須被別人再現與詮釋。」就如馬克思在《路易波拿巴之霧月十八》中所寫的。

我對「外在性」之堅持的另一個理由是：我相信，在一個文化之內廣被流傳的文化論述與交流，並不是「真理」，而是再現。在此實在不需要再次特別去論證說語言本身就是一種會使用許多技巧而去表達、指示、交換訊息與資料、再現的高度組織化與加碼化了的系統，至少在書寫的語言中，根本就找不出語言只是在傳達「當下顯現」（呈現）（presence）的任何例證，它是一種**再—呈現**（re-presence）或是一個再現（representation）。因而一個關於東方的書寫陳述之價值、效力、強度與其表面的真實性，幾乎是不會、且在工具性上是不能仰賴於（真正）的東方。相反地，這個書寫陳述句的呈現，對讀者來說，基本上就是已經排除了、置換了那**真實存在**的「東方」，並將之變成是多餘的。所以，所有的東方主義代表了東方卻又遠離了東方：東方主義對西方的意義是大過東方，而且此意義是直接來自於西方的各種再現技術，其將東方變得可見、清晰，而且存在於論述中的「那兒」。而這些再現更是以制度、傳統、習俗、了解效應的共同符碼為基礎，根本就不是立基於那個遙遠而又模糊的東方。

若把十八世紀最後三分之一那些年的之前與之後（此處指的即是我所謂的近代東方主義）來比較，關於東方的再現，（最大的）差別乃在於，後期的再現範圍更加擴張。在威廉・瓊斯和阿奎提—度普朗（Anquetil-Duperron）之後，以及拿破崙的埃及遠征之後，歐洲人對東方的了解更加地科學化，也比先前具有更大的權威及紀律。但對歐洲而言，更重要的是擴張的幅員以及如何將其接收東方的技術能更加精緻。而大約就在這個十八世紀的轉捩點上，東方將其語言的年齡洩漏了出來——希伯來的神聖語源因而過時——被歐洲一群人所發現，並將之傳遞給其他學者，且在印歐(Indo-European)語系文獻學的新科學中將之保存。就如傅柯在其《事物的秩序》(*The Order of Things*)中所表明的，這個新而有力的「觀看東方」語言科學誕生了，並且伴隨著一整大張關連著科學利益之網絡。同樣地，貝克福(William Beckford)、拜倫(Byron)、歌德和雨果也利用了他們的藝術(文學)重構了東方，並且賦予它顏色與光亮，東方的人民也透過了他們的意象、旋律和主題而變得可見。我們頂多可以說，「真正」的東方激起作家的幻想，但罕見其真正引導過作家的視野。

東方主義對生產出它的文化比對它的假想目標有較多的感應，而其假想目標也是被西方生產出來的。所以，東方主義的歷史有其內在一致性，並且也有與圍繞著它的支配文化的一組相連關係。是故，我的研究嘗試著去揭示這個領域的形貌及其內在組織：它的先驅者、父權威勢、典律文本、頌榮理念、模範人物及其從屬、經營者與新權威。我也同時打算要去解釋東方主義是如何去採集與聆聽充滿著統治文化的「強盛」理念、教義及趨勢。因此，由過去到現在就存在有一個語言學的東方、一個弗洛依德式的東方、一個史賓格勒式的東方、一個達爾文式的東方、一個種族主義的東方等等。然而，卻沒有一個純粹並且不被制約的東方曾經存在過，相似地，也從未有過一個非物質形式的東方主義存在過，而像東方的「觀念」(idea)如此天真之事物就更不曾存在過了！也就是這種隱含的信念及其所確保的方法論成果，構成了我的研究與其他在作「觀念史」(history of ideas)的學者之相異處。是故，我特別強調東方主義論述所作的陳述和其執行形式，尤其是其物質有效性，這種可能性，通常疏闊的觀念史極為缺乏。設若沒有那些強調與物質有效性，東方主義便只是另一種觀念而已，只是它過去和現在都不只是如此而已。所以，我要著手檢視的不只是學術作品而已，還包含文學作品、政治短論、新聞報導性文本、旅遊手冊以及宗教性的及語源學的研究。換句話說，我的分析觀點是一種廣泛的歷史學和「人類學」觀點的混合，因為我相信所有的文本都是涉入世俗並且根據情境，從此文類到另一文類、從此一歷史時期到另一歷史時期而來推測的。

雖說我受益於傅柯頗多，但我和他不同的是，我相信個別作者對於那些要不然便將是佚名的文本全集之決定性影響力，也就是那一大套的文本構成了像東方主義的論述形構。我之所以要分析那一整大套文本，部份也是由於他們常常在互相引用，指涉到彼此：東方主義畢竟是一套引用著作與作者的體系。藍尼的作品《近代埃及人禮儀風俗論》常被各個不同的作家如聶瓦、福樓拜和波頓所閱讀並引用，不僅是關於埃及而已，對於任何想要書寫並且思索東方者而言，他就是個一定要被強制使用的權威：當聶瓦從《近代埃及人禮儀風俗論》一書之中逐字不漏地借用了一段話，他的用意便是想藉由藍尼的權威來協助他描述敘利亞的鄉村景象，而非埃及的。因為東方主義能夠賦予藍尼的文本一種他所既得的擴充流通性，所以藍尼會具有權威並且相應會有較多的機會，讓人不管是有選擇地或任意地去引用他的文字。然而，不了解藍尼**他的**文本的特殊性質，就無從了解他的流通性，對雷南、沙錫、拉馬丁、許雷葛和其他具有影響力的作者亦是如此。傅柯認為，一般說來，單一個別文本或作者沒有什麼重要性，但就經驗而言，在東方主義這個例子中（也許在他處是找不到了），卻不見得是如此。依此，在我的分析中，我用心地運用了文本閱讀的材料，其目的便是要去揭露個別文本或作者以及其作品有所貢獻的複雜集體形構(collective formation)二者之間的辯證關係。

然而，這本書仍舊遠遠稱不上是一部東方主義的完整歷史或關於東方主義的普遍討論，即使在書中已包羅了相當多的作者選輯。這其中的欠缺與不足，我自個兒是很明瞭的。而也就是因為它的豐富多樣性，東方主義如此豐厚的論述才會在西方社會中存在並且運作，而我所作的是去描述在特定的時刻中它的部份網絡而已，並且也僅僅是要去指出，有一個更大的整體存在，非常詳盡而有趣，並且點綴著吸引人的人物、文本和事件在其中。我自我安慰地相信：希望會有更多的學者和批評家可能會願意去寫更多的書籍，這本書將會是一套叢書中的一本而已。關於帝國主義與文化之間的關係，其實仍須寫成一篇通論來作探討。而其他的研究則可更深入地去研究東方主義與教學之間的關連，或者可以去探究義大利的、荷蘭的、德國的或瑞士的東方主義，也可深入探索學術與想像性書寫之間的動態關係，或是去研究行政理念與知識學科之間的關連。然而，最重要的事情可能就是著手去探索完全不同於東方主義的當代另類著作，去探詢如何能獲致一種非壓制性、非操縱性的觀點，或是一種自由主義的角度去研究其他民族的文化與人民。

最後一點在方法上的觀察(體會)，可能是有點自我吹噓，就是我在撰寫這份研究之時，其實心中已預設了幾種讀者：像是對文學和文學批評的研究者來說，東方主義便可以提供作為很好的範例去彰顯社會、歷史和文本性三者之間的相互關係。更進一步地說，東方主義與意識形態、政治和權力邏輯之間的關係，是由東方在西方所扮演的角色聯繫起來的，而我認為這與文學社群也是很有關連的。而針對當代不論是在學院中抑或是在作政策擬定的東方學者而言，我則在撰寫的同時已在內心擬定了二個目標：第一，呈現一套前所未曾有的觀點、他們的知識系譜學（intellectual genealogy）給他們看。第二，去批判——同時也為了要引起討論那些在他們作品中極為仰賴且通常都不被質疑的預設。而對一般的讀者，這個研究所討論的主題總會引人注意：而這些主題不只是關連到西方人對「異己」的概念和討論，也與西方文化所扮演的一特殊重要角色有關，就如維科所提出的概念「眾國世界」（the world of nations）所指涉的意涵。最後，對所謂的第三世界的讀者，這個研究更重要的是為了要讓其了解到西方文化論述的**力量**，而比較不是要去探索西方的權力政治，以及在那政治之中非西方世界的情形。西方文化論述的力量常常被誤以為僅僅是裝飾性的或是「上層結構的」（superstructural）〔校註：教條左派常認為「文化」屬於社會的上層結構，遠不如經濟生產關係來得根本〕。但我希望進一步去闡明文化支配的龐大結構，以及採用此結構於自身或他者身上的危險性和誘惑性，特別是為了那些先前被殖民過的人們。

這本書區分成三大章與十二個較小的分節單元，便是希望盡可能地詳盡解說。在第一章〈東方主義的範圍〉中，我畫了一個大圈圈以便將這個主題的所有面向都包含進去，不管是從歷史時間與經驗來看，或是以哲學與政治主題為考量。在第二章〈東方主義的結構與重構〉中，我嘗試以一種較廣泛的編年，描述近代東方主義之發展，並且也將一些重要的詩人、藝術家以及學者的作品中一些共同的裝置設計(device)揭露出來，用來追溯東方主義的軌跡。在第三章〈當代的東方主義〉中，接著先前結束的部份，大約自一八七〇年開始分析。那時期開始有大規模向東方的殖民與擴張，並且一直累積至第二次世界大戰。在此章的最後節次中，將強調出英法霸權轉移到美國的情形，最後，我打算要勾勒出當今美國東方主義的知識與社會現實。

三、個人的面向。葛蘭西在《獄中札記》中說道：「批判論證的起始點便是意識到個人真正是什麼，而這種『知道你自己』(Knowing thyself)是歷史過程的產物，它有無限的軌跡存放在你身上，但卻沒有留下任何的目錄。」事實上，葛蘭西的義大利文本是加上另一句話來作結的——「因此，在最初就絕對需要去編纂這樣的一種目錄」，但這唯一可見的英文翻譯卻奇異地遺漏了這一點意見(註16)。

我個人對這個研究的投入，起源自我孩提時在兩個英國殖民地的「身為一個東方人」之成長經驗。我在殖民地(巴勒斯坦和埃及)與在美國所受的教育都是西式的，但我這深刻的童年意識卻總是持續著。從很多方面來看，我的這個東方主義的研究其實便是一個嘗試，要把加諸於我身上的所有軌跡編纂目錄，這些軌跡可說是廣泛刻劃在所有「東方主義」的子民(如我)身上。而這也就是為何我會特別將注意力放到伊斯蘭東方(Islamic Orient)的原因。至於我是否已作到如葛蘭西所指的編製目錄(inventory)，並非該由我自己來作判斷，雖然說，我很清楚努力試著去作那編製的工作。而一路如此作下來之後，我維持著批判意識，並且盡我所能，嚴謹而理性地運用歷史工具、人文學科和文化的研究，在這些方面我很幸運地由我（過去）所受的教育中受益甚多。否則，假設沒有這些的話，我會遺漏了我所要去掌握的「東方人」文化實體，也不會以我個人的涉入與牽連而被構成一個「東方人」(an Oriental)。

讓這個研究成為可能的歷史環境是相當複雜的，在此我只能列舉出一些梗概而已。任何人只要是在一九五〇年代之後居住在西方，特別是住在美國，都曾經歷過一個東西方關係騷動不安的年代。沒有人會不注意到「東方」在那個年代是如何具有危險與威脅的意涵，即使那指的是傳統的東方與俄國。而在學院之中，區域研究的學程(program)與研究所的不斷設立與成長，也使得有關東方的學術研究成為國家政策的（重要）部份。這個國家的公共事務有著濃厚的東方興趣策略性及經濟性的考量，與傳統性地捕捉奇風異俗的異國情趣(exoticism)同等重要。假如在當今的電子時代已經讓西方的公民可以更立即的接近世界，那麼東方必定是變得與他們更為接近，所以，當今的東方與其說是個神話，不如說是被西方（特別是美國）利益所交叉編織而成的地方。

在電子（時代）、後現代世界中的一個面向，便是東方更會被刻板印象式地觀看著。電視、影片以及所有的媒體來源都迫使資訊變成更為標準化的模式。到目前為止，東方被標準化以及刻板印象化後，更增強了十九世紀學術圈及想像性魔鬼學(imaginative demonology)中對「神祕東方」的塑造。而這其中最真切的部份以近東被控制的情形尤是。有三件事情可以來幫助說明這種對阿拉伯和伊斯蘭世界的最簡單之知覺如何被高度的政治化的情形，雖然聽來有些刺耳：㈠東方主義的歷史立即反映出西方社會一般性的反阿拉伯和反伊斯蘭的偏見。㈡阿拉伯和以色列的猶太復國主義(Zionism)間的衝突抗爭，以及其所產生在美國猶太人身上的效應，還有這對自由主義文化與一般人民的影響。㈢幾乎是完全沒有任何的「文化位置」有可能會對阿拉伯或伊斯蘭（世界）加以認同，或對之冷靜地作討論。更甚的是，中東現已被等同於強權國家政治(Great Power politics)、石油經濟和一個簡單草率的二元對立——即愛好自由和民主的以色列相對於邪惡極權和恐怖主義的阿拉伯。所以，可以說是相當令人鬱悶地，當人們在談論近東之時，想要對其有一清晰的觀點與看法，這可能性真的是微乎其微！

而我自己在這一方面的經驗也是造成我會著手寫這本書的部份原因。對一個生活在西方，特別是生活在美國的阿拉伯巴勒斯坦人而言，是很教人沮喪的。有一個幾乎是無異議的共識存在著，那就是：要不然他就是政治性地不存在著，再不然就是他被允許而存在著，但卻是以一個討厭的人或以東方人而存在著。這個由種族主義、文化刻板印象、政治帝國主義和去人性化的意識形態所交織而成的網，的確是很強勁地覆蓋在阿拉伯和穆斯林（亦即伊斯蘭教徒）身上，而就是這個網讓每一個巴勒斯坦人都會覺得他們生來就該特別被懲罰。而更糟的是，在美國的近東學術研究者，沒有一位是全心地在文化和政治上認同阿拉伯，當然在某一層次上是有些認同的，但他們的認同形式，從來就不是像自由派美國人認同「猶太復國主義」那樣是「可接受」的，他們反倒經常被批評，說他們與名聲不佳的政治經濟利益（例如石油公司和國務院的阿拉伯專家）或宗教相連結。

知識與權力的核心創造出「東方」，並且在某種意義上刪去他（們）是人(human being)之事實，對我來說，並不全然是一種學術事件而已。然而很明顯且重要的，這是一件智識(intellectual)上的事件。我已能夠運用我的人文和政治關懷去分析並且描述這個物質事務：東方主義的興起、發展和穩固。文學和文化太常被預設成是在政治上，或在歷史上是天真無邪的，一般說來，我總是認為並非如此，而當然這個東方主義研究更使我堅定地相信（而我也希望能說服我研究文學的同事們），社會與文學文化只能被放在一起來了解與探討。而除此之外，依著一個幾乎是逃脫不了的邏輯來看，我已經發現到我自己正在撰寫一部奇怪的、與西方反閃族論（anti-Semitism）有祕密關連的歷史。反閃族論（在此書中我已對其伊斯蘭分支做了討論）和東方主義彼此其實是非常相像的，這本是一個歷史上、文化上以及政治的真相，任何一位阿拉伯巴勒斯坦人當可了解其中的譏諷(irony)〔校註：因為今天自由派所批評的「反閃族論」，通常只是意指「反猶太人」〕。但是我也仍然應該努力地去對文化支配的運作情形作更好的了解與探索，假設這種做法可以促成一種處理東方的新模式，甚至如果將「東方」與「西方」完全去除掉，那我想我就已多少做到一些如雷蒙・威廉斯所稱的「去學化」(unlearning)過去已學過的「固有的支配模式」（the inherent dominative mode)了(註17)。

註釋：

註1：Thierry Desjardins, *Le Martyre du Liban* (Paris: Plon, 1976), p. 14.

註2：K. M. Panikkar, *Asia and Western Dominance* (London: George Allen & Unwin, 1959).

註3：Denys Hay, *Europe: The Emergence of an Idea*, 2nd ed. (Edinburgh: Edinburgh University Press, 1968).

註4：Steven Marcus, *The Other Victorians: A Study of Sexuality and Pornography in Mid-Nineteenth Century England* (1966; reprint ed., New York: Bantam Books, 1967), pp. 200-19.

註5：詳見我的*Criticism Between Culture and System* (Cambridge, Mass.: Harvard University Press, forthcoming)。

註6：主要在他的*American Power and the New Mandarins: Historical and Political Essays* (New York: Pantheon Books, 1969) 以及*For Reasons of State* (New York: Pantheon Books, 1973)。

註7：Walter Benjamin, *Charles Baudelaire: A Lyric Poet in the Era of High Capitalism*, trans. Harry Zohn (London: New Left Books, 1973), p. 71.

註8：Harry Bracken, "Essence, Accident and Race," *Hermathena* 116 (Winter 1973): 81-96.

註9：這是一次專訪的部份內容，刊載於*Diacritics* 6, no. 3 (Fall 1976): 38。

註10：Raymond Williams, *The Long Revolution* (London: Chatto & Windus, 1961), pp. 66-7.

註11：在我的*Beginnings: Intention and Method* (New York: Basic Books, 1975)。

註12：Louis Althusser, *For Marx*, trans. Ben Brewster (New York: Pantheon Books, 1969), pp. 65-7.

註13：Raymond Schwab, *La Renaissance orientale* (Paris: Payot, 1950); Johann W. Fück, *Die Arabischen Studien in*

Europa bis in den Anfang des 20. Jahrhunderts (Leipzig: Otto Harrassowitz, 1955); Dorothee Metlitzki, *The Matter of Araby in Medieval England* (New Haven, Conn.: Yale University Press, 1977).

註14··E. S. Shaffer, *"Kubla Khan" and The Fall of Jerusalem: The Mythological School in Biblical Criticism and Secular Literature, 1770-1880* (Cambridge: Cambridge University Press, 1975).

註15··George Eliot, *Middlemarch: A Study of Provincial Life* (1872; reprint ed., Boston: Houghton Mifflin Co., 1956), p. 164.

註16··Antonio Gramsci, *The Prison Notebooks: Selections,* trans. and ed. Quintin Hoare and Geoffrey Nowell Smith (New York: International Publishers, 1971), p. 324. Hoare和Smith翻譯中沒有收錄的完整段落，可在下列版本中找到··Gramsci, *Quaderni del Carcere,* ed. Valentino Gerratana (Turin: Einaudi Editore, 1975), 2: 1363。

註17··Raymond Williams, *Culture and Society, 1780-1950* (London: Chatto & Windus, 1958), p. 376。

I

東方主義的範圍

The Scope of Orientalism

歐洲那騷動不安又野心勃勃的精靈……
急切地要展示他們強大的新工具。

-傅立葉，《歷史序言，一八〇九年》見於《埃及描述》

1 認識東方
Knowing the Oriental

一九一〇年六月十三日，巴佛(Arthur James Balfour)在英國下議院演講，談「我們在埃及所必須面對的問題」，他說這些問題：「與影響來特島，或約克夏西方土地的問題相比，是全然不同的一個領域。」他身為前英國首相、前資深英國國會議員、前沙立士百瑞總督(Lord Salisbury)的私人秘書、前英國愛爾蘭部部長、前蘇格蘭部部長等多重身分的權威，如此發言。因為他奉派處理過許多英國海外的危機。一八七六年，大英帝國佔領印度為殖民地時，巴佛也奉命管理這個英國殖民地；當時，他代表帝國官僚體系發言，影響力不同凡響。特別是一八八二年以後，大英帝國為了海外殖民地，征戰連連：從佔領埃及，到戈登將軍在非洲蘇丹戰死、法西達事件(the Fashoda Incident)、歐篤曼(Omdurman)戰役、波耳戰爭(the Boer War)、日俄戰爭陸續爆發，還要加上阿富汗、南非祖魯戰爭二役。他的影響力，除了是因為他的顯赫社會地位外，還因為他的博學和機智（他可以從哲學家柏格森、音樂家韓德爾，談到神學、高爾夫球），他的貴族教育背景（高中念伊頓中學，大學是劍橋大學三一學院），還有他曾在大英帝國海外殖民地的領導經驗，都賦予一九一〇年六月那場在英國下議院的演講極大的權威。當然在權威之外，他的演講另有可注意之處，特別是他用訓話和道德說教的語氣、態度在演講。當時部份下議院的議員正在質疑：「英國在埃及」的必要性。《英國在埃及》(*England in Egypt*)是彌訥(Alfred Milner)在一八九二年出版的著作，書中充滿了對海外殖民地的狂熱。只是彌訥的書和巴佛的演講相去十八年，早先大有利可圖的殖民地事業，面對埃及本土日趨高漲的民族主義，英國顯得難以抗辯：如何有正當理由，維持在埃及的殖民統治？這種背景下，巴佛應邀到國會，向議員解說治理埃及的複雜。

當時，巴佛面對國會議員羅柏森（英國新市鎮泰訥賽〔Tyneside〕選出來的會員）的挑戰：「對於那些你稱為『東方的』地方人民，你有什麼權力可以擺出優越感？」這句話激得巴佛忍不住重複羅柏森(J. M. Robertson)的問題。此處他們用「東方」一字，其實是一個歐洲文學的典律用法，喬叟、曼德維爾(Manderille)用過，莎士比亞、德來登(Dryden)、波普和拜倫也用過。這個「東方」代表地理上、道德上或文化上的亞洲或東方。在歐洲，任何人都可以提起：東方人格、東方氣氛、東方故事、東方暴政專制或是東方生產模式，而他人也都可以了解。馬克思用過這個名詞，現在巴佛也在用，他對這個名詞的選擇很自然，也完全不需要再解釋。巴佛答說：

> 我毫無優越感，但是我也要反問羅柏森議員，或是任何一位對歷史只有膚淺了解的人，假使他們被放置在我這樣的位置，身為一位英國政治人物，奉派在東方的

埃及，應該要如何治理這個多種族的國家？我們對埃及文明的了解，勝過其他國家，我們知道埃及的遠古、知道得更多、有更貼己的了解經驗。它的久遠，遠遠超過我們這個民族；當我們還迷失在史前時期時，埃及文明已經過了高峰。我們好好地看看所有這些東方國家，不要再談什麼優越感或自卑感。

這段話有兩大「培根式」的主題：知識和權力。當巴佛合法化英國佔領埃及的必要性，他自己心目中的優越感來源，其實是和「我們英國人的埃及知識」連結，而不是和軍事、經濟力量連結。對巴佛而言，知識就是用一個獨特眼光，衡量一個文明，從全盛時期到衰退期；當然這也表示，英國**有能力去衡量**埃及古國的文明。知識意味著跨越現在、超越自我、進而伸展到國外和遠方。但這種知識的研究對象卻很脆弱，不堪細細探究。因為這個知識的對象就是下面所謂的「事實」：雖然東方就像任何一個人類文明那樣，會發展、改變或者變形，但是，根本上或本體論式地來說，東方的本質一直是穩定不變的。而一旦擁有這樣的知識，等於就是控制這個知識客體「東方」，在其中西方對東方施展權威；而這「權威」意味著「我們西方」有權否決「他們東方」的自治權。

於是，「他們」東方國家，是作為被「我們西方人」認識的方式而存在的。英國對埃及的知識，對巴佛而言**就是**埃及。而巴佛本人「東方主義」式的認知沈重份量，使得他覺得，西方優越感和東方自卑感的問題，太微不足道；原因是他根本就把他自己對埃及的知識，視為理所當然，特別是在他談那知識的後果時：

首先，我們檢視歷史，歷史上的西方各國，都有各自的優點；但是西方國家的崛起，是人民有自治的能力使然。……反觀最廣義的東方國家的歷史，從未有過人民自治的史實；史上所有東方最偉大的時代，都是專制獨裁的政體，征服者一個接著一個，接連不斷發動革命的，都是獨裁控制的政權；以西方的眼光來看，東、西比較不是什麼優越、低下的區別，而是東方從來不曾建立人民自治的政體，這是事實；我想，以東方聖哲的眼光來看，我們英國現在在埃及有效統治的政府體制，恐怕也不值得聖人來作，因為政治太骯髒了，不值得聖人費力。

事實既然是事實，巴佛就必須在下一部份繼續主張：

對這些昔日的偉大國家而言——我個人崇拜他們的偉大文明——放棄他們的權力，改讓我們英國人來運作這個絕對王權的政府，是不是一件好事？我認為是好事。經驗顯示，他們目前被一個較好的政府統治，遠比他們自古以來的政府好多了。而且這不只對他們有益處，對整個文明的西方世界，也有益處。因為我們進入埃及，不只是為了埃及人而已；雖然一開始我們的確是為了他們才去埃及的；但從大方向而言，我們也是為了歐洲。

巴佛沒有拿出證據，說明「跟我們打交道的」埃及人的確了解、而且感謝英國人的殖民統治。然而，巴佛也沒有給任何埃及人機會，讓他們為自己民族發言，因為任何大聲疾呼，要求埃及人權益的，都比較可能是「滋生困擾的搗蛋份子」，而非善良的埃及當地人，他們會了解殖民政府統治的「困難」。因此，在解決了英國佔領殖民地的倫理問題之後，他最後就切入實際面：「如果佔領東方是我們的任務，不管當地人是不是感謝，不管我們解救他們的行動，是否能讓他們真正感念，了解過去未被英國統治的損失（巴佛所指的損失，絕非是指埃及無限期地延後獨立之損失），也不管他們是否真切記起英國殖民帶來的種種好處；一旦這是我們的職責，我們該如何去做？」英國已經把「英國最好的東西，輸出到這些東方國家」，無私的殖民地統治者，「在無數異族、異教徒、殊異的社會規範、生活條件下，努力工作」。是什麼讓他們撐下去？就是想到家鄉的政府，認真地支持他們。然而

當地人直接的感受是，凡是具備權威和同情心的官員，都是以他們祖國的權威與同情心為基礎，而改造殖民地，也都是緣由母國政府全力支持的殖民政策，一旦失去祖國的背書，殖民官吏就失去其權威和同情心，而當地人也就會失去了作為他們文明基礎的「秩序感」。因此，祖國的支持是殖民地的基礎。

巴佛這裡的邏輯很有趣，至少和他整個演講的前提相一致。因為英國了解埃及，所以埃及就是英國認知的那樣，英國知道埃及不能自治；英國藉著佔領埃及來肯定這個想法。

對埃及人來說，埃及就是英國人佔領後所治理的樣子，「外國的佔據」因此變成現代埃及文明的「基礎」；因此，埃及的確要堅持，一定要英國來佔領。但是如果埃及的殖民和被殖民之間的親密關係，被家鄉的「國會」攪亂了，則巴佛要說：「統治的種族之權威就會倒台，而我個人當然認為，有統治權的種族應該繼續統治。」巴佛認為，如果祖國不再繼續殖民埃及的政策，則不只英國的影響力受損，「而且對那一群英國殖民地官員而言，任他們有天縱英明，也無法完成在埃及的偉大任務；這個任務不只是我們賦予他們的，而且也是整個文明世界賦予他們的（註1）。」

以辭令的表演而言，巴佛的演說意義重大，特別是演講詞中，他扮演、也再現了好幾種不同的角色。其中，當然有「英國人」，也就是「我們自己」，這種自以爲的份量，也可算是英國史上最突出、有影響力的代表。巴佛也談到文明世界、西方，還有人數相對稀少的英國殖民地官員。他沒有直接對東方人說話，那是因爲他們說另一種語言；然而，雖沒有對話，他卻知道東方人的感受，因爲他了解東方歷史，和東方人對殖民政府的期望、依賴。而且，巴佛認爲，他可以爲東方埃及人發言，是因爲：事實很明顯，假如眞的去問埃及人，埃及人也不會否認英國對他們的幫助，埃及人甚至可能還會說，他們是一個被統治的種族，而統治者比埃及自己還了解他們，還更知道什麼對埃及好。埃及人的偉大在過去；至於他們在現代世界的用處，只是要配合強大、符合潮流的歐洲帝國，把他們帶出衰退的深淵，使埃及人都有生產力，做個被殖民的順民。

在巴佛的論點中，埃及是一個特好的個案。以一位英國國會議員的身分，巴佛完全了解，從英國、西方或西方文明的觀點出發，他有十足的權力可以談論評價現代埃及。埃及不只是個殖民地而已，它更是歐洲帝國主義勢力的明白展示。在埃及被大英帝國佔據之前，它幾乎就是學術研究上典型倒退的東方案例。佔領埃及象徵著英國知識和權力的勝利。一八八二年，英國佔領埃及，敉平了阿拉比(Ahmed Arabi)中校領導的埃及國民軍的叛變。而一九〇七年，英國在埃及的總督是埃福林．白令(Evelyn Baring)（他的名字諧音是「過度忍受」〔Over-baring〕，他也以此出名），白令也就是克羅莫(Lord Cromer)。在一九〇七年七月三十日，巴佛在下議院支持提案，要撥給克羅莫退休獎金五萬英鎊，作為他對埃及奉獻的獎賞。巴佛認為，是克羅莫**塑造**了現代埃及，他說：

> 所有他接手的，他都改造成功……過去二十五年，克羅莫總督對埃及的奉獻服務，把埃及從一個社會、經濟最墮落的深淵扶持上來。在東方各國中，我相信，埃及無論談繁榮富庶、經濟金融發展或人民道德方面，都很傲然突出了（註2）。

埃及的道德如何發展和度量，巴佛倒是不敢說。英國外銷到埃及的，幾乎等於英國外銷到整個非洲那麼多，這當然也證明英國和埃及的利害一致，經濟繁榮是同步的（雖然繁榮的程度不平均）。但英國對埃及真正的大影響，其實是未曾間斷、全心全意的保護管束式的引導發展，從開始派學者、傳教士、商人、軍人、教師為先頭部隊，到派遣殖民地高級官員克羅莫和巴佛。他們的自我定位，是提供指導，有時甚至強迫地把埃及從被忽視的東方中，突出為樣版殖民地。

如果英國在埃及的成功如巴佛所說，是非常難得的例外，但這成功絕非是不可解釋或是非理性的。英國治理埃及，是根據巴佛對東方文明的理念，和克羅莫樹立的埃及日常的管理模式，二者結合所形成的殖民地管理通論。最重要的是，這個理論經過二十世紀第一個十年的實驗後，發現它有效，而且運作得好得不得了。他們的論點，清楚而明白可以化約爲最簡單形式，就是：我們西方人，統治東方；他們東方人，則必須被西方統治。被統治的東方之意義，經常是被佔領土地，內政被嚴格控制，人民的生命和國家的寶藏，都操在另一個西方強權之手。我們分析巴佛和克羅莫的觀點，可以看到他們，如何剝除人性，把東方人降低到赤裸裸的文化和種族的本質。但這並不是他們二人特別邪惡，而是當時那個西方的學說（指「東方主義」），早已通行大盛而有效執行。

巴佛的東方論還假裝表現客觀、普遍適用的立場。克羅莫就不像巴佛，他特別針對的是日復一日的殖民地統治規範，他先是在印度，接著在埃及待了二十五年，擔任大英帝國在當地最高階的總督。巴佛所謂的東方人（Orientals），到了克羅莫就成了「臣屬種族」（subject races），他在一九〇八年一月號的《愛丁堡評論》（*Edinburgh Review*），如此稱呼。再一次，對臣屬民族的知識，或對東方人的知識，都使得歐洲在統治東方時，方便並且有利可圖。知識帶來權力，而更多的權力，需要更多知識，如此形成了資訊和控制的辯證關係，一種讓歐洲有利可圖的辯證關係。克羅莫就認為，結合母國的軍事主義、商業本位和殖民地的「自由體制」（對照於英國政府的基督教道德律）三者，大英帝國將永不會沒落。因為根據克羅莫的說法，如果東方人原本就完全不顧及邏輯的存在，那對他們最好的治理，不應過度用科學的方法，或強迫他們接受西方的邏輯，反而應該「了解他們的限制，使他們滿意於當一個臣屬民族，並努力尋求一條道路，讓統治者和被統治者之間有更強的聯繫。」換言之，他主張，潛伏在大英臣屬民族的無處不在之帝國力量，應該要多用智慧治理殖民地，更細緻地了解殖民地，節制武力，少用軍隊鎮壓，束縛粗魯的課稅官員。英國要以無私，來節制帝國主義的貪婪，以彈性的規範，節制其急躁。他說：

更明白地說，所謂「商業精神需要點自制」的意思就是，當我們和印度人、埃及人、錫魯克人或祖魯人打交道時，第一個要考慮的問題就是，這些人，雖然在民族性上還是小學生，但他們自認「對他們最有利的」究竟是什麼。雖然這個問題，必須要有更周詳的考慮。每一個殖民地都有特殊的問題，我們認為：對臣屬民族的問題，主要都可用下列的模式來解決：西方的知識和經驗，加上對當地民情的特殊考慮來調整；而不應只用英國本位（或可推斷得來）的利益為前提來考慮。過去英國在殖民地的問題是，多半從英國特殊階層的利益出發。如果，能用我建議的模式，英國恪守這個原則治理殖民地，則我們即使無法在殖民地，塑造出一個基於種族與語言的愛國主義，也可贏得一種四海一家式的忠誠。由於我們無私的德行和優越的才具，不管目前的或未來的被殖民者，將會感激我們。埃及人也許以後會遲疑是否他們要與其他阿拉伯人命運共同體……甚至中非的野蠻人，也終究會學唱聖歌，讚美英國降臨東方，而這就是英國殖民官員所體現的，不給野蠻人喝琴酒，卻給他們公義，只要依循此原則，商業也會跟著發展（註3）。

那麼，由臣屬種族所提上來的建議，統治者該給予多少的「周詳的考慮」（前引文）呢？這完全反應在克羅莫對埃及民族主義的全盤反對。埃及希望英國鬆綁本地的機構，外國的佔據退出，成為一個獨立自主的國家主權。上述這些意料中的建議，反覆經埃及人提出，當然也很一致地被克羅莫一一拒絕。克羅莫非常明白地主張：「埃及的真正未來，不應侷限於狹隘的民族主義，因為它只是維護了本地的埃及人，而要把民族情感擴大到一種四海一家（cosmopolitanism）的情感（註4）。」臣屬民族們並不知道什麼對他們自己是比較好的，他們大部份是東方人，克羅莫則對東方非常了解，因為他統治過印度和埃及。對他而言，治理東方很簡單，即使此地和彼地有些環境上的不同，但管理方式皆一致，因為各處的東方人都幾乎是相同的（註5）。

終於，現在我們面對的是，持續發展長達一世紀的、近代西方所建立的東方主義。這項基本的核心知識，既是學術的，也是實用的知識，巴佛、克羅莫都繼承這個傳統，包括了所有有關東方的知識，探討東方族群、種性、本質、文化、歷史、傳統、社會和潛能的知識。這些知識之所以有用，是因為克羅莫相信可以用來統治埃及，這知識被檢證過，「東方人」在實際上，都有柏拉圖哲學式的、不變的「本質」，任何東方學專家、統治東方的人，都可以檢視、了解並進一步揭露。因此，克羅莫在他兩巨冊《現代埃及》(*Modern Egypt*)的第三十四章中（這是他在埃及主政時期，所有的經驗和績效的官方記錄），寫下這樣個人性的東方主義智慧典律：

> 萊爾爵士(Sir Alfred Lyall)有一次告訴我，東方的心靈厭惡正確，每一位住在印度的盎格魯人都應記得以下格言：不求正確、導致不真，是東方人的主要特質。歐洲人乃是縝密的、合理的思考者，他們對陳述事實的方式，沒有任何不清楚、曖昧，歐洲人儘管沒有學過邏輯，也都是天生有邏輯思考的人。一個歐洲人，對任何未經求證的假設，天生就會質疑，要去證明真實。他訓練有素的知性，就像一架機器。反之，東方的心靈，就像一條有趣而古意的舊街道，永遠沒有勻稱。他的推理，顯然是最粗疏的。雖然遠古的阿拉伯人，需要更高層次科學方法的辨證，今之阿拉伯人奇特地缺乏邏輯能力，他們往往不能從最簡單的前提中，推得明顯的結論。你可以努力地要求任何一位埃及人說明一件事實看看。他的話都太冗長，缺乏清晰重點，在說完故事前，他不知已自相矛盾幾次了。在交叉訊問中，他就更常潰散不成篇了。

克羅莫因此認定東方人油腔滑調，缺乏努力的精力和動機。東方人總是滿口腴詞、狡詐、玩陰險手段，甚至對動物也殘忍。東方人不走馬路也不走人行道（他們混亂的心靈不像聰明的歐洲人能夠立即明白到：馬路與人行道本來就是給人走的），東方人是沒有硬骨頭的騙子，他們多疑，做每一件事，都完全和盎格魯-撒克遜人的明白、直接、高尚風格相牴觸（註6）。

克羅莫一點都不想隱瞞他對東方人的看法：他們不過是被他統治的「有人形的材料」：「我是一個外交官兼行政長官，我的工作就是研究人，但是從統治者的觀點來看，」克羅莫說，「我只滿意一件事，那就是發現一般東方人的行動、談話、思考都和歐洲人剛好完全相反。」

他的描述，當然有一部份來自他在殖民地的直接觀察，但是他也旁徵博引一些正統的東方學專家的權威觀點（特別是雷南和伏尼〔Constantin de Volney〕的著作），來支持自己的觀點（註7）。他非常尊重這些權威，特別是當他去解釋為什麼東方人會這樣時。他服從、尊重這些權威，因為這些權威可以解釋東方為何是那個樣子，而任何有關東方人的知識，都無疑的可以印證他對東方人的看法。埃及在原有權威和克羅莫個人刻板印象的雙重交叉質詢下，認定東方人天生就有罪，只因為東方人就是東方人該有的那樣，所以罪有應得。這樣的套套邏輯加諸東方人身上，使得歐洲人甚至無法以歐洲應有的邏輯和均衡的能力來判斷，所以任何由此推論，被認為是東方人的行為規範的，都被歐洲人認為是不自然的。引申到最後，就是克羅莫在最後一年的埃及年度報告所說，埃及的民族主義根本就是一個「全新的觀念」，「是一株異國的植物，不是埃及本土滋生的（註8）。」

我想，我們也可能犯錯，低估了正統東方學專家的正典和他們累積的知識影響力，由於他們的飽學，克羅莫和巴佛才在他們的著述和政策上，一再援引。如果我們只是簡單地說，「東方主義」就是在事後合理化殖民地法規，那就是忽視了他們所制定的殖民地法規，相當程度上在事先就早已被東方主義所正當化了。人性習於把世界劃分不同區域，區分真實、想像的分野，所以幾世紀以來，西方認為的理論、史實上，東、西兩方的截然分野，使巴佛和克羅莫都欣然接受。這期間無數的發現之旅，透過貿易、戰爭，東、西因而接觸，交流自此大開；但事實不止於此，從十八世紀中葉起，東、西之間還有兩大因素從中起作用。第一個因素，是在歐洲有系統建立起來的有關東方的知識，這個知識體系在海外殖民地、還有在獵奇下被強化、散佈，並被發展中的科學如民族學、比較解剖學、語言學和歷史學所利用；尤有甚者，這個知識體系更經過眾多的小說家、詩人、翻譯家、天賦異稟的旅遊家，被他們所寫的龐大的東方文學作品增色不少。第二個因素是，在東方和歐洲的關係中，歐洲總是站在有力的一方。我不說「宰制」而說「有力」，是再也沒有更委婉的說法了。當然，強對弱的關係可以偽裝或削減，就像是，巴佛就用「偉大」來形容古東方文明。但是，從現狀的政治、文化甚至宗教各個領域比較，根本上西方（至少是和中東有關的西方）對東方真正的關係，就是強對弱的搭檔關係。

有很多形容詞可以用來形容這種關係，典型的像巴佛和克羅莫，就如此形容東方：非理性的、墮落的、童稚的、「不同的」；因此，相對的，西方就是理性的、美德的、成熟的、「正常的」。然而，西方要活化這個對比關係，就是要無處不強調其發現的東方，是活在一個非常不同、但卻井然有序的另類世界中，他們有其獨特的在民族的、文化的、知識論等不同層面的疆界和內在邏輯。但是，賦予東方的「可理解性」和身分認同的，不是東方自己努力的結果，而是被西方以豐富知識體系所操縱下，得到的身分認同。由於這種複雜的系列對照，兩種文化的關係，隨著我們上述的二個因素是一齊出現。所以，強者的東方知識**創造**了東方和東方世界。在巴佛和克羅莫的語言中，東方像一個判決的對象（好像法院判例）、一門被研究的學問（好像在課程中）、一個被規訓者（好像在監獄或學校裡），或是像一隻被描繪的動物（像在動物學手冊中）。而重點是在這樣多的比喻性的個案情況下，東方完全是被西方的霸權用控制性的架構(dominating frameworks)所**涵蓋**和**再現**。問題是，這些控制架構從何而生？

文化的力量是無法輕易討論的。而我目前努力的工作，目的之一就是描述、分析、反省作為施展文化力量的東方主義。換言之，在更多的材料被分析出來前，最好不要以偏概全、模糊的來使用「文化力量」這麼重要的一詞。但是我可以這樣說，在十九、二十世紀西方所關注的範圍內，東方總是被西方當作比較遜色的對象，或是需要被西方以「更正確」之方法來研究的學問。東方被認為是應該在教室、刑事法庭、監獄或指導手冊上觀看的東西。因此，「東方主義」就是有關東方的知識，應該展現於課堂、法庭、監獄或手冊上，以便研究、評審、判斷，乃至統治、操縱。

由於十九世紀早期東方主義提供了豐富的字彙、想像、修辭、形象，到了二十世紀初，巴佛和克羅莫就可以依循這些東方主義的傳統。然而隨著歐洲佔領更多的地球表面領土，「東方主義」也被強化了。在文字上，歐洲掌控了更多的東方知識。而歐洲大舉擴張領土的時間，正好和「東方主義」的知識和研究機構大幅擴充的時間相吻合。從一八一五年到一九一四年的一世紀內，歐洲直接控制的地球表面積從三五%，暴增到八五%（註9），每一個大陸都被影響了，最徹底的就是亞洲和非洲。最大的兩大帝國就是英、法。這兩國在某些地方是盟友、夥伴，其他層面又是仇敵。從地中海東岸到印尼、馬來亞，英、法的帝國勢力和殖民地的疆界，經常重疊，為此開戰。但主要戰場仍在伊斯蘭教的阿拉伯人所居住的近東地區。透過最強烈、複雜但又熟悉的方式，英、法，還有「東方人」在此交鋒。整個十九世紀的英、法爭霸，就像一八八一年沙立士百瑞總督所說，反映對東方的看法本身就是問題重重：「當你有個忠實的盟友，強要介入一個你感興趣的國家，那麼有三條路可以走：放棄、獨佔或分享。放棄近東會使法國勢力長驅直入印度，獨佔則會引爆戰爭，所以，我們決定分享（註10）。」

他們真的就這樣瓜分近東。以下就是我們調查英、法共同瓜分近東的歷史。他們所分享的，不僅是利益、土地或是統治權，而更是一種我一直稱之為東方主義的知識力量。某方面而言，東方主義就好比圖書館或資訊檔案，被大眾一致地認定、遵守。但這些檔案，其實是依照一套家族相似的概念（註11），和一些西方社會已經證明有效的價值觀，二者的規範下所蒐藏的。東方主義解釋了東方的行為，賦予東方人一個心態、一個系譜和一個異國氛圍，也左右了歐洲人如何和東方打交道，如何把東方視為一個現象；「東方主義」的那些概念，就像任何持之久遠的觀念一樣，影響了東方人，也影響了西方人——或我們所稱的歐洲人。簡單地說，東方主義是一套形塑思想的條件限制，而不只是一個正式學說。如果說介乎強勢西方和弱勢東方之間，東方主義是一套不可磨滅的區分方式，則我們更要注意，這套區分方式如何發展？其不斷深化影響力的歷史過程，又如何強化了「西優東劣」？當大英帝國明令東方的殖民地官員，包括印度和其他地區，都必須在五十五歲之前退休返國，一種更精緻的「東方主義」已然形成：沒有任何東方人可以看到衰老的西方殖民長官，正如每一位西方人，除了展現活力、理性、永遠保持警醒的年輕統治官員形象外，不需要透過臣屬子民的眼光，去反射、看到他們自己日益衰頹的事實（註12）。

東方學專家的觀念，在十九世紀和二十世紀，分別採取了不同的形式。最早的形式是十八世紀末、十九世紀初的東方文學，突出的文學表現是承繼歐洲文學傳統。我假定，這就是近代「東方主義」的發軔，也是所謂的「東方文藝復興」的起源，就如同奎內(Edgar Quinet)所稱（註13）。突然之間包括政客、思想家、藝術家，都對東方興起一種新的關注：從中國到地中海。這種東方熱的風潮，部份因為來自東方新的文本，如梵文、波斯的祆教經典、阿拉伯文被西方發現、翻譯，但同時也是一種新的東、西方關係已開始的影響所致。對我的目的而言，這新關係的關鍵歷史事件，就是拿破崙於一七九八年征討埃及，這個侵略，從很多不同層面來解釋，就是最好的範例，可以解釋：歐洲文化如何以強者的科學，科學性地來「取用」另一個東方文化。透過拿破崙的佔領埃及，它啟動了一個介於東、西方的運動過程，它支配著我們的文化與政治觀點，一直到今天。拿破崙討伐埃及，也樹立了一個東方主義的里程碑：透過一集體性的偉大與博學──顯現在《埃及描述》（*Description de l'Egypte*）的巨冊中，埃及和其他伊斯蘭教國家，就被西方的強權視為他對東方有效知識的一個活生生的興趣所在、一個知識的實驗室，或是劇場。稍後，我將更詳細討論拿破崙征討埃及的意義。

自拿破崙討伐埃及之後，東方作為一西方知識的集合體就被西方現代化了。東方成了一套專門的知識，逐漸形成第二種形式的十九世紀、二十世紀東方主義。事實上，從一開始，東方學專家就有野心要形塑一個基於現代概念的連結：一個東方主義可以和近代的經驗、洞見相扣的連結。例如，現代學術研究的權威，就可以和東方主義連結。雷南在一八四八年對閃族語言學的調查，就特別強調三項：當代的比較文法、比較解剖，和種族的理論。如此以學術手段，為東方主義取得權威，也因此暴露了其缺失：東方主義從此不斷地被西方世界中流行的思考方式所影響：帝國主義、實證主義、烏托邦主義、歷史主義、達爾文主義、種族主義、弗洛依德主義、馬克思主義、史賓格勒主義。然而東方主義，就像其他的自然科學或社會科學，早有其研究的「典範」、其研究的社群和它自己的建制。到了十九世紀，這個學術領域聲望大增，而像「亞洲學會」、「皇家亞洲學會」、「德意志東方學會」、「美國東方學會」這些團體的聲望和影響力都大增，隨著這些團體數目日增，他們更在歐洲遍設東方研究的講座，為了使東方主義擴散影響力，增加其資源，東方學專家更編輯了期刊，從《發現東方》（*Fundgraben des Orients*, 1809）開始，將許多專門知識，無論就數量或就分科的數目，都大量複製。

然而，東方主義的這些建制、組織，很少能依各自的自由意願去發展，甚至生存。因為這又牽涉到東方主義的第三個形式，這個形式限制了歐洲對東方的思考。即使是在他們同時代最有想像力的作家，像福樓拜、聶瓦或史考特(Scott)，對他們如何敘述、經驗東方，還是被「東方主義」制約了。東方主義終究是對現實世界的一個政治觀點，其根本結構原來就是要鼓吹「差異」——探討歐洲人（或是可以稱「我們」、「西方人」）經驗範圍以外的異類（或是稱「他們」、「東方人」）。某種程度而言，東方主義就是為了符合這目的而創造出來的。東方、西方因此是被製造出來的兩個世界：東方人住在他們的「東方」世界；「我們」西方人住在西方，東方主義的觀點和歐洲人找到的東方材料，相互支撐，相得益彰。但是經過一定程度的交流後，獲利的總是西方。因為西方是強勢文化，他們可以穿透、鑽研，甚至自行塑造如迪斯萊利曾說過的，偉大「亞洲神祕」的意義和形態。但我認為，先前一直被忽視的是，強勢西方在談到東方所使用的辭彙有限，而相對上他們看東方，一開始就被東方主義限制了觀點。我要論說的是，歐洲的東方學專家的所謂現實，其實是非人的，卻又一直持續而固執。他們無所不在的影響力和其研究的範圍，也像東方研究的建制一樣，從一世紀前就持續到現在。

但是「東方主義」從過去到現在，又分別如何運作？我們如何完整地形容這個現象？又如何說明這種思考方式？該如何描述現代的問題和現實生活的物質利益？回頭再看克羅莫，這位打造大英帝國的工匠，他也是「東方主義」的受益人。他的看法可以提供給我們根本的答案。在他所寫的〈管理臣屬種族〉（"The Government of Subject Races"）之中，他努力要鑽研一個大問題：大英帝國，一個個人主義的國家，如何能以幾條中心原則，就能驅動龐大的殖民帝國？他為此比較了兩種殖民地管理形式：一種是「東方在地的行政代理」（local agent），另一種則是在倫敦本部的權威；前者對在地人有專門獨到的知識並具有英國的「個體性」，後者則位居中央倫敦，代表了中央的權威感。他說：「前者會因在地的私自利益而損害、或影響到帝國的利益，而中央權威的用處，就是要去除任何那些原因所造成的危險。為什麼？因為中央權威可以確保，整個大英帝國機器中不同組織零件可以和諧運作。而中央帝國的主管，也應盡量實現殖民地政府所不得不依賴當地行政代理的處境與需求（註14）。」克羅莫這段話，其實既曖昧，又無吸引力，但重點不難掌握。克羅莫想像出一個位在西方中心、但卻能輻射狀伸到東方的龐大、足以擁抱涵蓋整個東方的帝國機器。這台帝國機器，既能維持中心權威，又能依照帝國的命令運作；然而餵進這台機器的，卻是以被壓迫人民為原料，所壓榨出殖民地的物質利益、知識，而其他殖民地有形、無形財貨，也都已經被這台機器處理過，再轉化成更多的帝國權力。東方主義者把單純的東方事物，立即傳譯解讀成對英國有用的物質——例如，東方變成一個「臣屬種族」，一個「東方」心態的樣版，而這一切只為了增輝大英帝國的中心權威。所謂的「當地利益」，就是東方主義者的特殊利益；「中央權威」就是帝國的整體、普遍的利益。克羅莫清楚地了解到，社會對知識的管理：（無論知識多麼特殊）知識應首先根據殖民地專家的特殊考慮，來轉化運用，然後才轉由英國官方進一步的系統管理。這種「在地」和「中央」的利益互動模式是很複雜的，但仍可分得清楚層次。

我以克羅莫的親身經歷為例，當波普說：「對人類的適當研究就是人。」他指的是所有的人，包括那些「可憐的印地安人」。克羅莫以帝國行政長官之身分則說：「我們適當的研究對象也是人。」他說「也」，就是提醒我們，某些人不是隨便什麼人，而就是舉東方人為例，才是研究的「恰當」對象。其實這種針對東方的**特殊**研究，就是「東方主義」，特別之處在它強調有用(因為研究範圍有限)，而和其他的知識形式分離。為了讓這種知識有用，環繞著知識的產生過程，同時是一個階層式的權力主體的形成，階序由低而高的方向，就是由東而西，形成一個嘲諷性的存在的鎖鍊(chain of being)，其最清楚的例子就是吉普林(Kipling)所寫的：

> 騾子、馬、象或牛，都遵從車伕的指令，車伕聽班長的，班長聽中尉命令，中尉聽上尉的，上尉聽命於少校，少校服從中校，中校聽從指揮三個部隊的指揮官，指揮官聽維瑟若的話，而維瑟若是為英國女王服務的(註15)。

管理東方，其實是依照這套緊密的命令鏈。而這套命令鎖鏈，就被克羅莫嚴格遵守，卻又被他美化為「帝國的國家機器和諧運作」。事實上，東方主義就依此方式，從西方人的權力階序的觀點，表達出西方之強和東方之弱。強弱分明的二分法，包含東方主義在內，也都可見到這種二分法——凡是有強烈不同的實體並存的狀態，都有這種因為被認為「彼此極端不同」而產生對立的緊張關係。

而這也就是「東方主義」所引起的知識議題：人類如果可以把現實世界的一切都分割成明顯不同的文化、歷史、傳統、社會，甚至種族，如此，人還能維持人性而生存嗎？當我說維持根本的「人性」，我的意思是要問：這種區分所造成的對立，「我們」（西方人）和「他們」（東方人）之間的敵意如何能夠避免？事實上，這樣的區分，往往只是通則化的結果——人類社會區分這些人和那些人，其背後的重要意義，往往也不是很光明正大，其動機、目的也不令人佩服。當我們用「東方」和「西方」這些範疇，既作為研究、分析公共政策的起點，也是終點時（就像巴佛和克羅莫一樣），其結果就是兩極化這種區分——東方變得更東方，西方變得更西方了。這種區分限制了人類在不同文化、傳統和社會交流、邂逅的可能性。簡言之，從人類最早的歷史到現在，「東方主義」作為處理外國事物的思考方式之一，它典型地展示一種全然令人遺憾的趨勢：一種速成的、截然二分為東與西的方式。這種趨勢，普遍存在於西方的東方學專家的理論、實踐與價值中。因此，西方理所當然，實踐霸權，操弄東方，這是具有科學真理一樣的不移之理。

下列有一、兩個現代的觀察，應可完整地解釋這種現象。例如，掌權者經常要檢視他們必須處理的世界，巴佛常這樣做，現代的美國前國務卿季辛吉(Henry Kissinger)也常這樣做。季辛吉在他〈國內政治結構和外交政策〉論文，以少有的坦承，描述他所處世界的戲劇化現實：美國政府的行為要同時面對兩種壓力：一方面是國內各勢力的壓力，另一方面是外國政治現實的壓力。單單就季辛吉這個論述，就會在美國和其他國家之間，形成一個兩極化的狀況。由於美國在近代史和當前政治現實的表現而言，全球其他國家，並不那麼輕易接受美國的霸權和控制，所以以強權國家的權威口吻發言的季辛吉認為，美國對西方工業化已開發國家，可以不必像對付其他開發中世界那麼麻煩，他無奈地指出，美國和所謂第三世界國家（包括中國、印度、近東、非洲、拉丁美洲）的實質關係，明顯地是一連串麻煩的問題。

季辛吉這篇文章的論述方法，是語言學家所說的二元對立，他說外交政策有兩種風格：可以是預言的、或是政治的；外交也有兩種技巧、兩種階段等等。在他有關歷史的闡述結束時，他把現代世界分成兩個部份——已開發國家和開發中國家。在他所討論的前半部，西方國家，他認為它們「恪遵一個觀念：真實世界是客觀存在，且外在於觀察者，西方國家的知識來自：用科學方法的記錄和分類資訊，務必使知識盡量趨近真實世界。」季辛吉最有力的證據，就是牛頓的科學革命，沒有發生在開發中國家：「凡不曾受到早期牛頓物理革命思潮影響的文化，其真實世界基本上都還存有『前牛頓時期』的觀點，那就是世界完全**內在於**觀察者，」因此，他補充說，「對很多新興國家而言，追求經驗的真實，有非常不同的意義，因為比起西方國家來，某種程度而言，他們根本不曾走完『發現經驗真實』的這個過程（註16）。」

季辛吉不像克羅莫，需要引用萊爾爵士說「東方無能去要求精確」的評論來證實自己的論點。季辛吉自己的觀點就綽綽有餘，不需要有特別的佐證。因為「我們西方」有牛頓的物理革命，「他們東方」沒有，作為思想家我們比較有利。真好，我們依牛頓畫的線，就像和巴佛和克羅莫所畫的線一樣。不過，在這些英國帝國主義份子和季辛吉中間，時空還隔了六十多年。其間發生了無數戰爭、革命，可完全證明「前牛頓」、預言風格的、不準確的東方國家，也不完全都是失敗的。因此，不同於巴佛和克羅莫，季辛吉覺得應該尊重一下「前牛頓觀點」，因為他們這些國家「給處在今天世界革命的動亂中的人，提供了更大的彈性。」所以，季辛吉得到的結論是：處在「後牛頓」現實世界的西方人，最大的責任，就是「在國際危機壓到我們**之前**，要建構一個新的國際秩序」，換言之，**我們**必須有一個方法來圈圍住這些開發中國家。季辛吉和克羅莫的結論，為何竟如此類似？克羅莫說，要維持大英帝國的機器和諧運作，要使帝國的中央權威確保，以克制發展中國家。

季辛吉可能不知道，當他將世界都用「前牛頓」和「後牛頓」二分時，他不正是繼承了西方的某個知識系譜嗎？而單就他的區分方式，和一般東方學專家把世界所有人都區分為「東方人」和「西方人」，畢竟是如出一轍。而且就如東方主義者們，季辛吉的分法，也不是價值中立的，雖然他的行文，刻意要維持中立的語氣。他文中的敘述不斷出現「預言的」、「正確的」、「內在的」、「經驗真實」和「秩序」等字眼，因此，他對東、西方各國的定性，只有兩大類，不是「吸引人的」、「熟悉的」、「令人欲求的美德」，就是「威脅性的」、「特殊性的」、「混亂的缺點」。其實無論傳統東方學專家，或是季辛吉，都把「文化差異」看成：首先，為西方建立前線戰場，分離東、西二者；其次，邀請西方來控制、涵括或治理東方（透過西方優越的知識，還有各種配套措施）。至於它的後果、各種敵意的區隔所需付出的代價，歷史上已經很清楚，此處我不需要再一次回顧。

另一個和季辛吉的分析巧妙吻合的例子（也許真是太巧了），是一九七二年二月號出刊的《美國精神病學學刊》（*American Journal of Psychiatry*）上，由格里登（Harold W. Glidden）所寫的一篇文章。格里登是美國政府情報研究局的退休官員，他的論文標題是〈阿拉伯世界〉（"The Arab World"），其行文語氣和文章內容，都是典型的「高級專家」的架式，他只用了四整頁（每頁分為雙欄的格式）的篇幅，卻企圖要描寫：時空橫跨一千三百年歷史、總人數超過一億人的阿拉伯世界。而且，格里登的觀點，只引用了四個資料來佐證，第一個是，最近在近東地區的底里波迪市（Tripoli）所出版的新書，第二是，埃及的報紙《金字塔日報》（*Al-Ahram*），第三是《現代東方》（*Oriente Moderno*）期刊，第四是知名的東方學專家卡都里（Majid Khadduri）所寫的一本書。他這篇文章的主旨是要闡述「阿拉伯人行為的內在運作方式」，而他卻標明：從「我們」（西方）的觀點是「脫軌行為」，阿拉伯人卻認為「正常」。在這個作者自認不錯的開頭後，他告訴我們，阿拉伯人強調「服從」，因為他們的社會有一種「強調羞恥感」的文化，而阿拉伯人的榮譽價值體系，是建立在吸引追隨者，且能招徠顧客的能力上（他行文語氣就好像我們站在他身旁，被他告知一樣：「阿拉伯人的社會總是建立在『侍從與主人』式的關係」）；阿拉伯人只有在衝突中才會發揮功用，阿拉伯人以能控制他人為榮，羞恥感文化造就了以報復為德性（此處，格里登信心十足地引用一九七〇年六月二十九日的《金字塔日報》指出：根據該報的報導，一九六九年全年，在埃及全國發生的一〇七〇個犯案者被逮捕的謀殺案中，經發現有二成的謀殺犯是為了雪恥而犯罪，有三成的犯人是因他個人的犯錯，或是誤會而殺人，另外有百分之三十一的罪犯，渴望血債血還，所以犯罪殺人）；而格里登從西方觀點來看，「阿拉伯人該做的唯一的理性行為就是求和，……對阿拉伯人來說，事情從來都不是以求和平的邏輯來進行的，因為『客觀』在阿拉伯人的認知體系中，不是一個價值。」

格里登用更狂熱的語氣說：「很明顯地，阿拉伯團體內，需要絕對的團結。但卻也同時鼓勵成員間彼此競爭對立，而這是最會破壞團結的」；在阿拉伯的社會，只有「成者才是王」，「以結果來合理化手段」；阿拉伯人社會，「人與人之間的關係，充滿焦慮、懷疑和不信任，可以稱之為『敵意無所不在』」；「阿拉伯人的生活中，欺騙的藝術高度發展，和伊斯蘭本質一樣，」他指出，阿拉伯人對報復渴求超乎一切，否則，阿拉伯人會感到「自尊徹底被摧毀」的羞恥。因此，相形之下，在「西方人的價值衡量天平上，和平被看得很高」，而且「我們西方有個高度發展的對時間價值的自覺，」但對阿拉伯人，這些都非如此。我們又被格里登告知：「事實上，在阿拉伯的部落社會（他說這就是阿拉伯價值體系的源頭），全力奮戰，而非謀求和平，才是常態，因為掠奪原本就是維持其經濟體系的兩大主要支柱之一。」根據作者說法，這篇旁徵博引的論文，目的只是要顯示，東、西是如何的不同，「價值天平上的各元素的相對位置，非常不同（註17）。」

這篇文章，可代表東方學專家自我膨脹的最高點。就這樣，沒有一條獨斷的全稱命題不被賦予以眞理的尊嚴，也沒有一條關於東方人特質的理論預設不會應用到東方人的日常行爲中去。因此，他把西方人和東方阿拉伯人二元對立；西方人是理性的、和平的、自由的、邏輯的，有能力掌握眞實價值，且不會有天生的疑慮（所有這些美德沒有特定的前後順序）；東方人，則上述美德，一個也沒有。然而上述對東、西方的兩極化評價，究竟是源自什麼集體的、特殊化的觀點呢？是什麼樣的特殊技巧、什麼想像所產生的壓力、什麼體制和傳統、什麼樣的文化力量，能夠在巴佛、克羅莫和現代政治人物的敍述中，造成了這種類似性？

2 想像的地理和其再現：東方化東方

Imaginative Geography and Its Representations: Orientalizing the Oriental

東方主義是一個博學的領域。在基督宗教籠罩的西方世界，東方主義被推認，應該始自西元一三一二年在維也納召開的「教堂會議」。那一次會議，決定在巴黎、牛津、波隆那、亞維農和薩拉滿加等地，分別成立阿拉伯文、希臘文、希伯來文和敘利亞文的講座（註18）。然而任何東方主義的論述，當然必須考慮的不只是專業的東方學專家和他們的著作而已，還要兼顧到地理、文化、語言學和族群所指的「東方」這個概念。當然研究領域是人製造出來的。研究領域是在一定的時間內，不同學者以不同研究法，貢獻於一個共同的研究主題，取得相關性和一致性，而形成領域。然而眾所周知，研究領域很少被狹隘的定義為：只是那一小群對此領域充分承諾的人——經常是學者、教授、專家，這一類的人——所宣稱的那樣的領域。此外，一個研究領域也可能完全改變，即使像是那些最傳統的學科，如語源學、歷史或神學等，所以針對某個主題作全方位的定義幾乎是不可能的，而因為幾個有趣的理由，要對東方主義作全方位的定義，也是不可能的。

要精確定位學術的專業領域，像界定地理區域那樣，就東方主義而言是很難的，因為，沒有人能夠很對稱地想像出有一個研究領域叫做「西方主義」。而東方主義已如此特殊，甚至它是有點怪異的，就很明顯。因為雖然有很多歷史悠久的研究領域，已經引申說明了研究者的位置，是以人為研究材料（例如，歷史學家是站在現在的優勢位置，研究人類的過去），但是東方主義所指的東方，或多或少，從一個特定的地理區域，到社會的、語言學的、政治的乃至歷史的現實，都沒有一個固定的對應相似詞可以解釋它。例如，一位古典學者、一位浪漫史專家，甚至是一位美國研究的專家，他們研究的焦點，相對於全世界，都只是很狹小的一部份。只有東方主義涵蓋的地理區域，有相當大的企圖心，而且東方學專家們以研究東方事物為業（不管是研究伊斯蘭教的法律，或是中國方言、印度宗教，他們都自稱是東方學專家），因此，我們必須學著接受西方世界的「東方主義」的本質：那就是研究範圍的龐雜、研究材料不分青紅皂白，甚至可以無限擴充研究分支領域。這種本質可以由東方主義的兩種混合物得到例證：一是在「東方主義」背後的帝國主義的曖昧，另一是東方主義所蒐集的精確的有關東方世界的細節。

上述所言，是要說明東方主義是學院裡的一個學門。東方主義的「主義」二字，適足以分辨它和其他學門的不同。而這個學門歷史發展的律則，正是它能逐步擴充其研究範圍，而不是有更大的選擇性。文藝復興式（博學式）的東方學專家，像鄂佩尼斯（Erpenius）和波斯帖（Guillaume Postel）二人，基本上是研究《聖經》上所提及的地區的語言專家，雖然波斯帖自誇他的語言專業，可以橫跨亞洲，直達中國，而不須任何翻譯。大致說來，直到十八世紀中葉，東方學專家都不外是《聖經》學者、閃族語言學者、伊斯蘭教專家，或是因為耶穌教會開啟一門新學問，而有所謂的漢學學者（Sinologists）。事實上直到十八世紀末，整個中亞地區，才被歐洲的學術界「征服」，成為東方主義的一部份。這個學術的里程碑，可以從阿奎提—度普朗和瓊斯爵士二人，都能夠以學術知性態度，指出東方阿凡斯特和梵語（Sanskrit）的文化寶藏看出。到了十九世紀中葉之前，東方主義已經發展成一個龐大的學習寶庫。這個新生的學術，有兩個突出的指標：第一個指標是史瓦柏在其著作《東方的文藝復興》（註19）所對「東方主義」定下的百科全書式的定義。史瓦柏認為，大約在一七六五年到一八五〇年期間，歐洲博學的東方專家以科學方法發現的東方事物之外，東方主義基本上更是一種「流行病」，影響了歐洲當時每一位主要的詩人、論文家、哲學家。史瓦柏認定的「東方」，指的是無論是業餘或專業的，凡是對任何有關亞洲事物感到狂熱，而亞洲在這些人心目中，等同於異國情調、神祕、淵博廣大、萬物根源的等等特質，這種狂熱心態，基本上與歐洲在十五世紀「文藝復興」時期的心態類似。當時把歐洲一切根源都歸功於希臘、拉丁古物，十八、十九世紀則再把目標東移到東方。一八二九年，法國作家雨果就寫下：「在路易十四時期，大家都是希臘專家，現在，我們都是東方專家（註20）。」因此，在十九世紀，一位東方學專家如果不是學者（漢學家、伊斯蘭教專家或印歐語系專家），就是一位有天分的狂熱者(例如雨果的《東方人》〔*Les Orientales*〕，歌德的《東西詩篇》〔*Westöstlicher Diwan*〕)，或是二者都是（例如波頓、藍尼和許雷葛等東方專家）。

第二個指標是，東方主義本身是如此包含廣闊，自從十九世紀的維也納會議後，就證明了東方主義的龐大範圍。代表這個特質的作品就是莫爾(Mohl)的《二十七年的東方研究史》(*Vingt-sept Ans d'histoire des études orientales*)，這是一套兩大冊的巨著，記載了一八四〇年到一八六七年期間（註21），歐洲研究東方主義的每一件事。莫爾是巴黎亞洲學會的祕書，因為某些原因，十九世紀上半世紀，巴黎是東方學專家的集散地中心（或是根據班雅明的說法，整個十九世紀，巴黎都是東方研究的中心），以莫爾在亞洲學會的地位，再也難有人比他更能居於東方研究的中心了。在那二十七年間，凡是歐洲學者碰觸亞洲議題，幾乎都被莫爾列入東方研究的範疇。他列入的範圍當然主要是指出版品，但是東方學者感興趣的研究範圍，實在太龐大了。阿拉伯文、多而龐雜的印度方言、希伯來文、裴勒百文(Pehlevi)、敘利亞文、巴比倫文、蒙古文、中文、緬甸文、美索不達米亞文、爪哇文等等。事實上東方學專家所研究出來的東方語源學，有一長串長到無法計算。而且東方學專家的研究，明顯地還涵蓋下列學門的文本的編輯和翻譯，包括：錢幣研究、人類學、考古學、社會學、經濟學、歷史、文學和文化學。而且，研究的區域有亞洲和美洲文明，包括古代和現代。杜嘎(Gustave Dugat)的《從十二世紀到十九世紀的歐洲東方專家史》(*Histoire des orientalistes de l'Europe du XIIe au XIXe siècle*, 1868–1870)（註22）就是一些主要人物的選集，但其再現的範圍，不比莫爾的少。

無論如何，這樣的折衷主義有它的盲點，不管研究哪一個語言或社會，學院式的東方學專家，大多只對古典時期有興趣。直到十九世紀末葉前，除了拿破崙成立的「埃及學院」之外，幾乎沒有太多的學術研究，是針對現代或真實的東方。而且，東方研究大體而言，是一個建立在文本研究的世界，東方對歐洲的影響是透過書本和文件，而不是像希臘對文藝復興運動那樣的影響，是透過模仿希臘的手工藝品、雕刻、陶器等。即使歐洲人對東方和東方學專家的共識，也是建立在文本的吸收閱讀上。正如十八世紀德國的東方學專家所說，是那些印度八臂雕塑神像，治好他們偏差的東方學專家的品味（註23）。當一位飽學的東方學專家，到他研究專精的領域旅行時，總是有備而來，他們背誦著書上陳舊的、有霉味的東方抽象格言，來東方驗證。因為這古老的霉味，東方土人在他們心目中，也被渲染，變成具有退化、低智能等特質。終究東方主義產生的，除了一些有關東方的「正面」知識外，也是一種次級的知識——潛藏在神祕的東方神話故事中。或者是可以說，這些東方知識，塑造東方人成為莫測高深的刻板印象，以訛傳訛，就像啟南（V. G. Kiernan）所用的最恰當形容：「東方變成歐洲集體對東方的白日夢（註24）。」而這白日夢，還算是令人愉悅的結果；也因此，若說十九世紀大批重要的作家，都是東方的狂熱者，我覺得完全正確。文學史有一個典型的東方主義式的寫作類型，在雨果、歌德、聶瓦、福樓拜、費茲傑羅的作品都可以發現。但這些作品，不可避免地，都有一種在歐洲既定的東方主義中，自由浮沈，作家自取所需，自行創造自己的東方神話。這些東方主義的神話，不只是從西方流行的主流觀點，任意擷取，斷章取義，而且正如維科所說，這些有關東方的論述，也正是從歐洲國家的，和作家個人的傲慢態度出發。這些論述如何在二十世紀被列強轉化為政治用途，第一章稍早我已提及。

二次大戰後，東方學專家已很少會再自稱為「東方學專家」，然而我們這樣去指出、標示他們，仍是很有用處的，例如，大學還維持著東方語言、東方文化研究科系的名稱，英國的牛津大學也還有一群專精東方研究的教授。美國長春藤名校普林斯頓大學也有個東方研究系。甚至一直到了一九五九年，英國政府還特別設了一個委員會，要全面檢討「各大學東方、斯拉夫、東歐、非洲研究科系的現況和未來發展(註25)」。這份「海特報告」(The Hayter Report)在一九六一年出版，似乎對**東方**這個太過廣大的指涉對象，絲毫不覺得不妥。同樣的情形也發生在美國各知名大學，即使是盎格魯—美利堅英語世界的伊斯蘭研究頭號權威人士——吉柏，也寧可被人稱為東方學專家，而不是阿拉伯研究專家。而吉柏，身為一位信守古典主義的學者，其實可以用那個醜惡的新名詞「區域研究」來形容東方主義，因為這樣才可以顯示：區域研究與東方主義二者其實都是可互換的地理標題(註26)。不止於此，在我看來，知識和地理之間，還有一個更有趣的關係。

其實，東方主義本身除了引發很多模糊的慾望、衝動等直接的意象聯想，以及抽象的引申寓意之外，那些研究東方主義的西方學者心態，似乎更能印證，法國人類學家李維史陀所說的「具體科學」(a science of the concrete)(註27)的情形。就像某些花草，也許不能吃、用，但原始的心靈需要秩序，因此原始部落需要給每一種花草，一個安全、適當，可以方便隨時再擷取、發現的位置。如此，每一種事物在原始民族心中都有一個角色，形成整體可以辨認的環境。原始民族的這種「基礎性的分類」，自有其獨特邏輯。就是這種邏輯，使得某些事物在一個社會是高雅、慈悲的象徵，到了另一個社會就是有害的東西。因此，任何一種分類的邏輯，都不是如預期中的理性，也不是普遍的。凡可以看得到的事物，都是經過人為分類、辨別的，人們對他們的評估也是武斷的；只要有衡量價值處，就會有爭議。最明顯的例子就是時裝，像假髮、蕾絲花邊的衣領、高跟鞋，這些時裝的流行常常在數十年間出現又消失；而有的時裝因為實用而流行，有的則和時裝的美麗造型有關；因為歷史上所有的事物，就和歷史本身一樣，都是人創造出來的。因此，我們就了解，很可能任何被人類所賦予角色和意義的許多物件、地方或時間，都是在這指派賦予**之後**才有其客觀效度的。特別是那些相對不尋常的事物，如外國人、突變者或「異常的」行為，都是如此。

因此，凡是有關異常事物的爭議，都極有可能是人為建構的，除了其客觀的真實實體面外，必有如小說般虛構的另一面事實。比方說，一群人生活在幾畝地都要畫疆界，疆界以外的地方，就稱蠻夷之地。人對熟悉的就說是「我們的」，對不熟悉的就是「他們的」，這種方式，是對**可以**是全然任意的地理區分的一種區分方式。我用「全然任意」來形容，是因為，凡是人為疆界，用「我們一國／野蠻人一國」的二分法來分類想像中的地理，從來都不需要等到「他們野蠻人」認可。「他們」之所以是「野蠻的異類」，原因就在他們的疆界和心態，都不同於我們的。某種程度而言，無論現代或原始社會，都是以此「非我族類」的負面思考方法，找到集體的認同。一個出生於西元五世紀的雅典人，不會覺得自己是野蠻人，因為他自認是雅典人，地理區域會伴隨著該社會的倫理觀、可以預期的文化表現方式，而形成自己「並非異類」的定見。而這種觀念、感受，就是建立在一個事實：所有的假設、連結、幻想都是起源於：在疆界外的那邊，是我們不熟悉的領域。

法國哲學家巴西拉（Gaston Bachelard）有一次寫一篇分析，取名為「空間的詩學」（the poetics of space）（註28），他說一個房子的內部，容易取得親密感、祕密的安全感，無論是真實的，或是想像的，因為彼此經驗相合。其實一個房間的客觀空間——角落、陽台、天花板、房間本身，是遠比如何詩意地去賦予它來得不重要，因為詩意賦予代表一種想像的和比喻性的價值（因為我們可以命名和感受）。因此，房子可以像家，也可以像監獄或魔術般的建築，任何一個空間的定義，都需要經過一個理性或感性的人的感受來作為過程，所以遙遠的遠方，對我們才有意義，因為人為因素轉化了人對空間的感受。同樣地，人處理時間也有類似的過程，大部份人們所能連結的時間段落、概念，例如，很久以前、開始或結束，都是一種文學創作的手法，對一位研究埃及古王國的歷史學家而言，「久遠」是很清楚的定義；但即使這樣的意義，仍然無法完全排除掉那必然含有的在想像中的、類似小說的性質，感受在遙遠的異國時空中。因此，想像的地理位置和歷史背景，透過戲劇化的遠近差異，會幫助心靈強化其自我意識；當然，同樣的情形，我們也常說：感覺上更適合生活在十六世紀或是生在大溪地。

然而，如果我們硬要假裝說，所有我們對於時空、或說對於歷史地理的知識，都比其他任何知識來得更是想像的，那是沒有用的。有實證(positive)歷史與實證地理這類的學術，而且它們在美國與歐洲有著很驚人的成就。今天的學者比過去更眞實地了解當前世界，例如，現代史家一定比吉朋(Gibbon)寫作《羅馬帝國興亡錄》時代，更了解羅馬和世界，但這不表示，學者把該知道的都知道了；更不表示，即使他們知道了，還能抗拒他們自己根深柢固的、對東方的想像、知識的依賴，甚至他們更不能超越這些想像的東方知識的視野。這些西方世界已有定見的想像知識，被納入歐洲的教育課程的史地課本中，也可能凌駕了眞實世界的史地知識。也許可以暫時如此說，在看起來只是實證的知識裡，還有「更多的」想像知識存在其中。

然而其實，從最早的歐洲開始，「東方」就是一個比經驗考察所能知道的要來得更多的東西。至少在十八世紀初，沙稔(R. W. Southern)就很寬宏大量的指出，歐洲對某一種東方文化的了解，例如伊斯蘭教文化，又是無知，又是複雜（註29）。因爲那些對東方(East)的特定聯想——既非十分無知，但又不相當了解——似乎總是圍繞那個「東方」(Orient)概念的四周。試想希臘史詩《伊利亞德》(*Iliad*)的時代，東、西方的畫界當然已經是十分大膽。其實和「東方主義」的東方連結的，還有兩項重要特質，也影響深遠。在阿奇勒斯所寫的，也是現存的、最古老的雅典的劇本《波斯人》，以及另一個尤瑞比迪斯(Euripides)的劇本《酒神的節慶》(*The Bacchae*)中（恰好是現存距今最近的雅典劇本），阿奇勒斯描寫波斯人得知他們由賽克斯(King Xerxes)所領軍的部隊，被希臘大軍摧毀時，感到大禍臨頭，劇本中合唱部份，有詩如下：

　　現在，所有亞洲土地，在空虛中呻吟，

賽克斯，向前，喲！喲！
賽克斯，被擊敗了，悲哀！悲哀！
賽克斯的什麼計畫都搞砸了！
看那海洋中的船，
達里斯，為什麼對那敵方將領所率領的人馬，
我們都無法傷害？
那位從蘇撒來的，受人愛戴的領袖，
當他率軍來到此地，為什麼毫髮無傷（註30）？

這劇本中最重要的一個觀點是，亞洲人是透過歐洲人的想像力來說話，亞洲是被歐洲人征服的對象，歐洲人在海洋之外的異類世界，取得勝利，面對西方的挑戰，亞洲人被形容為空虛、失落、災難；雖然在感嘆東方過去的光榮時，亞洲似乎評價稍微高些（因歐洲未曾有過那麼長久以前的光榮），但正因為感慨今不如昔，更見證了歐洲在亞洲的勝利。

在所有歐洲人作過的遠古夢中，《酒神的節慶》一書可能是最具亞洲色彩的。亞洲的根源，和充滿奇異的威脅、神祕感的不知名遙遠處，連結一起。故事中，潘瑟斯，也就是西倍斯族的國王，被其母親阿格拂和酒神們所毀滅，因為潘瑟斯既不承認酒神戴奧尼索斯（Dionysus）的超能力，也不承認其名列神籍。潘瑟斯因此被嚴厲地懲罰，結局是大家不得不都承認這個偏執的酒神的可怕力量。現在的評論家在評論《酒神的節慶》一書時，沒有

忽視這本書展現了特殊範圍的知性和美學的效果，但是卻逃脫不了地加了下面的歷史細節：尤瑞比迪斯「確實受到酒神教派新角度的影響，他們的信仰，例如：信奉班迪斯（Bendis）、西貝爾（Cybele）、沙巴鳩斯（Sabazius）、阿多尼斯（Adonis）〔譯註：希臘神話中化為水仙花的美少年〕、愛西斯（Isis）〔譯註：埃及神話司農業及受胎的女神等等〕。所有這些，在伯羅奔尼撒戰爭（Peloponnesian War）那個令人挫折、日漸失去理性的年代，都是受到發源自小亞細亞到地中海東岸，並橫掃過派瑞司（Piraeus）和雅典等地的那些狂熱宗教的深刻影響（註31）。」

在歐洲人的想像地理世界中，有兩大主題：西方是強有力的、清晰明白的，東方則是遙遠曖昧的、被征服的國度，這兩大主題構成西方人看東方的角度。阿奇勒斯曾在劇本中再現亞洲，把她化身為一個衰老的波斯皇后，也就是賽克斯的母親。透過這種具象的形容，歐洲人主張，是歐洲攻入東方，因此歷史的接合，促成了東方；這種接合，是一種西方的特權，亞洲因此成為歐洲的玩偶，而不是一個真正的活生生的實體。歐洲這種「賦予東方生命」的能力，是要在陌生的疆界外，形成、再現並動員東方，否則對他們而言，東方只是沈默且危險的地方。這裡，有兩個要素彼此形成一個類比關係，其中之一是阿奇勒斯的管絃樂隊，它形成劇本所想像的亞洲世界，這可比喻成籠罩著亞洲的東方主義學術，這些學術研究，就像一個龐大而無定形的、蔓生的亞洲之網，有時會有同情心的觀點，但總是以宰制的、審慎的觀點來看東方。另外一個主題是：東方暗喻著危險，西方理性總是被東方的異國情調所瓦解；而東方的神祕吸引力，更代表著和西方正常相左的價值。東、西不同的分野，就好像這種二元對立的不變特質，例如，尤瑞比迪斯的劇本中，主角潘瑟斯本來拒絕和那些歇斯底里的酒徒們一起作樂，結果自己不久也變成酒徒。潘瑟斯之所以被毀掉，與其說他屈服於酒神，不如說他一開始就錯估酒神的威脅；事實上他這「尤瑞比迪斯的酒徒」劇本的故事，主要目的是：要戲劇化的呈現兩位睿智多聞的老人，卡德謬斯和提瑞希斯的出現。主題是這兩個老人，了解光「統治權」是不能治理異國的（註32），還要搭配「價値判斷」；而判斷意味著：西方如何正確地評斷東方外國人的強處，並以專家的姿態和他們談判。此後，東方神祕故事被認眞嚴肅地對待，不只是他們挑戰了西方的理性心靈，而更因爲他們是西方人精進的誘因，藉此鍛鍊、培養西方的野心和力量。

東、西的這一個大分野，又引導出更多的小小分別。特別是當西方的所謂正常的文明，又不斷產生向外發展的活動，像旅行、征戰、新的經驗等，都產生更多的差異分別。古希臘、羅馬的地理學家、歷史學家、公眾人物，像凱撒、還有演講家和詩人，把不同地區的族群、地區、民族和心靈，分門別類，都增加了這些分類的學門的庫藏。這些專家名人往往自說自話，只是要證明羅馬、希臘人比其他種族優秀。但是歐洲歷史中，對東方的關切，自有其傳統和階序。至少從西元前第二世紀起，西方領袖中，有野心、企圖向東看的，自從史家兼旅行家希羅多德（Herodotus，他也是一位永不疲累的、好奇的史家）和希臘的亞歷山大大帝（Alexander，他既是一位國王，也是戰士，還是兼有科學方法的征服者）之後，就後繼無人了。東方因此被分為「已知的、被亞歷山大征服過的東方」和「西方人所未知的東方」，順著這些歐洲文明的遺產，基督教也完成了包括近東和遠東在內，主要的東方領域的佈局。近東是歐洲熟悉的，也是格羅賽（René Grousset）所稱的「地中海以東的帝國」（*l'empire du Levant*）（註33）；遠東則是一個新東方。而歐洲人心目中的東方，也游移在兩極：一個是西方人可以回溯的東方舊世界，如伊甸園、天堂，並以西方的觀點，來重建一個舊世界的新版；另一個東方是探險家哥倫布所發現並要建立一個新世界的地方（雖然很諷刺地，哥倫布以為發現的是舊世界的一個新部份）。當然這兩個東方，彼此無法清楚地畫界，然而就是這種搖擺於兩者之間，異國誘惑的吸引力，和分不清的混淆、令人愉悅的特質，使東方的概念十分有趣。

回頭思考東方，特別是近東，從遠古以來，可以檢視近東如何被以一種龐大的概念、和歐洲互補的特質，讓西方認識它。近東是《聖經》、基督教興起的發源地，之後又有旅行家馬可・波羅，畫出了一個貿易路線圖，還塑造了一個東、西方交易的模式。繼馬可・波羅後，還有凡斯瑪（Lodovico di Varthema）和拔勒（Pietro della Valle）二位接棒；此外，還有寓言家曼德維爾，更有歐洲人動機可疑的征東行動，當然征討的目的地，主要是伊斯蘭；也有軍事朝聖者，主要的就是十字軍。而上述這些人留下來的文字材料，也就是他們的「東方經驗的書寫」，形成西方人的東方經驗的內在結構，這種經驗，被限定在幾種典型的套裝表現形式，旅遊、歷史、寓言、刻板印象，和征戰衝突，這些都是西方人在經驗東方時，所戴的「有色眼鏡」，它所塑造的包括東方語言的翻譯、東方感受的解讀，和東、西交流的模式。然而這些大量的東、西交流，都有一致性，就是我上述提到的，搖擺於兩種東方之間熟悉的模糊或曖昧。而有時不管為了什麼原因，一些遙遠異國的東西，看來反而熟悉，而不是陌生；因為人對完全新奇或太過熟悉的事物，都會傾向不用腦筋深入判斷。因此，在東、西交流時，一個新的中介性範疇（category）興起：這個感知範疇就是，它容許西方人在看到生平第一遭的東方新鮮事物時，還是用舊的東方主義版本的眼光來看。就本質而言，這個範疇不是要接收新資訊，而是一個控制方法，目的要控制既定觀點不要被威脅到。如果人心必須驟然和全新的生命形式打交道——就像中世紀初期的歐洲人看伊斯蘭教一樣，整體來說，歐洲人的反應是保守性和防衛性的。在這種情況下，他們視伊斯蘭教為欺詐，而認為伊斯蘭教根本就是基督教扭曲變形的新版本，他們根據的就是歐洲的先前宗教經驗。在外在威脅逼臨，熟悉的價值又加諸己身時，他們為了減輕壓力，就把伊斯蘭新事物加以「處置」（handled），認為這些新事物，如果不是「原本就有」（original），就是「重複以往」（repetitious）。伊斯蘭教因此被歐洲「掌握」了：如果伊斯蘭的稀奇不被歐洲注意到，東方主義中的細微差別的分辨就不可能；伊斯蘭的新奇和暗示性，也因此被歐洲控制了。大體而言，以歐洲為主體的觀點，東方就是搖擺於兩極情緒間：一是因為熟悉所產生的輕視，另一則是因為新奇而產生的恐懼或喜悅的顫抖。

關於伊斯蘭，歐洲所害怕的（如果不說是尊敬），現在就很清楚了。西元六三二年，穆罕默德死後，伊斯蘭教的軍事，以及隨後的文化、宗教的霸權，大大增長、擴展版圖，最早是波斯、敘利亞和埃及，然後是土耳其，接著北非也落入穆斯林軍隊之手。到了西元八、九世紀，西班牙、西西里、法國的一部份都落入伊斯蘭版圖；到了十三、十四世紀，伊斯蘭勢力遠及印度、印尼和中國。對伊斯蘭這種異常的擴張攻擊，歐洲人除了恐懼、驚愕之外，少能回應。而當時凡是見證過伊斯蘭征戰的基督教作家，也少有興趣學習伊斯蘭已高度發展的文化；以歐洲人來看，伊斯蘭最光榮的時刻，卻是吉朋所說：「歐洲史上最黑暗、遲緩的一段時期（但他也不無自滿地補充：『自從科學興起後，東方的學問就遲緩而衰退了』）（註34）。」基督徒對東方軍隊的典型感受就是：「東方軍隊看來像一窩刺人的蜜蜂，而且粗手粗腳，……破壞每一件東西。」鄂齊博如此描寫，他是十八世紀，蒙提卡西諾地方的一名神職人員（註35）。

伊斯蘭教的每一件事都象徵著恐怖、破壞，和一群像惡魔般令人痛恨的野蠻人。對歐洲而言，伊斯蘭是一個持續的創傷。直到十七世紀末，「奧圖曼帝國的危險」（the "Ottoman peril"）仍被歐洲視為一個經常的危險，它潛伏在一旁，隨時威脅著整個基督教文明；而歐洲文明及時地收拾了這個危險，收編了它的學問、偉大事蹟，伊斯蘭教的人物、美德或惡行，整個被歐洲人細細地編入生活之網中。單單是在文藝復興時期的英國，朱（Samuel Chew）在他的著作《肥沃月彎和玫瑰》（*The Crescent and the Rose*），描述一個「受過一般教育，有普通人的平均智力」的人，在倫敦的舞台上可看到的，還有他的指尖可碰觸到的，其實有非常多伊斯蘭奧圖曼帝國的歷史事件、奧圖曼帝國佔領歐洲的史實（註36）。他對伊斯蘭教頗為化約的觀點，今天看來仍是事實：伊斯蘭教象徵了歐洲人對龐大而危險的勢力的恐懼。就像史考特的小說《莎拉沈人》（*Saracens*）〔校註：莎拉沈人，或譯為莎拉森，古代敘利亞附近的遊牧民族，後來特指抵抗十字軍的阿拉伯人。史考特的小說《吉祥物》中對之描寫不少。本章第四節會再談到。〕，其中穆斯林、奧圖曼帝國或阿拉伯的再現方式，總是不免流露出歐洲人的一種想要控制「可疑的東方」的味道。某種程度而言，現代博學的東方學專家，為了讓西方的閱讀大眾減少恐懼，也是用類似的方法再現東方。他們研究的主題，其實不在東方本身。

把異國的事物馴化、為己所用，當然不是特別值得爭議或指責。因為所有的文化，包括所有的人際之間，都會發生這種事。然而，我所要強調的是，這種心智活動的操作方式：東方學專家設定的真實，就像任何一位歐洲人在東方感受到的真實；更重要的是，他們畫地自限，用有限的東方主義字彙和想像，自己限定結果。西方世界接受伊斯蘭教的過程，就是最好的案例。針對此，丹尼爾(Norman Daniel)有深入的研究。他指出，事實上影響基督徒如何認知伊斯蘭教的關鍵，就是把基督教和伊斯蘭教作類比：既然耶穌基督是基督教信仰的基礎，基督徒就不正確地假設，穆罕默德之於伊斯蘭教，就好像耶穌基督之於基督教。因此，伊斯蘭教就被西方封了一個爭議性的名稱「穆罕默德教」，還加了不好的封號——「騙子穆罕默德」（註37）。像這樣的誤解，形成一個循環，而從未跳脫其想像範圍的拘束。基督徒對伊斯蘭教的概念，是以基督徒內在思維邏輯為出發，自成一套體系（註38）。伊斯蘭教變成一個形象——下列我要引用的話，是出自丹尼爾的書中，我認為他對整體的「東方主義」有突出的發揮、演繹——他重要觀點是，「東方主義」的功用，主要不是再現伊斯蘭，而是再現了中世紀的基督教。

基督徒長久以來有一個趨勢，就是刻意忽視《古蘭經》（*Qurān*）的真實意指，也可以說是，忽視了穆斯林如何真正思考《古蘭經》的教義；或是說，他們忽視了穆斯林在現有環境下，想什麼？做什麼？這種忽視都會造成《古蘭經》，和其他伊斯蘭教義，被西方以一種奇怪形式呈現出來；那本書的作者和讀者所在的地方，距離伊斯蘭越遠，其再現伊斯蘭教義的形式就越奇怪，但是同時，西方世界卻反而越容易接受那本書。當穆斯林自己說：他們信服伊斯蘭教義，西方世界卻非常難以接受其內容，因為他們對伊斯蘭的看法，總有個基督教的圖像在其中（即使有事實證明的壓力和影響），那圖像的細節很少被刪除，而其大體輪廓更一直都在。儘管歐洲人詮釋有不同程度的差異，但他們共用一個基督教的觀念架構。而且，凡是基督徒對伊斯蘭的研究有所更正，都是為了增加西方觀點中的「正確性知識」的好處，這「正確知識」其實是為了防衛，以防止有新的事實使基督教的解釋架構受到重創，以來支持這逐漸脆弱的結構。基督徒的意見就橫豎卡在那裡，不能被摧毀，也不能改建（註39）。

歐洲人在解釋伊斯蘭教時，所運用的僵硬基督教圖像，被西方社會又用了很多方法加以強化，在中世紀和文藝復興運動早期，包括有大量多元內容的詩篇、引經據典的爭論，以及民俗信仰（註40）。到這個時候，近東地區都被收編於拉丁基督教的「世界圖像」中——譬如在法國的《羅蘭之歌》(*Chanson de Roland*)，崇拜莎拉沈人的行為，被描寫成像在擁抱穆罕默德和阿波羅。十五世紀中葉時，沙稔已經未卜先知地說，嚴肅的歐洲思想家都認為：「是該對伊斯蘭教做些什麼事了。」這種共識，終究導致對東歐的軍事行動。沙稔也提出一段發生在一四五〇年到一四六〇年間的戲劇化史實：當時歐洲四位飽學專家，賽哥維亞的約翰、庫莎的尼古拉斯(Nicholas)、尙・爵曼和教宗虔誠二世，他們努力要聯合伊斯蘭人，一起舉行國際會議。這原本是約翰的主意，他認為可以透過與伊斯蘭的正式會議，全面地勸化他們改宗基督教。「他看到的是：會議不只有工具性、政治性意義，且有嚴格的宗教性功能，他的說帖甚至會打動現代人的心靈，他宣稱，即使花上十年勸伊斯蘭人來開會，也比戰爭要便宜，且傷害小。」這四人之間沒有達成共識，但這段史實卻意義重大，因為含有相當世故、複雜的企圖——這企圖也是從貝德(Bade)到馬丁路德等歐洲宗教領袖，都曾有過的大歐洲企圖——他們要把一個再現的東方放在歐洲面前，以和諧相容的方式，把歐洲和東方一起**推上舞台**。基督徒的想法就是要和穆斯林說清楚，伊斯蘭教只是「走錯方向的基督教版本」。沙稔的結論如下：

> 我們很清楚看到，任何歐洲基督徒的思考體系，都無法完滿解釋(伊斯蘭)這個現象，更何況要對實際事物的運行方向，有決定性影響，這點更難。實際上，世間萬物的演變，從來沒有像睿智的觀察者所預測的那樣壞或那樣好；更值得注意的是，它最好的時刻就是當一個好法官在期望有快樂結局的那個時候。回頭來檢

討基督徒關於伊斯蘭教的知識有沒有進步？我認為有進步。雖然兩種宗教文明之間的問題仍棘手，解決之道也仍很遙遠，但基督徒對問題的陳述，卻更理性、更複雜、更貼進真實經驗，……努力於中世紀伊斯蘭教問題的學者，無法找到他們期望的解決之道，但他們發展出來的心靈思考的習慣，和探究東方事物的能力，卻能幫助其他領域的其他人，找到成功之道（註41）。

沙稔的分析，最好的部份就是他證明，西方對伊斯蘭的無知，終究是會變得更為複雜與精緻，但卻不是一種有關伊斯蘭知識的質與量的增加。這是因為，這些虛構的故事，在故事和辯證的邏輯，也自有其發展和衰落。像穆罕默德是中世紀人，被西方作者冠上一大堆出現在十二世紀歐洲的「自由魂」（Free Spirit）的人格特質。但是在歐洲興起，取得公信力，形成教派並吸引教徒的「自由魂」和近東毫無關連；同樣地，穆罕默德被西方認為散佈「虛假的天啟神蹟」，於是西方人罵他是集縱慾、肛交、邪惡之大成的典型。這一切都是只為了符合那「騙子」的別號而有的「邏輯」推論（註42）。因此，歐洲人主動地為東方找到發言人，把東方一次比一次再現得更具體了，這種再現，也更符合西方迫切的內在需求。就好比，歐洲人曾在東方羈留，就有權把複雜的、有無限可能的東方世界，化約為適合他們西方人觀點的、有限的形體；事實上，他們停止不了這種簡單二分法的遊戲，因此，在他們眼中，東方、東方人、阿拉伯人、伊斯蘭信徒、印第安人、中國人，都變成了一個個不斷模仿西方的落後國家；他們（東方）都想要學得西方社會某種龐大而原始的東西（這東西可以是基督、歐洲或西方的本質)；東方被簡化成一個一再重複西方的準化身。唯一隨著時間而改變的，只是產生這些「東方」觀念的西方「自戀心態」之來源的改變；至於這些觀念的內容特質，則毫無改變。因此，我們會發現，西方普遍相信，在十二、十三世紀，阿拉伯是「位在基督教世界邊緣，一個異教徒罪犯最好的避風港（註43）」，還有穆罕默德被判定是一個狡猾的叛教者；而二十世紀一位博學的東方學專家更指出，伊斯蘭教不過是二流的亞利安異端（註44）。

東方主義最初只被當作一個研究的領域，現在卻有了新的具體內容。這個領域是一個封閉的空間，也是一個附屬於歐洲的舞台。「再現」本身就是個戲劇的概念，而「東方」(the Orient)就是把整個東邊的世界(the East)侷限起來的一個舞台。東方學專家的東方主義式知識，對於歐洲人，好比一位戲劇家把他們特有感知的歷史、文化背景，有技巧地寫入劇本，引起觀眾的反應。東方學專家所搭起來異國舞台的布景，有景深層次，他們手中有一大套東方文化的劇目，只要有其中一本，就會帶你進入奇詭豐富的世界。例如：埃及的人面獅身像、埃及豔后、伊甸園、希臘特洛伊城、中東的薩多姆城(Sodom)和歌莫拉城(Gomorrah)〔校註：薩多姆、歌莫拉城是《聖經》中傳說被天火毀滅的兩個（性）罪惡之城〕。更有阿斯塔塔、愛西斯(Isis)和歐西立斯(Osiris)、雪巴女王、巴比倫城，還有精靈、魔奇、尼奈瓦、魔術師約翰、穆罕默德，及更多更多的稀奇形象。有些東方舞台的劇目只是一半想像、一半熟知的人名，包括怪物、魔鬼、英雄、恐怖、愉悅、慾望。歐洲的東方想像力，從這裡延伸滋生。從中世紀到十八世紀之間，主要作家阿羅斯托、彌爾頓、克里斯多夫・馬羅(Christopter Marlowe)、塔索(Tasso)、莎士比亞、賽凡提斯，還有《羅蘭之歌》和《錫德之詩》(*Poema del Cid*) 的作者，都引用東方豐富的想像資源，作為其著作的材料。而他們的作品，又強化了西方人對東方的想像、觀念、人物，此外，儘管整體的東方知識似乎有真正的進步，但是，大量的東方學專家的學術研究，也還是持續不斷地把東方主義意識形態的迷思灌注給西方。

在東方主義者的戲台上，關於戲劇形式和博學的形象如何結合的一個著名例子，就是海伯洛於身後西元一六九七年才出版的《東方目錄》(*Bibliothèque orientale*)，由安東尼・伽蘭(Antoine Galland)做序。這本書，根據最近英國的《劍橋版的伊斯蘭歷史》(*The Cambridge History of Islam*)所稱，是和莎勒(George Sale)最早所翻譯的《古蘭經》（一七三四年出版）、歐克雷(Simon Ockley) 所著的《莎拉沈人的歷史》(*History of the Saracens*, 1708, 1718) 並稱「東方主義」的三本經典。這三本書的貢獻是：重新擴展西方世界對伊斯蘭教的了解，而且將這些知識傳達給學術圈以外的讀者（註45）。其實這對海伯洛而言，不是恰當的評價，因為他的書不像莎勒和歐克雷只談伊斯蘭那麼受限制。除了何廷傑 (Johann H. Hottinger) 在一六五一年出版的《東方史》(*Historia Orientalis*)之外，海伯洛的書一直到西元十九世紀初，都還是歐洲的標準參考書。他的研究領域的確有時代性。為海伯洛的書寫序的迦蘭，是歐洲第一位翻譯《一千零一夜》(*The Thousand and One Nights*，或譯為《天方夜譚》) 的譯者，也是阿拉伯專家，他比較海伯洛和前人研究的成就，發現海伯洛有龐大的企圖心，研究的範圍極廣。

迦蘭說，海氏閱讀三種原文：阿拉伯文、波斯文和土耳其文的大量著作，因此能發現歐洲人所不能見（註46）。在編完一本關於這三個語言的字典後，海伯洛又繼續研究東方語言、神學、地理、科學和藝術，研究的領域，兼顧材料的信實和多樣性。此後，他決心寫兩本書，一本就是上述的《東方目錄》，或稱為「圖書館」，以字母順序編排的一本字典；第二本稱為《選集》（*florilège*），但只完成了第一部份。

迦蘭介紹《東方目錄》這本書，以仰慕的語氣指出，「東方」指地中海以東的所有地方，涵蓋的時間則不只是從《聖經》的亞當時代，也探討了「我們生活的現代」，海伯洛更追溯起更遠古歷史的「前亞當時期」，還有不可知的久遠以前的沙利門人（the pre-Adamite Solimans）時代，隨著迦蘭的敘述，我們得知《東方目錄》一書，跟世界「其他」的歷史一樣，都企圖要把所有關於創世紀、諾亞方舟的大洪水時代、天神摧毀巴貝塔等等可收羅到的知識，做成一個精要的節錄本，不同的是他的材料來源是東方的國家。他把歷史分成兩種，神聖的和世俗的（例如，基督教和猶太教是神聖的，而穆斯林所信奉的伊斯蘭教是世俗的），而他分的兩個歷史階段是：前洪水時期、後洪水時期。因此，海伯洛也廣泛討論東方各地分歧的歷史，如蒙古、韃靼、土耳其和斯拉夫民族，他觸及了伊斯蘭帝國的各個行省，從最東方，到赫丘力士的柱子（校註：古希臘神話大力士，他曾在世界西方的盡頭立下柱子，指直布羅陀海峽兩岸的懸崖），討論每個地區的風俗、儀式、傳統和評論、朝代、宮殿、河流和花卉。這樣的一部作品，雖然內容也注意到了「穆罕默德的異端邪說，對基督教傷害至深」，然而事實上仍比他之前的許多作品，有更多的能力徹底討論東方。迦蘭總結他的「論述」，長篇大論地告訴讀者說，「海伯洛的書《東方目錄》成就突出，讀來既有趣，又很實用」；其他的東方專家，像：波斯帖、史科林杰（Scaliger）、歌里斯（Golius）、波寇克、鄂佩尼斯，都太侷限於專業範圍：文法、字典或地理的研究。只有海伯洛可以寫出一本說服歐洲人的傑作，他的書證明，研究東方文化有益處，且海伯洛的努力值得感謝。而根據迦蘭的說法，也只有海伯洛，能在讀者的心靈形塑一個豐富的概念來展示，認識和研究東方有什麼意義。這種觀念，既充實了讀者的心靈，也滿足了一般歐洲人先前懵懵懂懂認知的龐大的東方（註47）。

透過海伯洛這種努力，歐洲人發現了如何能控制東方，和「東方化」東方的能力。一種歐洲人的優越感，不覺就出現在迦蘭和海伯洛的著作中。透過十七世紀地理學家曼氏（Raphael du Mans）的著作，歐洲人已經發現東方人的落伍，東方已經被西方科學拋在遠遠的後面（註48），但明顯的還不只是西方地理學觀點的優勢，還有西方以勝利者的姿態，有技巧地把肥沃、廣袤的東方，用西方字母順序、系統地介紹給西方庶民大眾。當迦蘭說，海伯洛滿足了一般人的期望，我想，他不是說《東方目錄》一書想改正西方大眾已接受的東方概念，而是指這位東方學專家的書，更進一步**證實**了讀者眼中的東方。海伯洛既不嘗試、也不希望改變西方人根深柢固的東方主義式的認知方式，《東方目錄》只是把偏見下的東方，再現得更清楚、更完整了。一個原來從下列幾個「東方」來源取材的鬆散合輯：含混不清的地中海以東地區的歷史、透過《聖經》文本的想像，伊斯蘭的文化、地名等等，就被東方學專家轉換成理性的東方全景圖，還用西方文字序的A到Z來編排。書中介紹穆罕默德進場時，海伯洛先提供了這名先知的名字，然後再如此定位穆罕默德的意識形態和教義上的價值：

> 這就是有名的大騙子穆罕默德，一個異端邪說的作者兼創立教主，他盜取宗教之名，我們稱伊斯蘭教。又見一本字典「伊斯蘭」一條下的解說。《古蘭經》的詮釋者，和其他的伊斯蘭教律法師和穆斯林，都無所保留的讚美這個假先知，因而影響了亞利安人、聖保羅派信徒和其他異教徒，他們原先都皈依於耶穌基督，如今卻受穆斯林影響，剝除了基督的神性……（註49）

「穆罕默德教」，其實是一個歐洲人命名的、有侮辱意味，而且跟伊斯蘭教有關的名稱。伊斯蘭教才是穆斯林用來指涉的正式用法。而歐洲人卻故意對伊斯蘭又另外命名，「我們稱之為『穆罕默德教』的異端」，是因為他們「伊斯蘭人」被「我們基督徒逮到了」他們模仿基督教，認定穆罕默德是神棍，假稱是真宗教。如此定位清楚後，海伯洛就可以直截了當，描述穆罕默德一生，因為《東方目錄》將穆罕默德**定位**為騙子、異端，才是整個文本主題走向的關鍵。當海伯洛按字母順序，編排有關東方的解釋項目時，常常直接援引穆罕默德是騙子的定義，把不斷遇到的穆氏的異端邪說解消其橫行的危險，並將它們轉化為明顯的意識形態條目。以往在東方橫行的穆罕默德的影響力，成為對歐洲人的威脅，更成為道德腐敗的象徵；一旦被海伯洛定位後，就好像靜坐在東方學專家所搭起的舞台（在公認很突出的位置）供西方人研究（註50）。東方學專家自做主張給他一個知識譜系、一個解釋，甚至發展出一個簡單的東方論述，只為了避免穆罕默德的影響力到處流竄。

東方學專家所塑造的東方「映象」（image），再現了一個非常龐大的東方實體，讓歐洲人可以輕易看見、掌握，否則就不能擴散其影響力。同時它們也是**人物類型**（characters），就像西奧福瑞特（Theophrastus）、拉布魯葉（La Bruyère）、賽爾登（Selden）筆下的人物類型，例如，誇大者、守財奴、好吃鬼等等。如果我們說：看到這些角色類型，就好像看到「驕傲的邁里斯」（校註：古典戲劇中愛自吹自擂的士兵角色）、「騙子穆罕默德」，可是如此類比並不完全正確。因為塑造類型的限制，原本用意就是要人瞬間毫無困難抓住一個類型，不過海伯洛筆下對穆罕默德的角色塑造，卻是一個**映象**，因為「假先知」這個映象是那叫「東方」的整體戲劇再現的一部份，而它又是來自《東方目錄》所再現、塑造出的。

東方學專家以教誨的態度，再現東方，所呈現出來的特質，與他們其他的表演彼此無法分開。就像《東方目錄》這樣旁徵博引的作品，其實都是有系統研究的成果，作者用學術的規範，研究東方材料；此外，作者也希望藉著學科的規範，展現「東方主義」的效率和權力。他們提醒讀者，要真正了解東方，就要通過他們所制定的學術規範和行規；因此，在這裡的東方，不只是需要滿足基督教一貫的道德說教的迫切要求，也需要服從東方主義者集體的態度與判斷。所以西方人被教誨的「東方」，都不是真正的東方，而是來自歐洲東方學專家著作中的「東方」。這個我前面稱之為東方學專家的舞台，如此變成一個非常嚴格的、既是道德的、也是知識論的體系。東方主義因而在此發揮了三方面的影響力：一是對東方，二是對東方學專家本身，三是對西方世界那些消費東方主義的讀者。我想，低估這三方面交互影響形成的力量，絕對是錯誤。因為對東方而言（在東邊「那裡的」），它被西方糾正、懲罰，正因為它置身於歐洲邊界之外，也就是外在於西方人心目中的「我們的」世界。東方因此被**東方化**，這個過程，不只使東方變成東方學專家的專屬領域，也強迫原本未受他們影響的一般西方人，要接受他們所新編定的東方符碼（就如同海伯洛用西方字母的順序編輯《東方目錄》一書一樣），認定這就是**真的**東方。簡單的說，他們所說的「真理」，已經變成這群博學的東方學專家判斷的功能性成品，而不再是反應物質世界的實在。

整個西方對東方的教誨過程，既不困難了解，也很容易解釋得通。我們應回頭去想，所有的文化都在原始的現實上施加以「改造」，將散漫漂浮的物體改變成人類社會各個知識單元；這種知識轉化會發生，本身不是問題。一般人傾向抗拒未被自己內心處理過的陌生事物，其實很自然；因此，一個文化，總是傾向全盤轉變其他的異文化，往往轉變的方法，也不是以其他異文化的本來面目來接受它，而是用它自己本位的好處觀點，來說其他文化應該怎樣。然而對西方人而言，東方總**像**是某一個角度的西方，例如，對某些德國浪漫派的作家而言，印度宗教基本上就是德國基督教「泛神論」的東方翻版。可是，東方學專家他們自許的工作，卻一直要把東方從一物說成另外一物，而他們這樣作是為了他們自己，也是為了他們自己的文化；但是某些情況下，他們也相信，是為了東方好。東方學專家的這種轉換形式，變成一種有強制規訓意義的轉化，在學校教授，編為期刊、定為傳統、形成字彙、修辭，並連結了其他現代西方世界的政治、文化；而且，我還要試圖釐清，這種規訓的轉換變得更為全體，就像我們在衡量十九世紀和二十世紀「東方主義」時，發現它根本是一個粗糙的概要。這個概要既藐視現實，置東方的真實面不顧，而且反應遲鈍。

這種再現東方的方式，到底起源於多早？這種心靈的概要圖式，我想是源自古希臘的東方概念。西方晚期再現東方的方式，恐怕沒有比但丁的《地獄》(*Inferno*) 一書，呈現出那麼強烈的表達性、那樣肆意的謹慎，那樣戲劇性的、有效果地把西方對東方想像的地理展現出來。但丁《神曲》(*The Divine Comedy*) 的主要成就，是把西方世俗世界的真實面，與他認為永恆的基督教價值，毫無縫隙地結合起來；可是但丁的歐洲人偏見還是在作品中表現出來了：當朝聖者但丁行經地獄，在一個非常特別的「判決」靈光之中，看到了普歌托里(Purgatorio)和巴拉底所(Paradiso)。至於鮑羅和法藍希斯卡的例子，則看到的是他們因犯罪而被判永恆下地獄，但丁特別看到的是他們正生活在、正在做那些使他們被判入地獄的行為與生活。因此，在但丁的靈光視野中，每一角色不只代表了他們自己，也是各自的人格類型和命運糾結一起所呈現的再現。

穆罕默德在但丁《地獄》第二十八節的詩篇中以「Maometto」的名字出現，他被判入九圈地獄的第八圈，是一個深陷地獄陰暗溝渠中的十道苦刑中的第九道。因此，當但丁要見到穆罕默德前，會依次見到其他罪孽較輕的人：依次是縱慾者、貪婪者、好吃者、異端、暴怒者、自殺者、褻瀆者，比穆罕默德壞，排在他之後的，只有欺騙和叛基督教的壞人（包括出賣耶穌的猶大、害死凱撒的布魯特斯和卡希斯）。就在地獄底層，可以見到魔鬼撒旦。穆罕默德被判刑，下到一個頗嚴重的階層，但丁稱之為「*seminator di scandalo e di scisma*」；他的處罰，也就是他的末日審判，特別噁心，他被魔鬼一次又一次，無休止地從下顎切開到肛門，就像一個木桶被撕裂成木片，但丁的詩篇在此，提供了一個末世的細節，冷靜的描寫穆罕默德的排泄物和內臟。穆罕默德對但丁解釋，還提到排在他前面的（真主）阿拉，他們的罪，必須受魔鬼操刀割身之苦，他也要但丁回去警告一個名叫達希諾的神職人員。達希諾犯了弒君罪，其教派支持擁護女性的社區，他自己還有情婦。他要但丁告訴達希諾，地獄有什麼苦刑等著他。讀者必能從觀察但丁如何比較穆罕默德和達希諾，他發現他們兩人，都有令人噁心的感性，也都是宗教領袖，神學成就不凡。但丁將二人平行對比，影射的用心十分明顯。

但丁所說的伊斯蘭，這還不是全部。在《地獄》的前面，有一小群穆斯林出現。其中三位，阿敏塞那（Avicenna）、阿文羅（Averröes）〔校註：在西方觀點下，阿敏塞那與阿文羅是中世紀阿拉伯世界的偉大哲人，他們把傳入阿拉伯的亞里斯多德哲學與科學發揚光大，並反過來影響中世紀的拉丁歐洲〕，和莎拉丁（Saladin）是那一群異教徒中，少數有美德的幾位。他們三人和海克特、阿尼斯、亞伯拉罕、蘇格拉底、柏拉圖和亞里斯多德都被關在地獄的第一圈，受最起碼的苦刑（甚至是光榮地受苦），他們因為生前未能接受基督教，所以未獲拯救。當然，但丁讚佩他們的美德和成就，然而因為他們不是基督徒，就必須遭判決下地獄懲罰，不管那處罰是多麼輕微。的確，但丁筆下，永恆被當作基督教的一個巨大的槓桿，不管他的分類是多麼時空錯亂和不規則，把前基督時期的希臘名人，和後基督時期被詛咒的穆斯林並列，但丁卻絲毫也不感覺到困擾。即《古蘭經》曾指明：耶穌是一位先知，但丁仍執意認定，穆罕默德這位偉大的伊斯蘭哲王，根本對基督教無知。在拉斐爾另一個無歷史觀點的古典畫作《雅典的學校》（*The School of Athens*），也同樣採取這樣的區分方式，來為英雄聖哲區分高下。畫中阿文羅、蘇格拉底和柏拉圖，在柏拉圖學院中彼此交往。（費訥農〔Fénelon〕的《先哲對話》〔*Dialogues des morts*, 1700-1718〕中，孔子也和蘇格拉底對話。）

東方是西方指涉、再現的產物，而但丁的史詩《地獄》，作為西方世界對東方的地理、歷史，和最重要的道德的一個了解方式，所抓住的伊斯蘭的概觀圖像，不可避免地，只是反應出他那基督教徒式的宇宙觀。有關真正東方的經驗性資料，或是關於東方任何部份的經驗，其實都不算數。真正的關鍵是，我稱之為東方學專家的靈感。這種靈感，絕對不限於專業學者，還遍及西方社會一般人對東方的看法。但丁作為一個詩人的各種力量非但沒有減弱，反而強化了這些對東方的觀點之代表性。穆罕默德和莎拉丁、阿文羅、阿敏塞那，都被固著於一個西方人視覺下的宇宙觀，他們被基督教的觀點固定、展開、包裝和囚禁，除了他們的「功能」，和他們固定在東方學專家所搭起的舞台表現的形式，他們的其他面向，沒有引起很多注意。以撒•柏林（Isaiah Berlin）就以下列的段落來描述這種態度所引起的效果：

在這樣的宇宙觀下，人的世界（在某些說法中，是整個宇宙的）是單一的、包含一切的階層結構。所以在此宇宙觀中，當要解釋為何每一件事物是現在的模樣，而且何處、何時，他們做了什麼的時候，也就是在問他的目標是什麼，還要多遠才能成功地達成？追求共同目標的不同實體，他們之間的協調和尊卑，會形成什麼關係？他們的集體展現，如何形成和諧的金字塔？如果這就是現實真正的圖像，那麼，歷史的解釋，就像其他的解釋，最重要的是必須包含對個人、群體、民族和種類的宇宙歸屬分類，讓他們在整個宇宙找到自己的位置。要知道一個人或一件事物的「宇宙」位置，就是要說明，他（它）是誰（什麼），做了什麼，同時為什麼它或他的存在應該是如此？因此，他之所以有價值，和他存在於世間、他有個功能（然後或多或少地完成這種功能）是同一件事。這個模式本身，賦予世間萬物的存在和緣起一個「目的」，也就是人間的意義和價值都在這目的，要了解就要先感受這個模式。……一個事件、一個行動或一個人物，越是不可避免地要展示他存在於世間，他就越能被了解，研究他的人也就越有洞見，越趨近一個終極的真理。

這種態度，是非常徹底反經驗的。（註51）

普遍的東方學專家的角色，也的確就像柏林所說的，把他們的魔術和神話，以一種自我設限又自我加強的性質，設限於一個封閉系統。他們認為，東方事物之所以那樣，只**因為**他們本來就是那樣，曾有一次是那樣，就永遠都會那樣，更由於本體論的原因，沒有經驗材料可以改變。歐洲和東方的相遇，特別是和伊斯蘭，強化了其原本再現東方的體系，一如皮耶恩（Henri Pirenne）所稱，伊斯蘭是自中世紀起，反歐洲文明的局外人的典型。自從羅馬帝國遭蠻族入侵而衰落，就引起一種弔詭的效果：羅馬、地中海文化吸納、收編了蠻族的文化，變成羅馬尼亞；但同時，皮耶恩又主張，從西元第七世紀起的伊斯蘭入侵，使得歐洲的文化中心從地中海（當時是阿拉伯的一個行省）向北移，「日耳曼主義開始在歷史上扮演一個角色。此後，羅馬傳統不再被打斷。那正是羅馬／日耳曼文明開始發展的時刻。」因為歷史是這樣，於是歐洲故步自封，東方不只是在交易上，而且在文化、知性和靈性上，都是**外在於**歐洲和歐洲文明的，用皮耶恩的話就是，「歐洲變成一個偉大的基督教社區，當基督教會會眾的領域重疊，……西方現在可以過自己的生活（註52）。」在但丁的詩中，在「可敬的彼得」（Peter the venerable）和其他東方學專家的作品中，基督教反伊斯蘭的批評份子，從居柏特、貝德到羅傑・培根，迪里波底的威廉，錫安山的布查德，和路德、在《錫德之詩》、在《羅蘭之歌》、在莎士比亞的《奧塞羅》（那「糟蹋世界」的人），東方和伊斯蘭總是在歐洲**內部**被再現成為一個特殊角色、一個局外人。

從但丁的《地獄》所描繪的生動圖像，到海伯洛的《東方目錄》駁雜的各種匿區(niches)，都可以發現：西方想像的東方地理。這兩本著作也合法化了西方在討論、了解伊斯蘭和東方時，所使用的一組共同字彙，一個相同的再現論域（a universe of representative discourse），這些論述就被當作是一個事實——例如穆罕默德是一個騙子，就成為論述的元素之一；這個論述迫使每個西方人，在讀到穆罕默德時，就必須有這樣反射性的陳述和認知。在東方論述不同的單元之下——我這裡是說當「東方」在任何地方被提到時，大家所使用的詞彙，基本上只是一組再現的人物和故事。這些人物對實際的東方——在這裡我主要的考慮是指伊斯蘭——就像一齣戲裡角色的流行戲服。他們就像每一個歐洲人都會戴的十字架，或是像一齣即興喜劇裡的哈里琴所穿的雜色戲服。換言之，我們不需要進一步詳細檢視：習慣用來描述東方的語言，和真實東方本身之間的缺乏聯繫，不是因為語言不正確，而是他們根本不努力要求正確。西方唯一曾努力嘗試的，就像但丁在《地獄》裡所努力的，只是將東方定位成為異類，且同時收編在一個「東方主義」的劇院體系中：在這裡，觀眾、劇院經理人都是**為了**歐洲，而且單單只為了歐洲，而考慮整個舞台的設計。因此，劇院搖擺於熟悉和陌生的異類之間，穆罕默德就永遠是一個騙子（覺得熟悉，是因為穆罕默德假裝像「我們」熟知的耶穌基督），而且這騙子總是一個東方人（異類，因為穆罕默德雖然某些方面「像」基督，但終究他不像基督）。

與其條列出所有西方人連結東方的言語形象——他們心中陌生、差異性的、異國情調的吸引力等等特質——我們可以從歐洲文藝復興時期起所傳承的東方語言、形象，得到一個概括的形象。他們所了解的這些東方特質，都是西方人的宣示性、不言自明的主觀認定。

他們描述東方時，所運用的時態是無時間變化的；他們傳達的是，重複宣示西方霸權的力量，強化印象。當東方和西方對比時，東方總是一個對稱西方、但又全然遜色於西方的對手，有時歐洲人會解釋為什麼，有時則否。所有這些東方的特質，在歐洲人心中，通常只需要說「就是如此」就足夠了。因此，根據海伯洛的《東方目錄》所制定的「套模」，和但丁所戲劇化的穆罕默德在地獄受苦的形象，穆罕默德就是一個騙子。不需要再有任何時空背景了，因為必要的證據就是，穆罕默德本來「就是如此」。經過這麼認定，一位西方人不需要再查證這個「騙子」的意思，也不需要說穆罕默德**以前會是**（was）騙子，更不需要再考慮，是不是要重複這個論述：「穆罕默德**是**（is）一個騙子」。因為西方人每多重複一次這論述，他就更是一個騙子，而且使重複那句話的作者的論述權威再增一分。因此，普里多（Humphrey Prideaux）在十七世紀所著作的那本知名的穆罕默德傳記，其副標題就是「騙子的真正本質」（*The True Nature of Imposture*）。當然最後的結論是，有了「騙子」（或是「東方」）的分類項目，就有、甚至需要有相對的、既不欺騙、且無須不斷對外自我宣稱、認定的「西方」；或是說，以穆罕默德為對照的，有了騙子穆氏，就有犧牲奉獻的耶穌基督。

因此，就哲學而言，我所稱為東方主義的這種語言、思想和觀點，大體而言，是徹底實在論（radical realism）的一種形式。任何西方人在處理有關被認為是東方的問題、事物、本質和地區等，運用東方主義就自然成了他的習慣，他會以此方式來指涉、命名、定位、修正他所說、所想的字彙或辭句，然後認定，這就是他們要去探究的真實，或者，更簡單地，就是真實。而就修辭學而言，東方主義全然是解剖性的和計算性的，它所用的字彙是要把東方事物特殊化，且分離成可以操弄的單元。就心理學而言，東方主義是一種受害偏執狂，是另一種知識的形式，非常不同於普通的歷史知識。我想，本節所說的，就是想像的地理，和它所畫出來東、西方的戲劇性疆界之一部份結果。但是在這些東方化的結果之後，又發生了一些特殊情況的近代新變形，因此，現在我必須轉而討論它們。

如果只是要檢驗「東方主義」到底有哪些謬誤（以及如何違背事實），也就是要判斷米其雷(Michelet)所提出更龐大、威脅性的觀點，到底有多麼謬誤，就應檢視他說過的話，他說：「東方向前逼進，威脅光之神祇，因為祂被東方夢幻的魅力和魔術所吸引，東方變成無法抵抗的、致命的**誘惑**(chiaroscuro)（註53）。」歐洲和東方的文化、物質以及智識的關係，已經經過無數階段，雖然歐洲人已有某種定見，認為東、西之間有一條界限。然而大體而言，是西方左右東方，而不是東方影響西方。**東方主義**是我用來形容西方對東方研究方法的一個類型名詞。東方主義就是東方被有系統研究的一種學術規範，東方被西方當作一個學習、發現和學術研究的對象；此外，我也用東方主義來指涉西方人在談到東、西這條界線時的集體夢幻、印象和使用的字彙。東方主義所有的兩個向度並不是不相容的，藉著同時運用這二個向度，歐洲可以既安全又具體的前進東方。此處，我主要想呈現的是，西方如何向東方邁進的物質證據。

直到十九世紀，對歐洲人而言，除了伊斯蘭外，東方一直是西方霸權從未挑戰過的領域。當然他們曾有些經驗，如英國佔領印度的經驗，葡萄牙在東印度群島、中國、日本，還有法國、義大利在不同東方的經驗；當然歐洲人偶爾會遇到東方的抵抗，打破歐洲人心目中東方地區類似「田園之歌」的刻板印象，例如在一六三八年到一六三九年，一群日本基督徒將葡萄牙人趕出日本。大體而言，只有阿拉伯地區和伊斯蘭教的東方，曾經使歐洲面對無法解決的政治上、知性上，以及有一段時間在經濟上的挑戰。因此，東方主義多半時間是帶著一個問題的戳記，那就是歐洲對伊斯蘭的態度，也是東方主義的研究中最敏感的面向，這正是我這本書研究的重點。

無疑地，伊斯蘭在很多地方，對歐洲人而言都是一種挑釁。在地理、文化上，它很不自在地和基督宗教歐洲緊臨，伊斯蘭曾從猶太──希臘(Judeo-Hellenic)汲取傳統，且從基督宗教借來宗教的創意。它一度在軍事和政治上誇稱無敵；這還不是全貌：伊斯蘭地域就在鄰近、甚至還高踞在《聖經》故事發生的土地之上，而且伊斯蘭勢力範圍的中心──近東，是最靠近歐洲之處。而且，對基督宗教最關緊要的，便是近東語言，而阿拉伯文、希伯來文都是閃族語言，歐洲人學習這些語言時，總是要經過基督宗教的文化重新安置。從西元第七世紀末，到一五七一年里帕多戰役(the battle of Lepanto)，伊斯蘭統治形式的化身，無論是阿拉伯、奧圖曼帝國、北非或西班牙，在那九百年都實質有效地威脅到歐洲基督宗教。伊斯蘭把古羅馬遠遠拋開，瓦解了古帝國的歷史光輝，就某種程度而言，使羅馬在過去和現代的歐洲人心靈形塑過程中缺席了。即使吉朋的《羅馬帝國興亡錄》，也如此說：

> 羅馬帝國全盛時期，羅馬城的參議會總是想鎮壓敵人，免滋生後患。後來帝國沒落了，羅馬保守、靦覥的政策，被阿拉伯的哈里發們(caliphs)〔校註：古阿拉伯世界中掌政、教、軍於一身的國王叫哈里發〕瞧不起，伊斯蘭人入侵羅馬帝國，大肆擄掠，使羅馬大將奧古斯都(Augustus)和阿塔瑞斯(Artaxerxes)的後人所建立的光榮王朝，立刻成為羅馬人長久輕視的敵人——伊斯蘭人——的祭品。在莎拉沈人入侵羅馬帝國，佔領舊羅馬屬地歐瑪(Omar)的十年期間，他揮大軍，降伏了三萬六千個城市、城堡，摧毀了四千座伊斯蘭人仇視的基督教堂，卻興建了一千四百座伊斯蘭教清真寺。自他追隨穆罕默德的遺教，揮軍北上一百年後，他的繼位者把伊斯蘭教的勢力範圍，擴展到從印度洋到大西洋等等不同的國度(註54)。

東方這個詞，代表的不只是整體亞洲東方的同義字，而且被認為象徵遙遠和異國情調，但是「東方」一詞最常被應用的，還是在指涉伊斯蘭教的東方。當然，直到十八世紀中葉前，伊斯蘭這個「戰鬥的東方」，正如巴戴(Henri Baudet)所稱的，是個威脅西方的「亞洲浪潮」(the Asiatic tidal wave)(註55)。但在這時間點（十八世紀中葉）上，像海伯洛的《東方目錄》之類的「東方」知識儲存庫，它劇目的內容，主要就不再只是伊斯蘭教、阿拉伯或奧圖曼帝國而已。雖然在這之前，歐洲對東方最突出的記憶，可理解地都是君士坦丁堡的衰退、十字軍東征，或是征服西西里和西班牙等。但是如果這些表示的是一個具威脅性的東方，它們已經無法同時涵蓋亞洲的其他地域。

因為，自從葡萄牙十六世紀初，最早在東方樹立歐洲足跡的橋頭堡之後，印度就一直是西方攻佔東方的重點。在很長的一段經貿時間之後（從西元一六〇〇年到一七五八年），印度被英國佔領。不過印度本身對歐洲從來都不是一個威脅。印度之所以被佔領，是因為其本土威權自己先瓦解，空出空間讓歐洲列強佔據，因此在印度啟戰端，終究讓歐洲人以殖民者身分的傲慢，控制了印度；這種控制印度的方法，歐洲人始終沒法在伊斯蘭教地區如法炮製（註56）。然而西方的傲慢，和所謂正確的「東方知識」二者之間，有很大的差距。海伯洛書中對印度—波斯的主題，其實都是奠基於伊斯蘭教自己的研究。事實上，直到十九世紀初期，歐洲人心目中的「東方語言」，就是「閃族語言」。奎內所說的「東方研究的文藝復興」，突破了以往一些狹隘的限制，因為一直到十八世紀末期之前，西方仍認為，伊斯蘭才是東方研究案例中的「雜貨店」（註57）。至於梵語、印度宗教、印度史，都要等到威廉・瓊斯爵士的努力後，才取得科學知識的地位。但即使瓊斯本人對印度的興趣，也是源自他先前對伊斯蘭教的知識和興趣。

因此，當歐克雷的《莎拉沈人的歷史》，成為繼海伯洛的《東方目錄》後，第一部重要的東方研究著作時（第一冊出版於一七〇八年），就不令人奇怪。近日有一位研究「東方主義」的歷史學家，對歐克雷的研究成果提出異議。他說以歐洲基督徒的身分，歐克雷對穆斯林——但歐洲基督徒是從他們那裡第一次得知何謂哲學〔校註：這大概是因為中世紀的歐洲人已經不知道古希臘的哲學，後來是透過阿拉伯文，翻譯成拉丁文後才知道的〕的態度——讓讀者很痛苦地震驚於他的觀點，歐克雷不只很清楚地突出伊斯蘭在書中的形象，而且在討論拜占庭和波斯的戰爭時，呈現出一個真實的阿拉伯人中心的觀點(註58)。不過歐克雷還是很小心地，將自己和有感染性的伊斯蘭主義分離，並明白地表示，伊斯蘭是個荒唐的異端。不像他劍橋大學的同事惠斯登（W. Whiston，牛頓在劍橋的繼承者），由於對伊斯蘭太過狂熱，在一七〇九年，被逐出劍橋校園。

歐洲人的「準亞利安」說法(quasi-Arian)，就有化解他們原本在東方短兵相接的危機的效果。這個解釋就是，西方藉著接近東方印度，使他們有機會穿過伊斯蘭地區（一個準亞利安信仰的地區）〔校註：詳見下一節〈危機〉中解釋歐洲東方主義中的「亞利安系統」的說法。它大致上說，只有歐洲與古代印度才是最好的亞利安(Arian or Aryan)語言系統，阿拉伯系統則是歧出、較不好的「準亞利安」語言系統〕，用爭奪印度來舒緩原本在伊斯蘭教地區的危險。至少十八世紀的英、法兩國就成功地做到這點。原本歐洲記錄中，十九世紀的「東方問題」就專指奧圖曼帝國。而英、法兩國在一七四四年到一七四八年在印度交戰，第二次又於一七五六年到一七六七年間開戰，直到一七六九年休戰，英國略勝一籌，自此控制了印度半島（亞大陸）的政治和經濟。因此，自從法國失去印度後，對拿破崙而言，再也沒有比攔截英國通過伊斯蘭到印度的通道——埃及，更迫在眉睫的事了。

拿破崙在一七九八年入侵埃及，劫掠敘利亞，帶給現代東方主義史上最大的影響。接著他又進行兩大東方計畫，但征伐埃及仍是影響最大的。拿破崙之前，只有兩次，歐洲有機會直接揭開東方面紗，且打入《聖經》記載的東方範圍。第一次揭開東方面紗的人是阿奎提—度普朗，一個奉行平等理論的特異理論家。他企圖把顏升主義（Jansenism）〔譯註：指十七世紀荷蘭神學家 Jansen 主張的一種教義〕調和於正統的天主教和婆羅門教教義；他也曾到亞洲旅行，只為了追尋《聖經》的系譜，且證明《聖經》所記載的最初選民確實存在。他走得比他原先設定的目標還遠，一直到最東的地點——蘇拉（Surat），在那裡發現了一箱阿凡斯特文本（Avestan texts）〔校註：Avesta，「知識」的意思，古波斯的聖典〕。根據史瓦柏的說法，神祕而零碎片段的阿凡斯特文本，是激起阿奎提東遊的主因。雖然很多英國學者對阿凡斯特的「牛津斷片」很有興趣，但他們只是看看之後，就回到自己的書房，然而阿奎提看了之後，卻去了印度。史瓦柏還拿阿奎提和法國的伏爾泰（Voltaire）相提並論，他說，阿奎提和伏爾泰二人，雖然彼此在性情和意識形態上南轅北轍，但是二人也有相同地方，因為他們二人都對東方和《聖經》有興趣，其中一位的詮釋使《聖經》無可爭議，另一位卻使《聖經》更不可信（指伏爾泰）。諷刺的是，阿奎提的發現，恰好成就了伏爾泰的目的，因為伏爾泰很快地引用。伏爾泰對他所發現的那個特定公開的《聖經》文本大加批評。史瓦柏曾對阿奎提東方探險的效果下定論：

> 在一七五九年，阿奎提在蘇拉完成《阿凡斯特》的譯本，一七八六年，他在巴黎，完成《奧義書》（*Upanishads*）〔校註：正統印度哲學吠陀經（Veda）的最後部份，吠陀

思想的最高表現,原意是「叫人接近老師」,意指師生間私傳的祕密知識)的譯本,因此,他為東、西兩半球的天才作家鑿通了一個溝通的管道,更正且擴展了地中海盆地的舊式人文主義。而不到半世紀前,他的研究同好曾被問到:做個波斯人是什麼樣?阿奎提就教他們辨認波斯人和希臘人的紀念碑的異同。之前,人們只能從偉大的希臘、拉丁、猶太、阿拉伯等地區的作家作品,去追尋這個星球遙遠過去的資訊。《聖經》過去只被視為一個寂寞的岩塊、一塊外來的隕石。雖然有這一整個世界的書寫,但很少人能認知到那未知的廣大領域。一直到人們從他翻譯的譯本,才開始了解那未知世界。然後才能進一步探索中亞地區在巴貝塔之後滋生不已的多種語言,此後,歐洲人研究的成就才累積了令人目眩的高度,突破以往在學校的做法,只狹隘地灌輸文藝復興時代希臘羅馬文明遺產(這些很多是隨伊斯蘭教文明傳進歐洲)。阿奎提對歐洲文明的貢獻是加入一個觀點,那就是遠古以來,曾有無數的人類文明、大量的史蹟文獻,而歐洲各地有限的文化,不是人類歷史上唯一遺留痕跡的地方(註59)。

這是第一次,東方以其文本語言和文明的確定物質證據,呈現在歐洲人面前。而這也是歐洲人心目中,亞洲第一次獲得一個確定的歷史和知性的範圍,但是這又強化了東、西地理距離和廣袤土地的迷思。有了阿奎提給歐洲提供了突然的文化性擴張,不可避免地就會跟隨上一個減縮式的後續,所以繼阿奎提的努力之後,後繼者則是瓊斯,他是拿破崙征伐埃及前，我所提到的第二位關鍵人物。在阿奎提打開人類歷史的新視野後，瓊斯卻又關閉了這視野，他的做法是編了一套符碼、製圖表研究不同語言、比較東、西方異同。一七八三年，他離開英國赴印度前，瓊斯已是阿拉伯文、希伯來文和波斯文的專家，但這只是他成就中最微不足道的部份，他還是詩人、法學家、比較史學家和古典學者。他是擁有無窮精力的大學者，連當時美國的富蘭克林(Benjamin Franklin)、英國的柏克(Edmund Burke)、品特(William Pitt)、強生(Samuel Johnson)等大人物，都有人向他們推薦瓊斯。果然他被派往印度，擔任一項高報酬又極榮譽的職位。他在東印度公司(East India Company)佔缺，開始東方研究，成果結集出書，透過他的收納、圈圍，並將東方編碼馴化，使之日後變成歐洲學術所管轄下的行省之一。他的著作〈旅亞期間的專研事物〉("Objects of Enquiry During My Residence in Asia")的文章，列舉了他調查過的事物，包括：印度、穆罕默德教的法律、印度的現代政治和地理、統治孟加拉(Bengal)最佳模式、算數與幾何。另外還有一套混合著亞洲學、醫學、化學、外科學、解剖醫學的印度科學，此外，印度人的自然生產方式、詩學、修辭學，以及亞洲人的道德、東方國家的音樂，印度人的貿易、製造業、農業和商業等等。一七八七年八月十七日，他寫信給當時英國駐印度總督阿爾洛普(Lord Althorp)，不無自矜地說：「我的企圖心是要比任何一位歐洲人都更了解**印度**。」而這句話就是巴佛日後在一九一〇年的英國國會中宣稱：「要成為英國最深入了解東方的第一人」那句話的源頭。

在印度，瓊斯的正式工作是法律，在東方主義發展歷史中，他的職業有其象徵意義。

在他抵達印度的七年前，哈斯汀(Hastings)就決定了要把印度人列管於英國的法律治理下。這乍看不是太大野心的宣言，其實是征服東方更大的計畫。因為用梵語記載的印度法律，當時只有波斯文的譯本，沒有任何一位英國人的梵語程度可以嫻熟到參照梵文原本。當時有一位英國殖民地人員威金斯(Charles Wilkins)，他是一家公司的主管，在掌握了梵文後，正在翻譯馬奴(Manu)的《機構》(*Institutes*)，因此，他很快被派任為瓊斯的助理，威金斯又恰巧是翻譯印度作品《薄伽梵歌》(*Bhagavad-Gita*)〔校註：重要的印度經典，談到黑天神(krishna)的戰爭、為什麼，以及什麼是種姓制度，其實是很長的詩，有幾個中譯本。〕的第一位譯者。一七八四年一月，瓊斯在孟加拉的亞洲學會(Asiatic Society of Bengal)，召開第一次大會，此學會功能類似英國的皇家學會(Royal Society)。瓊斯是第一屆的會長兼執行長，他藉這個職位之便，有效學習到很多東方和東方人的知識。日後使他成為無可爭議的——藉埃貝利(Arberry)的話來形容——東方主義的創教教主。他要治理且學習，然後把東、西方一起比較。瓊斯以他壓不住的衝動，目標是要為東方製造規格符碼，並歸納、馴服那凌亂的、無限的種種東方世界資訊，成為一套完整的文摘，包括法律、人物、風俗和文學作品，這點，西方世界公認他已達成目標。下面是他最有名的宣示，這段話指出了現代東方主義作為一「比較研究」的程度，把歐洲的哲學起源，遙指到古老的東方根源，他說在比較東、西方後，發現現代歐洲語言學的發軔，也可以追溯到東方的、無害的根源：

> **梵語**有一個很傑出的結構，不管有多古老，它的結構比希臘文還完美，比拉丁文

還豐富，比上述二者都還要精緻，然而卻又和上述二者有強烈的關連，希臘、拉丁的動詞字根和文法形式的產生都和梵文有關連。這種關連超過巧合。因為這樣確實的巧合，使得任何一位語言學家，在檢驗這三種語言，都不能否認他們來自同一根源（註60）。

像瓊斯一樣，很多早期在印度的英國東方學專家，或是法律學者，或是有很強宗教訓練背景的醫事人員。就我們所知，他們多數身負雙重使命，既要調查亞洲的技藝、科學，藉此希望能促成亞洲當地的改善，又要增進英國對東方的知識，改善母國的技藝（註61）。一八二三年由柯卜克(Henry Thomas Colebrooke)創立的皇家亞洲學會(Royal Asiatic Society)所出版的《世紀之卷》(*Centenary Volume*)，東方學專家共同的目的，就如同上述的陳述。早期的東方學專家，例如瓊斯，在他們與現代東方的接觸過程中，只有上述兩個角色——醫生或是法律人員——可以扮演，今天，我們不能由他們在東方所呈現出的官方的西方性格，來批評或苛責他們的人性。他們之中有法官、有醫生，多半以專業角色來探視東方，即使是奎內，他的作品多半是形而上的討論，而非寫實的描述，但他的作品也微弱地透露了西方和東方之間的「治療」關係。他的《宗教天才》(*Le Génie des religions*)一書中說，「亞洲有很多先知，歐洲則有醫生（註62）。」透過對東方經典文本徹底的研究，才可以得到適當的東方知識，也才能透過對這些文本應用到現代的東方。而面對現代東方在政治上的無能和明顯的衰敗，歐洲東方學專家覺得他們責無旁貸，有必要拯救一部份過往的東方世界的莊嚴（在經典上描述過的昔日榮景），以促成現代東方的奮起、改善。而歐洲人從經典文本取得的是一種靈光與遠見，還有成千上萬的事實和古物，基於此靈光，他們自信，自己才是促成現代東方發奮圖強的關鍵，同時他們也認定，由歐洲來幫助東方，這是對東方最好的。

上述就是拿破崙之前，歐洲東方學專家的東方計畫的本質。這些專家在計畫執行前，根本不能預作準備。例如阿奎提和瓊斯，他們只有在抵達了東方之後，才知道要做什麼，而且他們面對著的是整個東方，經過一段時間的努力建構後，他們才能把東方縮減為自己比較清楚的、較小的行省區域。與這兩位學者不同，拿破崙則要拿下整個埃及。他討伐埃及前的準備工作範圍既廣、細節內容又詳盡。即使如此，我還是要說，拿破崙準備的還是非常宏觀激越，也非常「文本式」的。這種文本的準備工作有幾個特色，我可在此分析：當一七九七年，拿破崙在義大利準備討伐埃及的行動前，他心中只有三個想法：第一，除了英國還是威脅外，在歐洲，他的軍事武功已經到了頂點，尤其在富米歐堡條約（Treaty of Campo Formio）簽訂之後，除了東方，再沒有其他地方可以增加他額外的光彩。再者，他的麾下，塔里蘭（Talleyrand）甫力駁眾議，「主張在現況下，轉戰新殖民地的優勢」這個構想，由於其兼顧可以打擊到英國的戰略位置，使拿破崙決心征伐埃及。第二，拿破崙本人自青少年時期即嚮往東方，例如他年輕時的一份手記，有一篇針對馬吉尼（Marigny）的《阿拉伯史》（*Histoire des Arabes*）的摘要。就如尚・喜瑞（Jean Thiry）說的，拿破崙一直沈浸在想與古希臘亞歷山大大帝媲美的情緒，他也想立下光榮事蹟，特別是征伐埃及的事（註63）。因此，攻打埃及，效法亞歷山大大帝，加上攻佔英國在伊斯蘭地區的殖民地帶來的額外利益，促成這項軍事行動。第三，拿破崙認為攻打埃及是一項可行的計畫。他從技術、策略、歷史，還有不可忽視的文本記載等各角度探索，得出可行的結論。不要低估文本對拿破崙的重要性，他是從歐洲近代與古典權威的著作中得到東方資訊。我的論點是，拿破崙討伐埃及是一項在心中構思出來的計畫。他由各方得到一個現實上可行的想法，稍後又完成大軍東征的準備，而他的資訊都不是出於真實的經驗，而是從東方學專家的文本中擷取想法和迷思。拿破崙討伐埃及，因此成為第一樁東西方相遇的事件並滋生出後來一連串的交會。其中征戰發展過程，歐洲的東方學專家，曾經大有貢獻，他們的專業知識直接被用在討伐殖民地的用途。回頭看這些學者，在拿破崙徵召他們那關鍵的一刻，他們的忠誠和同理心，是偏向研究的主體東方？或是西方的征服者？歷史證明，自拿破崙時代起，東方學專家都是選擇後者，至於拿破崙皇帝，他看到的東方，先是被以往的經典文本、再被他同時代的東方學專家的文本轉化記錄過，所以他觀點下的東方，不是真實的東方原貌，而只是可以替換任何真實接觸經驗的一個有用的替代品。

拿破崙為了征討埃及，用了數十位「學者」，史書上記載，眾所周知，此處不再贅言，他的想法是要藉此次征東，善用一個活生生、有用的檔案，因此設立一個「埃及研究機構」(Institut d'Egypte)，針對埃及，以學術研究形式，由東方學專家研究。比較少為人知的是，拿破崙私下頗依賴法國作家伏尼的書。旅遊家伏尼一七八七年出版的二卷《埃及和敘利亞遊記》(*Voyage en Égypte et en Syrie*)，除了自序中曾簡短說到，他因為突然獲得一筆遺產，使他在一七八三年的東方之旅得以成行，至於全書其他部份，都是非個人、技術性的、令人感到枯燥、壓迫感的文件式敘述。伏尼的自我定位，很明白是要當一位科學家式的作家，他的工作就是記錄所看到的東方現狀。該書的高潮是第二卷，伏尼從宗教、政治體制的觀點看伊斯蘭教（註64），雖肯定伊斯蘭是宗教和政治體系之一，但文中卻流露出歐洲人的常模觀點，對伊斯蘭有刻板印象的敵意。然而拿破崙卻極為重視此書和伏尼的另一本著作《論當前的土耳其戰爭》（*Considérations sur la guerre actuel de Turcs*, 1788），因為伏尼終究只是個機靈的法國人，就像在他之後二十五年的法國作家夏多布里昂和拉馬丁，他們都視近東地區是法國實現擴張殖民地的夢想地點，而拿破崙從伏尼書中得到的好處是，書中明白列舉，當法軍揮軍向東討伐埃及時，事先得知可能遭遇的困難。

拿破崙日後回憶埃及戰爭，明白指出伏尼的主張對他的影響。拿破崙曾於聖海倫島(Sainh Helena)對貝翠將軍(General Bertrand)回憶口述，伏尼的《一七九八年到一七九九年埃及和敘利亞的戰場》（*Campagnes d'Égypte et de Syrie*, 1798-1799）一書說，法國在東方建立霸權，會有三個障礙：第一，面對英國的競爭；第二，面對奧圖曼・波特；第三也是最困難的，對付穆斯林（註65）。對拿破崙或任何一位讀過伏尼作品《埃及和敘利亞遊記》和《論當前的土耳其戰爭》的歐洲人而言，他所主張的觀點是精準有力且很難挑錯的，因為對任何一位想在東方取勝的歐洲人而言，它們都是十分有用的文本。換言之，伏尼的作品像一個歐洲人的東方手冊，目的在緩和歐洲人直接經驗東方時，所感受到的人性的震撼。讀伏尼的書，東方本身的主導就逐漸遠離，歐洲人不知不覺接受他的觀點，誤以為東方就是如伏尼所詮釋的那樣。

拿破崙幾乎全盤接受伏尼的觀點，但本質上，他又以政治人物的狡猾方式，運用這些觀點，從他的「征埃及大軍」第一刻出現在埃及國土的水平線時，拿破崙的每一次戰役，都是要威服穆斯林，告訴他們：「我們（法國大軍）才是真正實踐伊斯蘭教義的穆斯林(nous sommes les vrais musulmans)。」這句話正是拿破崙在一七九八年七月二日，向埃及亞力山卓城的人民如此宣稱的(註66)。他的征埃及大軍有一團東方學專家，而他自己乘坐的征埃旗艦名叫**東方**。拿破崙的東方學專家，甚至專精到可以挑撥埃及內部的族群矛盾，把以往和埃及友善相處的「梅路克人」(Mamelukes)，也拉到法國這一邊，散佈「人人平等」的觀念，藉此挑起一場只針對埃及人的戰爭。第一位記錄這場戰爭的阿拉伯人是阿布達拉曼(Abd-al-Rahman al-Jabarti)，他作品中指出，他個人印象最深的是，拿破崙用東方學專家來安排他和埃及當地人的接觸方式(註67)，拿破崙要在每一個細節處，都要證明法國是**為了**伊斯蘭而戰，因為他清楚地了解，歐洲這些研究東方的知識份子的建制組織，的確有其功用和成就，因此，他要他說的每一句話，都可以翻譯成《古蘭經》所用語法的阿拉伯文(Koranic Arabic)。正如法國軍隊士兵在他不斷約束規勸下，也必須記住伊斯蘭人的感受（這裡可以看出法國和西班牙形成對比，西班牙對待殖民地的做法，以下列例子說明：他們在一五一三年以西班牙文發佈「征討令」(Requerimiento)，大聲朗誦給不通西班牙文的印地安人聽：「我們要帶走你們、你們的妻子和孩子，將你們驅使為奴隸，獻給陛下——西班牙國王和女王，任他們驅策你們。我們要奪走你們的財貨，凡有不遵從者，將戮力摧毀你族，給你們帶來不幸……」）(註68)。對拿破崙而言，他的軍隊相對於廣大的埃及，顯得太少，無法強行入主埃及，因此必須運用當地的教長、法官、釋典官、法學者等人，透過他們潛心信奉的《古蘭經》，將法軍征埃及的行動，詮釋為對埃及有利。為了達到此目的，原先任教於阿茶(Azhar)的六十位學者，都被召來拿破崙的駐紮地，除了給他們軍禮的榮耀外，拿破崙親自演說，對他們大大讚美伊斯蘭，表達對穆罕默德的敬意，和對《古蘭經》的尊重，給予他們最大的光榮，更不經意地顯示他本人對《古蘭經》極為嫻熟。果然此招奏效，不久，開羅人開始信任入侵的法國人(註69)；拿破崙回法國前，給他的代理人克雷伯(Kleber)嚴格的指示，要遵從兩種人的指導：一是法軍可以爭取到的東方學專家，另一是當地伊斯蘭宗教領袖的意見。任何違反這兩種人指示的其他治理之道，都是代價昂貴且愚昧的(註70)，詩人雨果自認捕捉到拿破崙征東的彪炳霸業。雨果的詩〈他〉有章節如下：

在尼羅河岸，我再一次發現了他。
埃及被他的黎明之火照亮起來；
他的帝國星宿，在東方升起。

勝利者、狂熱者，迸出大成就，非常神奇的，
他震懾了這個神奇之地，
老酋長們尊敬這位年輕、謹慎的王子，
人民敬畏於他所率領的、前所未見的大軍；

在那些已感到暈眩的土著部落出現時，

他，崇高無比，像西方的穆罕默德（註71）。

拿破崙勢如破竹的勝利，只有在大軍出征前準備妥當，才有可能達成，也許就是需要像拿破崙這樣一位從沒有東方經驗的、只能靠學者、書本告訴他東方知識的將領，才能完成。歐洲將領如拿破崙之流，要徹底征服東方，其手段就是率領一整個法國的東方研究學院一起出征。拿破崙以這種「文本的態度」來看待東方，在佔領埃及後，實際執政時，又因不斷引用文本的知識於施政原則，故使該態度益形重要。拿破崙在殖民地頒訂的幾項革命性飭令，都非常尊重東方學專家的專業知識（最特別的是西元一七九三年三月三十日，拿破崙下令在國家圖書館中建立一個公立學校，開始教導阿拉伯文、土耳其文和波斯文）（註72）。這些命令的目的，就是希望藉著西方理性主義者的觀點，「除魅」和「建制化」東方——這門最深奧的知識，企圖了解神祕的東方。因此，很多拿破崙的東方學翻譯者，都是東方學專家沙錫的學生。沙錫從一七九六年六月開始教阿拉伯文，在那所東方語言專門學校，是當時第一個，也是唯一的一個阿拉伯文老師。此後，沙錫變成歐洲每一位重要的東方學專家的祖師。他的學生控制了歐洲的東方學研究領域，達四分之三世紀之久。而他的學生，在參與歐洲及拿破崙對外殖民的政治行動中，大大發揮所學。

不過，命令屬下學習東方語言，並且和穆斯林和平相處，只是拿破崙掌控埃及的一部份。他的另一策略，是把埃及徹底開放，使埃及成為任何一個歐洲人都可以徹底探究、旅行的地方，此後埃及不再是少數人：旅行家、學者和征服者的禁臠，只有他們可以探險，也不再像早期一般人心目中，埃及只是一個荒遠之地，東方的一角。埃及成為法國學術的一個部門。在這裡，法國人的東方主義，其中的「文本態度」和概觀式的思考模式也很明顯。這套由拿破崙所號召成立的東方學「機構」(Institute)，有一個團隊，包括化學家、史學家、生物學家、考古學家、外科醫生、古董專家等，他們是軍隊中的「學術」部門。但他們的工作卻沒有比較不具侵略性：把埃及拉進當代法國之中。不像一七三五年出版的，馬斯可希葉(Abbe Le Mascrier)的《埃及描述》，拿破崙更想把埃及當作全球霸業的一個出發點。從一開始佔領埃及，拿破崙就下令，要他的「機構」開始不斷開會、實驗、搜羅各種埃及「事實」，成果就是在一八〇九年到一八二八年期間所出版的二十三巨冊的《埃及描述》，他要研究人員，把在埃及看到、說的、研究的一切都記下來，如此龐大規模的結集方式，可以說是由法國藉一國之集體力量，來利用與消化另一個國家——埃及(註73)。

《埃及描述》的獨特性，不只是因為其龐大浩繁的書冊，或是因為此書作者的智慧，而更是因為它針對其對象的「態度」。但也正因為他們對東方的態度，使他們在對近代東方主義的各種研究中，特別引人注意。埃及研究「機構」的祕書傅立葉在《埃及描述》的〈歷史序言〉(*préface historique*)中的最前面幾頁，就明白說他們在「作」埃及時，學者們直接就抓住了一種純粹的文化、地理、歷史的重要性。在亞洲和歐洲的關係之間、在記憶和真實之間，埃及是上述二元對偶關係中的中心點。

埃及位在亞洲和非洲之間，和歐洲交接便利，佔領非洲古大陸的中心。這個國家呈現的只有偉大的記憶，埃及是藝術的故鄉，保留了無數的紀念碑，昔日帝王建的寺廟，住過的宮殿仍存在，距今最近的古城，也是建在特洛伊戰爭的年代。荷馬、李秋格斯(Lycurgus)、叟隆(Solon)、畢達哥拉斯(Pythagoras)和柏拉圖都曾去過埃及，研究當時的科學、宗教和法律。亞歷山大大帝在埃及建了一座富饒的城市（指亞歷山卓城），這座歷史古城久享史上商業名都的冠冕。它見證過龐貝古城，看過凱撒、安東尼、奧古斯都等羅馬大將，這些名將決定了羅馬帝國，和當時整個西方世界的命運。因此，埃及總是會在歷史恰如其分的機會點上，吸引史上已經征服群雄的各國曠世霸王。

無論在亞洲或西方世界，沒有一個已具相當實力的霸權，會錯過埃及，而埃及也一直自然地被認為有如此的命運(註74)。

無論從藝術、科學、政府等方面過度飽和的意義來看，埃及的角色就是在舞台上不斷成為各種具世界史意義的「行動」的對象。一個起源自現代歐洲的世界新霸權，只要攻下埃及，就很自然地可藉此向世界展示力量，合法化他們的侵略行為，寫下殖民歷史。一旦攻下埃及，這個非洲國家的命運就和整個歐洲接合一起。此外，一旦進入埃及，昔日歐洲最遠古的祖先不過是荷馬、亞歷山大大帝、凱撒、柏拉圖、畢達哥拉斯，現在則可追溯到更古老的東方先賢。簡言之，東方存在的價值，不在和現代歐洲現實世界的接軌，而在與歐洲遙遠的過去相連接的價值。這就是我所提到過的，一個純粹的例子：西方看東方世界的那種「文本式」、「宏觀系譜式」(schematic)的態度。

傅立葉以類似的觀點，持續論述超過百頁（很湊巧，書中每一頁大小都是一公尺見方，好像是書中所寫的東方霸業計畫，也像是和印書的紙頁的大小一般容易操控，早就被認為是可以相提並論的處理規模），然而在這些廣泛的過去歷史中，傅立葉必須合法化拿破崙征討東方的行動，是歷史發展不得不然的舉動。這種歷史上的偶然的戲劇性觀點，歐洲史家在論拿破崙時，從未放棄過。下列文字，顯示傅立葉有意識地面對歐洲讀者時，刻意操弄其東方形象：

> 大家都記得，使全歐洲都驚愕的消息：法國人已經進入東方了。為了欺瞞法國的仇敵，偉大的計畫行動悄悄規劃，祕密進行，鬆懈敵人的警戒。只有如此，法國的大計畫才能構思、進行、成功地打造出來……
>
> 這樣戲劇性的行動(*coup de théâtre*)，對東方同樣有其優勢。
>
> 這個國家，曾把它的知識傳播到這麼多國家，今日卻深陷野蠻之境。

只有一位曠世英雄可以把天時、地利、人和聚集，這就是傅立葉所要描述的拿破崙：

拿破崙了解，這個事件將改變歐洲和東方、非洲、地中海船運和亞洲的命運，……拿破崙希望對東方，提供一個有用的歐洲模範，最後希望東方百姓都有愉快生活，活在完美文明的益處。如果不持續將（西方）科學、藝術，應用在東方的計畫中，上述理想是達不到的（註75）。

要將現代東方，一個處在野蠻狀態的地方，匡正恢復到東方昔日的偉大、典雅，必須要教導東方，以現代西方的方式教化他們（這樣做，當然是為了東方好），而且應刻意減少軍事力量的介入，以便能使西方在東方教化知識，能減少敵意，使東方人激發榮譽感，進一步展開自我改變形象的光榮計畫。而這正是掌控東方政治必經的程序。

要塑造東方，賦予它形象、認同、定義，承認其在歷史記憶中的偉大地位，對歐洲帝國有策略上的重要意義，還有它作為歐洲附屬品的「天賦」角色。要稱讚在殖民地中所收集到的知識，因為它們對「現代知識」有所貢獻。

但是東方人在西方的知識形成過程中，從未被徵詢過，最多只被當作形成文本之前的「前文本」（pre-text），且不是文本，而所謂知識的功用，是以歐洲人的觀點來評價，而不是當地人的觀點。在文本形成過程中，西方人往往感受自己是一個掌控東方歷史、時間和地理的歐洲人，他可任意形成新的專精領域，建立新的學科，把看得到或看不到的東方每一件事物，都拿來分割、分派、思考、圖解、做目錄，最後完成記錄保存下來。他可以把每一個觀察到的細節，都當作一個通則；把每一條通則，都變成判定東方世界永遠不變的屬性、脾氣、心態、風格或形象的不變定律。而最重要的是，把真實的東方變成一套文本。而他們可以如此做，主要是因為真實的東方，似乎沒有能力來抵抗這種權力，所以歐洲掌握了真實（或是以為他們已經控制了），這就是東方學專家的特色投射出的一套想法，完全實現在《埃及描述》之中。他們以西方的霸權和知識為工具，又經過拿破崙大軍佔領埃及後，強化了歐洲的霸權和知識工具，使之根深柢固。所以傅立葉在序文的結論說，歷史會記住埃及如何「成為拿破崙光榮霸業的劇場，並保留這個非凡事蹟當時時空環境的種種逸聞，永誌不忘」（註76）。

《埃及描述》一書因此謬誤地重新措置了埃及和東方的歷史。在《埃及描述》中記錄的歷史，取代了埃及和東方本身的歷史，而被歐洲人立即而直接認定是世界史的一部份，而其實所謂世界史就是歐洲史的委婉說法。在東方學專家心目中，要使一個歷史事件不被遺忘，就必須經由他們，把東方再現為一個歐洲人主導的劇場中的東方，這個說法幾乎就是和傅立葉所主張的一模一樣。而且，用現代西方辭彙所描述的東方，其改頭換面發揮的純粹的力量，使得東方脫離了久被忽視、不為人知的卑賤、猥瑣的範圍，進入現代歐洲科學的清晰之中（不過西方世界對廣大、未被人知的東方世界的過去悠久歷史，近幾世紀才剛開始探究發現時的瑣屑口述，不算在這範圍），而這就是西方打造出來的新東方形象：就像肯定了布逢(Buffon)在動物學上專精的分類法則一樣，東方人這種動物也被西方的專家分類了。一個實例就是聖西拉在《埃及描述》中的生物學論點(註77)，東方剛好和歐洲國家人民的習俗形成鮮明的對比(註78)。這論點指出，東方人「古怪的愉快」天性，恰好對比且強調了西方人的明智、理性。或是再引用另一個東方文明的用途，西方醫師問：那些使得香料保存屍體的東方人生理上之特徵，是否在西方人的身體上也找得到相對應的部位？如此，拿破崙征埃及戰役中殉國的騎士，其光榮戰死的愛國精神，也值得像古埃及保存木乃伊那樣，把他們的遺體保存起來，像聖體那樣(註79)。

拿破崙佔領埃及軍事上的失敗，並不減少其關注、投射到整體埃及、乃至東方的雄心，其計畫的可行性仍高。實際上，佔領埃及是催生整個現代東方經驗的源頭，特別是經過下述的管道：拿破崙在埃及所建立的論述領域，他控制和傳播其論述的機構包括研究埃及的「機構」和《埃及描述》一書。這就是如查爾胡(Charles-Roux)所說的原初的構想：「埃及因為西方殖民政府的聰明管理，和對現代文明的啟蒙獲得再生，而埃及再對周遭東方鄰居散播文明的光芒(註80)。」當然，會和法國爭著要教導、啟蒙埃及的歐洲列強，莫過於英國了。但撇開歐洲列強之間的齟齬爭執、不光明磊落的競爭和戰爭，要承繼整個歐洲在東方的共同使命，除了創造新的東方霸業計畫、觀點或新的事業，別無他途。而這些計畫更要融合舊東方的實體，和征服者的歐洲精神。所以，在拿破崙之後，東方主義的語言有一個徹底的改變：其原本描述性的實在論自我升級，變成了不只是一個再現的風格，而且變成一種特殊的語言，事實上更是一個促成**創造**的工具；而伴隨著這套母語(langues mères)，還有多里美(Antoine Fabre d'Olivet)所稱，東方被那些潛藏的歐洲知識來源重新建構了，再經過組合、編排。總之，東方是被東方主義者努力孕育出來的。《埃及描述》變成一個有代表性的原始類型，影響了日後凡是要拉近東方向歐洲靠攏的所有計畫。如此，可以完全吸納東方，而且最重要的是去取消它，或至少矮化它、化約它，以減少東方的奇異性，而在伊斯蘭教的例子，則是減少它對歐洲的敵意。此後，伊斯蘭東方，在歐洲就意指著是東方學專家的權威，而不再是把伊斯蘭人看為人，把伊斯蘭歷史當作歷史。

因此，從拿破崙的東征後，就衍生一大堆新生的東方主義文本。從夏多布里昂的《旅程：從巴黎到耶路撒冷》(*Itinéraire de Paris a Jérusalem*)到拉馬丁的《東方之旅》(*Voyage en Orient*)、福樓拜的《薩倫坡》，還有也是在這個傳統底下，藍尼的《近代埃及人禮儀風俗論》，和波頓的《從麥迪那到麥加朝聖之旅手記》(*Personal Narrative of a Pilgrimage to al-Madinah and Meccah*)，把這些作品串連在一起的，不僅僅是他們相似的東方傳奇的背景和經驗，而且更是他們都把東方當作一個孕育個人作品的子宮，引導他們寫作的靈感。很弔詭地，即使這些創作都是高度風格化的擬像，很詳盡地描繪、模仿與想像一個活生生的東方，可是這些仍然都不背離於「它們要不是來自想像的概念，就是來自結構性的、歐洲控制東方的實質政治、經濟或軍事的力量」。上述兩大類別有兩大原型人物，前者是卡理歐斯楚(Cagliostro)，一個了不起的歐洲模仿者；後者代表則是拿破崙，第一位現代的征服者。

隨著拿破崙征戰埃及的副產品，不只是有關東方藝術和文本的記錄。此外，當然還有更具影響力的，例如科學研究和工程計畫，主要代表有：為了爭取伏尼獎，雷南完成於一八四八年的《閃族的語言比較系統和歷史》(*Système comparé et histoire générale des langues sémitiques*)。還有，很湊巧地，同樣發生於一八八二年，英國佔領埃及，和法國的雷賽普(Ferdinand de Lesseps)的蘇彝士運河 (Suez Canal) —— 二個地緣政治學的大計畫。這項水利工程計畫和佔領埃及的軍事行動的不同，不只是其顯現給世人的形式和程度不同，也在東方學專家認知的品質上有所不同。雷南認為他的作品真正地再創造了東方，也的確如此，但只在他的作品中。相反地，雷賽普則不免自矜於自己的運河計畫，震懾了東、西方世界；對西方人而言，蘇彝士運河應是破天荒，絕對不是個普通的新鮮事件。這種震懾於舊東方創造出新時代大工程的情緒，在一八六九年的開幕式時，傳達給在場觀禮的每一個人。十九世紀的探險家庫克船長(Thomas Cook)的《旅行者和觀光客通告》(*Excursionist and Tourist Advertiser*)記錄下了一八六九年七月一日，雷賽普的蘇彝士運河引發的狂熱：

> 十一月七日，本世紀最偉大的工程蘇彝士運河將以盛大的開幕式，來慶祝其計畫付諸實行。歐洲各國的皇室都派有特使到場致賀。這條運河將接通歐洲和東方的海平面，的確是一個曠世的大工程。想像開拓一道打通歐亞的水道，幾世紀來一直是歐洲人的夢想，希臘、羅馬、薩克遜和高盧人都有過這個念頭，然而，直到現代文明開啟契機，本世紀的最近幾年，才被歐洲人認真地來模仿古埃及法老王，他如何動員全國來建造一條連通兩個大洋的運河，其舊道至今宛然……。
>
> 每一件與蘇彝士運河有關的事，都是當時最大的規模。透過史陀斯的筆，寫出一

本有關運河興建過程的宣傳小冊，詳述工程經過，使我們對大師雷賽普的不凡心靈印象深刻。他的堅忍、勇敢和遠見，使世紀之夢，成為觸手可及、指日可待的真實，這項工程把許多不同時代的文明都拉在一起，並連接東、西方國家（註81）。

結合歷史上早有的想法，和現代工程的新科技方法，湊合東、西方的不同文化，和歐洲十九世紀的關連。歐洲現代科技的力量、知性的意志，硬是跨坐在昔日各自安於自己世界的、地緣不同的東、西兩個實體之上。這些種種，就是庫克船長所感受的，也正是雷賽普本人不斷地在日記、演講、手冊、信件中所宣傳的。

以系譜學的觀點來看，雷賽普開鑿蘇彝士運河，是很幸運的。他的父親老雷賽普（Mathieu de Lesseps），隨拿破崙大軍遠征埃及之後，留在埃及四年（自稱是「法國駐埃及非正式的代表」，馬羅（John Marlowe）如是說（註82）。日後雷賽普很多著作中都提到拿破崙對開一條運河的興趣。但因為拿破崙的專家的錯誤建議，他從未想說這是一個可達成的目標。因為法國史上不斷有人提到這條運河，從理西留、聖西蒙等人，都有過類似構想，被感染的雷賽普本人在一八五四年，終於來到埃及，著手蘇彝士運河計畫，十五年後終於完成運河。他其實沒有真正的工程師背景，只有無比的信心，以他近乎天賦的高妙技巧，同時扮演建築師、推動者和創造者的角色，使他繼續前進。而他又有外交和理財的長才，使得埃及和歐洲各國都支持他，他似乎擁有一切知識；更有用的是，他懂得如何說服那些潛在可能支持他的人。他對這些人曉以大義，說蘇彝士運河計畫會使他們名列世界舞台，藉此使他們了解他的「道德思維」。一八六〇年，他如此說服捐錢給他修運河的金主：「你們面對的是一連串艱鉅的任務：連接東方和西方。這可以帶來文明，創造、發展出更多、更普遍的財富。世界的進步要靠你們，你們要回應世界對你們的期待（註83）。」為了要和他的雄心壯志匹配，一八五八年，雷賽普成立開發蘇彝士運河的投資開發公司。公司命名為「環球」，顯現出他構想中不凡的壯闊氣勢。一八六二年，法蘭西學院特提供一個獎項，徵求一首讚詠蘇彝士運河的史詩，得獎者波尼爾（Bornier），以文學的誇飾法表達出運河的氣勢，而在主題呈現上，又配合了雷賽普企圖貫穿東西的美好願景：

上工吧！我法蘭西派遣的工人！
努力，努力！為宇宙開闢出新道路！
你們的先烈先賢，
曾在此地駐足不前，
你們要意志堅定，勇敢無懼，
你們要戰勝一切，像先烈先賢在金字塔跟前那樣奮鬥，
試想像他們四千年前，
修築金字塔時努力的汗水！

是的，為了宇宙，為了亞洲，更為了歐洲，

為了那被暗夜籠罩的遙遠國度，
為了那些狡詐的中國人和
半裸的印度人，
為了幸福、自在、人道且勇敢的人們，
為了商人，為了受奴役的人，
也為了那些還不認識耶穌基督的人們……（註84）

當雷賽普被召喚來說明為何建造這運河需要那麼多錢時，他滔滔的雄辯、源源不絕的道理，的確令人心服。他引用一大堆數據，去說服凡是想聽他談蘇彝士運河計畫的人。他能十分流暢地引用希羅多德的作品，也能視情況，援引歐洲各國海運的調查統計數字為佐證。在一八六四年的日記，他引用勒孔德(Casimir Leconte)的觀察，指出一個特異的生活，將會刺激發展人的原創性，而從這原創性，更可發軔成為開發一個新世界的決心（註85）。這樣的「開發」觀點，就是過去歐洲人的自我合理化。儘管有往昔不為人知的失敗，有其驚人龐大的開銷，但因為蘇彝士運河，會大幅地改變了歐洲人處理東方的方式，所以歐洲人認為，所有的代價都是值得的。果然，這項水利工程，其特殊性足以駁倒所有專家的懷疑，更進一步，完成這條運河，可以改善東方整體，而這是思慮周詳的埃及人、狡詐的中國人和半裸印度人所無法獨立完成的。

一八六九年十一月，蘇彝士運河的開幕式，絕對不只是雷賽普個人多年夢想成真的儀式而已。雷賽普多年來為了這條運河，經年累月的演講、寫書出版宣傳手冊，言行間都充滿了生動、有力、戲劇性的辭彙。為了實現他的夢想，他對公眾總是舌燦蓮花、自我宣傳（他總是以第一人稱複數「我們要如何如何」開頭）：我們創造，我們奮戰，我們會安置、完成、行動、承認、保存、前進東方。他在很多場合又反覆強調：沒有人能阻止我們，任何事都是可能的，而只要我們能了解他所構想、定義、最後執行出來的「這最後的結果、最大的標的」，任何阻礙都不能影響我們。天主教教宗特派使節，在當年十一月十六日的運河開幕式當天，也上台致詞，講詞內容特別配合雷賽普的這條運河，他誇說蘇彝士運河，是人類有史以來所達成罕見的，集知性和想像力於一的奇蹟。

> 可以肯定的是，這是本世紀獨一無二、莊嚴無比的時刻。這條運河的竣工，成就了人類最偉大、最關鍵的一頁歷史。這兒原是非洲與亞洲的接壤之地，今後，它們不再在此接壤，這個全人類的偉大節慶，這項寰宇敬畏、國際共構的曠世計劃，使地球上各個種族，使萬國的軍旗和國旗，都歡喜雀躍地在同一個明亮無垠的蒼穹下飄蕩、游移。尊榮聳立的十字架與肥沃月彎在此正面相對，不論是世界奇景、強烈的對比、著名的虛妄迷夢，頃刻間都成為觸手可及的真實！這兒是所有奇蹟匯聚之地，是思想家反思的重要主題，是環視當下、放眼未來最值得喜悅的事，是人類最足堪自豪的希望所在……
> 地球的兩個極端彼此靠近了；由於彼此的親近，使得彼此得以熟識；由於彼此的

熟識，使得在同一個和唯一一個上主之下的所有大人和小孩，都體會到彼此親如手足的無上喜樂！噢，西方！噢，東方！再靠近一些，再端詳一下，再熱絡一點，打聲招呼，相互擁抱……

然而，在物質現象的背後，思想家的眼光所發現的是遠遠超乎可測空間的向度，這些向度浩瀚無窮，是人類最終的命運、最光榮的征服與最永恆的堅信彼此交織驅動之所……

（上帝）願您的氣息，使這片水域成為神聖的水域！願人們行行復行行，自西方到東方，自東方到西方！噢，上帝！讓這條水路服侍您，使人類相互接近（註86）！

整個世界似乎都聚會起來，為那個上帝唯一祝福、並加以利用的偉大計畫共同祈禱。因為蘇彝士運河，舊有的分別和限制消解了，十字架朝下俯視中東的肥沃月彎，西方人已經來到東方，勢力一進入，再也不離開（直到一九五六年七月，納瑟〔Gamal Abdel Nasser〕還打著雷賽普的名義，鼓動埃及攻佔蘇彝士運河）。

整個建設蘇彝士運河的構思，讓我們看到東方學專家式的邏輯思考。而更有趣的是，東方學專家努力實現這種邏輯思考的過程。對歐洲而言，亞洲曾代表著沈默和遙遠的距離、阻絕，伊斯蘭教對基督教的歐洲而言，代表著軍事上的敵對。而要戰勝可疑的東方，首先要了解他們，然後才能侵略、佔有，接著便可以進一步派學者、軍人、法官，去認識學習、分辨那些古老、近乎被世人遺忘的東方語言、歷史、種族和文化。在現代東方的視野之外，這些東方主義的知識與學習目的是為了證成他們自行建構出來的古典東方真理，再用來判斷和統治現代東方。由此，那些卑賤猥瑣的東方逐漸淡出，被西方溫室所建構出來的東方所取代，「東方」曾是歐洲學者的辭彙，代表著歐洲最近塑造出來的東西。而雷賽普和他的蘇彝士運河，終究摧毀了東方的距離，西方因此反被隔絕、**遠離了**自己過去對東方的親密熟悉感，還有那異國情調。就像原本是一塊土地，被運河化為一條如液態般的交通動脈；東方也因此由抵抗的敵意，被轉化為謙恭的、屈服性的夥伴關係。嚴格地說，雷賽普之後，再也沒有人可以說東方是另一個世界了。現在只有「我們的」世界，一個因蘇彝士運河而緊連在一起的世界，因為這個運河已經使得抱持有「不同世界」的偏狹心態份子無法再存在。從此以後，東方是一個管理或執行的概念，是屬於人口學、經濟學或社會學的因素。無論對巴佛那樣的帝國主義份子，或是對霍布森(J. A. Hobson)那樣的反帝國主義份子，東方就像非洲一樣，是一個臣屬種族，而不單純是人所居住的一地理區域。雷賽普的蘇彝士運河，瓦解了東方的地理特性，靠的是等於把東方拖進西方，而最終也驅走了伊斯蘭教的威脅。現在，歐洲人主導的新的分類，和新的東方經驗，正在崛起，包括了日後歐洲帝國主義份子。當然東方主義也隨著他們的需要，作自我調整，而在這個新的適應過程中，也並非毫無困難。

當我們說對某人或某事物持有**文本**態度(textual attitude)，似乎有些奇怪。不過對某些主修文學科系的學生，如果對他們說起法國伏爾泰的《憨第德》(*Candide*)一書中，所攻擊的一種態度，或是提到西班牙的賽凡提斯在《唐吉訶德》(*Don Quixote*)中，作者藉由小說諷刺那種對真實世界的態度，就會比較容易了解「文本態度」這個辭彙的意思。這二位文豪並不例外的，都是人情練達後，對於人性不可預測的複雜，都很通情達理，認為人類問題重重的生活，其實是一團混合綜合體，如果抱著「盡信書」的態度，僅僅是靠書本或文本的基礎，了解人類生活，絕對是謬誤的，其結果就是冒著行為愚蠢或毀滅的危險。眾所周知，任何一位歐洲人絕不會依據《高盧的阿馬迪》(*Amadis of Gaul*)就能了解十六世紀(或今日)的西班牙，或是譬如說，用《聖經》記載的內容，去了解西方的眾議院組織。但很顯然的，人們的確曾經嘗試過用單一片面、愚蠢的方式來運用文本，去解釋他們所不了解的，否則，《憨第德》、《唐吉訶德》到今天也不會還如此吸引讀者。這似乎是人類習見的通病，寧可取一個文本的概觀式權威解釋，也不要直接面對當地人，還有因面對所必然帶來的混亂。但究竟這是人類亙古以來的通病？或是肇因於其他環境因素，讓文本態度更易彰顯？

有兩種情況有利於文本態度的發展。第一是當人類碰到相對不熟悉或威脅性、遙遠的東西，這種情況下，人們要訴諸的，不只是自己先前的可能類似經驗，而且是如何解讀這些新奇的東西，旅遊書籍和導遊手冊，就是人們遇到陌生地方時，一種很「自然」情況下，所發展編纂出來的文本。旅遊手冊的功用，形成了他們的邏輯。而其他針對新奇事物的書籍也一樣。當人們旅遊到其他地方，遇到不確定的事，威脅到他的認知平衡時，就會依賴文本，發展出「文本態度」。很多遊客都說，實際的旅遊經驗不如預期，意思就是說，它們不像某一本讀過的書所說的那樣；當然，很多旅遊書的作者，寫那本書，目的就在說這個國家**就是**這樣，或甚至說這個地方**是**多采多姿、昂貴、有趣等等。旅遊書作者的想法是，外地的人們、地方、經驗等永遠都可以用一本書來描述，這種信念有時強到一個「文本」取得了甚至超過它所描述的「現實」的更大權威。通戈(Fabrice del Dongo)的喜劇所描寫的，有關找尋滑鐵盧(Waterloo)戰役的事，其好笑處主要並不是他找不到那戰役的確實地點，而是他一直在找文本裡的那個地方。

第二個有利於文本態度的情況是，文本的指導作用往往有效。如果有人讀一本書，書上說，獅子兇猛殘忍，然後，他真的撞見一隻兇殘獅子（當然，此處我盡量簡化），此後，他當然就對書中內容、作者說法盡信不疑。日後再讀到相同作者的書，也會相信其說法。

但如果這本書除了說明獅子本性兇殘外，也指導人如何和兇猛的獅子相處，這些指導原則又有效，則這本書的作者，今後更會被讀者深深信賴，而作者自己也會感到讀者盛情難卻，強迫自己去寫一些他其實不熟悉的題材來作表演。事實上，這就是相當複雜的一種不斷加強的辯證關係：讀者的經驗，被他們所閱讀到的所制約，然後這種讀者的影響力又反過來定義作者所選擇的題材。作者依據讀者的經驗，找尋寫作材料，使得一本原先只是寫如何對付一隻兇猛獅子的書，會發展出其他的題目，例如，「獅群的兇猛本性」、「兇猛本性的起源」等等。同樣地，文本內容被狹隘地集中在「兇猛」的主題而不是「獅子」。我們可以預期這種方式下，獅子的兇猛在人為的處理下，實際上更增其兇猛，甚至被迫要更兇猛，因為人們相信事實本來就是如此，而這也是我們被教導的**唯一**認知方式。

因此，在上述情形下生產出來的文本，其傳播的知識性質，和知識生產出來的環境，就類似我打比方的獅子，這種文本一旦產出，就無法輕易地消失。因為專業知識可以歸諸於它，學院、機構、政府的權威也可以歸源於此，以至於其文本的權威榮耀，往往超過它實際上所能保證的。最重要的，這樣的文本，不只能夠**創造**知識，而且可以創造出其所描寫的實在。因此，這種文本創造了一個傳統，或者可以用傅柯所說的「論述」來說，其份量和當前的物質性(material presence)的存在，不是任何一個作者的原創性，可以真正為這些文本負責。這種文本是來自早已存在的一條條的資料，就像福樓拜在《廣為接受的觀念》(*idées reçues*)一書中儲存的目錄那樣。

因此，拿破崙和雷賽普也一樣，他們所知道的每一件有關東方的事物，或多或少都是經由這樣而了解，他們依賴的文本，不外是東方主義一脈傳統下出版的書籍，或是類似登錄在東方百科的「廣為接受的觀念」的圖書目錄中的書籍。對他們而言，東方就像兇猛的獅子，他們對獅子的認識，都是透過一定的文本範圍所形塑的某種事物。就這樣，他們接觸到沈默的、不能為自己發言的東方，這種對西方人而言唾手可得的東方，還被捲入像蘇彝士運河那樣東方霸業的計畫，他們藉此扯進東方，卻從不直接對東方的住民負責，真正的東方人即使對歐洲人的詮釋方式有異議，也無能抵抗歐洲人的東方計畫所硬扭曲形成的形象和論述。在第一章稍早，我稱呼這種介乎西方的論述和東方的沈默之間的關係，是西方龐大的文化力量的霸權影響的結果。西方藉著霸權，將西方的意志橫加諸東方。但是這種西方的力量還有另外一面：這一面則是依靠歐洲的東方學專家的傳統，和他們對東方的文本態度。這一面的影響力，就像書本不斷傳播獅子兇猛的論述一樣，自有其生命，影響深遠，一直到獅子可以回嘴為止。拿破崙和雷賽普個人極少促成這樣的觀點（在一大堆熱心提東方計畫者中僅取最出名的二位為代表），它其實主要來自東方學專家日積月累的論述，這種論述凌駕於東方的本身，使東方無力可以抗衡，只有任由無邊的沈默作為回應；並且這種論述也同時提供歐洲的行動者以意義、道理，以及實在。以拿破崙征伐埃及而言，是西方的軍事力量遠勝於東方，使東方主義的論述成為可能，而使法國佔領埃及的意義，由歐洲人掌控，埃及因此在歐洲人的觀察與描述下，被編成一套《埃及描述》。同樣地，東方也被雷賽普以蘇彝士運河硬生生切過一般。猶有甚者，東方主義式的論述還給予他們成功，至少從歐洲人的觀點，這些歐洲的東方先驅是成功的，但他們的成功卻和真實的東方無涉。這種成功，換言之，實際上涵蓋所有東、西方的人的交流，而在這種交流過程中，西方是裁判，它又身兼球員，可以對自己說：「我如何如何」，就像《陪審團的裁判》（*Trial by Jury*）一書中，法官說：「我對我自己說如何如何」般地自說自話。

一旦我們開始將東方主義當成是一種西方對東方的投射，也就是西方對東方統治的意志，則許多事就不再令人驚訝。好比一些西方的歷史學家，像米其雷、蘭克(Ranke)、托克維爾(Toqueville)和伯克哈特(Burckhardt)，他們總是把它們的敘事**說成是**「一種特別類型的故事(as a story of a particular kind)(註87)。」同樣地，這也適用於那些編導東方歷史、東方人性格，甚至侈談千百年來東方人命運的東方主義者。這些東方學專家，他們在十九世紀、二十世紀之交，數量激增，形成一個大團體，一方面，因為過去歐洲對東方的想像和實際地理的情況，二者可以達到的最遠範圍已大大縮減；另一方面，歐洲和東方的關係，本質卻未改變：總是被永不停歇的歐洲列強在東方，爭逐市場、搶奪資源、擴張殖民地。最後一個原因就是，東方主義當然也隨著時間累積得夠多夠久，從一個學術論述，逐漸變成帝國主義的一個機構。這個變化的證據早可以在前述的幾個東方殖民者，例如拿破崙、德雷舍、巴佛、克羅莫等人的身上，都發現得到。只有放在最粗淺的層次來了解，他們的東方霸業計畫，才能用卡萊爾的「英雄」來了解，這些人都是有願景的天才、英雄。實際上，拿破崙、雷賽普、克羅莫、巴佛等人，其實蠻**普通的**，更不像我們想像中那麼特殊，如果我們能回想海伯洛和但丁的宏觀綱領，再把這些配合上一個現代化、有效率的引擎來實現這理念（例如十九世紀歐洲帝國），同時再加上一個實證的轉折（a positive twist）：因為東方無法單單地靠形上學就可以解消掉（海伯洛和但丁也許會了解），也就是西方人得以各種工具逮住東方，重新處置、描述東方，改善東方，最後就可以根本改變真實的東方。

此處，我要表達的觀點是，歐洲的確是透過文本的了解，形成對東方的定義，然後再把這些都放在東方世界來實際運作，這個轉換真的發生了。而這和東方主義大有關連，如果用一個恰當的形容，那就是東方主義在這**荒謬的**轉折扮演了催化作用。雖然，在西方嚴格的學術工作部份，東方主義建樹頗大（我發現，現在談「嚴格的學術工作」很難說得通。但我們不妨在知性上，姑妄用之），成就了很多事情。在東方主義偉大的十九世紀時代，它培養東方學專家，使西方世界教授的外語數目激增，而且引用、翻譯、評論的東方檔案文件也激增，因此訓練出不少對東方世界有同情心的學生，他們確實對梵文文法、腓尼基錢幣學、阿拉伯的詩學有研究興趣。然而，我還是必須很清楚指出，東方主義已經凌駕在東方之上。因為它的應用範圍總是從東方的一角，一個特定的族群的微小細節，過度放大為所有東方人的社會的普遍性質。譬如，僅僅對於西元十世紀阿拉伯的一位詩人的觀察，就可以把這一個發現，不斷擴大複製，引申為可以總論埃及、阿拉伯、伊拉克和阿拉伯民族心態的殖民政策。同樣地，不過是《古蘭經》上的一首詩，也會用來佐證穆斯林喜歡耽溺於肉慾的鐵證。東方主義的基本假設是：世上有一個完全不同於西方，且永遠不會隨時空改變而起變化的東方（這個基本假設的理由，倒是隨著歐洲每一個時代的演變而不同）。而東方主義本身，卻自十八世紀以後，形式就從未修改，所以東方主義自然不可避免，就會造就出像巴佛、克羅莫這樣，既是以東方的觀察者自居，又是身兼統治者的所謂東方專家。

政治和東方主義的緊密相連，或許我們可以更詳細地說，凡是從東方主義擷取下來對東方的概念，都可以用在政治的用途，這是一個很重要卻也很敏感的事實。在黑人研究或婦女研究的領域，這些都涉及了關於罪惡或無辜、學術中立或壓力團體的共犯等等的問題。由於這些對立觀念的預設立場，它必然會激起每個人在文化、種族或歷史的不同層面的、個人良心上的不安，也促使思考關於這些研究的用途、價值、不同程度的客觀性，和其根本的用心等。而比這些還更重要的是，那些促成東方主義繁榮興盛的政治、文化環境，吸引了眾人注意到東方／東方人，實際上已經成為一個被研究的對象，以及他們低下的位階。除了政治上的主／奴關係之外，還有其他的可能可以製造出這種東方主義化的東方嗎？在這裡，阿布代・馬立克(Anwar Abdel Malek)所恰當描述的「東方化的東方」，最能說明：

(一)在**問題定位**的層次，以及問題框架上……東方和東方人被認為是一個研究的「對象」，這對象，被研究者蓋滿了異己的戳記——無論身為主體或客體，東方都是異類——且是一種構成性的、本質性的異己。它成為一個研究的標本，被西方人賦予上「歷史的」主體，雖然東方被認為是習慣性成為被動的、非參與性的性質。所以這主體仍是被動、無主權式的，而只有在極端情況下，譬如當它處在所謂異化的存在(alienated being)，東方或東方人才有可能被人承認；在哲學上，也就是說，東方不是自身對自身的關係(itself in relationship to itself)，而是被他者所操弄、分析和界定的被動處境。

(二)在**主題**層次上，東方學專家對待東方，是採取一個本質主義（校註：以本質主義來了解對象，就會認為該對象有一不變的核心本質存在）的了解方式，去了解東方的國家和人民；而他們的研究方式，是透過歐洲的民族學家的類型論，把東方國家和人民定位，這種看法很容易就接近種族主義(racism)。

根據傳統東方學專家的看法，既然是以本質主義看待東方，則任何被視為本質的事物，有時可以用形上學的名詞描述，形成本質上不可替代的，且為眾人普遍認知的基礎。這個本質應該是「歷史性的」（因為可以回溯到人類的歷史文明），但根本上卻也是非歷史的(a-historical)，因為它總是把存在／被研究的事物，和不可變更的、不具演化性質的特殊性連結一起，既然它永遠不變，就不可能像其他的存在，如：國家、種族或文化一樣，是在歷史的領域，隨時間的作用影響，呈現一個某個向度的歷史切面，而有不同的作用、變化。

因此，人們傾向用真實生活的特殊案例，加以膨脹，來建構一個類型的本質。因為「本質」和歷史疏離，因此，就被認為是具有永不可更替的本質，所以被研究的客體，往往就變成另一種事物；至於研究這些「本質」的主體，也隨之有了超越的地位。所以根據歐洲的研究，我們會有一個中國人種(homo Sinicus)，一個阿拉伯人種(homo Arabicus)（何不再來一個埃及人種〔homo Aegypticus〕），一個非洲人種(homo Africanus)，除了這些之外的正常人，則是以歐洲人在歷史發展階段的形態為定義標準，也就是從希臘以降的歐洲人，才算有現代正常人的形貌。藉此我們看到從十八世紀到二十世紀歐洲，控制地球上其他弱勢群體的霸權主義，一如馬克思和恩格斯所揭露的。更可以看到「人類中心主義」(anthropocentrism)，它同時也是弗洛依德所駁斥並企圖摧毀的。只是弔詭的是，這種社會科學、人文研究的觀點，卻也是伴隨著「歐洲中心主義」(europocentrism)〔校註：歐洲中心主義，此指以歐洲為唯一中心、唯一利益出發點的觀察世界之角度〕。特別是其中這些科學的研究典範和其他非歐洲民族的直接影響和關係（註88）。

阿布代・馬立克對有歷史的東方主義的論點，根據的是二十世紀晚期的「東方」看法，說明了東方主義遇到如上所述的僵局。十九世紀的東方主義，經過一世紀的累積，擁有足夠的份量和霸權，我們在此簡短地回顧這段歷史：歐洲幾世紀來的「佔有性的少數族群霸權主義」(the hegemonism of possessing minorities)〔校註：薩依德這邊的說法，引用的其實是阿布代・馬立克有趣的「佔有性的少數族群霸權」說法，它比較清楚的解釋，在本節將近結尾處。該處（159頁）薩依德也諷刺性地解釋了所謂「人類中心主義」——因為歐洲人常認為只有自己才是真人類，東方人不是〕，還有人類中心主義，和歐洲中心的霸權聯盟。英國、法國兩國掌握了東方主義，從十八世紀晚期開始，最少有一個半世紀的發展，使其成為一個學門，其中偉大的發明，是語源學上在這段時間制定的東、西方語言的比較文法，這要歸功於語源學家瓊斯、波普、格林（Jakob Grimm）〔校註：此即格林童話的那個「格林」（1785–1863），童話是其副業，與其兄弟合寫〕，和其他學者的貢獻。但他們所建立的，最初都要依賴從東方，直接把蒐集到的原始文件運輸到巴黎、倫敦。而且幾乎沒有例外，每一位東方學專家，都是從語源學家的身分開始他的事業。由波普、沙錫、本諾夫（Burnouf）和他們的學生所發起的語源學革命，以及他們所制定的這門學科的科學範例，都是奠基於一項假設：所有的語言，都是源於幾個大的語言系譜家族，其中，印歐語語系（Indo-European）、閃族語語系（the Semitic）是兩大顯著案例。從這些語源學家奠基後，東方主義又多了兩項特色：第一，歐洲人開始有了科學的自覺，認識到他們所研究的東方語言，在語言上對西方有很大的重要性。第二，雖然傾向於不斷的對研究對象作分割、再細分，但總認為東方主體事物本質不變。所以，東方總是相同的、不變的，其本質上根本的特殊性一直維持一致。

許雷葛在巴黎習得梵文，他出版於一八〇八年的《印度人的智慧》（*Über die Sprache und Weisheit der Indier*）一書，就把上述的特色都表現出來了。許雷葛當時基本上已經放棄東方主義，但是他仍堅持一個觀點，認為梵語和波斯語是源自同一個語系，希臘語、德語則是源自另一個語系，而這兩大語系的相似性，他認為遠超過二者分別和閃族語系、中文語系、美洲、非洲語系的相近性。此外，他還說印歐語系在藝術上比較簡潔，令人較滿意；而其他如閃族語言，則不夠簡潔。這樣抽象地談論語源學，顯然從未困擾許雷葛，對他而言，國家、種族、心靈、人民都是可以熱情談論的材料，足以支撐他一輩子研究的熱情。而這些題材，其實是當初由赫德所提出的民粹主義的一種日益窄化的發展。不過許雷葛一生的研究，卻也從未提過一個活生生的現代東方。當他在一八〇〇年說：「就是在東方，我們才必須找尋最高亢的浪漫主義。」他指的是《莎古答拉》(*Sakuntala*)〔校註：印度戲劇，像京戲一樣的抽象劇〕、任德—阿凡斯特、《奧義書》所指涉的東方。至於閃族語言，語法既黏著、不符合美學原則、又機械化，許雷葛對它的評價是，與其他語系不同、較遜色且落伍。許雷葛在談論這些東方語言和生活、歷史、文學時，充滿了偏見，而且是徹底的歧視。他說希伯來文是為了先知的言錄和天啟而產生的，而穆斯林則是採信了一個「已死的、空虛的神學教義(a dead empty Theism)，而那只不過是一個負面的一神(negative Unitarian)信仰(註89)。」

許雷葛對閃族和其他較「低下的」東方人的嚴詞批判，充滿了種族主義觀點，多年來，早已廣泛散佈在歐洲文化中。但是，後有其他任何科學要比比較語言學(comparative linguistics)或語源學(philology)兩學科，更有資格成為以那種偏見為基礎的科學學科——除了十九世紀晚期，那些達爾文主義的人類學家(Darwinian anthropologists)和骨相學家(phrenologists)之外。事實上，語言和種族似乎總是糾葛相連，西方人心中，「好」的東方總是遙指早已消逝的古印度的某地的古典時期；而「壞」的東方總是糾纏、盤旋於今日的亞洲，以及一部份的非洲北部，和所有信奉伊斯蘭教的地區。「亞利安人」被限定只是歐洲和遠古的東方。正如波里亞可夫(Léon Poliakov)曾指出（但他卻不曾說明，閃族其實不只是猶太人，還包括穆斯林）（註90），這個一直掌控了文化與歷史人類學的亞利安民族迷思，是建立在剝削「較低等」（lesser）的諸民族之上。

東方主義正統的知識系譜，當然包括郭比諾、雷南、杭伯特（Humboldt）、史丹索、本諾夫、雷姆莎（Remusat）、帕馬（Palmer）、威爾（Weil）、多霽（Dozy）、繆爾（Muir），這還只是從十九世紀隨機地提到的一些知名學者。當然，東方主義還包括各種知識淵博的學社，這些團體也發揮了傳播的力量。例如，一八二二年成立的亞洲學會（Société asiatique），一八二三年成立的皇家亞洲學會，一八四二年成立的美國東方學會等等。但我們可能不免忽視了歐洲想像文學和旅遊文學的偉大貢獻，他們的作品強化了東方學專家原來已經建立的學術領域，把不同的地理、時間、種族的東方各地，切割成一個個列入東方學學門的材料。忽視文學對東方主義的影響是不對的，特別是針對伊斯蘭教的東方而言，歐洲作家的文學作品特別豐富，是協助建立東方主義論述的最大貢獻之一。包括歌德、雨果、拉馬丁、夏多布里昂、金雷可（Kinglake）、聶瓦、福樓拜、藍尼、波頓、史考特、拜倫、維尼（Vigny）、迪斯萊利、喬治・艾略特、郭提耶（Gautier）等人，而比這些人稍晚的十九世紀末、二十世紀初時期，我們還可以加上多提（Doughty）、巴瑞斯（Barrès）、羅地（Loti）、勞倫斯（T. E. Lawrence）、福斯特（Forster）。這些作家都給迪斯萊利所說：「偉大的亞洲神祕」（great Asiatic mystery）加上了更明顯的輪廓。在這個大業中，其他的協助不只是來自很多在美索不達米亞、埃及、敘利亞和土耳其等地消逝的古文明出土（歐洲人挖出來的），而且，歐洲人也把整個東方的主要的地理測量都完成了。

在十九世紀結束前，歐洲人的這些成就，在物質上更因為歐洲霸權佔領整個近東地區的軍事行動而受益不少（只有奧圖曼帝國的一部份例外，因為直到一九一八年才被完全併吞），其中主要的殖民霸權當然還是英、法兩國。不過德、俄也扮演了某種角色（註91）。殖民的第一步，意味著如何辨認和創造利益，這些利益可以是商業的、交通的、宗教的、軍事的和文化的利益。例如英國作為一個基督教的霸權，在面對伊斯蘭教或伊斯蘭的領域，感到有必要先去正當化這些利益，才能進一步捍衛這些利益，於是英國為了守衛這些利益，發展出一套複雜的防衛機制。像英國在一六九八年成立的「推廣基督教知識學會」(the Society for Promoting Christian Knowledge)、一七○一年成立的「國外宣傳福音學會」(the Society for Propagation of the Gospel in Foreign Parts)，然後有一七九二年成立的「浸信會傳教士學會」(Baptist Missionary Society)、一七九九年的「教會傳教士學會」(the Church Missionary Society)、一八○四年的「英國和海外的《聖經》學會」(the British and Foreign Bible Society)、一八○八年的「倫敦對猶太人推廣基督教協會」(the London Society for Promoting Christianity Among the Jews)等繼續加入，壯大聲勢。這些教會的基督教傳教士，隨歐洲帝國勢力擴張其在東方的影響力（註92）。而伴隨教會的，還有貿易協會、學術會社、地理探險基金會、翻譯基金會、派駐東方的學校、傳教士會所、辦公室、工廠，有時還有更大規模的歐洲社區，集體進駐東方，因此，「利益」(interest)觀念，對在東方的歐洲人，絕對是很有概念的。此後，他們就以極大的熱情和代價來捍衛這些利益。

目前為止，我的描繪仍很粗疏。我想討論的是，伴隨著東方主義的學術進展，和由東方主義所協助下的列強侵略東方的行動二者的，到底是西方人怎樣一個典型的經驗和情感？首先，我想，西方人會在發現事實後感到失望，因為他們終究發現，東方根本不像東方主義的文本所說的那樣。一八四三年八月底，聶瓦寫給郭提耶的信，就這樣說：

我已經迷失，一個王國又一個王國，行過一省又一省，我曾以為這個宇宙比較美的另一個半球在此地，不久我就發現無處依託我的東方之夢。我最後悔的就是，曾將埃及當作驅使我來東方的想像之地，現在我只能抑鬱地將它擺在記憶中（註93）。

這是出自偉大的《東方之旅》作者之手的心聲，聶瓦的感嘆是浪漫主義常見的主題（遭背叛的夢，一如貝謹〔Albert Béguin〕在《浪漫之愛與夢幻》〔*L'Ame romantique et le rêve*〕所探討的），也是從夏多布里昂到馬克吐溫，凡是到《聖經》的東方國度中旅遊過的西方作家他們共同的主題。任何這種接觸平凡東方的直接經驗，常使他們對東方的平淡無味感到幻滅，也總是不免諷刺地評論那些前輩作家故意神化東方，像歌德的〈穆罕默德之歌〉（"Mahomets-gesang"）、雨果的〈告別阿拉伯女主人〉（"Adieux de l'hôtesse arabe"）。想像中的東方，和現代的東方記憶，爭奪西方作家心中的主觀認知，常常讓他們以歐洲人的感性，藉著想像力，把自己送回一個他們比較喜歡的「東方」。聶瓦曾對郭提耶說，如果有人從未見過東方，那麼對他而言，東方的蓮花仍然是蓮花，但對我而言，那只是洋蔥的一種而已。因此，西方人要書寫關於現代東方的事物，要就只能從書中剪裁出一些令人不悅、已經去除掉神祕感的東方形象，否則就只好像雨果在《東方人》的原序所說，把自己侷限在：東方只是一個「形象」或「想像」，只是一種西方普遍「先入為主」的印象而已（註94）。

如果說，首先是個人疏離幻滅感和普遍的先入為主印象，這兩項特徵足以相當程度地描繪出東方學專家的感性，那麼它們也蘊含了某種熟悉的習慣、感受和知覺。他們內心學會去分別下列二者：一般社會大眾對東方的感受，和他們自己對東方獨特的經驗，二者可以毫不相干，各管各的。在英國小說家史考特的小說《吉祥物》（*The Talisman*, 1825）小說中，主角肯尼士爵士(Sir Kenneth of the Crouching Leopard)，在近東的巴勒斯坦沙漠中某處，和古伊斯蘭的莎拉沈人決一死戰。後來當這位十字軍爵士與其實是莎拉丁(Saladin)〔校註：莎拉丁是佔領埃及的伊斯蘭教將領，後來成了國王，武功強盛，打敗十字軍，拿回聖城〕假扮的對手對談時，身為基督徒的他發現這位異教徒敵人並不壞，但他還是對他說了一套道理：

> 我一直認為……你們這個盲目的族群，是那魔鬼(the foul fiend)〔校註：魔鬼的別名很多，Satan, The foul fiend, The Evil One, The Wicked One, Lucifer, Beezeebep ……〕的後裔，因為有他的暗助，你們才能承受上帝派來的大批勇士的攻擊而不倒，而你們竟然在這塊被祝福的土地巴勒斯坦盤據這麼久。莎拉沈，聽好，我不是針對你個

人，而是指你的人民和宗教。你們有邪惡的祖先(the Evil One)並不讓我驚奇，我感到奇怪的是，為什麼你們還以這樣的祖先為榮(註95)？

的確，這個莎拉沈是以追溯他自己的祖先系譜為榮，他甚至可向上追溯到艾柏里斯(Eblis)——穆斯林的路西佛(Lucifer)〔校註：路西佛是舊約《聖經》中的反叛天使。艾柏里斯則是火靈，《古蘭經》中所說的大天使。原來艾柏里斯與路西佛在神話中可能是同源。從《古蘭經》來說，亞當是由土做的，艾柏里斯則由火來的。阿拉要艾柏里斯向亞當禮拜，艾柏里斯拒絕，所以阿拉把它放逐〕。倒不是小說作者史考特故意製造出來的那既不夠傳神、也不是真實的中古時代的歷史場景，有什麼特別；其實史考特所要傳達的歷史感就是：十九世紀的基督徒比較文明，不會用他的宗教立場，像「中古時代」的基督徒那樣攻擊穆斯林（不過事實上，十九世紀的基督徒還是會如此攻擊穆斯林）；而真正令我們好奇的是，作者一方面以高傲的態度「廣泛」詛咒一整個異教民族，另一方面卻刻意降低其冒犯的語氣，冷靜地對某個特定的穆斯林說：「我不是特別指你。」

無論如何，史考特都稱不上是伊斯蘭專家（但另一位學者吉柏是伊斯蘭專家，吉柏卻稱讚史考特的《吉祥物》，說這本小說對伊斯蘭教和歷史人物莎拉丁有洞見）(註96)。他針對艾柏里斯的角色，大量發揮想像的自由，把他寫成一個信仰者的英雄。史考特的伊斯蘭知識，也許是來自拜倫和貝克福的作品。但對我們，要論斷西方人的偏頗態度，只要注意到他們把任何有點關連的事物都說成是「東方」的普遍特性這個傾向有多強就足夠了，這往往強到他們可以完全不顧在修辭學或實際存在著「明顯例外」的質疑。就好像，一方面，西方人毫不考慮地把他們傳統上對東方的態度，無論是權威的來源或匿名的觀點，都一股腦傾倒在一個專屬的收藏盒子叫做「東方」，以便日後引用；另一方面，西方人也可以對一些像說故事般的野史軼事的傳統，當真起來，也很認真地傳述一些這方面的東方經驗，同時，這些經驗卻和那個「東方」盒子無關。史考特行文的結構，顯示一個更緊密的二者相糾纏的關係。歐洲人對東方所作的事先的大體分類，提供一個特定的、有限的領域，其實都是為了方便西方人，可以任意運作扭曲東方。無論這個特定的、例外的東方有多深刻而特殊，無論一個東方人可以如何逃離包圍在他四周的東方藩籬，在西方人看來，他必須**先**是一個東方人，**其次**才是一個人；而**最後**，他還是一個東方人。

這麼一個普遍的「東方」範疇，它當然有能力形成許多有趣的變化。迪斯萊利最早對東方產生狂熱，是在一八三一年他首度赴東方旅行時所引起的。在開羅，他寫下：「我的眼睛和心靈目睹東方的莊嚴，因我們西方和東方之間，差異如此之大，所以我感到痛苦（註97）。」他被東方廣大的莊嚴，激起對事物一種超越的感覺，但對真實在眼前的東方，卻又少有耐心。他的小說《坦可立德》，充滿對東方地理和種族的陳腔濫調；根據希多尼雅(Sidonia)的說法，任何事都是和種族有關的，這關連是如此之強，所以若要談及各種宗教的皈依，就一定得在東方、且得在其相關的種族之中。其中關鍵之點，例如，德魯茲人(Druzes)〔校註：德魯茲是敘利亞、黎巴嫩、以色列一帶，教義混合伊斯蘭教、基督教、諾斯提

(Gnostic)教的人〕基督徒、穆斯林、猶太人——為什麼他們會如此容易彼此開懷暢飲?因為有人如此諷刺，阿拉伯人其實就是騎在馬上的猶太人罷了，內心裡，他們都是東方人。如果彼此之間能有調和，那是在許多範疇之間的調和，而不是範疇與內容之間。於是，一個東方人活在東方，有著東方人的悠閒生活，活在東方專制的國度和性感之中，生命裡更充斥著東方宿命論的感受。即使是很不同的作者，如馬克思、迪斯萊利、波頓、聶瓦，他們之間可以漫長探討，就好像他們彼此所使用的普遍範疇，都可以彼此了解，毫無疑問。

伴隨著用這種除魅式，或是通則式的——更不要說精神分裂式的——觀點來看東方，通常還有另外一種特殊性。因為這種特殊性，是被加在一個已經被普遍化的客體上；所以整體東方，可以用來描繪一種怪異的特殊形式。雖然個別的東方人的差異，不可以影響或扭轉那促成了解這「怪異」的一般範疇，但無論如何，這種東方怪異的存在，可以為享受而去享受它。例如，下面所引的福樓拜文章，就描述了東方人的奇風異俗：

為了要取悅大眾，穆罕默德·阿里的弄臣帶了一個女子，到開羅的市場內，安排她在一家店的櫃台上，並且當眾和她做愛，而那商店的主人只是平靜地在一旁抽著煙斗。

以前，從開羅到蘇布拉(Shubra)的途中，曾有一個年輕人當眾被一隻大猴子雞姦——就如同前述的故事一樣，他也是要讓自己博得好評，並且娛樂大眾。

> 有一個白癡不久前死了，他一直被認為是神所標示出的一個聖人。原因是很多穆斯林婦女去看他並且為他手淫，他的性高潮從清晨到夜晚，性器永久的亢奮，所以使他死於精力耗竭。
>
> 以前有一位修道的**教士**(santon)，他曾全裸地走在開羅的街上，全身上下除了頭上戴一頂帽子、私處有遮掩外，一無長物，當他要小便時，只好拿下私處的遮掩，而那些想懷孕的不孕婦女，便爭相將她們自己置於教士尿液射出形成的水柱弧線下，用尿液搓揉自己(註98)。

福樓拜自己也坦承這些故事是極為特殊的怪誕之事。「所有的古老可笑的事情（在此，福樓拜指的是眾所周知的東方刻板印象：棒打奴隸，粗暴地把女人當商品交易，偷斤減兩、賊般的商人）在東方，都需要被賦予一個新鮮、原創、迷人的意義。而這個意義無法複製，只能在當場飽眼福後，大略地將它「取回」分析。東方是用來**被觀看的**，因為它那些（但從來不真正是）無禮的行為，似乎是出自擁有無限多的特殊性的儲藏庫，歐洲人以一名觀看者的身分，任由自己的感覺漫遊東方，他們總是保持距離，從不涉入，總是好整以暇地準備聽些像《埃及描述》中所提到的「古怪的樂趣」的新鮮事例。東方便成了活生生的古怪儲存庫。

而這些怪異的景象大觀，卻順理成章地成了西方人文本的特殊主題。因此，這個東方主義的循環就算完成了：從一開始非刻意準備地在文本中展示東方的怪異，到後來，東方又回頭變成可用嚴格的學術方式來書寫的對象。它的異國情調可以被翻譯，它的意義可以被解碼，敵意可以被馴服；但是，那由歐洲指派給東方的**普遍特性**，那些當人們與其接觸後的除魅感受，還有那些東方表現出的一些令人無法了解的怪癖，都在被談論或被書寫的過程中，被西方全部重新分配與整理了。例如對十九世紀末、二十世紀初的東方學專家而言，伊斯蘭就是最典型的東方。貝克就說過，雖然「伊斯蘭」（請注意到他這種廣大的通稱）也算是傳承自希臘化時代的傳統，但伊斯蘭卻不能掌握，也無法運用到希臘的人文學術傳統，猶有甚者，若要了解伊斯蘭，最重要的是不能將它視為一個「原創」的宗教，而要將它看作是一種缺乏歐洲文藝復興創意的、將希臘哲學運用到東方的失敗嘗試（註99）。馬西格農(Louis Massignon)——這位可算是近代法國最有聲望、也最有影響力的東方學專家——則說伊斯蘭教是對耶穌基督化身的基督教作有系統性的拒斥，並且其最偉大的英雄也不是穆罕默德或阿文羅，而是被正統穆斯林釘死於十字架的伊斯蘭聖人阿拉伊(al-Hallaj)，因為他膽敢把伊斯蘭教義私人化（註100）。然而，貝克和馬西格農的研究很明顯地就是把前述的東方的怪異性排除了，透過使用西方辭彙，他們模糊化那些問題，並努力塑造出一個「平常化」的東方。所以穆罕默德被揚棄了，而阿拉伊被彰顯了，因為他的行止像個耶穌基督般的人物。

作為一個東方的裁判者，近代東方學專家並沒有客觀地將自己與東方分開來，雖然他自己相信、甚至說如此。他對人性的疏離，最明顯的特徵就是以專業知識來掩飾其缺乏同情心，但是這種態度，卻是與其他正統東方主義的態度、觀點、情緒一樣，被大大看重。他筆下的東方不是真正的東方，而是被東方化的東方。在歐洲、西方的政治人物和西方的東方學專家之間，有一個牢不可破的知識和權力的弧線，而這弧線框架出一個圈圍東方在內的舞台。到第一次世界大戰結束時，非洲和東方對西方而言，與其說是一種知識的奇觀，不如說是西方人的特權領域。東方主義的領域和帝國主義的領域正好完全相符。也就是這二者之間絕對一致，造成了在西方思想史中唯一的危機——如何處理與思考東方的危機，而這危機迄今仍繼續著。

二十世紀開始，從第三世界的這一端到那一端，對帝國和帝國主義之回應，則是辯證性的。一九五五年的印尼萬隆會議(the Bandung Conference)前，整個東方已經自西方帝國獲得政治的獨立，並且他們還必須面對美、蘇帝國的新國際權力形構。由於西方未能在新的第三世界中辨識出「它的」東方何在，因此東方主義便面臨一個挑戰性的、政治上武裝起來的東方。如今的東方主義只能在下列二者中擇一，其一就是假裝什麼都沒發生，繼續以往做法。其二就是調適自己，棄舊擇新。但對東方學專家而言，他們仍一直相信，東方從未改變過，新東方只是對舊東方的背叛，是一種誤解性的**非東方**(dis-Orientals)(我們可以接受這個新字)。可能還有第三種修正主義者的觀點，即根本就棄絕東方主義，但是只有一小部份人在考慮它。

阿布代・馬立克認為，這個危機的指標，不只是「前殖民地的國家解放運動」(national

liberation movements in ex-colonial)的東方成就，足以摧毀東方學專家們所提出的被動、宿命與「臣屬族群」等概念，更展現了另一項事實：就是「專家和多數民眾也漸漸了解，的確有時間落差存在於東方學的科學與其研究的材料之間，而更有決定性影響的，還存在於人文社會科學與東方主義著作二者之間，他們的概念、方法和工具之間的落差極大(註101)」。舉例來說，東方學專家，從雷南、郭德依合、麥當勞(MacDonald)到格洛本(von Grunebaum)、吉柏和伯納・路易斯(Bernard Lewis)——他們看待伊斯蘭如同一個「文化綜合體」(cultural synthesis)(這是何特〔P. M. Holt〕的用語)，可以將之與伊斯蘭民族的經濟學、社會學和政治區分開來做研究。對東方主義來說，伊斯蘭有一個意義，假如我們要找一個最簡明扼要的公式，可以在雷南的第一篇論文找到：為了能獲致對伊斯蘭最佳的了解，必須將其形象化約成「帳篷和部落」(tent and tribe)。無論是殖民主義的影響，或說是世俗環境，或是歷史發展的影響，而所有這些對於東方學專家而言，不過是像蒼蠅之於頑皮捉狎的男孩，他們或是把玩物殺掉了，或是乾脆不管它，但從不會很嚴肅地看待伊斯蘭，給予實在的伊斯蘭更繁複的面貌。

東方學專家吉柏的生涯，正好可說明這「二選一」的情況，它可說明東方主義回應當代東方的方式。一九四五年，吉柏在芝加哥大學的哈士凱爾講座(Haskell Lectures)發表演說，他指出他所探究的世界，和巴佛及克羅莫在第一次世界大戰以前所知道的世界並不相同，好幾次的革命、兩次世界大戰，和數不清的經濟、政治和社會變遷，造成了一九四五年的現實世界，毫無疑問地已經是一個全新的世界，然而吉柏所發表的「當代伊斯蘭趨勢」

演講，他的開場白如下：

阿拉伯研究者一直被教育成要面對兩種強烈對比的力量。第一種力量是想像力所塑造的，舉例來說，在某些阿拉伯文學的流派中展現。另一種力量則是具體實在，它展現在推理、解釋和學究方面。當然，穆斯林民族中真有偉大的哲學家，其中有一些還是阿拉伯人，但他們是少數的例外。不管是他們和外界的關係，或是關連到他們思想的歷程，阿拉伯人的心智，就是無法將他們對個別具體事件的強烈情感，加以壓制或拋開。我相信，當麥當勞教授說，東方人格的典型差異，主要是缺乏法律的概念，上面所說的心智特性，就是其原因。

這個心智問題也可以解釋，對西方學生而言一直很難理解的（非經東方學專家解說不能明瞭）穆斯林對理性主義思考方式的嫌惡。……而這種對理性思維模式和對功利主義倫理的拒斥，之所以和穆斯林密不可分，是有其根源的，這根源並非在伊斯蘭教神學家的「反啟蒙主義」（obscurantism），而是由於阿拉伯人想像力有原子化與分散性的特質（註102）。

這當然就是一種純粹的東方主義了，即使我們知道在吉柏的書中，有關於伊斯蘭的體制，有了不起的研究，但他在演講開場白的這種偏見，對任何希望了解當代伊斯蘭的人，日後都不斷形成一種龐大的阻礙。當一個介詞「來自」（from），從視野中完全拿掉，這時，「差異」的意義到底所指為何？我們難道不是再一次又被要求去檢視東方穆斯林，就好像他的世界——不像我們的、與他有大差異——永遠不變、從未想要越過第七世紀一般？儘管吉柏針對穆斯林做的解釋，繁複且具權威，但對伊斯蘭本身，身為專家吉柏為何會有這樣無情的敵意？如果伊斯蘭最大的缺點在先天不足，更為弱者，所以東方學專家這才會發現：自己根本就是在反對一切伊斯蘭人努力做的改革，因為改革就是一種對伊斯蘭本質的背叛，這正是吉柏的論點。東方人怎麼能夠逃避束縛，進而躋身當代世界的行列？頂多是重複莎翁名劇《李爾王》(*King Lear*)中的傻瓜命運，說：「我說實話他打我，我說謊話他會打我，我不說話，有時還是照樣挨打(Act I, Scene 4)。」

十八年後，吉柏以哈佛大學中東研究中心(Center for Middle Eastern Studies)主任的身分，重回英國對聽眾演說，題目是「重新思考區域研究」("Area Studies Reconsidered")。在許多的摘要論點中，他同意：「中東研究太重要了，不能光保留給東方學專家。」這時，他宣佈，如果說他十八年前「當代伊斯蘭趨勢」的演講，可以當作是第一個，或是說傳統的研究取徑的範例，那麼現在區域研究已經有了新的，或是說「二選一」中的第二個研究方式，可供東方學專家依循。當然，吉柏「重新思考區域研究」中所定的公式，有比較善意的表示——這是只就研究東方的西方專家而言，他們的工作都只是要訓練學生，讓他們在進行「公眾生活與生意」前先做好準備。吉柏說，現在我們必須把傳統的東方學專家的工作,和一個好的社會科學所做的工作加在一起：二者整合,成為「科際整合」(interdisciplinary)的工作。但是傳統的東方學專家不能將過時老舊的知識套在東方上：不，他說，作為一位東方學專家，他的專業知識反而是應該在提醒那些還未起步的區域研究的同事，「如果想把西方政治體制的心理學和機制，應用在亞洲和阿拉伯社會的情境中，無異是像華德·狄斯奈的卡通影片般（註103）。」

而在實踐這個層次上，上述想法意謂著當東方人為了反殖民而戰時，你，一個東方學專家（為了不被嘲笑為「狄斯奈主義」（Disneyism））一定會說，東方人從未以「我們西方」的方式來了解「自治」是什麼意思。當某些東方人反對種族歧視而另一些東方人又實行它時，你說：「他們在底層上都是東方人。」階級利益、政治環境、經濟因素都是完全不相干的。或是假設阿拉伯的巴勒斯坦人反對以色列佔領與屯墾他們的土地時，你會站在和伯納·路易斯相同的立場說：「那只是伊斯蘭的回歸。」或者如一位當紅的東方學專家定義的，只是伊斯蘭人反對非伊斯蘭諸民族而已（註104），這項原則，早在西元第七世紀，伊斯蘭人就恪守不渝。歷史、政治和經濟，似乎都無關緊要，你認為伊斯蘭就是伊斯蘭，東方就是東方，所以你會對反對你看法的人說，請你把你那些左派和右派的想法、革命和復辟的觀念，都帶回到快樂的狄斯奈樂園去吧！

假如這樣的循環論證（套套邏輯）、宣稱和排斥，對東方主義以外其他學科如歷史學家、社會學家、經濟學家和人文學家，都感到陌生的話，原因就相當明顯了。就如同其公認的探討主題一般，東方主義不允許任何想法侵犯到其領域的寧靜祥和。但是當今的東方學專家——或是他們的新頭銜，區域研究專家——並沒有被動地隱遁在語言學的系所，相反地，吉柏的建議，使他們受益良多。今天他們找到一個魚目混珠之地，和其他的「專家」、「顧問」，一起棲身在拉斯威爾(Harold Lasswell)所說的「政策科學」(policy Science)中(註105)。於是，為了緊急狀況的需求，而不是為了什麼其他，一個基於軍事—國家—安全的聯盟之可能性：就是接合「國民性格分析」和伊斯蘭建制的專家兩種身分的人，就很快地被承認與接受。畢竟，「西方」自二次世界大戰後，就面對了一個極聰明狡詐的、又是極權體制的敵人，這敵人〔譯註：前蘇聯〕替自己收集了許多容易受騙的東方國家盟友（例如非洲、亞洲、低度發展國家）。當然，除了由東方學專家設計出一些策略，可以玩弄東方人不合邏輯的心智之外，還有什麼可以包抄這個強敵的妙計呢？所以，西方獎懲措施不斷出籠，像棍棒／胡蘿蔔的技巧、成立「進步聯盟」(the Alliance for Progress)、東南亞公約組織(SEATO)等等。所有這些都是建立在傳統「知識」的基礎上，重新改裝，只為了更嫻熟地操弄設想中的對象。

因此，當東方伊斯蘭處於革命紛亂之際，社會學家提醒我們阿拉伯人總是特別耽溺於「口頭的功能」(oral functions)(註106)，而經濟學家——可重複利用的東方學專家——則觀察說當代伊斯蘭，無論資本主義或社會主義，對之都不是恰當的範疇(註107)。所以當二十世紀反殖民浪潮橫掃、也確實聯合了整個東方世界時，東方學專家則不只會把整個浪潮視為惹人厭之事，還會認為是對西方民主的一種侮蔑。當世界面臨了一些時代性的或是普遍重要的議題——例如，核子戰爭的毀滅、大災難式的資源貧瘠，以及前所未有的社會改革：對平等、正義和經濟平等的種種要求時——技窮的西方政客，就只會利用通俗對東方的諷刺形象來化解。而提供這些政客意識形態的，除了那些一知半解的技術官僚外，還有那些超級博學的東方學專家。那些在美國國務院的傳奇阿拉伯專家，警告說阿拉伯人計畫要佔領全世界。那些狡詐的中國人、半裸的印度人和被動的穆斯林都被刻畫成像兀鷹，覬覦「我們西方」慷慨的贈與。而一旦我們「失去他們」給共產黨，或是沈淪於他們自己無生產力的東方本能，他們就該被詛咒：所有所有這些，他們的差異，一點都不重要了。

這種當代東方學專家的態度，淹沒了輿論媒體和社會大眾的心目。例如，阿拉伯人就被他們想成是騎著駱駝的恐怖主義者，鷹鉤鼻、貪污的好色之徒，他們的非分之財，對真正的文明是一種侮辱。而西方世界總是有一個預設潛伏在心中：西方的消費者，雖然在人數上屬於少數，但他們卻有權利擴張或是佔領（或是二者都有）世界上的大部份資源。為什麼？因為他們和東方人不同，是真正的人類。目前沒有比阿布代・馬立克所指出的例子更好：「佔有性的少數族群霸權主義(hegemonism of possessing minorities)」，以及「人類中心主義」和「歐洲中心主義」彼此之間的勾結：一個白人、中產階級的西方人，相信他的人類特權不只是為了管理非白人的世界，而且是要去佔有它。理由就是它——東方，還沒有達到「我們」人類的階段。再也沒有更純粹的案例可以說明這種去人性的思想了。

總之，正如我稍早所說，東方主義的侷限，就是它忽視、又本質化、並剝奪了另一個文化、民族或地理區域的人性。但是，東方主義還更進一步，將東方視為一個為了西方而被展示出來地存在，而且也不隨時間、地點改變。最令人印象深刻的是，東方主義無論在描述上，或是文本上都取得成功的主導權，以致於他們可以將整個東方的文化、政治和社會史的所有時期，都看作只是對西方世界的回應而已。西方是行動者，而東方只是被動的反應者，西方是對東方人行為的每一個面向的觀看者、法官和陪審團。但是假使二十世紀的歷史發展過程中，東方為了自己，而改變了歷史發展的內在法則，東方學專家就愣住了，他無法理解：

(東方的）新領袖、知識份子或決策者，由其前人的苦功中得到許多教訓。他們受到在西方干預時期中所完成的結構和制度性轉變的協助，並且，他們也有更大的自由可以去塑造自己國家的未來。他們更有信心，甚至略具攻擊性，他們不再需要自西方那個看不見的裁判那兒，得到有利的裁決。他們對話的對象不是西方，而是自己的同胞(註108)。

猶有甚者，東方學專家假定說，東方的情況如果是完全出乎他們的文本所能預料到的話，那一定是外來的教唆與煽動，或是東方本身不聽勸導的愚蠢所造成的。那些數不清的討論伊斯蘭東方的東方主義文本，包括那本集大成的《劍橋版的伊斯蘭歷史》，沒有一本能夠幫助讀者去面對一九四八年以後：當代的埃及、巴勒斯坦、伊拉克、敘利亞、黎巴嫩或是南北葉門，到底發生了什麼事？當那些關於伊斯蘭的教條已經不再適用，即使對那些最樂觀的東方學專家也一樣時，只有轉而求助於一個已經東方化的社會科學術語，求助於那些「偉大」的抽象概念，如菁英份子、政治穩定、現代化和體制性的發展，它們都蓋上了東方學專家的正字標記。而此時，東、西方之間就產生一個逐漸滋長的、日趨危險的裂隙。

當前的危機更加劇了文本和現實之間的背離，然而在我這本討論東方主義的研究中，我不僅希望能揭發東方主義觀點的來源，也希望反省其重要性。因為當代知識份子很真切地感覺到，忽視了那正逐漸清楚逼近的世界的那部份，也就等於在迴避現實。人文學家經常將其注意力，侷限在分門別類的主題範圍內，既不注目、也不學習像東方學這樣的諸類學科；它們永不止息的雄心就是精通一個世界的全部，而非某一容易劃出界線的部份，例如一個作者或是一部文集。儘管有著過度的熱望，也常伴隨著如「歷史」、「文學」或「人文學科」之類的保護罩，東方主義倒常被捲入種種俗世的、歷史的情況——雖然它曾經試著將之藏於虛誇的科學主義之後，或訴之於理性主義以求得解釋。當代知識分子可以從東方主義瞭解到，如何一方面現實地限制或擴大他學科的主張；以及如何在另一方面看到文本、視界、方法和學科得以開始、成長、興盛、衰敗的人性基礎（心靈的臭皮骨雜貨店，如葉慈所說）。探究東方主義也就是提出一些學術途徑來處理歷史在它的主要課題——東方——所帶出的方法論問題。但在那之前，我們一定要先正視那些人文價值——那些幾乎已被東方主義的範圍、經驗和結構所完全排除掉的人文價值。

註釋：

註1：這一段，以及先前引用的Arthur James Balfour對眾議院的演講詞，均摘自Great Britain, *Parliamentary Debates* (Commons), 5th ser., 17 (1910): 1140-46, 另外也可參閱 A. P. Thornton, *The Imperial Idea and Its Enemies: A Study in British Power* (London: Macmillan & Co., 1959), pp. 357-60。Balfour在演說中為Eldon Gorst的埃及政策辯護，有關這方面的討論，可參考 Peter John Dreyfus Mellini, "Sir Eldon Gorst and British Imperial Policy in Egypt," unpublished Ph.D. dissertation, Stanford University, 1971。

註2：Denis Judd, *Balfour and the British Empire: A Study in Imperial Evolution, 1874-1932* (London: Macmillan & Co., 1968), p. 286。另外也可參閱p. 292。直到一九二六年，Balfour都說——沒有諷刺意味——埃及是「獨立國家」。

註3：Evelyn Baring, Lord Cromer, *Political and Literary Essays, 1908-1913* (1913; reprint ed., Freeport, N. Y.: Books for Libraries Press, 1969), pp. 40, 53, 12-14.

註4：Ibid., p. 171.

註5：Roger Owen, "The Influence of Lord Cromer's Indian Experience on British Policy in Egypt 1883-1907," in *Middle Eastern Affairs, Number Four: St. Antony's Papers Number 17,* ed. Albert Hourani (London: Oxford University Press, 1965), pp. 109-39.

註6‧‧Evelyn Baring, Lord Cromer, *Modern Egypt* (New York: MacMillan Co., 1908), 2: 146-67。想參閱英國觀點的英國在埃及政策（與 Cromer 觀點完全相反），可參考 Wilfrid Scawen Blunt, *Secret History of the English Occupation of Egypt: Being a Personal Narrative of Events* (New York: Alfred A. Knopf, 1922)，另外 Mounah A. Khouri, *Poetry and the Making of Modern Egypt, 1882-1922* (Leiden: E. J. Brill, 1971) 也有針對埃及反對英國統治的討論，很值得參考。

註7‧‧Cromer, *Modern Egypt,* 2: 164.

註8‧‧Cited in John Marlowe, *Cromer in Egypt* (London: Elek Books, 1970), p. 271.

註9‧‧Harry Magdoff, "Colonialism (1763-c. 1970)," *Encyclopaedia Britannica,* 15th ed. (1974), pp. 893-4，另外也可參閱D. K. Fieldhouse, *The Colonial Empires: A Comparative Survey from the Eighteenth Century* (New York: Delacorte Press, 1967), p. 178。

註10‧‧Afaf Lutfi al-Sayyid, *Egypt and Cromer: A Study in Anglo-Egyptian Relations* (New York: Frederick A. Praeger, 1969), p. 3 所引用。

註11‧‧這種說法可在此找到‧‧Ian Hacking, *The Emergence of Probability: A Philosophical Study of Early Ideas About Probability, Induction and Statistical Inference* (London: Cambridge University Press, 1975), p. 17。

註12‧‧V. G. Kiernan, *The Lords of Human Kind: Black Man, Yellow Man, and White Man in an Age of Empire* (Boston: Little , Brown & Co., 1969), p. 55.

註13‧‧Edgar Quinet, *Le Gênie des religions,* in *Oeuvres complètes* (Paris: Paguerre, 1857), pp. 55-74.

註14‧‧Cromer, *Political and Literary Essays,* p. 35.

註15‧‧See Johan Raskin, *The Mythology of Imperialism* (New York : Random House, 1971), p. 40.

註16．．Henry A. Kissinger, *American Foreign Policy* (New York: W. W. Norton & Co., 1974), pp. 48-9.

註17．．Harold W. Glidden, "The Arab World," *American Journal of Psychiatry* 128, no. 8 (February 1972): 984-8.

註18．．R. W. Southern, *Western Views of Islam in the Middle Ages* (Cambridge, Mass.: Harvard University Press, 1962), p. 72、可參閱Francis Dvornik, *The Ecumenical Councils* (New York: Hawthorn Books, 1961), pp. 65-6、「特別有趣的是，第十一條規定的內容指出，主要大學應設教席，教授希伯來文、希臘文、阿拉伯文以及古敘利亞文，這項建議由Raymond Lull提出，他一直主張學習阿拉伯文，是說服阿拉伯人改信基督教的最佳方式。雖然這條規定幾乎沒有任何實質效用，因為能教授東方語言的師資十分匱乏，但光是這條規定獲得通過，就顯示西方傳教思想勢力越來越龐大。Gregory X在此之前，就曾希望勸服蒙古人改信基督教，聖方濟教會的修士，也懷抱著傳教的熱情，深入亞洲各處傳教，這些宗教希望雖然未能實現，但傳教精神卻因此持續增長。」另外也可參閱Johann W. Fück, *Die Arabischen Studien in Europa bis in den Anfang des 20. Jahrhunderts* (Leipzig: Otto Harrassowitz, 1955)。

註19．．Raymond Schwab, *La Renaissance orientale* (Paris: Payot, 1950)、另外請參閱V.-V. Barthold, *La Découverte de l'Asie: Hsitoire de l'orientalisme en Europe et en Russie*, trans. B. Nikitine (Paris: Payot, 1947)、以及Theodor Benfey, *Geschichte der Sprachwissenschaft und Orientalischen Philologie in Deutschland* (Munich: Gottafschen, 1869)當中的相關部份。James T. Monroe, *Islam and the Arabs in Spanish Scholarship* (Leiden: E. J. Brill, 1970)則可提供具啟發性的對照內容。

註20．．Victor Hugo, *Oeuvres poétiques*, ed. Pierre Albouy (Paris: Gallimard, 1964), 1: 580.

註21．．Jules Mohl, *Vingt-sept Ans d'histoire des études orientales: Rapports faits á la Société asiatique de Paris de 1840 à 1867*, 2 vols. (Paris: Reinwald, 1879-80).

註22‥Gustave Dugat, *Histoire des orientalistes de l'Europe du XII*[e] *au XIX*[e] *siècle,* 2 vols. (Paris: Adrien Maisonneuve, 1868-70).

註23‥詳見René Gérard, *L'Orient et la pensée romantique allemande* (Paris: Didier, 1963), p. 112。

註24‥Kiernan, *Lords of Human Kind,* p. 131.

註25‥University Grants Committee, *Report of the Sub-Committee on Oriental, Slavonic, East European and African Studies* (London: Her Majesty's Stationery Office, 1961).

註26‥H. A. R. Gibb, *Area Studies Reconsidered* (London: School of Oriental and African Studies, 1964).

註27‥詳見Claude Lévi-Strauss, *The Savage Mind* (Chicago: University of Chicago Press, 1967), chaps. 1-7。

註28‥Gaston Bachelard. *The Poetics of Space,* trans. Maria Jolas (New York: Orion Press, 1964).

註29‥Southern, *Western Views of Islam*, p. 14.

註30‥Aeschylus, *The Persians,* trans. Anthony J. Podleck (Englewood Cliffs, N. J.: Prentice-Hall, 1970), pp. 73-4.

註31‥Euripides, *The Bacchae*, trans. Geoffrey S. Kirk (Englewood Cliffs, N. J.: Prentice-Hall, 1970), p. 3，有關歐洲與東方差異的進一步討論，可參閱Santo Mazzarino, *Fra oriente e occidente: Ricerche di storia greca arcaica* (Florence: La Nuova Italia, 1947) 以及Denys Hay, *Europe: The Emergence of an Idea* (Edinburgh: Edinburgh University Press, 1968)。

註32‥Euripides, *Bacchae,* p. 52.

註33‥René Grousset, *L'Empire du Levant: Histoire de la question d'Orient* (Paris: Payot, 1946).

註34‥Edward Gibbon, *The History of the Decline and Fall of the Roman Empire* (Boston: Little, Brown & Co., 1855), 6: 399.

註35‥Norman Daniel. *The Arabs and Medieval Europe* (London: Longmans, Green & Co., 1975), p. 56.

註36‧‧Samuel C. Chew, *The Crescent and the Rose: Islam and England During the Renaissance* (New York: Oxford University Press, 1937), p. 103.

註37‧‧Norman Daniel, *Islam and the West: The Making of an Image* (Edinburgh: University Press, 1960), p. 33。另外也可參閱 James Kritzeck, *Peter the Venerable and Islam* (Princeton, N. J.: Princeton University Press, 1964)。

註38‧‧Daniel, *Islam and the West,* p. 252.

註39‧‧Ibid., pp. 259-60.

註40‧‧例證請參閱 William Wistar Comfort, "The Literary Rôle of the Saracens in the French Epic," *PMLA* 55 (1940): 628-59。

註41‧‧Southern, *Western Views of Islam,* pp. 91-2, 108-9.

註42‧‧Daniel, *Islam and the West,* pp. 246, 96, and passim.

註43‧‧Ibid., p. 84.

註44‧‧Duncan Black Macdonald, "Whither Islam?" *Muslim World* 23 (January 1933): 2.

註45‧‧P. M. Holt, Introduction to *The Cambridge History of Islam,* ed. P. M. Holt, Anne K. S. Lambton, and Bernard Lewis (Cambridge: Cambridge University Press, 1970), p. xvi.

註46‧‧Antoine Galland, prefatory "Discours" to Barthélemy d'Herbelot, *Bibliothèque orientale, ou Dictionnaire universel contenant tout ce qui fait connaître les peuples de l'Orient* (The Hague: Neaulme & van Daalen, 1777), 1: vii. Galland的論點在於，d'Herbelot提出的是實在的知識，而非經常和「東方奇聞」聯想在一起的傳說或神話。請參閱R. Wittkower, "Marvels of the East: A Study in the History of Monsters," *Journal of the Warburg and Courtauld Institutes 5* (1942): 159-97。

註47‧‧Galland, prefatory “Discours” to d’Herbelot, *Bibliothèque orientale*, pp. xvi, xxxiii 緊鄰d’Herbelot之前，東方主義者的知識狀態，請參閱 V. J. Parry, “Renaissance Historical Literature in Relation to the New and Middle East (with Special Reference to Paolo Giovio),” in *Historians of the Middle East*, ed. Bernard Lewis and P. M. Holt (London: Oxford University Press, 1962), pp. 277-89。

註48‧‧Barthold, *La Découverte de l’Asie*, pp. 137-8.

註49‧‧D’Herbelot, *Bibliothèque orientale*, 2: 648.

註50‧‧另外可參閱 Montgomery Watt, “Muhammad in the Eyes of the West,” *Boston University Journal* 22, no. 3 (Fall 1974): 61-9。

註51‧‧Isaiah Berlin, *Historical Inevitability* (London : Oxford University Press, 1955), pp. 13-14。

註52‧‧Henri Pirenne, *Mohammed and Charlemagne*, trans. Bernard Miall (New York: W. W. Norton & Co., 1939), pp. 234, 283.

註53‧‧Henri Baudet在*Paradise on Earth: Some Thoughts on European Images of Non-European Man*, trans. Elizabeth Wentholt (New Haven, Conn.: Yale University Press, 1965), p. xiii 所引用。

註54‧‧Gibbon, *Decline and Fall of the Roman Empire*, 6: 289.

註55‧‧Baudet, *Paradise on Earth*, p. 4.

註56‧‧參閱Fieldhouse, *Colonial Empires*, pp. 138-61。

註57‧‧Schwab, *La Renaissance orientale*, p. 30.

註58‧‧A. J. Arberry, *Oriental Essays: Portraits of Seven Scholars* (New York: Macmillan Co., 1960), pp. 30, 31.

註59‧‧Raymond Schwab, *Vie d’Anquetil-Duperron suivie des Usages civils et religieux des Perses par Anquetil-Duperron* (Paris: Ernest Leroux, 1934), pp. 10, 96, 4. 6.

註60‥Arberry, *Oriental Essays,* pp. 62-6.

註61‥Frederick Eden Pargiter, ed., *Centenary Volume of the Royal Asiatic Society of Great Britain and Ireland 1823-1923* (London: Royal Asiatie Society, 1923), p. viii.

註62‥Quinet, *Le Gênie des religions,* p. 47.

註63‥Jean Thiry, *Bonaparte en Égypte dêcembre 1797-24 août 1799* (Paris: Berger-Levrault, 1973), p.9.

註64‥Constantin-François Volney, *Voyage en Égypte et en Syrie* (Paris: Bossange, 1821), 2: 241 and passim.

註65‥Napoleon, *Campagnes d'Égypte et de Syrie, 1798-1799: Mêmoires pour servir à i'historie de Napolêon* (Paris: Comou, 1843), 1: 211.

註66‥Thiry, *Bonaparte en Égypte,* p. 126，另外可參閱 Ibrahim Abu-Lughod, *Arab Rediscovery of Europe: A Study in Cultural Encounters* (Princeton, N. J.: Princeton University Press, 1963), pp. 12-20。

註67‥Abu-Lughod, *Arab Rediscovery of Europe,* p. 22.

註68‥由 Stephen J. Greenblatt, "Learning to Curse: Aspects of Linguistic Colonialism in the Sixteenth Century," in *First Images of America: The Impact of the New World on the Old,* ed. Fredi Chiapelli (Berkeley: University of California Press, 1976), p. 573，引自Arthur Helps, *The Spanish Conquest of America* (London, 1900), p. 196。

註69‥Thiry, *Bonaparte en Égypte,* p. 200，拿破崙不只是憤世嫉俗而已，據說他曾和歌德討論伏爾泰的 *Mahomet*，並為伊斯蘭教辯護。詳見 Christian Cherfils, *Bonaparte et l'Islam d'aprês les documents français arabes* (Paris: A. Pedone, 1914), p. 249 and passim。

註70‥Thiry, *Bonaparte en Égypte,* p. 434.

註71‥Hugo, *Les Orientales,* in *Oeuvres poêtiques,* 1: 684.

註72‥Henri Dehêrain, *Silvestre de Sacy, ses contemporains et ses disciples* (Paris: Paul Geuthner, 1938), p. v.

註73‧‧*Description de l'Égypte, ou Recueil des observations et des recherches qui ont été faites in Égypte pendant l'expédition de l'armée française, publié par les ordres de sa majesté l'empereur Napoléon le grand,* 23 vols. (Paris: Imprimerie impériale, 1809-28).

註74‧‧Fourier, *Préface historique,* vol. 1 of *Description de l'Égypte,* p. 1.

註75‧‧Ibid., p. iii.

註76‧‧Ibid., p. xcii.

註77‧‧Étienne Geoffroy Saint-Hilaire, *Histoire naturelle des poissons du Nil,* vol. 17 of *Description de l'Égypte,* p. 2.

註78‧‧M. de Chabrol, *Essai sur les moeurs des habitants modernes de l'Égypte,* vol. 14 of *Description de l'Égypte,* p. 376.

註79‧‧這點在此處很明顯‧‧Baron Larrey, *Notice sur la conformation physique des égyptiens et des différentes races qui habitent en Égypte, suivie de quelques réflexions sur l'embaumement des momies,* vol. 13 of *Description de l'Égypte*。

註80‧‧由John Marlowe在*The Making of the Suez Canal* (London: Cresset Press, 1964), p. 31 所提出。

註81‧‧John Pudney, *Suez: De Lesseps' Canal* (New York: Frederick A. Praeger, 1969), pp. 141-2 所引用。

註82‧‧Marlowe. *Making of the Suez Canal,* p. 62.

註83‧‧Ferdinand de Lesseps, *Lettres, journal et documents pour servir à l'histoire du Canal de Suez* (Paris: Didier, 1881), 5: 310，有關de Lesseps與Cecil Rhodes為神秘主義者的適切描述，詳見Baudet, *Paradise on Earth,* p. 68。

註84‧‧由Charles Beatty, 在*De Lesseps of Suez: The Man and His Times* (New York: Harper & Brothers, 1956), p. 220所提出。

註85‧‧De Lesseps, *Lettres, journal et documents,* 5: 17.

註86‧‧Ibid., pp. 324-33.

註87‧‧Hayden White, *Metahistory: The Historical Imagination in Nineteenth-Century Europe* (Baltimore: Johns Hopkins University Press, 1973), p. 12.

註88‧‧Anwar Abdel Malek, "Orientalism in Crisis," *Diogenes* 44 (Winter 1963): 107-8.

註89‧‧Friedrich Schlegel, *Über die Sprache und Weisheit der Indier: Ein Beitrag zur Begrundung der Altertumstunde* (Heidelberg: Mohr & Zimmer, 1808), pp. 44-59; Schlegel, *Philosophie der Geschichte: In achtzehn Vorlesungen gehalten zu Wien im Jahre* 1828, ed. Jean-Jacques Anstett, vol. 9 of *Kritische Friedrich-Schlegel-Ausgabe,* ed. Ernest Behler (Munich: Ferdinand Schöningh, 1971), p. 275.

註90‧‧Lēon Poliakov, *The Aryan Myth: A History of Racist and Nationalist Ideas in Europe,* trans. Edmund Howard (New York: Basic Books, 1974).

註91‧‧詳見 Derek Hopwood, *The Russian Presence in Syria and Palestine, 1843-1943: Church and Politics in the Near East* (Oxford: Clarendon Press, 1969)。

註92‧‧A. L. Tibawi, *British Interests in Palestine, 1800-1901* (London: Oxford University Press, 1961), p.5.

註93‧‧Gērard de Nerval, *Oeuvres,* ed. Albert Bēguin and Jean Richet (Paris: Gallimard, 1960), 1: 933.

註94‧‧Hugo, *Oeuvres poëtiques,* 1: 580.

註95‧‧Sir Walter Scott, *The Talisman* (1825; reprint ed., London: J. M. Dent, 1914), pp. 38-9.

註96‧‧詳見Albert Hourani, "Sir Hamilton Gibb, 1895-1971," *Proceedings of the British Academy* 58 (1972): 495。

註97‧‧由 B. R. Jerman 在 *The Young Disraeli* (Princeton, N. J.: Princeton University Press, 1960), p. 126 所引用‧‧也可參閱Robert Blake, *Disraeli* (London: Eyre & Spottiswoode, 1966), pp. 59-70。

註98‥*Flaubert in Egypt: A Sensibility on Tour,* trans. and ed. Francis Steegmuller (Boston: Little, Brown & Co., 1973), pp. 44-5 或見Gustave Flaubert, *Correspondance,* ed. Jean Bruneau (Paris: Gallimard, 1973), 1: 542。

註99‥這個論點出現在 Carl H. Becker, *Das Erbe der Antike im Orient und Okzident* (Leipzig: Quelle & Meyer, 1931)。

註100‥詳見Louis Massignon, *La Passion d'al-Hosayn-ibn-Mansour al-Hallaj* (Paris: Paul Geuthner, 1922)。

註101‥Abdel Malek, "Orientalism in Crisis," p. 112.

註102‥H. A. R. Gibb, *Modern Trends in Islam* (Chicago: University of Chicago Press, 1947), p. 7.

註103‥Gibb, *Area Studies Reconsidered,* pp. 12, 13.

註104‥Bernard Lewis, "The Return of Islam," *Commentary,* January 1976, pp. 39-49。

註105‥詳見Daniel Lerner and Harold Lasswell, eds., *The Policy Sciences: Recent Developments in Scope and Method* (Stanford, Calif.: Stanford University Press, 1951)。

註106‥Morroe Berger, *The Arab World Today* (Garden City, N. Y.: Double-day & Co., 1962), p. 158.

註107‥Maxime Rodinson, *Islam and Capitalism,* trans. Brian Pearce (New York: Pantheon Books, 1973)。當中，針對這類態度，有完整的摘述與批評。

註108‥Ibrahim Abu-Lughod, "Retreat from the Secular Path? Islamic Dilemmas of Arab Politics," *Review of Politics* 28, no. 4 (October 1966): 475.

II

東方主義的結構與重構

Orientalist Structures and Restructures

在先知後代的首領嫁女兒四十五年之後，
走在慶祝隊伍前面有一位年輕人，
曾在肚子上劃了一刀，拿出了一大段腸子，
用銀盤捧著。
遊行過後，他將這些腸子放回原位，
並在床上躺著好幾天，
才慢慢從這個愚蠢又令人作嘔的行為裡恢復過來。
-藍尼，《近代埃及人禮儀風俗論》

以此帝國的衰敗為例，
若不是被君士坦丁堡的革命所推翻，
便是被不斷地瓜分而亡國。
這些歐洲強權以保護國為名與其簽訂條約，
取得帝國某部份領土。
至於版圖，這些受條約限制的保護國，
根據彼此的相近、疆界的確保或宗教、
風俗習慣、興趣的相似來劃分……只認同強國的封建君主權。
如此受限的君主權，如同歐洲的法律般被認可，
佔領地或海岸的法律以此為主要依據而形成，
或以自由城市，或以歐洲殖民地，
或以通商的門戶或梯子為形式來建立保護國。
每個強權對保護國只不過有軍隊與文明雙重監督的作用，
在更強大國家的高帽保護下，保障了生存及國家組成的要素。
-拉馬丁，《東方之旅》

1 重畫疆界，重定議題，世俗化的宗教

Redrawn Frontiers, Redefined Issues, Secularized Religion

古士塔·福樓拜死於一八八○年，他並沒有完成《布瓦和裴枯謝》(*Bouvard et Pécuchet*)這本有關知識淪喪與人類努力終歸空無的百科全書式喜劇小說。然而，他的基本觀點卻相當清楚，書中足夠的細節也給予清楚的支持。書中兩個職員屬於布爾喬亞階級，因為其中一人意外繼承了一筆可觀的遺產，兩人遂離開都市到鄉下享受退休生活，做任何想做的事。在福樓拜的筆下，他們兩人牽扯進一段既實際又理論的短暫愉悅旅程裡，穿越農業、歷史、化學、教育、考古與文學，但結果總是不盡滿意。他們像旅行者一樣在時間與知識中穿越學習的領域，經驗了平庸業餘者的失望、災難和沮喪。他們其實經驗了整個十九世紀幻滅的過程，用查里·摩拉茲(Charles Morazé)的話來說，「布爾喬亞征服者」(les bourgeois conquerants)卻反而成為他們的無能與平庸的拙劣受害者。熱情變成無聊的老生常談，而知識，不管任何一個學科或形態，則從希望與權力轉化成失序、毀滅與悲哀。

在福樓拜描述這樣一個絕望的結論中，有兩件事引起我們的興趣。這兩個人辯論著人

類的未來，裴枯謝「透視人性黑暗的未來」，而布瓦則看到它的「光明！」

> 現代人在進步中，歐洲將會因亞洲而重生，歷史的定律是文明將從東方到西方……兩種形式的人性最終將融合在一起（註1）。

這明顯回應奎內，代表著這兩個人即將經歷的另一個熱情幻滅循環的開始，就像他其餘的故事，福樓拜的記事指出布瓦期待的計畫也為現實無情地阻撓——這一次是一個突然出現的警察，指控他縱情聲色(debauchery)。不過幾行以後第二個有趣的事出現了，兩人同時向對方承認他們的祕密的希望是能夠再度成為抄書者。他們弄了一張雙人的桌子，買了書、鉛筆、橡皮擦——如福樓拜書中的結尾——「他們轉變成」(ils s'y mettent)：從想要或多或少較直接地運用知識，並生活其中，最後布瓦和裴枯謝只是照單全收的抄書匠。

雖然書中並沒有充分說明布瓦的觀點，認為歐洲將因亞洲而再生，我們卻可以從幾個方式來了解它(以及抄書者書桌上的東西)。就像這兩人其他的觀點一樣，這一個觀點也是**全球的**和**再建構的**(reconstructive)，它代表著福樓拜的感覺，認為十九世紀偏好根據想像(有時候伴隨著某些特殊的科學技術)來重建世界。福樓拜的想法有聖西蒙(Saint-Simom)和傅立葉的烏托邦、孔德認為人類的科學再生，以及所有那些為意識形態者、實證主義者、折衷論者、神祕主義者、傳統論者和理想主義者(如德斯塔〔Destutt de Tracy〕、卡班尼斯〔Cabanis〕、米其雷、庫稔〔Cousin〕、普魯東〔Proudhon〕、庫諾〔Cournot〕、凱貝〔Cabet〕、簡內〔Janet〕和拉孟乃〔Lamennais〕)所提倡的技術和世俗的宗教(註2)。書裡布瓦和裴枯謝倡導了這些說法的不同論點，然後再加以毀壞，繼續找尋下一個較新鮮的講法，但終究枉然。

這種修正主義式的野心其實根源是非常浪漫，我們必須記得十八世紀後期精神與智識計畫的主要部份是再建構的神學(reconstituted theology)——亞伯拉姆(M. H. Abrams)所稱的「自然的超自然主義」(natural supernaturalism)。這種思想形態繼續影響十九世紀的典型態度，這正是福樓拜書中所嘲諷的，再生的觀念因此可以迴溯至：

> 一個明顯的浪漫主義傾向，在理性主義和啟蒙的正確性之後……(回到)基督教故事與理論的戲劇性與超理性的神祕中，而且回到基督教內在生活的暴力性衝突與突然的反轉中，啟動了極致的破壞與創造、地獄與天堂、放逐與重聚、死亡與再生、絕望與愉悅、失樂園與重入樂園……但是既然他們無可避免地生活在啟蒙之後，浪漫主義的作家們以不同的觀點重看這個古老議題：他們致力於拯救人類歷史與命運的宏觀觀點、存在的典範以及宗教遺產的中心價值，以一種可以暫時讓它們在智性上可以接受與情感上可以關連的方式(註3)。

布瓦心裡想的——歐洲因亞洲而再生——其實是相當有影響力的浪漫主義觀點。例如，許雷葛和挪瓦里斯(Novalis)曾要求國人和歐洲人應仔細研究印度，因為他們認為印度文化和宗教將能夠擊敗西方文化的物質主義和機械主義(和共和主義)，而一個新歐洲將在這個失敗中再生：《聖經》中對死亡、重生和救贖的想像在這一個藥方中相當明顯。此外，這個浪漫主義的東方計畫不只是一個一般性趨勢的特例，如同史瓦柏在《東方文藝復興》(*La Renaissance orientale*)中具說服力的論說，它本身也強有力地形塑了這個趨勢，但真正重要的並非亞洲，而是亞洲對現代歐洲的用處。因此任何通曉東方語言的人像許雷葛和波普都是心靈英雄，都是從遠方帶回歐洲早已失去的神聖任務感的武士，福樓拜筆下十九世紀世俗化的宗教帶著的正是這個感覺。就像許雷葛、華滋華斯和夏多布里昂，孔德(就像布瓦)也是一個世俗的後啟蒙神話的支持與倡議者，而其大要無疑也是基督教的。

隨著允許布瓦和裴枯謝從一開始經歷不同的修正主義的觀念，到最後貶損落得好笑的下場，福樓拜讓我們注意到在所有計畫中共有的人的錯誤。他看到了潛伏於一般所接受的觀念(idée reçue)「歐洲因亞洲再生」之下的看不見的優越感。「歐洲」和「亞洲」都只是視覺技術下的產物，將龐大的地理領域轉換成可處理、經營的實體。根本上，歐洲和亞洲都成了**我們的**歐洲和**我們的**亞洲——如同叔本華說的我們的**意志**與**呈現**。歷史的定律事實上即是**歷史家**的定律，如同「兩種形式的人性」，與其說注意事實，不如說是強調歐洲的能耐，將人為區分定於一尊，儼然無容避免。至於另一半的句子「最終將融合在一起」，福樓拜則取笑科學對事實的暢快漠不關心，這是一個解析消融人性實體而將它們當作被動物體的科學。不過他取笑的並非任何科學，而是具有熱誠且常是彌賽亞式的歐洲科學，它的勝利包括了失敗的革命、戰爭、鎮壓以及一種無以為教的大胃口，想將一些宏偉、學究的觀念於日常生活中付諸實現。這樣的科學或知識未覺察的是它那深陷而不自知的無知以及對事實的抗拒，布瓦扮演的科學家假設事實不過就是科學家說的事，不管這位科學家是一個蠢蛋或是有眼光的人，他(或任何思考方式像他一樣的人)看不到東方可能根本不想成為第二個歐洲，或者歐洲也不會民主地與黃皮膚或棕色皮膚的亞洲人結合。簡短來說，這樣的科學家不承認他的科學裡對權力的自我慾望，就是這樣的慾望支持了他的努力，但也破壞了他的野心。

福樓拜當然了解他書裡的可憐蟲就是被製造來面對這些困難，布瓦和裴枯謝已經知道最好不要有什麼觀念和事實的交流，小說的結尾是他們兩人毫不懷疑地滿足於將他們喜愛的書裡的觀念抄到紙上，知識不再需要被應用於事實，而是沈默且無庸置喙地從這個文本轉到另一個文本，觀念則匿名地被宣傳與散播，無所歸屬地重複，真的成為接受的觀念：重要的是它們就在那兒被無批判性地重複、回響與再回響。

從福樓拜對《布瓦和裴枯謝》寫的筆記中節錄的這個簡短故事，精簡地摘要出特殊的現代東方主義結構，而這個東方主義只不過是十九世紀世俗(與假性宗教)信仰中的一支。我們已經說了一些從中世紀到文藝復興思想中有關東方的一般性特質，對這些思想來說，東方基本上是指伊斯蘭教國家。不過在十八世紀有一些新的相關要素暗示了下一個傳播福音階段，而福樓拜隨後創造了其大綱。

其中之一是東方被進一步擴展，因而大大超越了伊斯蘭世界。這一個量的變化大半是因歐洲持續且不斷擴大對世界其餘地方的探險，旅行文學、想像的烏托邦故事、道德心靈的航行和科學報告漸增的影響力，使得東方成為更明確而廣泛的焦點。假使東方主義主要歸因於阿奎提和瓊斯在這個世紀後三分之一成果豐碩的東方之旅，則我們更要注意庫克和波甘維爾(Bougainville)(托能佛和亞當生〔Tournefort and Adanson〕的航行)所創造的另一個更寬廣的脈絡，這個創造同時也屬於布洛斯(Brosses)的《南方大陸航海史》〔*Histoire des navigations aux terres australes*〕、在太平洋的法國貿易者、在中國和美洲的耶穌教士、丹皮爾(William Dampier)的探險報告以及無數有關居住在歐洲東西南北遠處的巨人、巴塔哥尼亞人(Patagonians)、野蠻人、土著與怪物的傳聞。但是所有這些較寬廣的視野還是將歐洲牢牢放在具優勢的中心位置，當作主要的觀察者(或是主要的被觀察者，像郭德斯密〔Goldsmith〕的《世界公民》〔*Citizen of the World*〕)，因為就算歐洲往外移動，其文化強勢的感覺只會更強。不只從龐大的機構，像各地的印度公司，而且從旅行者的故事中，歐洲創造了殖民地，並且穩固其種族中心觀點(註4)。

另一方面，不只是旅行者和探險家，連歷史學家也參加打造這一個較知性的態度，這些歷史學家相信歐洲的經驗將得利於和其他較古老文明的比較。那些被學者描述儼如遇見諸神的十八世紀歷史人類學強勢的潮流強調，吉朋可能從伊斯蘭崛起中讀出羅馬淪亡的教訓，而維科也可從早先的野蠻詩般的燦爛中了解現代文明。文藝復興時代的歷史學家毫無妥協地將東方視為敵人，十八世紀的史家則較客觀地面對東方的特殊性，而且也試著直接處理原典，也許因為這樣的作法可以協助歐洲人更了解自己。莎勒翻譯了《古蘭經》，而他的初步論述則道出這種變化。不像早先的人，莎勒試著從阿拉伯的材料處理阿拉伯史，此外他還讓伊斯蘭教經典的詮釋者自己說話（註5）。整個十八世紀，莎勒的簡單比較法可說是十九世紀自詡的比較學科（語源學、解剖學、法哲學、宗教學）方法的起步。

不過，有些思想家則想要超越比較研究的趨勢，以同情契入的洞察方式去普查「從中國到祕魯」，這是十八世紀第三個導致現代東方主義的要素。我們現在所說的歷史主義其實是十八世紀的概念，維科、赫德和哈曼（Hamann）等相信所有文化都是有機且內在一致的，被一種精神、天分、氣候（Klima）或民族感緊緊連結在一起，外人只有以一種歷史的同情理解才得以一窺堂奧。赫德的著作《人類歷史的哲學大綱》（*Ideen zur Philosophie der Geschichte der Menschheit*, 1784-1791）是各種不同文化的燦爛展現，每一種都帶有不易親近的創造精神，只有以**理解**（Einfühlung）超脫偏見的觀察者才能一探究竟。因為帶有赫德等所提倡的民粹與多元論（the populist and pluralist sense of history）（註6），十八世紀的想法因此可以扳倒橫在西方和伊斯蘭教理之間的圍牆，並且看出隱藏其間的親屬要素。拿破崙可說是這種同理心認同（通常是選擇性）的有名例子，莫札特是另一個，他的作品《魔笛》（兄弟會規則裡混雜著一個良善東方的版本）和《後宮誘逃》裡提到了東方人性中特殊高尚的一面。較諸他常用的土耳其風音樂，這其實使得莫札特更能同情契入東方。

然而，我們常常不易區分莫札特對東方的直覺，和整個前浪漫和浪漫主義時代將東方視為異國情調的呈現方式。通俗的東方主義在十八世紀後期和十九世紀早期相當流行，這個流行趨勢可以很容易從貝克福、拜倫、摩爾（Thomas Moore）和歌德的作品中看出，但卻很難和誌怪故事、模擬中世紀短詩和有關野蠻的高尚或殘暴觀點所展現的趣味分開。所以有時候東方的呈現令人聯想到皮拉聶西(Piranesi)監獄，有時又脫不了和迪波羅(Tiepolo)豪華氛圍，有時還和十八世紀繪畫裡的異國雄渾景觀相關(註7)。後來在十九世紀，像在德拉侉(Delacroix)與其他好多法國畫家作品裡，東方的文類呈現，更進入視覺表現領域而有了自己的生命(很遺憾本書無法討論這一部份)，情慾肉感、承諾、恐怖、雄渾、田園式的愉悅、強烈的能量：在十八世紀後期前浪漫主義、前技術時代的東方主義想像裡的東方意象，喚作(形容詞的)「東方的」(Oriental)，其實是很具有變色龍特質的(註8)，但這個游移的東方隨著學院東方主義的興起，便遭嚴加整頓。

第四個替現代東方主義結構鋪路的是將自然和人類分成不同形態的慾望，最有名的當然要算李內斯(Linnaeus)和布逢，這樣的智識過程，將身體(很快會包括道德、智力和精神)的範圍——物體主要物質特性——從純粹視覺轉換成可精確度量的特徵要素，其面向涵蓋相當廣泛。李內斯說每一個有關自然形態的記錄「應該是數字、形式、比例和情境的結果」，其實如果你看康德(Kant)、迪德羅(Diderot)和強生的作品，會發現他們也很喜歡把一般屬性加以戲劇凸顯，以便從一大堆東西中整理出有秩序可描述的幾個形態。在自然史、人類學和文化通論中，一個形態會有一個特殊的**特性**(character)，讓觀察者有一個指稱(designation)，或像傅柯說的「一個被掌握住的衍生變化」。這些形態和特性屬於一個系統、一個相關通則的網路，因此：

所有的指稱必須在和其他可能的指稱的彼此關連之中完成，為了了解某一個體的特性，就必須要有一個體系能分類(或可能分類)其餘的所有東西(註9)。

在哲學家、歷史學家、博物志家和短文作家的著作中，我們發現作為特性的指稱展現出如同生物演進與道德分類：例如有野蠻人、歐洲人、亞洲人等等。這可以在李內斯的作品中看到，同樣的也見於孟德斯鳩(Montesquieu)、強生、布魯門巴哈(Blumenbach)、索馬鈴(Soemmerring)和康德的作品中。生理和道德特性或多或少平均分配，美洲人是「紅皮膚、易怒而挺直」，亞洲人則「黃皮膚、憂鬱且僵硬」，非洲人是「黑皮膚、慵懶和鬆散」(註10)。但是後來在十九世紀，當這些特性結合根源、遺傳形態時，則力量更大了。例如在維科和盧梭(Rousseau)的作品中，某些特殊性質(幾乎是原型)諸如原始人、巨人、英雄等。被說成是現今道德、哲學甚至語言議題的根源，這樣的準確性進一步加強了道德通則的力量。因此當提到東方時，正是根據這些遺傳通性來當作他的「原始」狀態、主要特徵和特別的精神背景。

我提到的這四個因素(擴張、歷史遭遇、同情契入、分類)是十八世紀的潮流，現代東方主義的智識和機構的結構就是倚靠著這些而來的。我們接下來會看到，如果不是因為它們，就沒有東方主義的存在。此外，這些要素也使得東方，特別是伊斯蘭，從狹隘的宗教省察觀點之中釋出，以便基督教西方從此加以探究（以及評斷）。換句話說，現代東方主義可說導因於十八世紀歐洲文化中的世俗化因素。首先，東方在地理上更向東擴張和在時間上更深化，大大鬆動甚至解消了《聖經》裡的架構，參考點不再是基督教或猶太教(因為他們相當短的歷史和相當小的版圖)，而換成了印度、中國、日本和薩莫(Sumer)、佛教、梵語、索羅亞斯德宗教主義(Zoroastrianism，或譯祆教、拜火教)和馬奴。第二，處理非歐洲和非猶太基督教文化的歷史的能力(不是化約的，就像教會政治的一個主題)也大為增強，因為歷史被看得更激進了，為了正確了解歐洲，就必須了解歐洲和過去無法觸及的時間和文化上疆界的客觀關係。某個意義說，賽哥維亞的約翰(John of Segovia)以一種完全世俗的方式，讓有關東方和歐洲的**交會**(contraferentia)概念成真了。吉朋可以將穆罕默德看作影響歐洲的歷史人物，而不是遊盪某地玩弄巫術與錯誤預言的邪惡壞蛋。第三，選擇性地認同異地和異文化，解消了頑固的自我認同感——被兩極化為虔信者面對蠻族的天人交戰。基督教歐洲的疆界不再被當成是一個風俗館，人的結合和人的可能的觀念遂取得非常廣泛普遍的合法性而不至於偏狹。第四，人的分類更系統性地擴增了，因為指稱和根源的可能性被進一步細緻化，超越維科簡單的非猶太民族和神聖民族的分類，種族、膚色、來源、氣質、特性和形態不限於只是區分基督徒和其他人。

但若這些相牽連的因素代表著一個世俗化的趨勢，並不表示古老的人類歷史和命運的宗教模式與「存在的典範」已遭去除。絕對不是如此：它們是在剛命名的世俗架構中被重建構、部署與分配。對研究東方的人來說，他們需要一個俗世的字彙來處理這些架構，然而要是東方主義提供了字彙、概念、技術——從十八世紀末起，這是東方主義**曾做的事和它的內容**——它同時也保留了(作為它論述中常住不變的潮流)一個再建構的宗教衝動，一個自然化的超自然主義。我將試著說明的是，這個衝動立足於東方主義者對自己、對東方和對他所屬的學科的看法。

現代東方主義者自己認為是將東方從模糊、異化和疏離救出的英雄，對於這些他自己曾做過正確的分辨，他的研究重建了東方失去的語言、道德甚至精神，這如同夏波里昂從羅賽塔(Rosetta)石塊重建了埃及的楔形文字。特殊的東方研究技術——辭書、文法、翻譯、文化解碼——既恢復、復甦、重建了一個久遠古典的東方，也恢復、復甦、重建了傳統的文字學、歷史學、修辭學和學理論爭。不過在過程中，東方和東方主義學科都辯證地改變了，因為它們都無法再以原來的樣子存活下去。東方即使是在東方主義者通常研究的「古典」形式中也被現代化了，為現在重建其面貌，傳統學科也被帶進當代文化。不過兩者都帶著**權力**的痕跡——復甦甚至創造東方的權力、建基於語言學與人類學通則中新穎、先進科學技術的權力。簡短地說，將東方帶至現代，東方主義者可以慶祝他作為世俗創造者的方法與位置。就像上帝創造了舊世界一樣，他則創造了新世界。至於後浪推前浪，個別研究者之生命只是學海之一漣，種種方法與位置的承襲，則可能出現世俗的連續傳統，即精闢方法論者的俗世秩序，他們的關係不是因為血緣，而是因為共同的論述、實踐、圖書館、一組接受的概念，也就是一個對任一個入行的人都一樣的信念與實踐(doxology)。福樓拜算是相當睿智，可以及時看出現代東方主義者將變成一個像布瓦和裴枯謝一樣的抄書匠，但是在早先，從沙錫和雷南的生涯中並看不出這樣的危險。

我的論點是現代東方主義理論和實踐（今天的東方主義就是從它而來）的基本面向，不能理解成是突然進入了有關東方的客觀知識，而應該當作是從過去遺留下來的一組結構，透過像語言學這樣的學科加以世俗化、重新安排和重新形塑，接下來並進一步被自然化、現代化和世俗化成基督教超自然主義（或其類似版本）的代替品，東方則以新文本和觀念的形式納進了這些結構。語言學家和探險家像瓊斯和阿奎提，當然是現代東方主義的貢獻者，但是真的確定東方主義為一個領域、一組概念和一個論述則是後來的人的作品。假如我們將拿破崙的遠征（1798-1801）看作現代東方主義第一次有實質性的經驗，我們可以將一些開路英雄——伊斯蘭研究中的沙錫、雷南和藍尼——視為這個領域的建造者、傳統的創造者和東方主義關係的始祖。沙錫、雷南和藍尼讓東方主義有了科學和理性的基礎，這不只促成了他們典範性的著作，更創造了可以讓任何想成為東方主義者的人都可使用的字彙和觀念。這個起頭是一個舉世的創舉，它創造了科學性術語，排除模糊，讓東方有了一個清楚的特殊形式；它樹立了東方主義者之中心權威形象，為（而且代替了）東方發言，並且也合理化了一個特殊類型的、內部具一致性的東方主義作品；使得某種形式的論述有了文化上的流通，從此可為東方**出聲**；特別重要的是，這些人創出了一個研究領域，並從中形成一個學者社群，而社群成員間，在其專業領域中，對內有其譜系、傳統和野心，而對外則同時足以招徠通用之威望。十九世紀的歐洲越刺探東方，東方主義就越博得大眾的信任，然而如果這個信心增長恰好配合了根源性的喪失，我們也不用太訝異，因為它的模式一開始就是重構與重複。

最後的觀察：我將在這一章處理的十八世紀後期和十九世紀的概念、機構和形象，是第一階段領土掠奪大時代的一個重要部份和關鍵的推衍。第一次世界大戰結束前，歐洲已殖民了地球的百分之八十五的地方，說現代東方主義有帝國主義與殖民主義的一面，好像不是很離譜，但只是說說其實是不夠的，仍必須進一步作歷史的分析。我有興趣的是去指出現代東方主義(不像前殖民時代但丁和海伯洛的了解)具體化了一個**累積**(accumulation)的系統學科，它絕不是僅有智識和理論的特性，事實上，還無可避免地說東方主義邁向有系統地累積人與領土。要重建一個死亡而失去的東方語言，即表示要終極性地重建死亡或被否定的東方，也意謂著這個重建工作的準確性、科學性甚至想像力，都可以為往後軍隊、政府和官僚將在東方土地上所做的鋪路。就某一個意義來說，東方主義的合法化，不只是由於它在智識上和藝術上的成功，還有是後來它的效率、用處和權威。當然這些都值得仔細探究。

2 沙錫和雷南：理性人類學與語源實驗室

Silvestre de Sacy and Ernest Renan: Rational Anthropology and Philological Laboratory

沙錫人生的兩個重要主題是英雄式且全心地致力於教育的和理性的效用。一七五七年生於冉森教派家庭，歷代從事公證的工作，原名為安東尼—艾賽克—錫爾維斯特(Antoine-Isaac-Silvestre)，他在本篤會(Benedictine)修道院接受阿拉伯語、敘利亞語(Syriac)、迦勒底語(Chaldean)和希伯來語的私塾教育，特別是阿拉伯語開啟了他通往東方之路，因為根據雷瑙(Joseph Reinaud)的說法，當時不管神聖或世俗，都可透過阿拉伯語找到最古老及最具啟發性的東方材料(註11)。雖然是一個保皇黨，他仍在一七六九年當上了新成立的**現代東方語言學校**(School of *langues orientales vivantes*)的第一位阿拉伯語老師，並在一八二四年當上校長。一八〇六年當上法蘭西學院的教授，儘管他在一八〇五年已是法國外交部的駐地東方事務專家。在那兒他的工作(一直到一八一一年才開始支薪)起初是翻譯大陸軍學報和拿破崙一八〇六年的《宣言》(*Manifesto*)，希望「伊斯蘭狂飆」(Muslim fanaticism)可以激起用來對抗俄國正教。但是接下來幾年，沙錫創造了「法國東方」的近東事務翻譯以及未來的學者。

當一八三〇年法國佔領阿爾及利亞時，沙錫負責翻譯告阿爾及利亞人的宣言，他定時接受外交部長，有時還接受國防部長有關東方外交事務的詢問，七十五歲時接替達西爾(Dacier)成為「碑銘學院」(the Académie des Inscriptions)的書記，還成為皇家文獻館東方典籍的負責人。在他漫長的卓越事業中，沙錫的名字可說與後革命時代法國的教育(特別是東方研究)重建和重塑連在一起(註12)。一八三二年，沙錫和庫枇葉一起被任命為法國貴族。

不只因為沙錫是第一位亞洲學社(一八二二年建立)的會長，所以他的名字才和現代東方主義的開始連在一起，而且因為他的作品基本上替這一行帶來整個有系統的經典著作、實際教學過程、學術傳統，並將東方主義學術和公共政策關連起來。自從維也納會議後，沙錫的作品是歐洲第一次出現有自我意識的方法論原理和學科共存的作品。一樣重要的另一件事是，沙錫總是覺得他是站在一個重要的修正主義計畫的開頭，他自知是一個開創者，跟我們的主題更有關的是，在作品中他就像一個世俗化了的教士，對他來說，東方和學生就如同教理和教士。當代一位可敬的學者布洛格里(Broglie)公爵指出沙錫的作品調和了科學家和《聖經》教師的特質，他說沙錫是一個可以調和「萊布尼茲(Leibniz)的目標和波塞(Bossuet)的努力」的人(註13)。結果他寫的所有東西都是特別寫給學生的(他的第一部著作《一般文法原理》〔*Principes de grammaire générale*, 1799〕，視學生如己出)，不是新的創作，而是從那些已經出現過的最好東西中修訂取出。

這兩個特徵——給學生的教學呈現與靠修正和引用的明顯重複企圖——相當重要，沙錫的作品一直帶有一個說話的聲音，散文中充滿第一人稱代名詞、個人的特立見解、在修辭中表現出自己的觀點，就算在他最深邃的作品中(例如有關第三世紀薩桑王朝〔Sassanid〕貨幣的學術研究)，我們可以感覺到的，仍非他寫字的筆而是他發言的聲音。他的作品的主旨在給他兒子的《一般文法原理》的開頭幾句話中就已提到：「親愛的兒子們，這本小書是我著手為你們撰寫的」(C'est à toi, mon cher Fils, que ce petit ouvrage a été entrepris)，意思是說：「我寫(或說)這些給你，因為你需要了解，而且因為它們還未存在於任何可得的形式中，我只好自己做來給你」，直接提到了用處、努力、立即和有益的理性。沙錫相信任何事，不管如何困難和模糊，都能理性地講清楚。波塞的堅毅、萊布尼茲的抽象人道主義和盧梭的**語調**(tone)，全都到齊了。

沙錫語調的影響形成了一個圈圈，阻絕外在世界與他和聽眾之間的關連，老師和學生相處的方式也形成一個封閉空間。不像物理、哲學或古典文學，東方研究的內容則是神祕，對那些原已對東方有興趣且想更系統性地多知道一些的人來說相當重要，這一個教學學科與其說吸引人，不如說有效用，因此教師**展現**材料讓學生知道，讓他們吸收已被選擇安排好的題目。因為東方古老遙遠，老師著重回溯、重建原已從知識領域消失的東西。又因東方在空間、時間和各種文化上實在太大且太豐富了，實在無法盡所皆知，只能探索它最有代表性的部份。因此沙錫注意的是文選、古典名著選(chrestomathy)、表列、一般原則的調查，只透過一小組有力的例證，將東方呈現給學生。基於兩種理由，這些例子有其力道：㈠因為它們反應了沙錫作為西方的權威的力量，處心積慮地想了解東方，以便揭發東方因距離與怪異而不斷隱匿的神祕；(二)因為這些例子具有符號的力量（或者由東方主義者賦予），所以可以代表東方。

基本上，沙錫的著作都是編纂性質的，因此具有儀式性的教育價值，而且也是辛苦的修訂成果，除了《一般文法原理》，他另外還出版了三冊的《阿拉伯古典名著選》(1806和1827)、一本阿拉伯文法寫作選集(1825)、《阿拉伯文法》(*à l'usage des élèves de l'École spéciale,* 1810)、阿拉伯語聲韻學和德魯茲人宗教相關論文，以許多有關東方貨幣、擬聲、文字、地理、歷史、重量和度量衡的短篇著作。他作了一些翻譯並撰述兩本書的詳細的評註（《卡里拉和度納》〔*Calila and Dumna*〕和哈利利〔al-Hariri〕的*Maqamat*），針對在編輯、回憶錄、歷史學家這三個現代知識領域裡，沙錫都一樣地有幹勁，他極少提到其他一些比較不熟的學科，雖然他自己的作品是單面向的，但在非東方主義方面，則是狹礙的實證主義。

然而，當一八〇二年法蘭西研究院獲拿破崙授權，製作一個自一七八九年後有關國家和藝術科學進展的一個一般年表(*tableau générale*)時，沙錫被選上成為作家團的一員，而他是最積極的專家與最有歷史感的通才。如大家私底下的了解，達西爾的報告具體化了許多沙錫的愛好，也包括他在東方學領域的貢獻，它的題目——《法蘭西知識歷史年表》(*Tableau historique de l'érudition française*)——宣稱了新的歷史（相對於神聖）意識。這樣的意識是戲劇的(dramatic)：學習可以就像那樣地安排在一個**舞台**上，在那兒整體性可以被測量清楚。達西爾的序言完美地述說了這個主題給國王知道，這樣的調查使得他們完成了沒有其他國家敢做的嘗試，就是一瞥便能將全部人類知識盡收眼底。達西爾還說如果這一個歷史年表早點做成，今天我們也許能擁有那些已失傳或遭破壞了的偉大作品，年表的好處和效用是能保存知識並且讓它們唾手可得。達西爾暗示拿破崙的遠征使這樣的工作變得簡單，遠征的一個結果就是提高了現代地理知識的程度(註14)(達西爾整個**論述**讓我們了解到歷史年表的戲劇形式就像現代百貨公司的長廊和櫃台一樣)。

《法蘭西知識歷史年表》對了解東方主義起始階段的重要性，在於它外化了東方知識與特性的形式，而且也描述了東方主義者和他研究主題的關係。沙錫有關東方主義的作品(以及其他作品裡)提到他的工作是在**揭開**(uncover)、**照亮**(brought to light)、**拯救**大量少為人知的作品。為什麼?為了將它們**呈現**在學生**面前**。就像他當代的同僚，沙錫認為學術工作在增強學者們所共同搭起的大樓，知識基本上就是要讓事物**為人所看到**，而年表的目的在建立像邊沁式的鳥瞰監視台(Benthamite Panopticon)。學科因此是一個特殊的權力技術：為它的使用者(和學生)贏得(如果是一個歷史學家)原先已失去的工具與知識(註15)。而且特定權力與獲得的字彙都特別和沙錫作為東方主義開路先鋒的名聲有關，作為學者，他的英雄事業立足於成功處理無法克服的困難，也獲得了將原本不存在的領域呈現在學生面前的方法，如沙錫的布洛格里公爵所說，他**製出**書籍、觀念、例子，結果就是生產了有關東方的材料、研究方法和甚至在東方都不存在的範例(註16)。

和其他為研究院工作的希臘或拉丁學者比較，沙錫的成果輝煌。他們有典籍、傳統和學校，沙錫什麼都沒有，還得親自動手創造，沙錫作品裡主要的失落和接下來的收穫之間的動力是執著迷戀的(obsessional)，他的投入程度真的很深。一如其他領域的同事，他相信知識就是要看到(seeing)——所謂監看鳥瞰式(pan-optically)——不過他不只得認出知識，還得試著解碼、詮釋，最困難的是更得製造出來，沙錫的成就是創出了整個領域。作為一個歐洲人卻翻遍了東方文獻，而且還能不離開法國，他一標出任何文獻，就帶回來加以診斷、註釋、編碼、安排並加以眉批。漸漸地，真實的東方遠較東方主義者所製出的東方還不重要，因此，被沙錫帶入一個教學年表的封閉論述領域，東方主義者筆下的東方越來越不願成為現實了。

以沙錫的聰明當然不會讓他的觀點和實踐沒有論證加以支持，首先，他總是清楚指出東方以本身的方式是經不起歐洲人的品味、智慧與耐性的考驗，沙錫捍衛阿拉伯詩的用處與趣味，但他實際說的卻是在它被欣賞之前，必須先經東方主義者的正確轉換。大致上，是基於知識論的理由，然而卻還包括了東方主義的自我辯護(self-justification)，阿拉伯詩是在大大不同的氣候、社會與歷史狀況下，由對歐洲人來說完全陌生的人所寫，此外這些詩是從那些「需要漫長而辛苦的研究才能了解的意見、偏見、信仰和迷信中」滋生出來，即使一個人經過這些特殊訓練，詩裡的很多描述還是不容易為「已達到較高文明階段的」歐洲人了解。但是我們能掌握的而且有高度價值的是，身為歐洲人，我們慣於偽裝外在特質、身體行動以及與自然的關係。因此，東方主義者的用處在讓國人能掌握大量不尋常的經驗，尤其有用的是，去掌握能助我們了解「真正神聖」的希伯來詩的文獻(註17)。

所以假使東方主義者是必須存在的，因為他從東方深處撈取珍寶，而且沒有他的引介，東方也不為人知，同樣的是東方作品也無法全部被理解，這是沙錫對他有關片段理論的介紹，一個常見的浪漫主義關懷。不只東方的文學創作對歐洲人是陌生的，它們也不包含足夠長久的趣味，「品味和批判精神」也不夠格出版，僅能摘述引用(註18)。因此東方主義者必須將東方「呈現」為一連串具代表性的片段，被重新出版、加以說明註釋，並且再加上更多的片段。為了這樣的呈現，需要一個特別的文體：古典名著選，在沙錫的例子中，這個文體最能直接有效展現東方主義者的用處與趣味。沙錫最有名的作品就是三冊的《阿拉伯古典名著選》，一開始就印上一首有內在旋律的阿拉伯二行詩：「Kitab al-anis al-mufid lil-Taleb al-mustafid; / wa gam'i al shathur min manthoum wa manthur」(對用功的學生而言有趣且有用的書；／收集了詩和散文片段)。

沙錫的文集在歐洲被廣泛使用了好幾世代，雖然一般認為文集選取的有其代表性的典型，但它們壓下且覆蓋了東方主義者所施行的對東方的裁剪檢視。此外，內容的內在秩序、各部份的安排、段落的選擇也從未揭示其中祕密，我們的印象是：如果這些片段不是因重要性或歷史進展或美學上的美而被選上，則它們必定具體化了某種東方自然或典型的不可避免性。不過這也從來沒被提到，沙錫只是宣稱他是代表學生做事，以便讓他們不必購買(或閱讀)眾多的東方讀物。隨著時間過去，讀者忘了東方主義者的努力，而把古典名著選所代表的東方重構看作**只是**東方(Orient tout court)。客觀的結構(東方的指稱)和主觀的重構(東方主義者的東方再現)儼然可互換,東方為東方主義者的理性所覆蓋,東方的原理變成是東方主義者的原理。因為身在遠處,反而唾手可得;因為無法自我維持,反而可為教學所用;因為失落,反而重新發現,雖然失落的部份在過程中已不復存在。沙錫的文集不只輔助了東方,還提供了東方在西方的呈現(註19)。沙錫的作品經典化了(canonize)東方,產生許多經典名籍,一代接著一代地流傳。

沙錫的活遺產——他的學生——令人咋舌。十九世紀歐洲任何一個阿拉伯專家都可追溯他的知識權威到沙錫,法國、西班牙、挪威、瑞典、丹麥,尤其德國的大學和研究院充斥了他直接教授和私淑他著作的文集年表的學生(註20)。然而,如同所有的學術父權體制,也同時傳授了滋養與限制,沙錫系譜的原創在於他視東方為可加以重整的事物,此一重建工程不但是因應,而且也罔顧了現代東方之紛沓與不容易掌握的存在。沙錫置阿拉伯於東方,而東方本身就是現代學術一般年表的一部份。東方主義因此屬於歐洲學術的一部份,不過在和拉丁和希臘學並列之前,其材料卻必須先經東方主義者再創造。每一個東方主義者皆按照沙錫所提供和制定的基本知識得失規則,來重新創造自己的東方。沙錫雖然是東方主義的教父,不過也是學科的第一個犧牲品,在翻譯新的文本、段落和引用時,後來的東方主義者完全取代了沙錫的作品,提出了他們自己回復的東方。但是,他開啟的這個過程卻將持續,尤其在語源學的領域,後來發展出有系統且具機制力量,沙錫則沒機會加以運用。這得歸功雷南的成就:將東方和最新的各種比較學科關連起來,而其中語源學最為凸顯。

沙錫和雷南的差異在於起頭與接續的差別，沙錫是起頭者，他的工作代表這個領域的起始，和它作為十九世紀以革命浪漫主義為根源的學科地位。雷南屬於東方主義的第二代，他的工作是要鞏固東方主義的官方論述，系統化其洞見和建立知識和世俗的機構。沙錫主要在貢獻其個人努力以啟動和活化這個領域和架構，雷南則調整東方主義與語源學相連，並調整兩者使其和當時學術文化相容，就是這個學術文化在知識上維繫了東方主義結構，並賦予更多的可見度。

雷南這個人，從他本身來看，既非完全原創也不是絕對跟班，因此作為一個文化力量和重要的東方主義者，他不能夠被化約為僅是他的人格或僅是他相信的系統性理念，他最好被看作是一個動態力量。像沙錫一樣的前鋒者已替他製造了機會，他們將其成就帶入文化像某種流通貨幣一樣，雷南就是以其無誤的再流通貨幣加以流通與再流通，以加強其意象。簡言之，雷南必須被看成某種形態的文化與知識實踐，是一種風格使得東方主義論述可以被置於傅柯所說的時代檔案中(註21)。重要的不只是雷南說了什麼（內容），還包括他怎麼說（方法），以他的背景和訓練，他挑選了什麼樣的主題，加上什麼樣的東西等等。要描述雷南與東方主題、他的時代與讀者，甚至他本身的作品的關係，我們不必訴諸某種不假思索、檢定的穩定體系（例如時代精神、觀念史、生命與時代）；我們可以將雷南看作一個作家位於被時間、空間和文化（因此也是歸檔式地）定義的處所，為他的讀者撰寫某些可以描述之事物，同時，也為了增進他自己在當時東方主義學術上的位置。

雷南從語源學進入東方主義，而且正是語源學那非比尋常的豐富燦爛的文化位置，賦予了東方主義最重要的技術特質。對於那些將**語源學**這個詞看作和塵土一樣單調且毫無成果可言的文字研究的人來說，當尼采宣稱他自己和其他十九世紀最偉大心靈一樣，也是一個語源學家時，一定頗令人驚訝，雖然不一定是想到巴爾扎克的《路易·朗白》(*Louis Lambert*)：

> 光是敘述一個字的生命及其經歷，就會創出一本不同凡響的鉅作！無可置疑地，一個字在被使用時，已接受了事件的不同印象；看用在什麼地方，一個字會在不同人身上喚起不同樣的印象；但若從心靈、身體和動作三方面去看一個字，不是更了不起嗎(註22)？

尼采接下來會問，是什麼範疇可以將他自己、華格納(Wagner)、叔本華、里奧帕迪(Leopardi)都包括進去，一起視作語源學家，這似乎包括了對語言有特殊精神性洞見的天分，和生產具有美學與歷史力量作品的能力。雖然語源學這一行出現在一七七七年某天，「當伍爾夫(F. A. Wolf)為自己發明了『語源研究』(*stud. philol.*)這個名稱」，但尼采則是賣力地指出希臘和羅馬研究的學生普遍不了解他們的學科：「他們從未曾觸及**事情的根源**；他們從未舉例論證語源學是個問題」。因為光是「作為古老世界的知識，語源學當然無法永遠存在；它的材料是可窮盡的」(註23)。語源學家就是未能了解這點，但區分尼采認為值得讚許的那些卓越人物的——不是毫不模糊的，而且也不像我所指述的那麼拐彎抹角——是他們和現代性的深深關連，這個關連則是因他們的語源學研究。

語源學將它自己、從事者和現在加以問題化。它具體化了作為現代暨歐洲人的這一個特別處境條件，因為沒有和一個較早的外國文化和時間相比，這兩個範疇都沒有真實的意義。尼采同時看到的是語源學以維科式(Viconian)的方式被**生出**(born)、**製造**(made)成人類事業的符號，而且被創造成人類發現、自我發現與原創性的範疇。語源學是一個方式，就像偉大的藝術家一樣，透過歷史方式，將人從他的時代和立即的過去中突出自己；看來有點弔詭和矛盾，不過，人確實藉此來顯示其現代性。

雷南出現在一七七七年的伍爾夫和一八七五年的尼采之間，他是一個東方語源學家，而且對語源學和現代文化如何關連有複雜和有趣的想法。在《科學的未來》(*L'Avenir de la science*，寫於一八四八年，但到一八九〇年才出版)裡，他寫到「現代心靈的創建者是語源學家」，而什麼是現代的心靈呢，在前一句裡他寫著，豈不是「理性主義、批判主義、自由主義都和語源學在同一天被創造出來？」他繼續說，語源學既是只有現代人才擁有的比較學科，而且也是現代(和歐洲)優越性的象徵，自十五世紀以來，人類的任何進步都可歸功於我們可稱為語源學的心靈。語源學在現代文化(雷南稱為語源學的)的工作是繼續清楚地看待事實與自然，因此能擺脫迷信，並且繼續跟隨物理科學的發現。不過，尤有甚者，語源學帶來普遍性的觀點，以看待人類生命與事物的體系：「我，處於中心，吸收每件事物的氣味，判斷、比較、結合、推論——藉此將可達到事物的體系」，有關語源學家，有一個清楚的權力氣味。雷南說出了他對語源學和自然科學的看法：

> 研究哲學就是了解事物：庫枇葉說得好，**哲學是以理論來指導世界**，我和康德一樣相信，純粹的冥思論證不會比數學論證更有效力，而且無法告訴我們存在的事實。**語源學是心理事物的準確科學**(La philologie est la science exacte des choses de l'esprit)，語源學和人文科學的關係，就像物理以及化學和身體的哲學科學的關係一樣(註24)。

下文我會論及雷南引用庫枇葉的部份，然後再談他不斷地以自然科學為參考。此處，我們應該注意《科學的未來》的整個中間部份充滿了雷南對語源學的讚譽，他將這個學科描述成既是人類研究努力中最困難的，同時也是所有學科中最精準的。將語源學放進一個可加以確證的人文科學，雷南明顯地將自己與維科、赫德、伍爾夫和孟德斯鳩關連在一起，同時也關連於幾乎同時代的語源學者像威廉·杭伯特、波普和偉大的東方主義者本諾夫(這本書就是獻給他的)。雷南將語源學置於他到處提及的知識進展的中央，這本書真的也是人類不斷上進論的宣言，看看這本書的副題：對一八四八年之冥想〔*Pensées de* 1848〕以及其他幾本一八四八年的書，像《布瓦和裴枯謝》和《路易波拿的霧月十八》，確實是有其反諷意味。某個意義上，雷南的語源學報告則宣言一般地，特別地——他那時已寫了大量有關閃族語言的語源學論文，並為他贏得伏尼獎(Prix Volney)，其設計是將雷南當作一個知識份子，置於一個和一八四八年的重大社會議題有清楚的認知關係的地位上。他之選擇立基於最**沒**時效性的、最不受**大眾**青睞、最保守的傳統學科(語源學)來建立這樣子的關係，充分說明了雷南的極端深思熟慮，因為他並不真的以一夫當關說給眾人聽，而一如他在一八九〇年的序言所說，是以一個反省、專業的聲音，視種族不平等和必須的少數統治多數為理所當然，認為那是自然和社會之反民主定律(註25)。

然而雷南是如何可能將他自己和他所說的，放在一個這麼弔詭的位置？一方面，倘若語源學不是一個屬於全體人類的科學，承諾人類種族的統一與每一個人類細節的價值，那它還能是什麼？另一方面，雷南則以他惡名昭彰的種族偏見，對東方閃族研究提出反證，藉此成就其專業名望(註26)，準此，如果語源學家不能粗魯地區分優越與低下種族，並結合其自由派批評家的身分，將有關時間、起源、發展、關係、人類價值的研究藏身於一些不為外人所知的理念之下，那他還算什麼語源學家？如他早期寫給庫稔、米其雷和亞力山大・杭伯特有關語源學意義與目的的信中所顯示(註27)，這個問題部份的答案在於，雷南有很強的作為一個專業學者和東方主義者的圈內行會(guild)感覺，實際上這個感覺也使得他和大眾之間有了距離。但我認為更重要的是雷南對他自己的角色的看法，一位處在他自認的語源學更大的歷史、發展和目的之中的東方語源學者。換句話說，有些我們看起來像是矛盾的，對雷南卻只是他如何看待他在語源學裡的地位、學科的歷史、初始的發現與自己做了什麼的預期結果，因此，雷南不應被定位成是在談論**有關**語源學，而應被看作是**語源學式地談論**(speaking philologically)，一位可以發揮所有力道，使用新的優秀科學的術語的開創者，而他對語言本身的言論，自然不能以直接或天真的方式去理解。

當雷南了解、接受語源學的指導，這個學科也強加了一組信行(doxological)規則在他頭上，作為一個語源學家，表示在行動上首先會受到一組最近的重新定位發現所掌控，這些發現有效地揭開語源學的序幕而且賦予它自己獨特的知識論：這裡講的大約是從一七八〇年代到一八三〇年代中期，後半段剛好是雷南開始接受教育的時候，他的回憶錄記載著因失去信仰所導致的宗教危機，如何將他在一八四五年帶入學術生活，這是他進入語源學(包括它的世界觀、危機與風格)的開始。他相信在個人層次上，他的生命反映了語源學機構的生命，然而，他決定在生活上仍是一個基督徒，只是不再靠基督信仰，而是仰賴他所稱的「世俗科學」(la science laïque)(註28)。

幾年後，雷南為世俗科學能做和不能做什麼，提出最好的見證，這是他在一八七八年在巴黎索幫大學(Sorbonne)給的演講，題目是「論語源學能為歷史科學作的服務」，整篇文字顯示雷南在談論語源學時，是將宗教放在心裡，例如語源學像宗教一樣，教導了我們那些有關人性、文明和語言起源的事，這只使得他的聽眾相信：比起宗教，語源學傳遞了一些更不連貫、更不整合而又實證的訊息(註29)。因為雷南徹徹底底是歷史腦筋，而且在觀點上側重形構學(如他自己說過)，身為一個年輕人，唯一能將他從宗教帶至語源學的方法就是，在這新的世俗科學中，保持他早先在宗教中得到的歷史世界觀。因此，「只有一項工作似乎值得充滿我的生活：而那是要追求我對基督信仰的批判性研究 (間接地指稱到雷南在歷史與基督信仰起源的學術研究計畫），使用那些世俗科學所提供的更多方法(註30)。」雷南根據他的後基督方式將自己帶入語源學。

基督信仰內在提供的歷史與語源學這一個相對晚近的科學所提供的歷史，其差別正是現代語源學成為可能的因素，雷南知之甚詳。每當「語源學」在十八世紀末和十九世紀初被提及時，我們理解的是**新的**語言學，它的主要成果包括比較文法學、語言再分類成不同語族，和最終對語言神聖起源論的拒絕。這些成就或多或少是將語言看作全然人類現象這一觀點的直接結果，這樣說並不誇張。當我們驗證發現所謂神聖語言（其實主要指希伯來語）既非原生古物更非神聖起源時，這個觀點便流傳開來，傅柯曾說，語言的發現因此是一個世俗事件，置換了宗教上神如何在伊甸園將語言傳遞給人的觀念(註31)。語言關係的字源、承襲被置於一邊，取而代之的是將語言視為自我完足的一個領域，以不規則的內在結構與連貫性彼此結合，這個改變的一個結果是在語言起源問題的興趣上戲劇性的低點，雖然在一七七〇年代（一七七二年，赫德有關語言起源的作品贏得柏林學院獎），討論這個問題轟轟烈烈，但在下個世紀的開頭十年，這個主題幾乎成了歐洲學術爭論的禁忌。

從各個面向和不同的方式來看，瓊斯在他的《週年演講》（*Anniversary Discourses*, 1785-1792）及波普在他的《比較文法》（*Vergleichende Grammatik*, 1832）皆提到，語言的神聖血統論已徹底中斷，也不再是有信用的概念。簡短來說，這時需要一個新的歷史概念，因為面對降低其主要典籍神聖地位的經驗證據，基督信仰似乎已無法再自圓其說，如夏多布里昂所說，對某些人，即使新的知識如何說明了梵語，已讓希伯來語失色，其信仰仍不為所動：「啊！畢竟對印度古典語言的深入探討，已迫使無數世紀重新嵌入《聖經》的狹窄範圍內，然而，我是何等幸運，在經歷這場屈辱之前，得以再度成為虔信者（註32）。」對其他人，尤其像先鋒語言學者波普，語言研究帶出了它自己的歷史、哲學和學習，所有這些都使得我們得拋棄上帝在伊甸園教給人類主要語言的那套說法。梵語的研究以及十八世紀擴展性的氣氛，已將文明的起源拓展至《聖經》之地以外的遠東，同時，語言不再是外在力量與人類說話者之間的連續，而是為語言使用者自我完成與創造的內在領域。準此，並沒有所謂的第一語言——除非以我現在要討論的方式——就如同並無所謂的簡單語言。

雷南認為這些第一代語源學者的重要性無出其右，甚至還比沙錫的工作重要。不管在他漫長事業的早、中、晚期，每當他討論語言和語源學時，他總重複新語源學的啟示，而技術性（相對於神聖）語言實踐的反血統、反連續主張則是其主要支柱。語言學家認為語言不能被當成是唯一來自上帝力量的結果，如同柯立茲所說，「語言是人類心靈的武器；同時包含了來自過去的戰利品，和未來征服的武器（註33）。」原初伊甸語言的概念逐漸為原雛語言（印歐、閃族語）的自我演變概念所取代，原雛語言的存在從來未曾有過爭辯，因為我們承認這樣的一個語言並無法被重新抓回，只能在語源學過程中被重新建構。以最早期的印歐形式，梵語是所有其他語言的試金石，它再度有教學作用。現在，連使用的名詞也變了，有了**語族**（families，類比於種類與解剖學上的分類），有**完美**的語言形式，而且它不願與任何「真正」的語言相互呼應，有了原始語言，但不是因為自然，而只是為了語源論述的功能。

但有些作家尖銳地抨擊：梵語和一般的印度事物只是取代了希伯來語和伊甸的謬誤。一八〇四年，康斯坦(Benjamin Constant)便在他的《知心筆記》(*Journal Intime*)指出，他在《論宗教》(*De la religion*)中，不針對有關宗教的部份來討論印度，因為擁有那塊地方的英國人和好學不倦研究它的德國人，已將它變成每一件事的開始與緣起；另外，也有不少法國人追隨拿破崙和夏波里昂的看法，認定一切事物皆來自埃及與新東方(註34)。這些目的性的熱衷更因許雷葛在一八〇八年受人讚譽的著作《印度人的智慧及語言》而加溫，這本書中許雷葛似乎證實了他一八〇〇年的宣稱，認為東方是浪漫主義最純粹的形式。

雷南年代的人——從一八三〇年代中期到一八四〇年代晚期受教育的人——從這個熱衷裡保留下來的是西方的語言、文化和宗教學者在知識上對東方的需要。其中一部關鍵的作品是奎內的《宗教的守護神》(*Le Génie des religions*, 1832)，道出東方的文藝復興，並且將東方和西方放在功能性的相互關係上，我指出過，這個關係的巨大意涵已在史瓦柏的《東方的文藝復興》中被詳盡地分析過，這裡只想談論它和雷南作為語源學者和東方主義者有關的特殊面向。奎內和米其雷的關係、他們對赫德和維科的興趣，分別讓他們注意到：作為一個學者，歷史學家以一種近乎觀賞戲劇事件開展或者虔信者見證啟示的心情，必須去面對不同、奇怪和遙遠的事物。奎內的定律是東方先提出(propose)然後西方搞定(dispose)：亞洲有它的先知，而歐洲則有博士(知識豐富的人、科學家：博學與診斷的雙關語是有意的)。從這個遭遇中，一個新的教條或上帝產生了，但奎內的觀點是東方和西方都在這個遭遇中完成它們的命運與印證了它們的文化認同。學術態度的圖像是：知識豐富的西方人，從特殊合適的有利點，調查被動、初生、女性，甚至沈默不動的東方，然後繼續有條理地為東方**發言**(articulate)，使得東方將其祕密交至語源學家博學多聞的權威之手中，他的力量來自他能夠解開神祕語言的能力，這個態度將繼續存在雷南身上。當一八四〇年代雷南運用他作為語言學家的技藝時，已經不存在的是戲劇性的態度，代之而起的則是科學態度。

對奎內和米其雷來說，歷史是一齣戲。奎內建議性地描述整個世界就像一座廟，而人類歷史就像某種宗教儀式，奎內和米其雷兩人都**見到**了他們討論的世界，他們也以和維科與米其雷描繪地球原始時代一樣燦爛熱情和戲劇的方式，描述人類歷史的起源，對奎內和米其雷來說，他們無疑屬於歐洲社群的浪漫主義作為，「不是以史詩，就是以其他一些主要文體——戲劇、散文故事，或者圖像性的『長詩詠』——激進地放回適合他們時代的歷史和知識情況的條件，基督教模式的墮落、救贖和一個新世界的出現，將建構一個重新回復的天堂(註35)。」我認為奎內會以為新上帝的概念只不過是想塡補舊上帝留下的空缺；不過，對作為語源學家的雷南來說，這代表斷絕任何和舊基督教上帝的關係，所以一個新的原理——也許是科學——儼然可以獲得自由，挺立於新的地方。雷南一生整個事業即致力於將此一進步實現。

在一篇並不出色的有關語言起源的文章結尾裡，他清楚地提到：人類不再是一個發明者，創造的時代絕對已經結束(註36)。過去曾有段時期(我們只能猜想)，人類從沈默「轉化」成會說話，自從有了語言，一個真正的科學家要做的是探知語言的存在成份(is)，而不是它如何來的。不過，假如雷南消除了原始時代的熱情創造（這曾引起赫德、維科、盧梭甚至奎內和米其雷相當的興奮），他另外開始一個新形態且深思熟慮過的人為創造，被當作科學分析的結果來執行。在他於法蘭西學院的就職演說中（一八六二年二月二十一日），雷南宣佈他的演說對大眾開放，所以大家可以直接看到「語源科學的真正實驗室（註37）。」任何雷南的讀者都可以了解這宣佈是要傳送一個典型但頗為偏頗的反諷，震撼意義其實比不上消極取悅大眾的用心。因為雷南繼任了希伯來語的講座，而它的演講是有關閃族對文明歷史的貢獻，以語言實驗室來取代歷史中的神聖介入，以這種方式對待「神聖」歷史，還有什麼比它更具精微匠意？還有什麼方式，更能清楚道出東方僅是歐洲探討之材料此一當代關連性之意義（註38）？相形之下，沙錫年表裡毫無生氣的段落，現在已為新的事物取代了。

雷南演說中令人困擾的結論有另一個功能，不只是將東方閃族語與未來和科學相關連起來。雷南前任的希伯來語負責人郭德美（Étienne Quatremère），似乎是大眾心目中嘲弄的學究典型，雷南在一八五七年十月相對來說枯燥的回憶記事《辯論日記》（*Journal des debats*）中提到，他以非常辛勤和教育的習慣，勤勞地提供許多服務，但卻無法看到正在蓋起來的大樓，這個大樓正是「人類精神的歷史科學」，正在一磚一瓦的興建過程（註39）。正如同郭德美並不屬於這個時代，雷南在他的作品中決定要歸屬於他的時代，此外，東方一直被等同於印度與中國，雷南的野心是要為自己造出一個東方領域，也就是閃族的東方，他無疑地注意到了當時偶然將阿拉伯語和梵語混淆的事（例如在巴爾扎克的《憂鬱的表層》（*La Peau de chagrin*〕裡，導致災難的魔雕阿拉伯文字被當成是梵語）。一如波普為印歐語做的，他也為閃族語付出心力，一八五五年有關比較閃族語的書裡的序中有提到這些（註40）。因此雷南的計畫是要以波普的方式，將閃族語帶入清楚、迷人的交集，而且以路易・朗白的風格，提升這個為人忽略的低等語言研究，進到一個心靈具有熱情的新科學的層次。

雷南不只一次表明他的主張，認為閃族人和閃族語都是東方主義者語源學研究的**創造**（註41）。既然他正是作這個研究的人，他對這一個新的人為創造的中心角色，再清楚不過。但在這些例子中，雷南說的**創造**到底是什麼意思？這個創造與自然界的創造彼此關連，或者關連於雷南和其他人說的實驗室，以及分類和自然科學（主要被稱作哲學解剖學）的創造？這裡得花點心思想想，究其一生，雷南似乎想像科學在人類生活的角色在（我將儘量照字面引用翻譯）「以定論方式**告訴**（telling）、訴說（speaking）或宣稱（articulating）給世人知『道』事物原理（是logos吧？）事物之字（word）（註42）」。科學賦予事物言說（speech），或者更應如此說，科學帶出藏於事物中的言說，原因待會兒說明。語言科學（linguistics）的特別價值（那時多稱作新語源學〔new philology〕）並不在於自然科學像它，而是它將字彙看作自然乃是沈默的東西，等著被訴說，交出其祕密。銘記（inscriptions）和埃及象形文字（hieroglyphs）的研究中，主要的突破就是夏波里昂發現羅賽塔石中的符號有**音韻**和語意上的要素（註43）。讓事物說話就像讓文字說話，給它們一個情況價值，以及在一個有規則可循的秩序中，替它們找一個明確的位置。首先，雷南對「創造」這個字的用法，代表著一種界定說明過程，事物（像「閃族」語）在其中可以被視為某種創生。第二，創造更意涵著科學家從不可說中，照亮和帶出了整個背景(在閃族語這個例子指的是東方歷史、文化、種族、心靈)。最後，創造指的是定理化一個分類系統，藉此可以比較性地檢視有問題的事物；雷南所指的「比較性地」是想要透過閃族、印歐語之研究，建立典範關係的複雜網絡。

假如到目前為止，我所說的是那麼側重雷南為人遺忘的閃族語比較研究，主要是因為幾個重要的理由。雷南在失去基督信仰後，隨即將注意力轉至閃族語的科學研究；上面我已談到了閃族語研究如何取代了他的信仰，並且建立了未來的批判性關係。閃族語研究是雷南第一個完全的東方主義及科學研究(一八四七年完成，一八五五年首度出版)，就像對他是導引一樣，閃族語研究也是他後期的一些有關基督信仰的起源，和猶太人的歷史的作品的部份。在企圖上(也許並非是成就)——有趣的是，除了一些粗略的注意外，很少標準的或當代的有關語言學史或東方主義史的作品引用雷南(註44)——他的閃族語作品被認為是語源學上的突破，後來他不斷又回到此一權威位置，去演繹有關宗教、種族及民族主義的見解(幾乎總不是佳作)(註45)。例如，不管何時雷南想要對猶太或伊斯蘭教發表看法，幾乎總是以他心裡已有的有關閃族語相當粗陋的定見(這些見解其實並無事實根據，除了按照他當時正在進行的科學)。此外，雷南的閃族語對印歐語言學的發展和東方主義的分野都有貢獻，對於前者，閃族語是個較低下的形式(在道德和生物的意涵上)，然而對於後者，閃族語則是文化頹廢的一個(縱使不是唯一)穩定形式。最後，閃族語是雷南的原初創造，一個他在實驗室的創造物，以滿足他對公共處所與任務的感受。我們絕對不能忽略，閃族語對雷南自我來說，是歐洲(結果也是他)對東方和他自己的時代的宰制。

因此，作為東方的一支，閃族語既非完全的自然物(如猴子即屬一種)，也不是像前人所說的，屬於非自然或神聖的事物，換言之，閃語文其實佔據了一個中間位置，因為它有別於常態的印歐語，和正常語言的相反關係，由於它的奇特面向反而得到合法性，另外有部份原因則是閃語文可在圖書館、實驗室、博物館等地點充當展示與分析的素材，所以它便被視為怪異、類似怪物的現象。在他的論文裡，他使用講話的語調和展示的方法，因此可以從書本和庫枇葉以及傑弗利．聖西拉的《父親與兒子》(*père et fils*)所使用的自然觀察法中得到最大收穫。這是一個重要的風格上的成就，因為這使得雷南可以一貫地以「圖書館」而非原始或神聖獨斷權威當作了解語言的架構；另外，還有博物館，可用來展示、研究、教導實驗觀察的結果(註46)。雷南將正常的人類事實——語言、歷史、文化、心靈、想像——都視為已被轉換成其他的某種特別偏差的東西，因為他們是閃族的和東方的，而且最後將在實驗室裡接受分析。因此，閃族人是一個狂熱的一神論者，沒有神話、沒有藝術、沒有商業、沒有文明，意識狹隘而不知變通，代表著「人性低劣面的組合(註47)」。同時，雷南想要人了解他說的是一個原型，而非實際存在的真實閃族語形態(雖然他也違反這個區分，在他作品的許多地方，他都以不夠科學客觀的方式，討論今天的猶太人與穆斯林)(註48)。所以，一方面我們看到人轉換成樣本，另一方面，則有比較判斷，因此，樣本仍是語源科學研究的一個樣本與題材。

散在《閃族語言系統比較通則史》(*Histoire générale et système comparé des langues sémitiques*)的是對語言學和解剖學之連結的反省，以及——對雷南一樣重要——這個連結能如何被使用在人類歷史(*les sciences historiques*)的觀點。但首先我們應考慮隱含的連結，我想這麼說並沒有錯或誇大，雷南的東方主義作品《閃族語言系統比較通則史》的典型，是以一頁的比較哲學解剖學加以形態地與結構地建立起來，記住，那是以庫枇葉或傑弗利・聖西拉的風格去組構的。語言學家和解剖學家都想要談論非直接可得或可觀察的東西，人體骨架或肌肉線條的詳細圖，以及語言學家從純粹假設的原型閃族語或印歐語所建構的典範，都同樣是實驗室或圖書館的產物。語言學或解剖學作品和展示哺乳類或器官樣本的博物館案例，均和自然(或事實)形成一樣的關係。書頁和博物館案例呈現的是剪裁過的誇大結果，像許多沙錫有關東方的引得，目的是要顯示科學(或科學家)和其對象之間的關係，而非對象和自然的關係。閱讀雷南有關阿拉伯語、希伯來語、阿拉米語(Aramaic)或原型閃族語，你感覺像在閱讀權力的事實，靠著它語源學家的權威，從圖書館裡自由地召喚各種人類話語的用例，並將它們並列，讓優雅的歐洲散文圍繞，指出這個語言、民族和文明的缺陷、優點、野蠻與不足之處。展示的語調與時態幾乎清一色是現在式，所以儼如一個教學展示，好像學者——科學家(scholar-scientist)就站在實驗室講台上對著我們，創造、限制和評斷他討論的材料。

雷南本身對真正發生的教學展示其實是有深深的焦慮，他的不安在言辭中表露盡致，他明白地表示：解剖學可以使用穩定可見的符號，帶著東西到課堂上，語言學家則無法辨到(註49)。因此，語言學家必須用某種方法，使得既有的語言事實可以符合某個歷史時代，因此才有分類的可能。然而，雷南常說，語言學的時間性與歷史充滿著斷裂、巨大的不連續與假設性的斷代，所以語言學事件是以非線性和基本上非連續的時間向度發生，被語言學家以非常特別的方式控制。如雷南整個有關東方語言的閃族語分支的論文所說，這個方法是比較。印歐語言被看作活的、**有機的**規範，而閃族東方語言則比較性地看作是**無機的**(註50)。時間被轉換成比較分類的空間，基本上建基在有機與無機語言僵硬的二元對立上。所以，一方面是有機的、生理上可不斷生產的過程，以印歐語言為代表，而另一方面則有無機的、基本上不可再生的過程，石化成閃族語：最重要的是，雷南說得非常清楚，這樣的一個不容爭辯的判斷，是東方語源學家在實驗室裡做的決定，除了受過訓練的專業者外，任何其他人是不可能提出這樣子的區分的。「因此我們拒絕了讓閃族語有再生的能力，即使承認它們和其他人類意識的產物一樣，難免也必須經歷變化與連續改變(註51)。」

然而，在這個極端的對立之後，雷南的心裡還有另一個，在第五卷的第一章裡，他很簡要地向讀者顯露出他的立場，這是在他介紹聖西拉有關「形態的墮落」的觀點時。(註52)雖然雷南並沒有說明他指的是哪一個聖西拉，但參考處卻是夠清楚了。因為埃提(Étienne)和他的兒子以西多(Isidore)都是很有名氣與影響力的在生物學上的思考者，尤其是在法國十九世紀前半的文藝知識份子之間。我們記得埃提參加了拿破崙的遠征，巴爾扎克曾將《人間喜劇》序言中重要的一節獻給他，也有許多證據顯示福樓拜曾讀過這對父子的作品，並使用了他們的觀點(註53)。埃提和以西多不只是「浪漫的」生物學傳統的大使(還包括歌德和庫枇葉),他們對種類之間的類比、相似和有機原型形式有強烈興趣,以及哲學和邪怪解剖學(以西多稱之為怪變學),將最可怕的生理反常看作是生命種類的內在崩壞(註54)。我不想在這裡進入怪變學的複雜性(以及可怕的吸引力),故在此提一下埃提和以西多兩人都探究語言學典範的理論力量,以解釋生物系統裡的可能異常。埃提認為怪物就是**不正常**(anomaly),相同的道理,在語言裡就是字彙存在於相互類比和不正常的關係:在語言學裡這個概念和瓦洛(Varro)的《論拉丁文的舌輔音》(*De Lingua Latina*)一樣古老。沒有一個不正常可以被看成只是隨意的例外,不正常確認了將同類成員約束在一起的正常結構,這樣的觀點在解剖學裡相當受用。埃提在他的《哲學解剖》(*Philosophie anatomique*)的一段提到:

> 真的,這已成為我們時代的特色,今日已不可能將事物再限制在簡單小冊的架構中,孤立地研究一個對象,最終只會回到它自己,結果永遠無法得到完美的知識。將事物放在眾多的存在物中,彼此以各種不同方法互相連結,也以不同方法彼此隔絕,這樣將能把事物放在一個較廣大的關係範圍中。首先你會更了解它,甚至它的特殊性:但更重要的是,將事物放在其活動範圍的中心,可以精確知道它如何在它自己的外在世界行動,也能知道它的特性是如何在相關的周遭環境被建立起來(註55)。

聖西拉不只認為比較性地檢視現象是當代研究(他寫作的年代是一八二二年)的特色，而且他還說對一個科學家，不管如何反常與例外，沒有一個現象是無法參考其他的現象加以解釋。注意聖西拉是如何使用中心的隱喻，後來被雷南使用在他的《科學的未來》描述為任何自然界的事物所佔據的位置——甚至包括語源學家——一旦這個事物為檢視的科學家科學地**放置**在那兒。此後，在事物和科學家之間，一種同理心的連結建立了。當然，這只能發生在實驗室的經驗之中，而非其他地方。重點是科學家似乎有某種籌碼在手上，所以任何不尋常的事件皆可以被看得很自然以及被科學性地了解，在這個例子指的是不用訴諸超自然，只需訴諸科學家所建構的外在環境。結果，自然本身因此可以被重新看作連續、和諧地一致，而且基本上是可理解的。

因此對雷南來說，和印歐族群的成熟語言、文化比較，甚至和其他閃族東方語言比較，閃族語是一個停頓的發展現象(註56)。弔詭的是，即使雷南鼓勵我們將語言以某種方式呼應「自然的活的存在」，他自己在其他很多地方卻證明東方語言、閃族語言都是無機的、停頓的、完全石化的、無法自我再生。換言之，他證明了閃族語並非活的語言，所以閃族人也非活的生物。此外，印歐語言和文化是**因**(並非罔顧)實驗室而活著且是有機的。但是在雷南作品中，這個弔詭絕非邊緣的問題，在他所貢獻的時代文化中——許多差異很大的人，像馬修・阿諾德、懷爾德(Oscar Wilde)、佛萊澤(James Frazer)和普魯斯特(Marcel Proust)都同意——我相信這佔據著他的作品、風格和文獻存在的中心位置。歐洲科學家在實驗室裡的一個成就，就是能夠維持一個觀點，使其能包含及把握住生命和近似活的生物（印歐和歐洲文化），以及近乎怪物且對稱的無機現象（閃族、東方文化）。他**建構**，而這個建構的行為正是帝國力量凌駕不馴力量的符號，同時也確認了宰制的力量與它的「自然化」。說實在的，說雷南的語源實驗室是歐洲中心主義的真實處所一點也不為過，這裡需要強調的是語源實驗室並不存在於論述之外，它在書寫中不斷地被生產與經驗。因此即使他稱為有機活著的文化——歐洲的——也是在實驗室裡被語源學**創造出來的產物**。

雷南後來整個事業都是有關歐洲的與文化的，成就各不相同但卻享有盛名。我想不管他的風格帶有什麼權威，都可以追究至他建構無機的（或消失的）事物，並賦予它們生命現象的技術。當然他最有名的作品是《耶穌的一生》（*Vie de Jésus*），開啟了他有關基督信仰與猶太人的宏偉歷史，不過我們必須知道《耶穌的一生》是和他的《閃族語言系統比較通則史》一樣的技巧，都同樣是歷史家展現能力，巧妙地塑造一個死的（死在這裡對雷南有兩個意義，一是死去的信仰，另一是失去，因而也是死去的歷史時代）東方傳記——這個弔詭似乎是立即可見——**如同它是**自然生命的真實敘述。不管雷南說什麼，都先經過了語源實驗室，當它印出來成為文字，都可見到當代文化印記賦予生命的力量，從現代性裡汲取它所有科學的力量與不具批判性的自我確認。對於那樣的文化，這些血統、傳統、宗教、族群的系譜都只有理論性的功能，其任務便是去教導世界。借用庫枇葉的講法，雷南是審慎地將科學證明擺在經驗之上，對他而言，時間只屬於一般經驗科學上無用的領域，而文化與文化比較(帶出了種族中心主義、種族理論和經濟壓迫)的特殊斷代(periodicity),早在道德視野顯現之前便被賦予權力了。

雷南的風格、他那東方主義者和文學家的事業、他所溝通的意義情境、他和當時歐洲學術與一般文化特別親近的關係——除了一些情況外,基本上是自由主義的、排外的、宰制的、反人文的——所有這些我將稱之為**守持的**(celibate)與科學的。對他來說,世代被轉移成**未來的**領域,在他有名的宣言中這和科學相關。雖然作為文化史學家,他屬於像特果(Turgot)、坎德申(Condorcet)、吉若(Guizot)、庫稔、周弗洛(Jouffroy)和巴拉克(Ballanche)的人,在學術上則屬於像沙錫、高辛・裴西瓦(Caussin de Perceval)、歐扎納(Ozanam)、佛西葉(Fauriel)和奔諾夫的人,但他的世界則是特別慘烈、極其男性氣概的歷史與知識的世界。那真的不是父親、母親與小孩的世界,而是像他的耶穌、阿瑞流思・馬庫斯(Marcus Aurelius)、卡力班和太陽神(在《哲學對話》〔*Dialogues philosophiques*〕的〈夢〉〔"Rêves"〕裡最後描述到的)這種人的世界(註57)。他珍惜科學,特別是東方主義語源學的力量,他尋找它的洞見與技巧,使用來介入他的時代的生命,常常還很有效果。而他的理想角色則是作為一個觀看者。

根據雷南的說法,一個語源學者應該喜愛**福祉**(bonheur)甚於**愉悅**(jouissance),這個喜好表示選擇了昇華(即使是乾枯的)的福祉,而摒棄性的歡愉。文字屬於福祉的範疇,理想地說,文字的研究也是。據我所知,雷南公開的文章裡很少賦予女人什麼有益和工具性的角色,有一次他說外國女人(護士、女僕)必定已教導過諾曼(Normans)征服者的孩子,因此,我們可以解釋發生在語言裡的變化。需留意的是生產力和散播 (播種) 並非主要的輔助機能，關鍵在於一種內在的變化。他在文章的最後說：「人既不屬於他的語言，也不屬於他的種族，在一切事物之前，他屬於自己，因為在一切事物之前，他是自由和道德的存在(註58)。」人是自由和道德的，但如雷南所看到的，人也是為種族、歷史和科學所牽制，這是學者所強加於人的條件。

東方語言研究將雷南帶至這些條件的中心，而語源學則具體地說明了，一如卡西瑞(Cassirer)所言，人的知識是詩般的蛻變(註59)，其條件是早就從具體材料的脈絡中脫穎而出(如沙錫必定把阿拉伯文的片段與現實切斷)，然後再穿上信行的束衣。正如謝林(Schelling)曾稱道的，一旦變成了**語源學**，文字研究(維科、赫德、盧梭、米其雷和奎內都曾做過)便失去了它的情節和它戲劇性的展現特質。語源學變成是知識論上錯綜的，光是口語已不再足夠，因為文字本身越來越少和感覺或身體相關(維科這麼認為)，而變成看不到、沒有圖形且抽象的範疇，並且為溫室裡的定理，像種族、心靈、文化和民族等所控制。在那個被論述建構起來且稱為東方的領域裡，學者可提出各種宣稱，擁有相同有力的普遍性與文化的有效性。雷南的努力，就是要去否認東方文化具有被生產的權利，除非在語源實驗室裡透過人工的方式。人並非是文化之子，這樣的血統想法已有效地為語源學所挑戰，語源學說明了文化是一個建構物，一種**巧言**(articulation)(用狄更斯的意思，在《我們互相的朋友》〔*Our Mutual Friend*〕裡他使用這個字表示維納斯先生的職業)，甚至是一種創造，只不過是近乎有機的結構。

特別有趣的是，到底雷南對本身其實也是時代和種族中心主義文化的產物，到底有幾分理解。在一個回應雷賽普一八八五年演講的學術場合裡，雷南說：「當一個比自己民族還聰明的人是多麼悲哀……一個人無法對自己的家國感到痛心，寧可和民族一起錯，也不要當一個凡事正確，能說殘酷真相的人(註60)。」如此聲稱的經濟學幾乎太完美、太造假了，因為雷南在他年老時不是說了，最好的關係是要和自己時代的文化、道德和精神對等，就是靠著那個，而非血統關係，人成為他的時代或父母的小孩？這裡我們回到實驗室，因為就在那邊——如雷南想的——孝道以及最終社會責任都將停止，取而代之的是科學的和東方主義的責任。他的實驗室就像東方主義者向世界發言的講台，傳播他的聲稱，賦予它們信心和一般的準確性，以及連續性。因此語源學實驗室重新定義了他的時代與文化，以新的方式賦予它們時間的形象，給予他的東方主題學術的連貫性，而且還使得他(以及後來在他傳統下的東方主義者)後來成為西方的文化形象。我們大可以懷疑，這個在文化之內的新自主性，是否就是雷南希望他的語源東方主義科學會帶來的自由；或者，作為一個東方主義的批判歷史學家，這是否在東方主義和所謂的人的主題之間建立起複雜的關連，以致於最終立基於權力，而不真的是基於中立客觀性。

3 東方住所和東方主義學術：辭語學與想像力兩大要點

Oriental Residence and Scholarship: The Requirements of Lexicography and Imagination

雷南對東方閃族的看法，當然是較接近科學的東方語源學的範疇，而有別於西方普遍的偏見與反閃族思想。當我們閱讀雷南和沙錫的著作，就會發現這兩位作者典型的化約觀點均開始使用「科學」作為其論述的護盔，並醞釀出力求準確的情境。就像其他的學術專業一樣，在發軔之初，現代東方研究緊密掌握其題材及範圍，幾盡全力去維持其勢力，因此，學界發展出認知其對象的辭彙，而它的功能及文體則將更應置於「比較」的框架，也就是雷南所運用、操弄的那種框架。他們的比較法，鮮有描述東方真相，多半用西方眼光評估和詮釋東方。下面就是典型的雷南式比較：

> 閃族對我們而言，是不完整的民族，因為他的族群種性太簡單了。如果拿閃族和印歐民族大家族比（如果這個類比有點大膽），就好比一幅鉛筆素描對一幅畫。閃族缺乏印歐民族的多樣性和廣袤，生命不夠豐碩，難以成就完善。如果比做男人，

閃族就好像有些男子，身體虛弱，因此，優雅的童年過後，只達到極其平庸的氣概，閃族國家在最早期的年代，曾大放異彩，之後，再未能達到真正成熟(註61)。

此處，印歐民族是其判準，一如雷南針對閃族東方才智的說法：閃族從未達成像印歐日耳曼民族的高度文明。

我們無法絕對確定，這種比較的態度，是基於學術研究的必要，或是偽裝過的族群中心的種族偏見。我們只能說，二個動機相輔相成。雷南和沙錫的作法是，把真正的東方化約成一種扁平的類型，以便被西方人輕易檢視，去除東方的複雜人文情景。就雷南而言，他的努力其合法性，是建立在一個語源學學科的意識形態，並將語言根源與種族、心靈、個性、脾氣的根源彼此關連，不但雷南如此，其他學者亦然。雷南也曾指出，他和郭比諾兩人的相近處，就是共通的語源與東方研究觀點(註62)。雷南在其後補編的《閃族語言系統比較通則史》中，也納入了郭比諾的部份作品。因此，在東方與東方人的研究比較框架之下，顯然就有西方與東方在本體論上的不平等。

這種不平等的本質，值得再簡短重述。前述提過，許雷葛對印度的狂熱，以及他隨後對印度、尤其對伊斯蘭教的厭惡。就像很多早期的業餘東方學專家，剛開始時，把東方研究當作有益於歐洲人身心修養的消遣。在他們眼中，東方被誇張地**評價成**：普遍泛神信仰、尊靈性、穩定、長壽、原始等等特質。例如，謝林就認為，東方的多神教在歷史上是為猶太、基督的一神教奠基，而《聖經》的亞伯拉罕在印度教的婆羅門神中已可看出其雛形。

然而幾乎沒有例外，高估東方之後，另一極端的反感就接踵而來：不夠人性、反民主、落後、野蠻等等。這就像鐘擺反應：擺到一個平衡點，總會往相反方向擺回來，東方因此被低估。東方研究是由兩極反應中發展開來，築基於不平等關係的補償與糾正，從廣泛東方文化中滋長其理念，並以類似之理念去滋長此一文化。東方研究相關之限定與再組織計畫其實與東、西方的不平等有直接關連，由於這種不平等，東方在比較之下的貧困（或）富裕遂可透過學術、科學方法的處理（如語源學、生物學、歷史、人類學、哲學或經濟學）去探其究竟。

因此，東方主義者真正的專業，是將不平等供入廟堂，產生特殊的弔詭。他們進入東方研究的專業，乃是要理解何以被東方所吸引，然而，他的東方主義訓練會打開他的眼界，接下去便是一種「損之又損」的計畫，東方比以前所看到的要失色不少。否則，我們很難解釋威廉・繆爾（1819-1905）的作品中，展現出的可觀苦功。又如，瑞哈・多齋（1820-1883）作品中令人難忘的、對東方伊斯蘭教和阿拉伯的強烈反感。基本上，雷南是多齋的支持者之一，多齋在一八六一年出版的四卷《西班牙穆斯林——直到西班牙的安達魯西亞省被阿磨拉微人佔領》（*Histoire des Mussulmans d'Espagne, jusqu'à la conquête de l'Andalousie par les Almoravides*），就引用了雷南主張反閃族的觀點。多齋一八六四年又加上一卷續集，爭論猶太人最原始的上帝，不是耶和華而是巴勒(Baal)，他說證據可以在阿拉伯的聖地麥加找到。此外，繆爾的《穆罕默德的一生》（*Life of Mahomet*, 1858-1861），以及另一本《伊斯蘭教哈里發制度的崛起和沒落》(*The Caliphate, Its Rise, Decline and Fall*, 1891)，仍被學術界認為是可信的標竿作品。但是他對研究主題的態度，卻可從他自己的話明白看出：「穆罕默德的劍和《古蘭經》，具世界文明、自由、真理迄今發展過程中所碰見的最冥頑讎敵(註63)。」很多類似的想法也可以在阿福瑞・萊爾的作品看到，阿福瑞・萊爾是克羅莫引用表示讚許的作者之一。

即使東方學專家有些並未像多釁和繆爾那樣，明白地評斷他們的研究對象，但無論如何，不平等原則是有其影響力。專業的東方主義學者的任務，就是去拼湊一幅「東方」或東方人的畫像。一些斷簡殘篇（如沙錫挖出的）提供了材料，但是敘事形態、連續性、數字均是由學者所組構，他是以非西方的東方非歷史為準，去發展學術研究，運用有條不紊的年表、描繪、情節。例如，高辛・裴西瓦(Caussin de Perceval)所著作的《伊斯蘭教傳入前的阿拉伯史論文集》(*Essai sur l'histoire des Arabes avant l'Islamisme, pendant l'époque de Mahomet*, 1847–1848)三卷完全是專業的研究，但他的研究材料有兩大來源：一是來自同一研究領域的其他東方主義者（當然主要是沙錫），另一是歐洲東方學專家成立的圖書館，內藏的文件，像是伊本・赫勒敦(ibn-Khaldun)的著作，高辛極為依賴。高辛的論文指出，阿拉伯人是被穆罕默德塑造成的一個民族，伊斯蘭教基本上是一個政治工具，而不是精神性的主張。高辛在大量的、令人混淆的伊斯蘭教研究細節中(註64)，企圖澄清的是，一個單面向人格的穆罕默德。在書的最後一章（在這之前的章節已交代穆罕默德的逝世），高辛逼真的呈現伊斯蘭教教主穆罕默德的細節圖像。他既非魔鬼，也非伊斯蘭教首領的原型。在高辛的筆下，穆罕默德是伊斯蘭歷史中，政治時勢所造出的英雄（事實上這是對穆氏最恰當的形容），在政治運動中，他被無數的史實引用、成為伊斯蘭教的歷史中心。高辛的企圖是讓穆氏這個人完全呈現，這位先知因此被高辛擺在森冷的光炬中檢視，剝除他傳說中擁有的神祕宗教力量，以免有任何殘餘的神通會嚇到歐洲人。高辛的重點是，穆罕默德是其時空下的人物，藉此將他抹除，只保留了他極其平凡卑微的面向。

和高辛相比，另一個非專業的類比是英國的卡萊爾筆下的穆罕默德。穆氏在卡萊爾筆下，完全被剝除了這位先知當時所處的時空、文化環境，雖然卡萊爾自稱引用沙錫的研究，但他的論文重點，完全是討論他個人對虔誠信仰、英雄主義和先知性格的一般看法，穆罕默德只是用來佐證他的論點。他的態度是要改正錯誤：穆罕默德不是傳奇，不是可恥的煽情份子，也不是可笑的小巫師，能訓練鴿子從他耳朵挑出豆子，而是一個真正有眼光、願景、抱負的不凡人物，不過，他也是《古蘭經》的作者，經文「充滿無聊混淆的胡扯，粗糙、膚淺、不斷的贅述，而且空洞、糾纏不清；極其粗陋、鬆散——簡言之，是站不住腳的愚蠢(註65)。」，卡萊爾的文章也談不上是明白曉暢、風格優雅，他指出穆氏的問題，以便為穆氏（及卡萊爾本身）解圍，以免遭到邊沁之標準所指責。然而，在馬高雷一八三五年所出版著名的〈札記〉裡，穆氏從「野蠻的東方」移植到歐洲，雖不失其英雄氣概，但馬高雷卻指出：「當地人」要從我們這兒學的東西遠多於我們從他們身上學到的(註66)。

換言之，高辛和卡萊爾告訴我們，東方不需要引起我們無謂的焦慮，因為二者之成就差距甚大。東方學專家或非東方學專家的觀點在此交會。不管是在十九世紀初期，歐洲語源學的革命之後，所發展出的比較領域之「東方主義」裡，或在一般的刻板印象裡，如哲學家卡萊爾，或是由馬高雷所塑造的觀點，東方在智識上總是臣服於西方。作為研究或思索的材料，東方顯得在內在本質上十分弱，因此，成為各種拼湊理論用來論證，大發謬論的領域。英國紐曼大主教本身不是出名的東方學專家，但他卻用東方伊斯蘭為例，當作他一八五三年演講的根據，以便提供英國出兵干涉俄國境內的克里米亞戰爭的合理化基礎(註67)。作家庫枇葉也發現東方在他撰寫《動物王國》(*Le Règne animal*, 1816)時很有用；而在巴黎各式的文藝沙龍(註68)，東方也被當作談話題材。西方社會參考、借用、轉換東方的觀點，不勝枚舉。然而基本上，早期東方學專家所成就的，以及西方的非東方學專家所搜刮的，不過是一個被西方化約過的東方樣版，這樣的東方是為了符合西方的普及、統治文化，滿足西方的理論(及尾隨其後的實用)急需。

偶爾我們會碰到一些例外，或者縱使不是例外，也是較有趣的複雜看法，他們注意到東、西方之不平等夥伴關係。馬克思在一八五三年一篇分析英國如何統治印度的文章，就指出亞洲的經濟體系，是被歐洲宰制。他經由分析英國對殖民地——印度——殘忍的宰制、掌控，和貶抑印度人的人性等作為。馬克思不斷回到此一課題，他逐漸確信，英國即使是在摧毀印度的過程中，也會引導出一場真正的社會革命。馬克思的風格筆觸讓我們不得不面對一個難題，也就是如何去壓下自然本能的厭惡，而以感同身受的方式去看待東方人的痛苦，因為這時他們的社會正由於歷史需要而產生猛烈的巨變。

人之常情，當目睹了無數勤勉苦幹、和平的傳統父系社會結構分崩、瓦解，陷入災難苦海，看到個別成員喪失其昔日古老的文明，失去世襲的謀生方式，難免因此會感到難過。但是我們不能忘記，這些看來無害的鄉村田園，卻也是東方專制暴政的堅實基礎。在最小的群體之內，壓抑人類心靈，使之成為迷信之不二利器，以傳統規矩去加以奴役，去除其生命莊嚴與歷史活力……

的確，當英國統治殖民地，只採唯利是圖政策時，才會激起印度的社會主義革命。而其英國鎮壓政策則很愚蠢，但是問題重點不在此，而在於，在亞洲的社會現狀，人類可以不經徹底的革命，就實現自己的命運嗎？如果不行，英國殖民政權無論犯多少罪，其實是歷史的無意識工具，導致了革命〔譯註：指「人類社會必然邁向共產社會」的馬克思主要論點〕。

然而，無論我們多麼痛恨目睹一個古老世界的崩解，從歷史大格局的觀點，我們仍有權和歌德一樣歌詠：

這種折磨是否會糾纏不休，
因他帶給我們更大的快樂？

要不是霸王提摩支配一切，
眾多靈魂豈不會貪婪無度（註69）？

這段詩，佐證馬克思的論點：受苦產生快樂，出自《東西詩篇》，印證了馬克思對東方認知的來源。這些浪漫、先知式的詩篇，道出：東方此一人文題材遠不比浪漫的救贖計畫來得重要。馬克思的經濟分析，因此很完美地配合了標準的東方主義的作法，雖然馬克思在文中清楚表明了個人的人性，還有他對人類苦難的同情心，然而，終究還是浪漫的「東方主義」式的觀點獲勝，這也使得馬克思的社會經濟理論觀點，下意識地被典型的標準形象所掩蓋：

英國必須在印度完成雙重使命，一是摧毀，另一是再生。消除亞洲傳統的社會，並為亞洲的西方社會奠定其物質基礎（註70）。

將印度塑造為一個根本無生命力的亞洲國家這種想法本身就是來自浪漫的東方主義。但是觀點出自馬克思，一位對人類受苦無法輕易忘懷的作家，倒令人困惑，不禁使我們問：在亞洲所喪失的原貌，和他所譴責的英國殖民地的統治二者間，馬克思如何達到道德上的平衡，同時又拐回到我們已在上文討論過的東、西方一直都存在的不平等關係。其次，我們要問，在東方主義的觀點籠罩下，人類的同情心消失到哪裡去了？

當我們問這個問題時，就馬上可以了解，那些東方學專家對人性的看法，就像十九世紀初的思想家，不是把人性當作宏觀的集體名詞，就是抽象地通則化。這些東方學專家既沒有興趣，也無能力討論東方人的真正人性，反而是以他們源自赫德式的民粹主義(Herderian populism)的觀點來看東方。有東方的、亞洲的、閃族的、伊斯蘭教的、阿拉伯人、猶太人、種族、心態、國族等名詞，均是東方學專家熟悉操作下的學術名詞產物，其中有些可見於雷南的著作。同樣地，古老的二分法，歐／亞、東／西，把人類原有可能的多元性，全部化約為兩個大標籤，再化約為兩個終極的集體抽象概念。就這點而言，馬克思也不例外。集體的東方概念，對馬克思而言，比實存的人類身分認同，更容易運用在建構理論上。因為在東、西方之間，儼然是以一種自我實現的宣稱方式，僅有巨大而無名的集體才算重要或存在。沒有其他種形式的交流可言，雖然此一概念可能捉襟見肘，非常綁手綁腳。

在馬克思引用歌德的詩評論東方之前，仍可以感受到一些他對人類的感情，寫出同情貧窮的亞洲人的文字，這就透露了：在西方給東方加上標籤時，一定有某些因素介入。儼然人心（如馬克思的）可以發現亞洲人的人性，但他發現有更龐大有力的學術檢查驗證體系，橫在眼前，使他要寫出被歐洲同儕認可的論述，就必須放棄個人的感受，去除一己的同情心，被迫使用一個持定之辭彙。這個學術檢查體系，趕走馬克思的同情心，換上對亞洲人的新定義：這些人並未受苦，他們是東方人，要用不同的方式對待。因此，一旦碰上「東方主義」不可動搖的定義，對人性悲劇的同情便會消失，代之以「東方」民俗研究的佐證（例如《東西詩篇》）。在東方研究科學，甚至東方藝術研究之詞彙規訓之下，情感的字眼退場了，而真實人性經驗，則被字典定義所移除：我們幾乎可以發現馬克思的有關印度論文中，他終於被迫回到歌德，將他力圖保護的東方化之東方整個替換掉。

部份的原因當然是，馬克思所關心的是，以社會經濟的革命作為論文的重點，但一部份原因也是，他可以輕易使用大量的「東方主義」著述，不只用內部機制去鞏固東方主義，而且還有領域之外的因素，掌握了任何有關東方的論述。在第一章我已說明，這種控制在歐洲有源遠流長的文化傳承。本章我著重在十九世紀時，一個現代、專業的語彙和學術實踐，如何被東方學專家，或非東方學專家創造出來。沙錫和雷南是重要典型，他們分別藉由一套文本的塑造及探究語源的過程，使東方在論述層面獲致一種認同，造成了東方與西方的不平等。以馬克思為例，他原不是東方學專家，但他的人性感受，可以先被東方主義消解，再被東方學專家化約過的學術通則給改變。因此，我們必須考慮東方主義特殊製造出來的語彙辭典，和其龐大的體制化的因素。當西方不管在任何時候討論東方時，何以總是有一種無法避免的全能定義機制不斷出現，成為討論的唯一適切的準則？另外，此機制又如何獨特地（而且有效地）影響到個人經驗層次？我們也得探究這些經驗跑到哪裡去了？**它們**以什麼形式存在？

這個東方主義的操作機制複雜又困難，至少就像發展一門新學門那樣複雜和困難，無數的學術競爭者爭著要取得權威，形成傳統、方法和體制，以及社會眼中如何看該學門的論述、學者、研究機構的文化正當性。但純粹操作敘述的複雜性，可以大大簡化，畢竟東方主義本身就是目的，而且再現給專業讀者以外的一般西方人。本質上，這種經驗持續下去，一如我所描述的沙錫與雷南。然而，這兩個學者都是掉書袋的東方主義，他們二人都沒有親身去過東方。因為他們用的是第二手資訊，也都未曾宣稱他們對原就**存在**那兒的東方(the Orient in situ)有專門特別的獨到見解；有對的、有另一派的第一手東方主義傳統，或是他們就住在東方，藉親身接觸、體驗東方，取得其知識的合法性。阿奎提、瓊斯和拿破崙式的遠征探險，都是早期為這一派東方學主義留下的傳統，形成對後來東方學專家不可撼動的影響力。這些親身體驗東方，為西方畫一些東方圖像的人，都是來自歐洲強權國家，他們住在東方，享有特權，原本就不是平常百姓，而是以歐洲的帝國（以英、法二大帝國為主）霸權的代言人身分出現，挾著英、法在東方地區的軍事、經濟，尤其是文化優勢，君臨東方。他們在真實東方考察的學術開花結果，相較於雷南、沙錫等人的學究型文本研究來說，這些人的材料，更加充實這兩派的經驗合流，構成了大得可怕的東方研究圖書館，其學術體系的影響力，大到連馬克思都無法反抗或逃避。

就某種程度而言，住在東方的經驗涉及個人經驗和個人證言。對東方研究圖書館的貢獻，就看他們的經驗、證言能否從個人檔案層次，提升到成為東方主義的法則。換言之，文本必須從一個私人的證言，蛻變為官方的正式記載。一個歐洲人記錄他在東方居住的經驗，必須儘量減少個人自傳的成分，而多用通則化敘述，以便後來的東方學專家可以在更廣博的基礎上，再引據、建立更深一層的科學觀察和描述。所以，我們應注意的是比馬克思個人情感更加直接的觀察，將東方見聞轉變為官方的東方主義陳述。

這種情況變得繁富、複雜，因為整個十九世紀，歐洲人喜歡到東方，特別是近東旅行。尤有甚者，經常有歐洲的作者，只根據個人旅遊東方的經驗，寫成龐大的「東方風味的歐洲文學」，其數量可觀。這種文體，第一個讓人想到的就是法國小說家福樓拜。另外三個明顯愛寫東方題材的作家是：前英國首相迪斯萊利、美國小說家馬克吐溫和英國作家金雷可。我現在想探討的就是這個現象的兩個層次，第一種是把個人旅居東方經驗寫出的作品，如何轉化成專業的東方主義；第二種，也是根據東方居住經驗，和個人證言所寫的東西，但卻只是「文學」，而不是科學。

在東方定居過的歐洲人，**總是**有一種自覺，他們與自己生活的東方環境疏離，和周遭有不等稱的關係。但重點在以下這種自覺的意圖：為什麼要生活在東方？何以要有此舉動：如史考特、雨果和歌德等作家，為了相當具體的經驗，而到東方旅行，但卻未真正離開歐洲？有幾個複雜的意圖可以如此分類：一，作家原先就想用自己的東方住所，成為專業東方主義科學觀察的地點，提供科學研究材料。二、作家有像第一類型作家同樣的動機，出於個人的自覺，卻不願犧牲本身意識之獨特風格，使之落入非人格的東方主義定義之窠臼，這些定義是在作品中出現，但卻以個人浮華風格去極力撇清。第三，東方之旅是作者個人的蛻變之旅，以便完成他深切而急迫的心願，他的文本完全是建立在個人美學藝術的原則上，由此一心願所左右。比起第一類，第二、三類的作者是有更多的空間，可以發揮其個人（或至少是非東方主義式的）意識。如果拿愛德華・藍尼的《近代埃及人禮儀風俗論》作為第一類的代表，而波頓的《從麥迪那到麥加朝聖之旅手記》是第二類，聶瓦的《東方之旅》則是第三類的再現，那麼這三類作者在各自的文本所展現的動向，各自有別，我們會清楚看見其不同之相對空間。

儘管東方主義式的寫作分為三類型，但他們之間有時並非那麼截然迥異。每一類也包含非代表性的「純粹」類型。例如，他們的共同點，這三類都以作者的「歐洲自覺」其自我權力為中心。在所有的情況裡，東方是給歐洲觀察家看的，特別是在第一類型，其中如藍尼的埃及人，作者的東方論的自我中心呼之欲出，雖然他極力掩飾，強作客觀。此外，某些主題在三類中都反覆出現，第一，東方都被他們視為朝聖地。第二，他們看東方，都像在看稀奇古怪的景觀，第三，在這些類型的作品裡，作者均想掌握地方之性格。每一部作品在內在結構上，都有更大的關注，都想要全面詮釋東方，而且，毫不意外地，他們經常以浪漫的觀點，重新組構東方。以重新看見或修正的眼光，將東方的舊風貌挽回、恢復，每一種詮釋、每一個為東方創出的結構，都是對它的一種再詮釋、重建。

雷同之外，我們就直接剖析三大類東方著作的差異。藍尼的埃及系列著作，極具影響力，並以此在「東方主義」揚名立萬，經常被人引用（如福樓拜等）。換句話說，藍尼的權威並不僅是因為他說了什麼，而是由於他所說的可以被東方主義所採用。他的作品就像是關於埃及與阿拉伯知識的來源；但相反地，波頓和福樓拜的作品就非如此，他們只提供本身有關東方知識的觀點。相較於其他類型，藍尼在《近代埃及人禮儀風俗論》書中所呈現出的作者功能並不強，因為他的作品在東方研究的專業中廣為傳播，受到鞏固而被機制化。像他這種具有專業訓練的著作，作者的身分是附屬在專業領域及題材的需求之下，不過，這並非簡單可以做到或者沒問題的。

藍尼的經典作《近代埃及人禮儀風俗論》(1836)，是他二度定居埃及(1825-1828；1833-1835)的見聞錄。他非常自覺地塑造一個印象，以便進行直接、立即、無誇飾、中立客觀的描述。但這個風格其實是審慎修飾編輯過的（發行本已非初稿），而且用盡各種方法不斷改易。他的出生教育背景與東方無關，由作品內在結構的工整，顯示作者精於研究方法並能掌握經典與數學。書序也有一些有趣的線索，說明他寫此書的目的，最初他定居埃及是為了學阿拉伯文，定居期間，由於「有用知識傳播協會」的成員鼓勵他，便著手有系統地描述現代埃及的實況。原先以零星觀點寫下的文字，變成有用的知識、檔案，造福後人，便利日後歐洲人輕鬆閱讀，了解埃及。他在書序中說，這種知識必須糾正以往的知識，並宣稱其本身為特別有效的方法，此處，藍尼是個精妙的議論者，因為他首先指出在他之前的學者所不能或尚未做到的；然後，是證明他有能耐，獲致完全正確的資訊，以這種方式，他開始樹立獨特權威。

在序中，他提到羅素博士的〈阿拉伯人紀實〉(已被遺忘的書)，但明顯地，他是以《埃及描述》為主要對手。他用了一個很長的註腳，以輕蔑語氣引用，提到「那本偉大的法文著作」，說**那**書立論太普通、行文太潦草；而另一本伯克哈特的有名著作，則不過是埃及諺語智慧的蒐集，他批評那是呈現「一個民族在道德上的壞品味」。藍尼說，他絕不犯同樣的錯，他可以和當地人一起生活，入境隨俗，「避免驚動陌生人，引發任何懷疑……畢竟，外人無權侵入本地」，但他又怕人家批評他喪失其客觀性，因此聲明他只按照《古蘭經》的「字句」（他刻意強調），總是覺察自己有別於另一個異文化（註71）。因此，他既能輕鬆出入伊斯蘭世界，又具歐洲的祕密力量，去品評，予取予奪。

東方學專家可以模仿東方，然而東方人卻入不了西方的門檻，東方學專家的作品敘述都是單面交流：當**他們**說或做了什麼，**他**便可以觀察並加以記錄。他有權與東方人混居，講當地人的母語，同時也是祕密的記錄者。他所寫的都被當作是有用的知識，但這是對歐洲人或對傳播知識的機構而言，對東方當地人則毫無用處。他的文章令人讀後難忘的是自我中心，以第一人稱，描述埃及的風俗、儀式、節慶、嬰兒禮、成年禮、葬禮，其實既是東方研究者的巧裝，也是東方學專家捕捉稀奇的東方資訊的設計。身為敘述者，藍尼既將自己當作展示，也將他人拿出去展示，贏得雙方的信任，展現了需求經驗的兩種慾望：東方是想找到可以作夥的友伴（或者看來如此），西方則要具權威、有用的知識。

再也沒有比藍尼在序最後三段的三個軼事更能印證這一點。藍尼描述了他的主要資訊提供者與友人阿哈馬(Sheikh Ahmed)，他將阿哈馬看成是夥伴，同時也是個怪人。他們二人一次闖入伊斯蘭清真寺，假扮為穆斯林，在阿哈馬克服了畏懼之後，才跪在真主面前祈禱，在達成這個事件之前，藍尼以兩段，描述阿哈馬是個奇怪的吃玻璃人及蓄多妻者。在三個軼事中，當作者藍尼對伊斯蘭教了解越深入，他和朋友阿哈馬的距離就越疏遠。作為一個伊斯蘭教行為文化的轉介及翻譯，藍尼十分反諷地進入伊斯蘭教世界，但只是淺嘗即止，遠到足以用優雅高尚的英文散文去描述它。他裝扮成穆斯林，同時又兼具歐洲的優勢文化，其實是種自我欺騙，因為歐洲身分勢必損及他的假認同。因此看起來是其實的報導，真實將「一個」特殊穆斯林的作為，說成是由中心去逼真地展示「所有」伊斯蘭教的模樣。藍尼不把他對阿哈馬的背叛或對其他提供資訊的人放在心上。重要的是：其報導文字正確、廣泛、冷靜，讓英語讀者相信他，從未被異端或叛教所左右，藍尼的著作終於去除了其題材的人性內涵，以便凸顯科學確驗。

藍尼這本書的結構是按這些目的去發展，不只是他客居埃及的故事，而且是以東方主義的再組構及其細節，去左右其敘事結構。他的《近代埃及人禮儀風俗論》的大綱分析，頗像十八世紀的英國小說，譬如菲爾丁(Fielding)作品的例行公式，一開始先敘述各式故事背景的聚落，接著講主角的「個人性格」及「幼年與早期教育」，作者可以用二十五章描述節慶、法律、人物、產業、魔術、家居生活，然後最後是「死亡和葬禮」。藍尼辯稱他的報導，是以編年史和人生歷程的發展取向為結構，例如他以觀察者介入埃及人的一生重大儀式，好像英國十八世紀作家菲爾丁的小說《湯姆・瓊斯》(*Tom Jones*)，作者敘說觀點，跟著主角湯姆・瓊斯的出生、冒險、婚姻乃至死亡而發展。但藍尼的作品，敘述聲音好像永駐青春，而其題材則歷經生老病死。以個人經歷許多平凡埃及人生命中的重要階段，好像一個永恆之人，強要加入一個社會，到處歷經生命儀式，其運作目的之一只是旅遊記錄，描寫國外的奇風異俗，將這些非文學、無藝術性的文本，收入有關異國檔案的百科全書中，以便日後供東方學專家作研究用。

藍尼控制寫作材料的高明，不只在他戲劇化的雙重身分（假穆斯林和真西方人），或他操縱敘述語氣和描寫對象，更在於他能善用細節。每一章的主要部份總是充斥令人不意外的廣泛觀察。例如，「一個國家很多顯著的風俗、儀式和民族性，都歸因和該地的物理環境有關(註72)。」接著，尼羅河、「有益健康」的氣候和老百姓的「適當」勞動力都印證上述的看法。然而，故事並未能在敘述順序中引領我們到下一個事件，細節是增添上去的，因此若以純粹形式的結構來看，敘述並不能符合預期的完滿。換言之，藍尼的作品呼應了生老病死的敘事與因果順序，但是在這順序過程中介紹進來的細節卻將敘事運行弄亂，從一般性的觀察到埃及人性格某些面向的描繪、童年、青春期、成熟期，乃至老年的變化，藍尼總提供各種細節，以「避免」平順的故事轉折。例如，書中我們才看到埃及的氣候有益健康，不久又被告知，只有少數埃及人能享天年，原因是致命的疾病、醫療資源的缺乏或酷暑的氣候。因此，接著我們聽到：「酷熱使埃及人（又是以偏概全）耽溺於感官不節制的生活。」然後，下一段就是丟給讀者大量滿是表格與圖示的細節，描寫開羅的建築、裝飾、噴泉、鎖。當下一個敘述的張力再出現時，這也只是一個形式罷了。

真正影響敘述層次的是藍尼主導性的小說筆法，他對埃及的描述變成純粹、宰制、里程碑式的描述，其目的在完全呈現他所認為的、真正的埃及和埃及人，把誇張的、無深度的細節，傳達給歐洲讀者，毫無隱藏。深入其中，他嗜愛虐待／被虐的龐大群體：宗教狂熱者的自殘、法官的殘忍、教徒的淫蕩、性慾的激情等等細節。然而無論細節如何古怪、變態，作者卻無所不在，使我們跟著他扭曲的觀察角度前進。某種程度而言，藍尼，一個歐洲人，以他的筆控制了這群不快樂的穆斯林的激情和衝動。但影響更大的是，藍尼以學術規範及距離的把持，控制了他那些豐富的研究主體，冷淡地脫離埃及的生命及其生產力。

這種疏遠距離，在藍尼書中第六章〈家居生活—續篇〉，已經象徵性地展露。在此，藍尼採取的敘述語氣，儼然已徜徉於埃及人的日常生活中，並進入遊記的尾聲，出入於公共空間和一個埃及家庭的種種習慣（個人和社交的不同空間，被他合而為一），他開始描述埃及人家居的私生活，「得提到婚姻、婚禮，」但還是以偏概全地說：「埃及人認為一個適婚年齡的男子若不結婚，是極不合宜，甚至是羞恥的，」單身的藍尼，因此被他的埃及朋友認為「可恥」，接著他用一整段描述如何被逼婚，他的埃及友人為他安排一個**速成的**婚配，他拒絕後，故事嘎然而止（註73），又跳到另一段以偏概全的論述。

在此，我們發現一個典型的「藍尼派」文風，不斷加入雜亂細節，以便人和東方社會的傳宗接代儀式——結婚，劃清界線，他拒絕加入社會的小故事以戲劇性的斷裂結束：他的故事無法再講下去，他似乎如此說，只要他不談及私人生活的親密情誼。因此他消失了，不願成為結婚對象。他將人性主體徹底消除，因為他不肯成婚，進入人類社會中。因此，他用假參與者的方式，維護其敘事的客觀性。我們早已談過，藍尼靠穆斯林，現在我們也弄清楚了，為了成為東方主義者（而非東方人），他必須自我否定，拒絕私下生活的感官享受。尤其，他也得避免進入人類的生命循環，才能保持時間不動，唯有以否定的方式，他保有了觀察家永恆的權威。

藍尼本人寧可取「不便和不舒服」的旁觀者身分，完成現代埃及的研究。因為這樣，他就有權重新定義埃及人；一旦他變成埃及人的「自己人」，他的觀點就不再是不帶情感的辭彙研究。更因為下列兩個理由，他的著作就取得學術界的公信力和正當性：第一，他介入平凡埃及人日常生活的記錄，他寫了大量的細節，從一個外國人的觀察，拼湊成大量的東方資訊。換言之，這些埃及人好像陳列品被掏空，任他檢視觀察。第二，他刻意避免過東方埃及式的生活，壓抑自己生物性的慾望，盡責地完成傳播資訊的功能角色。這種傳播不在埃及本身或為了埃及，而是在於普遍的歐洲學術，為了擴充歐洲學術的領域。藍尼能在西方式的「東方主義」年鑑中功成名就，就是因他能蓄意避開他寓居的地方，將場景轉到學術聲望之歸屬，透過否定的方式，他的有用知識才能夠取得、闡發、遠播。

藍尼的另兩本著作，未完成的《阿拉伯文字典》，和他無趣的翻譯作品《天方夜譚》，進一步為他的一系列**現代埃及人**知識系統奠基，在他這兩本稍後的著作中，藍尼的個人特色、創意及敘事理念完全消失，他變成了解釋者、翻譯者，還有字典編纂者，從一個當代的作者，搖身一變為專攻古典阿拉伯文、古伊斯蘭研究的東方主義式的學者。他保存了這些東方材料，這種保存形式就是東方主義的學派利益所在。當然，藍尼做為一個東方主義學者的貢獻，訴求的還是針對歐洲社會的機制與媒介。這些機制，不管是學術、官方的東方研究協會機構、媒介或者是學院之外的特殊管道，均在後來的駐居東方的歐洲學者著述中一再出現。

如果我們從另一個觀點，不把藍尼的作品《近代埃及人禮儀風俗論》視為東方民俗的書，而是當作促成日益壯大學術性東方主義的著作，則頗具啟發性。因為藍尼將自我隸屬於學術權威，正好符合日益專業、建制化的「東方主義」知識及其代表團體、各種東方研究協會。皇家亞洲學會在藍尼的書出版前十年成立，通信委員之目標是，「接受有關東方藝術、科學、文學、歷史、古董等智識及探究(註74)。」藍尼所提供的資訊就是由這個委員會所接收、加工、闡發。像藍尼這種著作如此遠播，當時扮演協助西方和東方經商、貿易貢獻的角色、提供各種有用知識的會社已趨疲乏之後，專業、中立的學術會社，其產品可在未來展示此學問潛在（如果不是實在的）客觀價值。因此，皇家亞洲學會有一個學術計畫是這樣的：

> 本學會負責編纂發行東方語言的字典、文法和基礎課程書籍，目的在提供東方語文科系教授授課時必用的教科書，預訂或以其他方式，有助於法國或海外這一類著作的出版，摘錄複製，去取得原稿，或全部、部份影印歐洲所能找到的材料，或鐫刻或鉛印。務使地理、歷史、藝術、科學各領域的學者，夜以繼日的努力創作、蒐集的成果，可以為大眾所共享。同時為吸引大眾注意，本社定期出版專刊，

> 凡亞洲文學或是歐洲出版有關東方的科學、人文、詩集的出版物，所有和歐洲有關連的東方事物，以及所有以東方為主題的事物，都是本學會所要蒐集的目標。

東方主義如此有系統地取得東方材料，規畫其傳播方式，成為一個專業知識。東方學專家們分工合作，有人複製傳印東方語言的文法，有人取得原始文本，有人負責進一步廣泛流傳，以定期出版期刊方式散佈知識。在這個體系下，藍尼犧牲自我，完成他的東方主義著作。他不斷努力建立東方研究檔案的方式，其實已早被鋪陳好了，將會有個「博物館」，沙錫便曾說過：

> 所有關於東方的材料、圖畫、原版書、地圖、遊記，都供給後學者研究東方，讓他們深入了解，因此可吸引後學者，使他們彷彿親臨蒙古、中國，感受個個不同族群特色。除了編纂東方語文的字典、書籍外，再也沒有比成立博物館更重要的事。因為博物館是一整套對東方字典活生生的評註與詮釋(註75)。

*Truchement*這個字，巧妙地出自阿拉伯文的*turjaman*，意指「詮釋者」、「中介者」、「發言人」，在一方面，東方研究上窮碧落下黃泉盡力蒐羅東方材料；另一方面，則將此一知識含納馴化，經由過濾、分類、列為標本、定期評論，編纂成字典、文法，評論、翻譯編輯成書，這一切形成的東方擬像，將東方複製給西方看、保存；換言之，東方從大無畏的旅

航家及客居者的個人見證（有時頗為交錯迷惘），轉變為一大串科學研究者的非人性定義。從個人連續性的研究經驗，變成在歐洲社會無圍牆的想像博物館，任何從遠距離蒐集的各類東方文化，都變成分類式的**東方**。探險家、官方代表、商人、軍人從東方帶回來的大量的片段、零碎的東方材料，都被再轉換、建構成所謂「東方學專家」感受下的字典、目錄、分類及**文本**化。到了十九世紀中葉，東方就變成迪斯萊利所說的，是西方人的事業，學者可重新建構、恢復東方，而且也可重建自我。

4 英、法兩國的不同朝聖之旅和朝聖者

Pilgrims and Pilgrimages, British and French

每一個到東方旅遊，或短期定居那裡的歐洲人，必須想辦法在精神上自保，以躲開東方令他們心神不定的異國影響力。像藍尼這一類的人，在寫有關東方的掌故時，總是要將它重新安排、定位。東方的種種怪誕現象、奇怪的年曆、異國風味的空間排場、無以掌握的陌生語言、看來偏頗的道德觀，在正常的歐洲散文呈現之下，成為一連串細節項目，其內涵遭到大幅度地縮減。要說藍尼不只定義了東方，而且重新編輯了東方，這完全正確，因為他要「東方化」東方，他的人性雖引發他對東方的同情心，但東方也攪亂他的歐洲感受方式，因此他刻意與東方保持距離。很多情況下，他認為東方這個概念，本身就違反了「性道德的正當」，所有關於東方，至少在藍尼筆下的「東方埃及」，散發著危險的性誘惑，備受威脅的衛生條件及過度「性愛自由」的居家享受、濫交是藍尼異常看不慣的。

性之外，還有其他幾項威脅，這些威脅，磨損掉歐洲人的謹慎及其時間、空間和個人認同上的理性。一個歐洲作家到了東方，如果不是直接體驗到這些景觀，而是以思想或書

寫的方式去處理，那通常不失為天真的素材，而加以運用。在英國詩人拜倫的詩《吉亞歐》、法國作家雨果的《東方人》、歌德的《東西詩篇》，東方是一個解放的形式，是一個有人類最原始機會的地點，他們的主調，可見於十八世紀德國詩人歌德的〈遠颺〉：

北、西、南，都分裂了，
王位爆裂，帝國顫抖
遠飛，飛向純粹的東方，
一嘗君主的雄風。

人總是要**回到**東方，「在純潔和正直中，我要回到人類原始的最初」，見到東方，儼然完全印證了當初想像的一切。

神是東方，
神是西方，
北、南方，
均在他的手中平靜休息（註76）。

東方由於其詩意、其氛圍，及其種種可能性，被詩人哈菲茲（Hafiz）形容為**無垠**（unbegrenzt）。

歌德說，東方既比歐洲人老，也比歐洲人年輕。雨果的詩〈伊斯蘭教大法官的戰爭怒吼〉和〈帕夏的憂傷〉（"La Douleur du pacha"）（註77）〔譯註：帕夏是土耳其奧斯曼帝國各省的總督〕，東方人殘暴和不節制的憂鬱，經過折衝的過程，卻不是出自對生命的真實畏懼或無以為家的迷失，而是伏尼和莎勒的博學著述，將野蠻的華麗轉換成可以運用的資訊，以便才華洋溢的詩人發揮。

像沙錫、藍尼、雷南、伏尼、瓊斯（還不必提《埃及描述》這本書）這些東方學專家，及其他先驅所提供的資訊，進一步被文學圈加以利用。前面我們已討論過有關東方研究的三種類型，作者均確實在東方住過，作品往往立足於他們的寓居經驗：由於知識上確實有急需，東方主義的著述往往去除了作者的敏感度，好比藍尼將自我抹除，已如前述，他就是屬於第一類。至於第二類和第三類，第二類是作者的自我突出，但附屬於一種聲音，其任務就是要傳播真實的東方知識；而第三類作者則是宰制、斡旋西方世界所知道的一切東方事物。然而從十九世紀初到世紀末，也就是拿破崙之後，東方變成朝聖地。此後每一部學術性東方主義著作，都從朝聖之旅中建立形式、風格和寫作意圖。後繼歐洲作家企圖以浪漫主義的理念（自然之超自然主義）去復原重建東方，這種想像，實際就是上述所有東方學專家的著作，主要的創作泉源。

每一個朝聖者有自己的觀察方式。但朝聖總有限制：每個人看到什麼模樣的東方？從其中獲得什麼？朝聖之後的著作顯示什麼事實？所有的朝聖之旅都經過，或必經《聖經》所述之地。其實，多半的朝聖均試圖在廣大、無比肥沃的東方中，重新回味或擺脫基督教或希臘羅馬文明的部份真實面向。對朝聖者而言，被東方學專家東方化了的東方，是他們必經的一關，就像他們必須重新處理其可敬的先驅，如《聖經》、十字架、伊斯蘭、拿破崙、亞力山大大帝等歷史人物。這個已被歐洲東方化了的東方，不僅抑制了朝聖者的沈思和想像，歐洲歷史的先例更加諸歐洲旅人和他們作品之間的一道阻礙。除非像聶瓦和福樓拜，他們從圖書館讀來的東方主義，例如藍尼的著作，只運用在美學創作上。另一個限制是，東方主義著作被這一行的學術規範所侷限了。法國作家夏多布里昂曾輕蔑的宣稱，他的東方之旅唯一的目的是為了自己：「我來東方只是找一些影像，就是這樣而已(註78)。」像福樓拜、維尼、聶瓦、金雷可、迪斯萊利、波頓的東方之旅，都是為了從先前存在的東方研究檔案之中掙脫出來。他們的作品是東方經驗的新寶藏，但我們也都將看到，即使是全新的經驗論述，仍然擺脫不掉東方主義式的化約；原因很複雜，除了受到朝聖本身的性質所左右，寫作模式及作品企圖呈現的形式，也扮演舉足輕重的角色。

十九世紀的個人遊客看到的東方是什麼？可以先比較英、法遊客的差異。英國人的東方是印度，是英國確實擁有的殖民地，途經近（中）東旅遊，目的地都是印度。因此，想像戲耍空間就受限於行政現實、領土法律及執法權力。像史考特、金雷可、迪斯萊利、華波頓和波登(Warburton)，甚至喬治・艾略特（其小說《丹尼爾・德朗達》〔*Daniel Deronda*〕原有計畫針對東方描寫）等作家，都像他們的前輩藍尼，乃至藍尼之前的瓊斯，他們筆下的東方都是由物質佔有、物質想像去定義。英國擊敗拿破崙，將法國從殖民地驅逐，因此在一八八〇年之前，英國作家心目中的東方，是以大英帝國的版圖來測量，帝國版圖從地中海到印度。當他們描寫埃及、敘利亞、土耳其時，或是旅遊該地，其實就是政治意志領域的旅遊，見證大英帝國對殖民地的政治管理和政治定義。這種對殖民領域的霸權，對作家的寫作有極端的強制影響力，即使像迪斯萊利這種自由作家也難以避免，他的《坦可立德》，不只是描述東方的徜徉之旅，而且也對真正領土上的真正權力管轄問題加以發揮。

相反地，法國人對東方則有強烈失落感。法國作家所到的東方，大權已旁落，從十字軍到拿破崙，地中海的回聲盡是法國敗給英國的恥辱。法國自詡「文明的傳教士」，到了十九世紀卻變成政治勢力遜於英國的二流國家。因此，法國朝聖者從伏尼以降，東方都是**在他們的想像中**(in their minds)，他們建構的東方是法國式的，甚至擴大成歐洲式的大樂團，以為主奏者非法國莫屬。他們筆下的東方，是記憶、引人遐想的遺跡、被遺忘的祕密、隱藏的信件，東方儼如神思妙策下的存在，其中最高的文學形式就是聶瓦和福樓拜的作品。二人作品中的東方都是想像的、無法實現（除了以美學去體會外）的面向。

在某種程度上，東方的法國學者旅行家也是如此。一如亨利・波爾多(Henri Bordeaux)在《東方旅人》(*Voyageurs d'Orient*)(註79)所指出，他們大多對《聖經》記載和十字軍東征的史實有興趣，我們（在哈山・阿諾提〔Hassan al-Nouty〕的建議下）還可以列出幾個像這樣東方學專家的名字，包括東方語意學家郭德美，還有死海探險家索奇(Saulcy)，古腓尼基考古學家雷南，古腓尼基語學生裘達(Judas)，研究安撒利人、伊思邁里人和賽路可人的兩位：卡塔發哥(Catafago)和德福瑞梅利(Défrémery)。還有到裘地(Judea)探險的克里門—葛諾

(Clermont-Ganneau)，還有研究埃及紙草經象形文字的波格(Marquis de Vogüé)，此外還有整個「埃及學」學派，從夏波里昂和馬李亞特(Mariette)以降，一直到馬斯培洛(Maspero)和勒格瑞(Legrain)。在英國的實際以及法國的想像之間的一個明顯分野，可以引畫家雷匹克(Ludovic Lepic)的名言為證，他曾在一八八四年於開羅（恰好是英國佔領埃及後的兩年）憂心地評論：「東方在開羅死了。」只有雷南，由於終其一生都是現實的種族主義者，出於他較高的智慧，原諒了英國對阿拉伯的民族主義革命的鎮壓。他說阿拉伯人的起義是「對文明的侮辱」（註80）。

不像伏尼和拿破崙，十九世紀的法國人到東方找的是異國情調，和吸引人的現實東方，而不是企圖發現科學真相。特別是自夏多布里昂以降的文人朝聖客，這種傾向尤甚。他發現東方與個人神話、執著和需要遙相呼應。因此，我們發現朝聖者（特別是法國來的）總是急切地把東方轉換成他們要的形象，以便合理化自己所從事的志業。只有碰到他們要研究的東方，有其他額外知識上認知的目的時，他們強烈的個人自我需求的目的，才稍有克制。例如拉馬丁寫有關他自己，也述及法國在東方的力量；不過，提到帝國大業卻欲言又止，終於被**他的**靈魂、記憶、想像所構成的風格所掩蓋、制住。沒有任何一位英、法朝聖者像藍尼那麼擅於主宰自我及其研究之主題。即使波頓和勞倫斯也沒有這樣。波頓描寫一個執意的穆斯林（伊斯蘭教）朝聖之旅，勞倫斯則寫一個**由麥加出發**的「相反朝聖」之旅，二者都傳達了歷史、政治和社會層面的東方主義，但這些論述，沒有像藍尼那樣完全擺脫自我。這就是為什麼在藍尼和夏多布里昂的兩極之間，波頓、勞倫斯和多提是居中位置。

夏多布里昂的遊記《旅程：從巴黎到耶路撒冷》，記錄他在一八〇五到一八〇六年時，先到北美洲旅遊後，又赴上述二地的旅遊細節。書中數百頁的記載，證實作者的自白：「我不斷地和自己對話」，寫了太多作者自己，使另一位法國作家斯湯達爾受不了（他是《紅與黑》作者，本身並不是不愛談自己的人），批評這本書說，夏多布里昂之所以不能成為博學的旅遊家，就是他書中的敗筆：「令人受不了的自我中心。」他帶了一大堆個人的目標和預設成見，來到東方，然後在東方全部加以卸下，從此不斷逼迫東方的人、地、概念就範，儼如任何事物都無法抗拒他的專斷想像。到東方去的夏多布里昂是一個建構起來的**人物**，不是真正的他自己。對他而言，拿破崙是最後一位十字軍，而歷史發展輪到他，「是最後一個法國人到聖地旅遊，還擁有昔日朝聖者的想法、目標和感情。」還有另一個理由：為了均衡。他先去北美洲，見過新世界雄渾的大自然，必須配合造訪東方及其知識的里程碑才均衡。就像他研究過羅馬和塞爾迪克的古蹟，這些古蹟只留給他雅典、孟菲斯和迦太基的殘跡。為了自我實現，他必須到真正的東方，補充異國影像的庫藏品。另外，他要印證宗教精神的重要性：「宗教是舉世通用的語言。」而最好觀察宗教的地方就是東方，即使比較低等的宗教——伊斯蘭教——流行的一些地方。最重要的是，去看到夏多布里昂所想像的事物，而不是其本來面目：「《古蘭經》是穆罕默德寫的書」，內容「既無文明的大綱要，也不能提升人的品格。」他又繼續批評，多少是自由聯想：「《古蘭經》傳達的既不是對暴政的憎恨，也不是對自由的眷戀（註81）。」

對夏多布里昂如此寶貴組構的人物來說，東方就像殘破的畫面，亟待恢復舊觀。東方的阿拉伯被他說成：「像一個文明人又墮落到野蠻狀態。」難怪那時當他聽到阿拉伯人講法文時，他覺得像《魯賓遜漂流記》(*Robinson Crusoe*)中的主角，第一次聽到他的鸚鵡說話一樣興奮。的確，東方世界有像伯利恆(Bethlehem)那樣的地方（但夏多布里昂把伯利恆的字源完全弄錯了）。在那裡，歐洲人發現和自己文化相近之處，但相似處既少且遠，他說他邂逅東方的每一個地方，阿拉伯的文明都如此低下、野蠻、反面，只得再去征服他們。他爭論說，十字軍並不是侵略，只是奧圖曼帝國入侵歐洲時的一個對照。此外，他還說，無論古代或現代的十字軍都不是侵略，十字軍提出的問題，超越了一般死亡的問題：

> 十字軍不只傳達上帝的神聖意旨，更重要的是：教世人認知何者終究獲勝。是人類文明的仇敵（當然是指伊斯蘭教）這個野蠻的體制，將人類帶往無知、暴政、奴役，或是另一種文明，將遠古的睿智在現代人身上喚醒，並去除低劣的奴性(註82)？

此處是首度有深意地提及一個觀念，此一觀念在歐洲著述之中獲致了一個幾乎是無法忍受，近乎不用腦筋的權威，也就是歐洲得教導東方自由的意義，這「自由的真諦」的主題，是夏多布里昂和他之後的作家所深信的：每一個東方人，特別是穆斯林，完全是無知的：

東方人全然不知自由，也不知分寸。暴力就是他們的神祇，因為久無外來征服者，替天行道，所以東方社會有兵無將、有民無法、有家無父(註83)。

早在一八一〇年，我們就發現一種歐洲的言論，類似一九一〇年克羅莫的說法，認為東方需要被征服，而且絲毫不覺矛盾，因為西方不是征服東方，而是帶來自由。夏多布里昂傳達一個基督教傳教士的浪漫救贖想法，要去拯救已死的東方，喚醒其生機潛力。只有歐洲人可以看透無生命、退化表面下的東方。對西方旅居者來說，必須以舊約與四大福音當作守則，才能在巴勒斯坦保住靈命(註84)。只有如此，他們才能超越已明顯退化了的現代東方。然而夏多布里昂對他的遊記，無法反映出現代東方的真實面貌和他自己的宿命根本不覺諷刺。他真正在乎的只是，東方如何對他發生影響，異國如何容許他的靈魂探險，如何讓他展現自我，發揮他的觀念、期待。他所關心的自由，不過是他本身如何從東方的種種浪費之中解脫。

能夠成全他的自由舒展之領域，就是直接回到想像和想像詮釋的範圍。他以帝國自我為中心，重新編排、設計東方，真正的東方描述遂被刪除了，而且對此權力並不隱瞞。如果說在藍尼的書中，東方是帝國主義的自我消匿，以便展現真實世界的細節；那麼夏多布里昂的帝國主義的自我則消融在作者自創的想像領域中，藉此再生，意識變得更強，更能玩味帝國的權力及其解釋方式。

旅行到裘地，最初是一股鉅大的厭倦襲上心頭，然後，當我穿過一個個寂寥的地方，空間在我面前無限延伸，逐漸地，厭倦感消失了，反而感到一股神祕的恐怖。這種恐怖不會壓抑人的靈魂，反而會激發人鼓起勇氣，個人之天生才情為之昂揚。鬼斧神工的土地，放眼所及，均展現各種奇觀：陽光炙人，鷹翅驚拍，粟不結種，《聖經》中的詩篇、情景無不在此印證。每一個名字都包含一個祕密，每一個洞穴都宣示未來，每一座山峰之頂，也都保留了先知的口音。在已枯涸乾燥的急流中、在崩裂的巨岩、在地靈人傑的陵寢前，上帝必定在這些地方說過話。沙漠似乎被恐懼震懾得瘖啞了，可謂尚未能打破沈寂，因為它聽過永恆之聲（註85）。

此段落所顯出的思考過程頗具啟發，一種巴斯卡哲學家式的敬畏恐懼感(Pascalian terror)，不僅沒有減少作者的自信，還奇蹟似地刺激他的自信。荒涼的景觀屹立，宛如彩繪文本，展現其風貌，亟待堅強、又再鞏固的自我去加以審視。夏多布里昂已超越了失魂落魄的東方現實，因此得以屹立於前，形成原創的關係。文末，他已不像個現代人，反而像個先知，恍如與上帝同在。如果說，裘地的沙漠，自聽過上帝話後就沈默至今，那麼只有夏多布里昂可以聽到這種沈默，了解沈默的真意，對他的讀者而言，他又再度讓沙漠發聲。

天賦的不凡，使夏多布里昂依同理心和直觀，在《黑恩》(*René*)和《阿塔拉》(*Atala*)書中，得以再現、詮釋北美的奧祕；在《基督教的守護神》(*Le Génie du Christianisme*)一書，也闡揚了基督教義。在《旅程：從巴黎到耶路撒冷》一書，他的詮釋更加得心應手，他所處理的不再是自然原始或浪漫感情等單純概念，而是永恆的創造力和神聖的起源本身。因為這些原先就被神放置在《聖經》的東方世界，一直是以未經斡旋、潛伏的形式存在。當然，它們無法被輕易理解，一切要等夏多布里昂去冀求、達成。《旅程：從巴黎到耶路撒冷》一書就是要解答這些偉大的問題，而作者的自我也透過企圖心不凡的論述，重新建構，才有能力完成此集。不像藍尼，夏多布里昂企圖消解東方，他不只挪用東方，而且再現東方，代表東方發言，不是在歷史上，而是在歷史之外發言，在無垠的時間層面，呈現一個全然被治癒的世界。在這個新世界，人與土地、天與人合一。因此，在他東方視野的中心點耶路撒冷，也是他朝聖之旅的終極點，他和他的東方徹底和解了，猶太人、基督徒、穆斯林、希臘人、波斯人、羅馬人，乃至法國人，達到超越古今的大和解。他為猶太人的歷史困境所感動，不過，他認定猶太人也只是用來闡揚他的通盤觀點，而且猶太人進一步充當必要的刺痛因素，好讓他的基督教史觀得以翻身。他說：神已挑好新的選民，而猶太人並沒入圍(註86)。

不過，對於疆界的現實，他做了部份妥協。如果耶路撒冷是他預定的化外之旅最後一站，埃及則提供他政治補遺的材料。他對埃及的概念，很恰當地補充了他東方朝聖之旅所見所聞。壯闊的尼羅河三角洲打動心扉，使他如此主張：

> 記憶所及，只有偉大祖國能與這一片壯闊的平原相配，我目睹了嶄新文明里程的

種種遺跡，是法國的天才將此一文明帶入尼羅河岸（註87）。

然而上述這些想法，都以一種鄉愁的模式呈現，夏多布里昂相信，他的作品可以為法國扳回一城，法國未能治理埃及，即意謂埃及少了自由的政府統轄快樂的人民。此外，就精神層次而言，在耶路撒冷之後，埃及不過是一個反高潮。在他對埃及這個令人憂心的國度發表政治評論後，夏多布里昂用一個例行的問題自問，歷史的發展如何造成「差異」？他說穆斯林是一群墮落、愚蠢的暴民，他們何德何能，居然可住在同一塊土地上，以前那裡住過完全不同的主人翁，他們讓布羅多德及迪多若斯留下深刻的印象。

這是他對埃及最適合的臨別贈言。離開埃及，他去突尼斯，看過迦太基遺址，最後回到家。但他臨別埃及前，最後一件事是：由於只能遙望金字塔，他不辭麻煩，派人去金字塔，把他的名字——夏多布里昂，刻在石頭上，他說，這個多此一舉，是為了增加我們的讀者福祉：「我們要完成一個虔誠的朝聖者的每一個小小的義務。」我們對他犯旅遊者的通病（在旅遊古蹟刻名），照說應不以為意。然而，從他的《旅程：從巴黎到耶路撒冷》一書最後一頁看來，這段話比乍看之下時顯得更加重要。他說他回顧二十年來在東方浪跡，研究東方「所有的冒險和挫折、悲傷」，他發現，在他寫過的每一本書，幾乎都像輓歌式的，是他生命中自我主體存在的一種延伸，以他這樣沒有成家、未來也不太可能成家的男人來說，他發現自己不再年輕。他說如果老天要他長眠，他答應要將自己餘生獻身給國家，他將沈默地奉獻，為「我的祖國立碑」。不過他所能留給世上的，只有他的作品，如果他的名字流傳下去，那麼作品已綽綽有餘，如果名聲不再，那作品就多此一舉了（註88）。

這些卷尾語，使我們想起夏多布里昂在金字塔刻名字的興趣和動機。我們已了解，他那自我中心的東方回憶錄，提供給我們的只是：作者持續展現、永不疲倦的自我演現經驗，對他而言，寫作是彰顯生命的行動。他活過的每一地方、經歷過的每一事物，即使是遙遠的埃及石頭，也一定要由他留下生命記錄。如果說藍尼的「東方主義」論述的次序，是由科學的權威和大量的細節描寫組成，夏多布里昂的作品就是一個自我中心、活潑善變的作者自我，在主導東方主義的行文論述。藍尼將自我獻出，致力於東方研究的經典，而相形之下，夏多布里昂有關東方的一切陳述則完全依賴其自我。然而二人都不認為，後代子孫可以比他們有更豐碩的東方記錄。藍尼的著作走無個人色彩、東方主義專業技術規範掛帥的路，作品被後人引用，但不是一個有人性的記錄文件；相反地，夏多布里昂看待其著作，就像他把名字刻在金字塔一樣，只代表他自己。否則他不會靠寫作延續自己的生命，不成的話，寫作只是多餘、畫蛇添足。

即使後人正視他們二人著作（在某些情況下，甚至逐字照抄），但二人的遺產也只是體現了東方主義的學術命運及有限的選擇。無論像藍尼那種科學式的論法，或是像夏多布里昂那樣感性的說法，都有問題，前者的問題是，在西方客觀的自信下，認為可就通泛、集體之現象去作描述，傾向以個人的觀點而非東方本身的角度去創造現實；後者，個人抒發式的東方論，問題出在作者不可避免地，會把私人想像和真實東方等同視之，縱使以美學觀點來看，這種想像層次相當高。當然，這兩種不同的東方主義，對東方如何被描述、定義都有相當大的影響力。然而即使到了今日，這兩種東方主義都使得世人無法看到東方既非通泛也非全盤私下，想從這些東方主義檢視出現代世界裡，活潑的東方人或真實的社會面貌，不啻是緣木求魚。

我所描述的兩種東方主義，無論是藍尼的東方主義或夏多布里昂的、無論是英國的或法國的，都是造成真實的東方被省略的最主要理由。知識的積累增長，特別是專業知識，是非常慢的過程。知識的積累過程並非單純添增或累積，而是在所謂的研究共識下，選擇性地累積、置換、消除、重新安排，乃至堅持的過程。在啟蒙運動之前，知識的正當性來自宗教權威的定義，而十九世紀東方主義的正當性，不是來自宗教，而是來自我們所指出的「先前權威的復原援引」。從沙錫開始，飽學的東方主義學者就一貫地秉持科學家態度，瀏覽一系列之文本殘卷，以古代輪廓的復原者身分，去纂修、編排這些殘卷，使其中隱約的圖像得以彙整問世。結果就是，「東方主義」學者之間，彼此互相引用同行的研究，以訛傳訛。例如，波頓就不直接討論《天方夜譚》或埃及，而是透過引用藍尼的著作。他引用前人著作，雖也挑戰他，但其實是賦予藍尼很大的學術權威。另外的例子，聶瓦的東方之旅是透過拉馬丁的作品，拉馬丁的東方之旅，則是經由夏多布里昂。簡言之，作爲一種擴充知識的形式，東方主義的滋長，主要是建立在後代作者不斷襲用前輩學者的著作，一旦有新材料出現，東方主義者也不敢貿然使用，而是要到前輩的著作中去找尋前人的觀點、意識形態和指導性的論說意旨，再加以判斷（學者經常這樣）。因此嚴格地說，東方主義者在沙錫和藍尼之後，不斷重寫他二人的著作；在夏多布里昂之後，也有朝聖的旅人不斷重複他。從這些重述的作品中，現代東方的眞實面貌，被有系統地排除了。特別是即使像聶瓦和福樓拜這樣才華洋溢的作家，也寧可取前人藍尼的描述，而不用自己旅遊中眼見、心感的立即印象。

在這東方的知識體系中，東方已不是一個真實地方，而是一個題旨（*topos*）、一組指涉、一堆特色、文本的片段、某人有關東方著作的引文、一些人先前對東方的想像，或是以上各種的大雜燴。因此，無論對東方的直接觀察，或是環繞東方的描述，都成了對東方虛構式的描寫，不變的是，這些作品是遠不及另一種系統研究的二手敘事。以拉馬丁、聶瓦和福樓拜的作品而言，東方是一個經典材料的重新展現，由美學及執行意志所引領，藉此吸引讀者。然而，這三位作家均宣稱東方主義或某種面向的東方主義，縱使在作品中敘事意識頗具份量，儘管敘事者的個性非比尋常，但是敘事意識終究會察覺，一如布瓦和裴枯謝一樣，原來自己的朝聖之旅，不過是抄襲前人。

一八三三年，當拉馬丁展開其東方之旅，自稱是完成畢生的大夢。「到東方旅遊，是我內在生命的一次大行動。」他自己就帶者一些預設立場來到東方，有同情，也有偏見：他恨羅馬人和迦太基，喜愛猶太人、埃及人和印度人，他說他可成為東方的「但丁」。在對祖國法國寫下正式的告別詩後，他列出想在東方做的每一個計畫，然後朝東方出發了。最初，他所遭遇的每一件事，不是印證了他對東方如詩般的預設想法，就和他的類比傾向相吻合。他筆下，史丹霍普(Lady Hester Stanhope)女士是沙漠的仙女，教人樂不思蜀，東方則是他所謂「我想像的國度」；他說阿拉伯人是原始民族，《聖經》的詩篇被鐫刻在黎巴嫩的土地上；東方證實了亞洲令人著迷的廣袤，相較之下，希臘顯得狹小。然而，在他抵達巴勒斯坦不久後，他就成為自己想像中的東方無可救藥的創造者。他宣稱，迦南平原在普辛(Poussin)和洛連(Lorrain)的作品中，有最好的優勢。絕對不是「翻譯」，他稍早說，他的旅程結果變成像一個祈禱，讓他的記憶、靈魂、心（而非眼睛、心靈或精神）大肆發揮(註89)。

這番坦承的告白，使拉馬丁的類比及重建（而且是缺乏紀律）的熱衷為之釋懷無遺。他心目中的基督教是想像和回憶的宗教。由於他堅信自己代表一種虔誠的教徒，所以他就如教義所說，縱咨自己基督徒的想像去再建構東方。從他作品條列他那預設立場的東方觀察，簡直多到不可勝數：例如他看到的一名東方女子，讓他想起《唐璜》(*Don Juan*)中的海黛；他說耶穌和巴勒斯坦的關係，就像盧梭和日內瓦的關係，實際的約旦河遠不及它在個人靈魂深處所激起的「神祕」；東方人，特別是穆斯林，都很懶；他們東方人的政治善變詭譎、激情狂熱，毫無未來可言；另一個女子讓他想起了《阿塔拉》中的一段描述，無論塔索或夏多布里昂對聖地的理解都不對。（夏多布里昂早於拉馬丁的東方之旅的作品，常干擾了拉馬丁的旅程思考，除此之外，他的自我完全不把外面的變化當一回事。）他以無比的信心論述阿拉伯詩篇的幾頁文字，完全對他自己不懂阿拉伯文這點不以為意。他所在乎的只是，在他看來東方如何呈現出一個「迷信之鄉、異人之地」，而他自己則是西方世界指定的詩人。毫無反諷意味，他大言不慚：

> 阿拉伯地靈人傑，每件事物都源自那裡，每一個自信滿滿的狂熱之徒，均可隨自己高興，成為先知（註90）。

只因為他住在東方，自己也就可以變成先知了。

文末，拉馬丁完成他赴聖墓朝聖之旅的目的。聖墓是他東方之旅的一切時空的起點和終點。他已經內化了真實世界，因此可以夠格遁回純粹的沈思、孤獨、哲學和詩的世界（註91）。

從地理上的東方扶搖直上，他將自己轉化成後世的夏多布里昂，把東方視為私人的一個行省（至少是法國的一個行省），任由歐洲霸權檢視。從真實時空的一名旅客兼朝聖者，到超越純屬個人的自我，拉馬丁認同了整個歐洲的霸權和控制東方的意識。在他眼前的東方，不可免地要在未來遭到肢解，然後像供神一樣被獻祭給歐洲的列強，成為歐洲的轄區。因此，拉馬丁高潮的遠景是，東方在歐洲列強對它行使威力之權後，獲致重生：

> 如此界定下的管轄收編，歐洲權力取得神聖地位，主要在於運用其權力佔據一個或另一個領土，以及沿岸地區，以便在那兒建立自由城市，或歐洲的殖民地，或租借商港……

拉馬丁還意猶未盡，他站得更高，把他才看過、去過的東方，約縮為「沒有疆界、祖國、權力、法律或安全的國度，……焦慮地等待歐洲佔領的庇護（註92）。」

在東方主義所製造出來的各種東方觀點中，再也沒有像拉馬丁這樣整個把東方歸納重述。以拉馬丁的東方朝聖之旅而言，他不僅以帝國主義的意識穿透東方，而且基本上強要排除自己明明具有的帝國意識，企圖全面、非人格的控制東方。東方真實的身分認同，就被他以一系列片段的描述消磨掉。拉馬丁對東方的回憶觀察，日後蒐集整理，就像重溫拿破崙式的世界霸權夢。在埃及分門別類的科學知識之中，藍尼的人性認同消褪無踪，而拉馬丁的意識卻完全穿越了正常的疆界限制，以這種方式，他重複了夏多布里昂的旅程與視野，並且超過夏多布里昂，跨近了雪萊和拿破崙的抽象領域，其中各種世界和人口就像是桌上的牌。在他的散文中的東方遺跡完全不是實質的。東方地理政治的真實面，已經被他的計畫所取代了；他去過的東方地點、他遇到的東方人、他經歷過的經驗，種種都化為咄咄逼人的概括見解。東方特殊性的最後一些痕跡，也在《東方之旅》書中的結語「政治經歷」中被去除了。

相對於拉馬丁的「準國族自我中心主義」(quasi-national egoism)的超越觀點，我們必須把聶瓦和福樓拜當作參照。在二人作品全集中，有關東方的作品，有極大的份量，遠多於拉馬丁帝國主義式的《東方之旅》在其全集的份量。然而，這二人，仍和拉馬丁一般，他們遊東方之前，讀了大量的古典、現代文學和學術性研究的東方主義書籍。而關於閱讀前人東方主義作品，為東方之旅準備一事，福樓拜比聶瓦坦白，聶瓦在《火之女》(*Les Filles du feu*)一書中說，他所知道的東方，是來自學校教育，記憶所及，近半幾已遺忘(註93)。他在《東方之旅》的記載卻明顯和他在《火之女》的自述牴觸，儘管他描述有關的東方材料，遠比福樓拜更無體系、更無學術訓練，然而更重要的事實是，兩位作家的東方之旅，比起十九世紀其他旅人，都有更大的個人及美學用途(聶瓦在一八四二年到四三年，福樓拜在一八四九年到一八五〇年到東方旅遊)。首先要提的是，這兩位作家都是舉足輕重的天才，他們徹底沈侵於歐洲文化之中，以至於發展出對東方的同情與偏頗的見解。聶瓦和福樓拜隸屬一個文學社群，馬里歐·卜拉茲(Mario Praz)在《浪漫的痛楚》(*The Romantic Agony*)書中描述這一派作家，他們的作品描寫異國空間的想像，自虐和被虐品味的培養(卜拉茲稱之為**苦之牽連**)，對死亡殘敗的幻想，想像的題材例如致命的女性、祕教的神通等，構成這派文學作品的特色，作家郭提耶(他也為東方著迷)，史雲朋(Swinburne)、波特萊爾(Baudelaire)和海斯曼(Huysmans)的作品也都是這一派別的(註94)。對聶瓦和福樓拜而言，這種致命女子的形象，像埃及艷后克里歐葩翠、莎樂美和伊細絲等，有特殊的意義；毫不意外地，在他們以東方為題材的著作，乃至親身拜訪過的東方，他們都大書特書強化這些傳奇性、引人遐思、聯想的女性類型。

除了他們共通的文化態度外，聶瓦與福樓拜均為東方帶進個人的神話，以其神話的關切，乃至結構，去逼東方就範。兩人都被奎內等人所定義的「東方文藝復興」所感動：他們找尋被東方神奇的異國情調和遠古風情所賦予的回春力量。對他們二人任何一人而言，東方朝聖之旅，頗有個人尋求生命的意義。正如文評家布努諾(Bruneau)所說(註95)，福樓拜的東方之旅，是要在宗教、靈境、典雅遠古的起源地尋覓其「故鄉」。聶瓦在東方，像他的前輩斯丹・尤里克一樣，找尋（或者更像「追隨」）他自己的情感和夢想，對二人而言，東方因此是似曾相識之地，一如所有偉大的美學想像，力求藝術上的經濟便利，在真正的旅行結束後，又常要回去鋪寫東方。對他們二人，東方的想像力功用，永不會耗竭，即使他們東方題材的寫作中，常表達出失望、除魅去神祕的特質。

就十九世紀東方主義者的心靈探究而言，聶瓦和福樓拜最重要的意義是他們的東方作品的根源，是根據我們所討論的東方主義發展出來，關係密切，但作品卻能獨立存在。首先可以討論的就是他們作品的範圍。聶瓦《東方之旅》主要是他旅遊中的筆記、素描、小說和各片段的合集；他筆下預設立場的東方，就像他的《獅頭火怪》(*Les Chimères*)一書的形象，或是在他的信件、小說及其他散文作品所呈現的東方。福樓拜的著作，則無論在他的東方之旅前或後，都呈現出他陷溺在東方的情形。布努諾精心研究發現，在《旅遊手記》(*Carnets de Voyage*)所呈現的東方，還有小說《聖安東尼的誘惑》(*La Tentation de Saint Antoine*)的第一個版本誘惑（在稍後的兩個版本的誘惑也是如此），還有《賀若迪雅》(*Hérodias*)、《薩倫坡》等小說，和現今可以獲得的無數福樓拜讀書筆記、腳本，未完成的小說，都出現東方(註96)。他的其他主要小說代表作，也有東方主義的回聲。整體而言，聶瓦和福婁拜持續闡揚他們的東方材料，以不同風貌將之融入個人美學計畫的特殊結構中。然而，這並不是說，東方在他們的作品中是神來之筆，而是，相較於藍尼（福樓拜和聶瓦都毫不節制地借用藍尼書中的材料）、夏多布里昂、拉馬丁、雷南、沙錫等人的東方主義，他們二人的東方，比較不是以攫取、挪用、化約，或符碼化的方式去呈現，而是充滿各種可能的空間，可透過美學、想像方式去體驗、運用剝削。對福樓拜和聶瓦而言，真正重要的是他們作品的結構，必須是獨立的、美學藝術的且是個人的事實，而不是像其他東方主義者那樣，有效地以文字或圖像，掌控、定義東方。他們的自我從沒有吸收東方，也沒有完全認同檔案和書本上的東方（簡言之，就是官方定義的東方主義）。

因此，在此範圍內，他們的東方題材的著作，一方面超越正統東方論的限制，另一方面，他們的作品並不限於東方或東方主義式的題材（雖然他們本身也對東方予以東方化有其作法）。東方及有關東方的知識所提供的限制及其挑戰，乃是這兩位作家有意想借題發揮的題材。例如，聶瓦就相信，他得將親眼看到的與生命力匯整在一起，他寫道：

> 天空和海洋仍在那裡，每天清晨，東方的天空和愛歐尼亞的天空給彼此神聖的吻。
> 但這裡的土地卻死了，因為人們殘殺了土地，而眾神也棄此地而去。

既然眾神已遠離，如果東方要活下去，一定得藉助聶瓦的生花妙筆。在《東方之旅》一書，敘事意識的語氣往往十分有勁，出入於東方世界的迷宮，充分運用兩個阿拉伯文的字*tayeb*，意思是同意，另一個字 *mafisch*，意思是拒絕，這兩個法寶可以使他選擇性地面對東方（西方的反面），既面對又能從中抽取其神祕的原則。他的預設立場，使他認知的東方是「夢和幻想的國度」，就像他在開羅遍地可見的女子面紗，面紗下隱藏著東方女子深沈、豐沛的女性性慾。聶瓦重蹈藍尼的覆轍，也發現在東方伊斯蘭社會結婚的必要性，不同於藍尼的是，他和一名女子結交，他和瑞拿波的一段情，是超越社會強制性的層次：

> 我一定要和一位來自這塊聖土的年輕無邪的女子結合，因為東方是我們第一個家鄉，我應該沐浴在這東方人性的生命之泉，詩意和對遠古祖先的信心盡皆來自此地，……我希望把生命過得像本小說，我情願將自己化身為主角，不計一切代價，創造時勢的積極主動、果決勇敢的英雄，克服各種曲折處境，簡言之，就是行動（註97）。

聶瓦置身東方，與其說寫出了小說敘述，不如說吐露了他長遠的企圖：結合心靈和實際行動（雖然並未完全實現）。他這種準朝聖之旅的反敘述迥異於前人作家所想見的對東方的蓋棺論定。

身在東方，心懷默契，聶瓦漫遊於東方富庶的文化（主要是他認為有女性陰柔特質的文化）環境，特別是埃及這個母性的「中心，既神祕又可企及」，所有智慧均淵源於此（註98）。他的印象、夢想和回憶錄，穿插於裝飾著東方風格的敘述。旅行中艱苦的現實，無論在埃及、黎巴嫩或土耳其，都混雜著作者刻意離題的設計，就好像聶瓦在討論東方之旅時，刻意用前輩作家夏多布里昂的《旅程：從巴黎到耶路撒冷》的路線為背景，只是他的途徑遠不如夏多布里昂那樣帝國主義、明顯。布特(Michel Butor)很高明地指出：

在聶瓦的眼中，夏多布里昂的遊程只停留在表面，他的旅程則是精密計算過的，利用連結中心、圍繞主要中心的迴廳，去排比陳列，將一般中心所隱匿的種種面向一一展現。當他漫步在開羅、貝魯特或康士坦丁堡的街道，聶瓦總是伺機等候，有一天他可從地下的大洞，直通到羅馬、雅典和耶路撒冷（這些都是夏多布里昂《旅程：從巴黎到耶路撒冷》中的主要描寫城市）……

正如夏多布里昂的三個城市彼此也是互通——羅馬，有著歷代的帝王與教宗，重組了雅典與耶路撒冷的文化與教義，而聶瓦的大洞，……則彼此交合(註99)。」

即使是聶瓦書中情節精密的兩大片段：〈哈里發•哈金的故事〉和〈早晨之后的故事〉原本應是傳達一個持續、紮實的論述，卻反而促使聶瓦更遠離「超然」的論定，而掉入矛盾與夢想的內在世界中，且越陷越深。這兩個故事處理的都是多重認同的主題，其中一個明顯說出的主題是亂倫，但兩個故事都使我們回到聶瓦筆下最精華的東方世界：不確定、流動的夢境，無限地複製東方世界過往的果敢事蹟及其物質性。當旅途結束，聶瓦經由馬爾他島回到歐洲大陸，他知道自己現在已在「冰雪的國度，隨著時光消逝，而不久的將來，清晨夢醒時分，東方也不復為我所有(註100)。」聶瓦的《東方之旅》有許多部份是抄自藍尼的作品《近代埃及人禮儀風俗論》，但是縱使充滿了清晰與自信，文字卻似乎不斷在瓦解，坑洞的成分之中化為烏有，那就是聶瓦的東方。

我認為，雖然聶瓦的作品，在某種程度上依賴東方主義，但他的《東方之旅》**小冊**提供給我們兩種完美的文本，去體會他的東方是要和東方主義者的東方有所區隔。在第一種文本裡，他對東方的事物胃口奇佳，不加選擇地努力要蒐集經驗和記憶：「我感到吸收了解所有自然本質的必要（特別是陌生女性），我想知道一切我收到的紀念品的典故。」第二種文本，是針對第一種文本，進一步詳細解說：「夢幻與瘋狂……東方的慾望，歐洲升起，夢幻瞭然……她，東方，我曾企圖逃避，我曾失落過，……東方之舟(註101)，」東方象徵著聶瓦夢的追尋，及夢中主要的人物——遁逃的東方女性，二者都象徵著慾求和失落。「東方之舟」是謎般的比喻，既可指搭載東方的女人，形容她為容器，也可指聶瓦自己的東方之舟，也就是他的散文《東方之旅》。無論是哪一個，東方都被他認為是緬懷的**失落**。

聶瓦的《東方之旅》充滿了原創性，表達了他詩人的獨特心靈，唯有如此，我們才能理解何以藍尼的浩繁鉅著會被聶瓦輕易挪用，不吭一聲地將藍尼的研究納入他對東方的描述文字裡去，儼然他在東方的努力全失敗了，既找尋不到一個穩定的東方真實世界，也無法根據他自己的企圖，有系統地再現東方，於是他借用學術權威，引用一本已被經典化的東方研究的文本。在聶瓦心目中，東方在他的旅遊之後，就死去了，而他的自我則在《東方之旅》中留下絢燦但殘破的蛛絲馬跡，一如出發前，他覺得似乎被下藥，感到疲乏。因此，回想起來，東方似乎屬於負面的領域，唯一可能的行踪內容不過是，失敗的論述、無條理的日記，和學術著作的抄錄，至少，聶瓦並沒有為了嘗試挽救自己的構想，而全盤放棄自己的看法，徹底服從法國對東方的設計。雖然，他也從東方主義找了一些自己的觀點。

相對於聶瓦對一個空洞的東方的負面觀點，福樓拜對東方的觀點是相當肉體的。他的旅遊手記、信件顯示他謹慎報導事件、人物、場景，對東方的**古怪**感到愉悅，他從不企圖化約呈現在他眼前的不協調。他所寫的（就因為被他描寫）特色就是吸引人，翻譯成作者非常努力自覺性創造出來的片語：例如，「鐫刻和鳥糞是埃及僅有的二種有生命的東西（註102）。」他的品味嗜好偏邪，其形式往往將極端的人獸面（甚至怪誕的齷齪）與極端而有時是智性的誇飾混合。然而這種特殊的偏頗，有時不僅是作者觀察到的，也是經過福樓拜努力研究，再現到他的小說中，成為重要元素（註103）。誠如李凡（Harry Levin）所指出，貫穿福氏小說的二元對立或含混曖昧，是靈與肉、莎樂美相對於聖約翰、薩倫坡相對於聖安東尼等，這些對比在他目睹東方，看出知識與肉體邪門的關連，得到有力的印證。在上埃及，他對古埃及藝術的過度誇飾及刻意的肉感感到嘆為觀止：「如此遠古之時代，就有這種骯髒的圖像？」從下文我們可看到東方所提出的問題比起它所能回答的，不知要多出多少：

> 妳（指福樓拜的母親）問我東方是不是和我想的一樣？是的，但絕不止於此，東方超出我先前想像的狹窄侷限。過去在我心中模糊出現的景象，我現在發現了，

而且歷歷如繪。事實因此取代了假設——如此巧妙，經常儼如遇見昔日遺忘的夢境（註104）。

福樓拜的作品複雜且繁多，要簡單討論他有關東方的創作，難免顯得相當簡略而且勢必不完整。不過，放在其他作家所創出的東方主義脈絡中，我們倒可公允地描述福氏東方主義的一些主要特徵。縱使承認他的個人寫真文字（如書信、旅遊札記、日記隨筆）與正式的美學創作（小說與故事）是有不同之處，我們依然可說，福樓拜的東方觀點，根深柢固，是向東、向南，找尋「視野的替代」，他要找的是「東方華麗的顏色，對照於法國外省（巴黎之外）的灰調平凡的景致。東方意味著令人興奮的奇觀，而不是日常的單調，一個永遠神祕之地，而不是太平常（註105）。」然而，當他確實到達東方時，真實東方的殘敗、老朽令他印象深刻。就像其他的東方主義，福樓拜也是個復興主義者(revivalist)，他要帶給東方生命力，他得將東方帶到他自己和西方讀者的眼前，他的創作及在地經驗、鋪陳此一經驗的文字可以辦到。因此，他的東方小說，充滿了重新建構的、經他廣徵博引的歷史性的材料。例如，《薩倫坡》一書中描寫的迦太基，以及《聖安東尼的誘惑》中的主人翁與高采烈所想像的東方事物，都是福樓拜苦讀東方宗教、戰爭、儀式、社會研究等書籍（多半是西方學者所寫）的真正成果。

當然他文學作品所保留的，是福樓拜的大量閱讀和東方之旅後的記憶。在他的《生平見聞的目錄》(*Bibliothèque des idées reçues*)中，他說，東方學專家就是「旅遊很多的人」（註

106）。只不過福樓拜與其他旅遊者不同的是，他將旅遊運用在創意上。他的旅遊經驗，多半用戲劇性的形式處理。他不只是對他看到的東方有興趣（一如雷南），他更對**如何**看到東方有興趣，也就是東方如何以有時恐怖但總是引人入勝的方式將本身呈現給他看。福樓拜是東方的最佳觀眾：

> ……凱薛埃尼醫院，維持得不錯。是克羅・貝的作品。他創作的手跡恍然可見。梅毒的各種漂亮案例；在阿帕的棉路可病房，有很多患者是臀部感染。只要醫生一個手勢，他們都站在床邊，鬆掉褲帶（好像軍隊操練一樣），攤開他們的肛門，用手指指出他們的膿瘡，大量的膿水，有一個人甚至肛門內長毛髮，有一個老人的陰莖甚至完全脫皮了，我被惡臭逼退。又看到一個怪物，他雙手逆向反屈，指甲像動物爪子那麼長，骨瘦如柴，可以看到他上半身的骨骼結構，像骷髏般，身體的其他部份也是不可思議地瘦，因為頭部患有痲瘋，留下一圈白色的痕跡。解剖室，……桌上一個阿拉伯人的屍體，整個攤開，有美麗的黑髮……（註107）

這一幕經強烈渲染的細節，關係到日後福樓拜很多小說的場景，病痛在這裡被呈現得像個醫療門診的劇場。例如，在他的作品《薩倫坡》最後一幕，小說中人物馬叟的儀式性的死亡達到高潮時，就讓人想起福樓拜上述對解剖人體和美麗黑髮的著迷。在這樣的場景中，有時人性的同情或厭惡，全被壓抑了，重要的是要正確地呈現確實的細節。

福樓拜東方之旅，最令人記憶深刻的片段是，他和知名的埃及女舞者兼神女庫加·翰寧的一段情。他在瓦地哈法和她邂逅，事前福樓拜在藍尼的專業著作中分別讀過埃及舞女(*almehs*)、舞男(*khawals*)的記錄，但福樓拜的文學家想像力，卻超過藍尼，他立刻從舞女的職業和她的名字庫加，掌握並享用這個舞女職業和名字代表的近乎形而上的弔詭意義。(同樣地，另一個西方作家康拉德筆下，則重複福樓拜的觀察，把他的音樂家女主角取名為阿瑪，以便她對埃索·海思特有其無法拒抗的吸引力與危險。)「阿拉瑪」(*Alemah*)在阿拉伯文是博學的女人的意思。在十八世紀保守的埃及社會，這個封號是封給技巧嫻熟的女誦詩者。但在十九世紀中葉之前，這個封號也封給舞女，她們同時是娼妓，就像福樓拜巧遇的庫加，他看她跳一曲「拉貝爾」舞，然後和她上床。庫加·翰寧當然就是福樓拜幾部小說中，同時擁有博學、感性、精緻和無心的粗疏等特質的女性角色的原型。他特別欣賞她的地方是，她似乎對福樓拜一無所求，她的床有令人作嘔的「床蝨」怪味，混雜著庫加「迷人的皮膚體味，以及檀香木的氣味」。在東方之旅後，福樓拜寫信給郭蕾(Louise Colet)，對她確定地說，「東方女人不過是機器，她們分不清這個男人和那個男人有何不同。」庫加魯鈍而又沒完沒了的性慾特質，讓福樓拜的心靈冥想若失，力道縈繞，揮之不去，讓我們想起福樓拜另一部名著《情感教育》(*l'Education sentimentale*)的結尾，男主角菲德列·莫若形容愛人黛絲勞瑞的一幕：

至於我，我很少闔眼，看這美麗的人沈睡（她打呼，她的頭靠在我的手臂，我把我的手指穿過她的項鍊下），我留在此地，因為我的夜晚是一個漫長而無限強烈的夢境。我想到我在巴黎妓院度過的夜晚，一連串的舊夢回到我腦海，我想到她，她的舞、她的歌聲，那歌對我而言，並無意義，我甚至分辨不出那歌詞的字（註108）。

對福樓拜而言，東方女人提供一個機緣、機會，讓他沈思；他為她的自足、感情不在意感到神魂顛倒；同時，也被她躺在身邊，卻讓他思考的能耐醉心不已。與其稱她是女人，不如說她展示了可觀但又不善表達的女性特質，庫加是福樓拜筆下薩倫坡和莎樂美的原型。此外，《聖安東尼的誘惑》中，各種出現在聖安東尼面前的女性肉體的誘惑，也是取材自此。就像「雪巴的女王」（她也跳「蜂舞」〔The Bee〕），如果女王會說話，她會說，「我不是個女人，我是個世界（註109）。」用另一個角度看，庫加是另一個令人難安的繁殖象徵，她那奢華風情及似乎毫無羈束的性慾，極其東方。她位於尼羅河上游的家，結構上類似她妮（Tanit）的面紗藏身之地。她妮是《薩倫坡》中全能送子女神（註110）。然而，就像她妮、莎樂美、薩倫坡一樣，庫加命定不孕、腐敗、無子。不難看出她和她所居住的東方世界，如何強化了福樓拜本身對東方荒瘠不孕的感覺：

我們有一個大交響樂團，一個豐富的調色盤，多樣的資源。我們知道很多把戲及詭計，比任何人所知道的還多。不，我們缺的是內在原則、事務的靈魂、主體本身的概念。我們記筆記，旅遊：空虛、空虛！我們變成學者、考古學家、歷史學家、醫生、鞋匠、有品味的人。這些有什麼好處？心靈、狂熱和活力在哪裡？何去何從？我們擅長吸吮，玩很多舌戲，花很多時間愛撫，但真正的重要大事：射精、生孩子（註111）。

圍繞著福樓拜的東方經驗，不管是興奮的或失望的，幾乎一致地都將東方和性關連在一起。在西方學界對待東方的一貫傳統態度中，福樓拜既不是第一個，也不是最誇張的人，去作這種連結。的確，此一主題本身一貫不變，雖然福樓拜的寫作天分，比其他歐洲作家都更能賦予東方這個寫作題材更多的文學藝術上的尊嚴。為什麼東方不只是暗示生育力，還象徵性的允諾（及威脅）、永不疲乏的肉感、無限的慾望、深沈的生育力，對這一點我們大致只能推測，唉，這並非我此處探討的領域，雖然這種題材不斷出現。然而，我們得承認這個主題十分重要，對東方研究者而言，它引起複雜反應，有時甚至是可怕的自我發現，而在這一點上，福樓拜是個有趣的案例。

東方把他拋回人性以及技藝的源頭。東方沒有回應他，就像埃及舞孃庫加也沒有回應他。面對川流不息的生命，福樓拜的反應就像他之前的藍尼一樣，感受到疏離的無力感，也許他也感受到身不由己地進入、成為他所見到的東方的一部份。這當然是他個人面對的常存問題：在他赴東方之前，這問題已存在，造訪東方之後，問題仍在。他也坦承這個困難，而且將寫作當作解毒劑（特別是像《聖安東尼的誘惑》這樣以東方為題材的作品）。他在作品中，以不介入生命、以百科全書的**形式**，將資料呈現出來。對聖安東尼而言，真實世界其實化為各式的書籍、遊行、奇觀，種種面貌極為誘人而且保持距離地展示於他的面前，在《聖安東尼的誘惑》一書，福樓拜多年大量苦讀東方學術，都化為書中的結構，就像傅柯指出的，像一座戲劇性的神奇圖書館，在修道隱者的注視下遊行（註112）；這種遊街展覽，以殘留的方式帶著福樓拜有關凱薛埃尼醫院（梅毒患者的動作）及庫加的舞蹈。不過更重要的是，書中的聖安東尼是一個單身漢，因此性對他是最大的引誘。在忍受各種危險的誘惑之後，聖安東尼終於對生命必經的生育過程有驚鴻一瞥；能夠看到新生命誕生，使他心醉神迷，這一幕正顯出福樓拜在東方旅居時所感到的無能。正因為聖安東尼心醉神迷，我們可以用諷刺的意味來讀這一幕，他最後得到的，也就是**變成**實體物質、成為生命的慾求，只是一種慾求而已，是否可以實現及完成，我們得存疑。

儘管福樓拜智力過人，知識吸收力大，但他仍感到，第一，在東方，「你越專注，就越抓不到整體」，第二，「事物終歸其位了」（註113），充其量，只是構成**奇觀**的形式，西方人無緣參與其中，在某個層面，這就是福樓拜個人的困境，他用各種手段去克服，有些方法我們已討論過。就更廣泛的層面而言，這是一種**知識論**上的難關，因此才有東方研究的學科。在他的東方之旅過程中，他一度感受到知識論層面的挑戰。沒有他所謂的靈魂與風格，心靈會「迷失在考古學中」。這就是他所提及的主流考古作風，所有異國情調、奇風異俗都被整理成字典、典章法令，最後變成陳腔濫調，也就是他在《習見觀念辭典》（*Dictionnaire des* *idées reçues*)所抑制的那種思考方式。在這樣西方世界建制的影響下，世界可以像「一個學院般地管理，老師的見解就是法律，每個人都穿上制服」(註114)。而相對這種強加在身上的學科規矩，福樓拜顯然覺得自己對異國材料(尤其他多年來經歷、閱讀過的東方材料)的處理方式要優越太多了。比起一大堆考古的長篇累牘，拼命擠出「學問」的情況，他的創作空間至少提供了栩栩如生的想像，使人身臨其境。而且較之大多數的作家，福氏深知系統學問及其成品、結果，這些成就可見於他有關布瓦與裴枯謝不幸遭遇的鋪陳；不過，這兩個好笑人物顯然應是東方研究領域的滑稽代表，因為他們的治學態度是完全沿用**習見觀念**。因此，可以說有兩種方式，一種是以才氣與風格去組構世界，另一種則是按照非人性的學院規矩程序，不斷抄襲。上述兩種，在任何一種情況下，我們都必須承認，東方是個異地，與**我們**西方世界的日常連繫、情感價值隔絕。

在福樓拜所有有關東方題材的小說中，他把東方和性幻想的逃避主義連結在一起。包法利夫人，和菲德列・莫若，他們二人都努力追逐他們小資產階級的生活。而事實上，福樓拜也了解，這些主人翁，希望輕而易舉得到的東西(如婚外情)只有在作有關東方的白日夢，想像一些東方的陳腔濫調：如妻妾、公主、王子、奴隸、面紗、舞孃、舞男、冰凍果子露、軟膏等等。其實，這一大串東西乃是耳熟能詳，不只是因為這些元素提醒我們，福樓拜確實有過東方之旅，而且對它著迷；而更因為東方又明顯與縱恣的性愛自由關連在一起。我們大可以體會箇中原因，十九世紀的歐洲，隨著**中產階級**的崛起，性已經體制化了，在那樣一個社會中，性意味著在法律與道德之綱，和政治的及經濟的義務相連結，責任巨細靡遺而且負擔頗重，絕對沒有所謂「自由」的性這回事。各種殖民地，除了對歐洲都會文化有經濟利益之外，也是有用的地方，可派不上道的兒子去那兒闖盪，也可以流放犯罪的人，包括窮人、其他社會不需要的人口，都可以安置；同樣的道理，東方變成尋找在歐洲找不到的性經驗的地方。基本上，自西元一八〇〇年以後，歐洲作家凡是寫過或旅遊過東方的，無人能豁免於這種追逐東方性經驗的歷程。福樓拜、聶瓦、「髒雞雞」（Dirty Dick）波頓，及藍尼都很可圈可點。二十世紀則有紀德、康拉德、毛姆，還有成打的其他作家。通常（而且我想是正確的方式），他們尋求不一樣的性行為，也可能是更加縱恣而較少內咎感的那一種。不過，即使是這種追尋，一旦被太多人重複之後，也會像學問一樣，可能（而且事實上果真如此）變得規律、劃一，很快地，「東方的性愛」與其他大眾文化的商品一樣，變得唾手可得，其標準化的結果是讀者、作家根本不必去東方，也可得到。

當然十九世紀中葉的法國，其蓬勃發展的知識工業，絕對不遜於英國或歐洲其他地方，這正是像福樓拜所畏懼的。大量的文本被製造出來，而更重要的，散佈和宣傳這些文本的體制和中介機構，也隨處可見。科學史和知識史的專家已經指出，在十九世紀的歐洲，科學及學問領域的組織已經是嚴謹而又無所不在。研究變成一個例常的活動，有規律地進行資訊的交換，並對問題乃至研究及其成果之適當典範的共識均達到協議（註115）。專門的東方研究機構，只是其中一小部份。這就是何以福樓拜會宣稱，「大家都穿制服」。東方學專家不再是個有天分的業餘狂熱研究者，即使他們再有天分，如果只是業餘，也不會被這個圈子視為一個嚴肅的學者，因為要成為一個東方學專家，意味著要到大學接受東方研究式的訓練（在西元一八五〇年之前，歐洲每一所主要的大學，都有完整發展設計過的某一種或另一種東方專業訓練），這也意味著旅行可獲補助（也許來自某個歐洲國家的亞洲學會，或是地理探險基金,或市政府捐贈款），這也表示,他們的著作會以有其可信度的形式出版（也許是某個學會出版,或是某個東方語言的翻譯基金贊助）。而這兩種都是在東方研究學者的會社之中，並對大眾發行，因此將東方研究者的著作加以包裝，既非個人證言，也不是主觀的印象派，這種一貫的確認方式，即是科學。

雪上加霜的是，對這種東方事物壓迫性的管制，又因霸權（我們如此稱呼歐洲列強的帝國）越加注意東方，特別是東地中海地區。自從一八〇六年奧圖曼帝國和大英帝國簽訂沙那克條約(Treaty of Chanak)後，歐洲的地中海水平線就更加凸顯出東方問題(the Eastern Question)。英國在東方比法國有更實質的利益，但我們不能忘記俄國入侵東方的舉動（沙曼卡〔Samarkand〕和波卡哈〔Bokhara〕在一八六八年被俄國佔據；跨裡海鐵路也被有系統地延伸了），我們也不能忽視德國與奧匈帝國的侵略。然而，法國在北非出兵干預，也不只是為了它的伊斯蘭政策。在一八六〇年，黎巴嫩的兩個民族：馬洛乃(Maronites)和德魯茲的衝突，法國支持信基督教的馬洛乃教徒，而英國支持德魯茲。其實，弱勢族群的問題剛好靠近所有歐洲列強有關東方政治的中心點，因此諸多霸權都聲稱要保護和代表弱勢民族的利益。猶太人、希臘人、俄國東正教徒、德魯茲人、社卡辛人、亞美尼亞人、庫德人，還有不同的小基督教教派，這些弱勢民族都被列強研究過、計畫過，以便應變、建構成他們的東方政策。

我提到上述這些十九世紀的列強侵略史，只是要呈現：在十九世紀下半世紀，歐洲列強在東方的層層利益，假東方主義正統學習之名，形成體制性的壓力，將東方徹底研究，當作題材與領土。即使是最無害的旅遊書——在十九世紀中以降，這種遊記有數百本之多（註116）——對加強歐洲社會大眾的東方認知，也有很大貢獻。從學者型的旅行家、傳教士、政府公務員，及其他的專家見證人具權威的報告，到一些個人的見證，有一條被過度強調的對立的分界線；這條線，區隔了個別朝聖者在東方的愉悅、多樣的片段掠影、嘆為觀止的見聞（這樣類型的作品還包括一些美國作家，如馬克吐溫、梅爾維爾（Herman Melville））（註117）。這條分界線很明顯地存在於福樓拜的心目中，就像這個意識已存在任何一個歐洲人的自覺，因此不能以無偏見的角度看待東方，把東方當作一個文學的掠奪領域。

整體而言，英國作家對東方，比較起法國作家，有一種更加明白、堅實的感覺。對英國人而言，印度是一個很有價值的真實常項，因此，對英國人而言，從地中海到印度之間所有的東方地區連結起來，就很有份量。其結果就是，浪漫作家拜倫和史考特對於近東地區，也會有他們的政治觀點，而且談到歐洲和東方的關係時，就會有很強的戰鬥意識。英國小說家史考特的歷史小說《吉祥物》和《巴黎的勞勃伯爵》（*Count Robert of Paris*），是以十字軍東征時的巴勒斯坦及十一世紀的拜占庭為其背景，就是這種歐洲的「東方主義」的影響，賦予他的歷史感；同時，這歷史感，針對歐洲霸權在海外的侵略行動的歷史事實，基於他自己護衛歐洲本位利益，又不致於影響到他個人精明的政治信念。迪斯萊利的作品

《坦可立德》的失敗，很容易就可以歸咎到：作者對東方政治的知識，和對英國既得利益的網路了解太多，在書中過度發展。坦可立德想到耶路撒冷去的這個慾望原本有其創意，但很快就搗混了作者荒唐而複雜的描述，有關一位黎巴嫩的酋長如何嘗試管理德魯茲人、穆斯林、猶太人和符合黎巴嫩利益的歐洲人。小說結束時，主人翁坦可立德的東方行腳不啻煙消雲散，因為狄斯萊利對東方現實的物質眼光已沒有任何東西可鼓舞坦可立德這個善變的旅遊者再續繼走下去。即使是喬治·艾略特，他本人雖從未到過東方，在他的小說《丹尼爾·德朗達》也無法擺脫英國政治現實的複雜糾纏，當這個現實決定性地影響到英國在東方的殖民版圖時，書中提到的猶太人到東方朝聖之旅，也不能維持下去了。

因此，對英國作家而言，任何時候要處理東方的主題，主要都不是風格的問題（就像費滋傑羅的《魯拜集》或是莫里歐〔Morier〕的《伊斯法漢的哈只巴巴冒險記》〔*Adventures of Hajji Baba of Ispahan*〕的主題）。英國式的東方主義觀點，迫使他們抗拒個人對東方的幻想，而必須面對體制加諸於他們的壓力。拿英、法兩國的東方題材的著作比較，英國方面，就沒有像夏多布里昂、拉馬丁、聶瓦和福樓拜這樣的東方作家。即使是像雷南、沙錫，這兩位可以和藍尼相提並論的早期作家，也都比藍尼更加清楚，他們筆下的東方，有多少成分是他們創造出來的。這類型的作品像金雷可的《歐森》（*Eothen*,1844），還有波頓的《從麥迪那到麥加朝聖之旅手記》（1855-1856），其寫作呈現方式就是很僵硬的編年體，且是一板一眼直線式發展的觀點，好像作者是在描述一趟東方雜貨市集的採購之旅，而不是歷經一場冒險。金雷可浪得虛名且大受歡迎的作品，其實像是一本悲哀可笑的目錄，內容充滿了種族中心的觀點，還有令人厭倦、平鋪直敘的英國人觀點下的東方記載。撰寫這本書的表面目的是要證明，到東方旅行很重要，因為「可以塑造你的品格——也就是，你真正的身分認同，」但實際上，卻演變成只是或多或少鞏固了「你們」的反閃族主義、仇外思想，還有更普遍的全方位種族偏見。例如，我們被作者告知，《天方夜譚》一書太活潑生動、富於創意，作者應該不是一位「單純的東方人，因為就創意而言，東方人只是一個死去而枯槁的東西、一具心靈的木乃伊。」雖然作者金雷可很乾脆地自承完全不懂任何一種東方語言，但他並沒有被自己的無知所限，反而針對東方、東方的文化、心態、社會，遽下概論。當然，他看東方的方式，是重複經典的東方主義觀點，不過，有趣的是：看到東方的真正經驗一點也不影響他的觀點。就像很多的歐洲旅遊者一樣，金雷可比較感興趣的是如何重塑自己及東方（死亡而枯萎的心靈木乃伊），而不是在東方能看見的東西。他在東方遇到的每一件事物都強化他的信念：對付東方人最好的方法就是用威勢逼其就範，而有什麼手段比西方的統治自我更加有效可讓東方人畏懼服從？借道蘇彝士運河，一個人孤單地穿過沙漠，他以自己的自足和力量為榮：「我身在此，這個非洲沙漠，**靠著我自己，而不是別人，掌握了我的生命**（註118）。」正是這種相形之下的無用，東方的作用只是在發揮其無用之用，讓金雷可可以掌握其本身。

就像他之前的拉馬丁一樣，金雷可輕鬆地將他的優越意識與他的國家的優越感劃上等號，差別只在：那使英國比法國占領了更多的東方殖民地。法國作家福樓拜就把這個問題看得很清楚：

在我看來，英國很快就要變成埃及的女主人。她已經在埃及的阿登地區佈滿軍隊，假道通過蘇彝士運河，英國的紅衫軍很容易地在一個好天氣的上午，就能長驅直入開羅——而這個消息傳到法國要兩個星期的時間，法國的每一個人還會驚訝不已！記得我的預言：一旦歐洲動盪不安，英國勢必佔領埃及，俄國佔領康士坦丁堡，而我們法國人的報復則是讓自己在敘利亞的山上被屠殺（註119）。

儘管有個人浮誇的性格，金雷可的觀點傳達了一個要征服東方的公共與國家的意志；他的自我則成為此一意志表達的工具，而絕非其主宰，沒有證據顯示，他想努力創造有關東方的新見解，他的知識及人格均不適合如此，而這正是他與波頓的最大差別。波頓既是一個旅遊家，也是一位真正的冒險家。而作為一個專業學者，他的學識足以稱得上一位東方學專家；作為一個冒險家，他又能以獨特的個性，不僅和異文化，也和他的歐洲東方同僚們進行抗衡。作為一個性格人物，他完全清楚有必要獨樹一幟，與那些千篇一律的歐洲學術教師分庭抗禮，有別於那種精確的匿名及科學的嚴謹思考方式，他所寫的每一件作品都呈現出這種對抗心理，最明顯對敵手的輕蔑則莫過於他的《天方夜譚》譯者序。他似乎有童稚般的特殊樂趣，證明他比任何一位專業東方學者懂得還多，他蒐集的細節比他們都豐富，而且他處理這些材料，比他們都有機智、智慧和新鮮的角度。

正如我稍早所說的，波頓的作品奠基於個人經驗，佔據了一個折衝的東方學專家的位置，在一端是以藍尼為代表，另一端是我們討論過的法國作家。他有關東方的敘事，在結構上的安排是朝聖之旅，例如，在《重返中地》(*The Land of Midian Revisited*)裡，他二度造訪一些宗教，或者政治及經濟的重要地點，他出入這些作品中，是主要的角色，既是浪漫冒險（甚至是幻想）的故事的中心主人翁（像那些法國作家），也是評論東方社會及風俗的西方權威人士及旁觀者（如藍尼）。他因此被湯瑪斯·阿薩德(Thomas Assad)認為，是維多利亞時代第一位極其個人主義的旅行家（其他有同樣評語的，有布朗特和多提）。阿薩德分析了多位作家，根據作者的作品中語調與智識的距離，來從事比較。他分析的作品有奧斯丁·拉亞德(Austen Layard)的《發現奈霓枚和巴比倫的廢墟》(*Discoveries in the Ruins of Nineveh and Babylon*, 1851)，伊里亞德·華波登非常出名的《肥沃月彎和十字架》(*The Crescent and the Cross*, 1844)，勞勃·柯容(Robert Curzon)的《地中海東岸的墓地之後》(*Visit to the Monasteries of the Levant*, 1849)，還有（這一本他沒提的）薩克瑞(Thackeray)頗有趣的《從玉米山到大開羅的旅遊札記》(*Notes of a Journey from Cornhill to Grand Cairo*, 1845)(註120)。然而，波頓對後來的作者的影響，其實不只是他的個人主義，還有更複雜的層次：正因為在他的作品裡，我們可以發現，個人主義和歐洲在東方的帝國強權的國家認同（特別是對英國）強烈情感糾葛之間的掙扎。阿薩德敏感地指出：波頓是一個帝國主義者，儘管他出自同情，與阿拉伯人有所連結。然而，更有相關的是，波頓自認是一個反叛權威的人（因此他認同東方，正是為了找一個自由的地方，逃避維多利亞道德權威的束縛），但他同時也是在東方的歐洲權威潛在代理人。正是因為這兩種相衝突的角色並存的**方式**，才是波頓特別值得注意之處。

所有討論東方主義的問題，最後化約為東方主義的知識問題。這就是為什麼波頓的東方主義應該可總結有關大半十九世紀東方學專家對東方進行結構和再結構的論述。身為一個不斷旅行的冒險家，波頓自認分享了他所寓居的東方世界人民的生活；事實上，就努力要變成東方人這個角度看，波頓遠比勞倫斯成功。他不只可以完美無瑕地說當地的語言，還能洞察伊斯蘭教的奧祕，化妝為印度的伊斯蘭教醫生，完成了到麥加的朝聖之旅。但我相信波頓最特殊的是，他對人類社會異乎尋常地博學，深知人們的生活方式是被法令和規章管理。他所寫的每一頁東方記載，都有他所知的東方社會的大量資訊，呈現了所有東方，特別是伊斯蘭教的資訊、行為和信仰的系統，也就是身為一個東方人或穆斯林，必須以某種特定方式，了解某種特定事物。而這些事物，當然是隨著東方的歷史、地理和社會發展所限定的特殊時空下所產生的。因此他的東方遊記，顯示給我們讀者的是一個意識：那就是作者波頓可以掌控他的敘述脈絡，穿透這些東方事物。的確，沒有一個歐洲人可以像波頓那樣操一口流利的阿拉伯文和伊斯蘭文，融入東方社會，真正像伊斯蘭朝聖的教徒，抵達聖地麥加和麥迪那。所以我們讀到波頓的文字，是一個波頓個人的意識流的歷史，我們隨著文字體察到作者知覺過程，意識到他成功地在異文化世界中，吸收消化了當地的資訊和行為系統。由於波頓能鬆動他的歐洲本源，獲取個人的自由，以至於能在東方真正生活得像個東方人。他的書《朝聖之旅》所敘述的每一幕故事，都顯示他以外國人，在異地能克服重重險阻，完全是因為他有深厚的東方知識，深入異文化的社會。

再也沒有任何一個作家，可以像波頓那樣，能使我們覺得可以隨著他的觀點概論東方。他以一個活在東方，第一手經驗實際觀察，真正嘗試以浸淫其中的內行人觀點，研究得來知識成果，來看東方。例如，書中他提到阿拉伯人對「*Kayf*」的想法，和教育方法如何配合東方人的心靈的幾頁（波頓寫這幾頁，顯然是要駁斥馬高雷頭腦簡單的宣稱）（註121）。但是在波頓散文的表面下，即迴映出另一種意義：想掌握、支配東方生活的各種複雜層面。證諸波頓的幾部作品，例如《朝聖之旅》和譯作《天方夜譚》裡的每一個註腳，都是要印證他自己的勝利（當然還有他另一篇論文〈終結論文〉也有類似情形）（註122）。戰勝了有時是惡名昭彰的東方知識系統，因為他已精通此一系統。但即使如此，在波頓的文字中，我們從未直接**領受到**東方，他的每一本書中呈現給我們的，都是作者波頓博學的（經常是熱心過度的）干預後呈現的結果。這個結果一再提醒我們，作者為了他的東方敘述，已經掌控了東方生活。正是由於這個事實（在《朝聖之旅》中是個事實），他的意識提升到一定地位，比東方優越。因此，他的個性導致和東方的時空邂逅，而且與帝國的聲音融而為一，其本身就是規則、法律和具體知識論的習慣系統。因此，波頓在《朝聖之旅》中告訴我們，「埃及是注定要被歐洲贏過來的寶庫，」因為埃及是，「東方呈現給歐洲野心最誘人的大獎，即使是金角(Golden Horn)也不例外（註123）。」因此，我們得體會這位東方知識的奇才，他的聲音如何提供、滙入歐洲野心企圖的聲音裡去，以便統治東方。

波頓的兩種聲音，混雜成一種預言，**預告了**後世的東方學專家／帝國主義式代言人的出現，隨便列一些英語作者，就有：勞倫斯、帕馬、霍戈(D. G. Hogarth)、葛楚・貝爾(Gertrude Bell)，史托斯(Ronald Storrs)，聖約翰・菲比(St. John Philby)，和帕葛雷(William Gifford Palgrave)。波頓所寫的東方作品，有雙重動機，既可以用他在東方居住的地點，做科學的考察，**又**不輕易犧牲他個人的獨特性。為了同時達到兩個目的，第二個目的不可避免地要他臣服於第一個目的。因為，研究東方的目的將日益明顯：他是個歐洲人，他所擁有對東方社會的知識，隨著歐洲人自覺到社會乃是規則與實踐的集合，只可能對歐洲人才說得通。換言之，做一個生活在東方社會的歐洲人，而且是一個博學的歐洲人，他必須看到，而且知道東方是一個被歐洲統治的領域。東方主義原本就是歐洲或是西方世界對東方的知識系統，因此變成「歐洲控制東方」的同義詞。這種控制，有效地壓過了波頓不同凡響的個人風格。

波頓闡發有關東方的個人、真切、同情契入、人文取向的知識，大致只是要與官方歐洲對東方的知識檔案對壘。在十九世紀的歷史裡，學者努力恢復、重新結構、贖救各種知識及生命的領域，而一如其他被浪漫主義啟發的治學規矩一樣，東方主義貢獻良多。因為這個領域不但從早期如獲神啟的觀察系統，演化到福樓拜所謂的學問的規範大學，而且它也把最令人敬畏的個人主義者（像波頓這種人）化約為帝國文書的角色。東方從一個地理上的地方，成為既有確實學術規則又能替帝國搖旗吶喊的領域。早期東方學專家像雷南、沙錫和藍尼，他們扮演的角色是，提供他們以東方為題材的作品，與東方並列，儼然**入其景中**(*mise en scène*)。稍晚的東方主義者，不管是學者或是想像作家，則緊緊掌握此一景。再晚一點，因為東方主義的景需要管理，政府和機構的管理顯然遠比個人有效。上述就是十九世紀的東方主義的遺產，二十世紀是承襲者。接下去，我們要儘可能詳細地探究二十世紀的東方主義，自西元一八八〇年起，西方真正佔領東方的漫長殖民史開始看起，成功地控制了自由和知識；簡言之，東方主義自此完全被正式體制化，一再重複生產它自己。

註釋：

註1：Gustave Flaubert, *Bouvard et Pécuchet,* vol. 2 of *Oeuvres, ed.* A. Thibaudet and R. Dumesnil (Paris: Gallimard, 1952), p. 985.

註2：在Donald G. Charlton, *Secular Religions in France, 1815-1870* (London: Oxford University Press, 1963)裡有一個有關這些視野與烏托邦的清楚報告。

註3：M. H. Abrams, *Natural Supernaturalism: Tradition and Revolution in Romantic Literature* (New York: W. W. Norton & Co., 1971), p. 66.

註4：有一些清楚的材料在John P. Nash, "The Connection of Oriental Studies with Commerce, Art, and Literature During the 18th-19th Centuries," *Manchester Egyptian and Oriental Society Journal* 15 (1930): 33-9，以及

John F. Laffey, "Roots of French Imperialism in the Nineteenth Century: The Case of Lyon," *French Historical Studies* 6, no. 1 (Spring 1969): 78-92 與 R. Leportier, *L'Orient Porte des Indes* (Paris: Éditions France-Empire, 1970)，大量的資料在Henri Omont, *Missions archéologiques françaises en Orient aux XVII*^{e} *et XVIII*^{e} *siècles*, 2 vols. (Paris: Imprimerie nationale, 1902)，以及Margaret T. Hodgen, *Early Anthropology in the Sixteenth and Sventeenth Centuries* (Philadelphia: University of Pennsylvania Press, 1964)，也在Norman Daniel, *Islam, Europe and Empire* (Edinburgh: University Press, 1966)。兩個不可或缺的短篇研究是Albert Hourani, "Islam and the Philosophers of History," *Middle Eastern Studies* 3, no. 3 (April 1967): 206-68 和 Maxime Rodinson, "The Western Image and Western Studies of Islam," in *The Legacy of Islam*, ed. Joseph Schacht and C. E. Bosworth (Oxford: Clarendon Press, 1974), pp. 9-62。

註5‥P. M. Holt, "The Treatment of Arab History by Prideaux, Ockley, and Sale," in *Historians of the Middle East*, ed. Bernard Lewis and P. M. Holt (London: Oxford University Press, 1962), p. 302。同樣參考Holt's *The Study of Modern Arab History* (London: School of Oriental and African Studies, 1965)。

註6‥Isaiah Berlin, *Vico and Herder: Two Studies in the History of Ideas* (New York: Viking Press, 1976)認為Herder是一個民粹和多元主義者。

註7‥對此動機和呈現的討論請見Jean Starobinski, *The Invention of Liberty, 1700-1789*, trans. Bernard C. Smith (Geneva: Skira, 1964)。

註8‥對於這個不太被注意的主題有一小部份的研究，一些有名的是Martha P. Conant, *The Oriental Tale in England in the Eighteenth Century* (1908; reprint ed., New York: Octagon Books, 1967); Marie E. de Meester, *Oriental Influences in the English Literature of the Nineteenth Century, Anglistische Forschungen*, no. 46 (Heidelberg, 1915); Byron Porter Smith, *Islam in English Literature* (Beirut: American Press, 1939) 同時參考

Jean-Luc Doutrelant, "L'Orient tragique au XVIIIe siècle," *Revue des Sciences Humaines* 146 (April-June 1972): 255-82。

註9‥Michel Foucault, *The Order of Things: An Archaeology of the Human Sciences* (New York: Pantheon Books, 1970), pp. 138, 144。也參考François Jacob, *The Logic of Life: A History of Heredity,* trans. Betty E. Spillmann (New York: Pantheon Books, 1973), p. 50和整本‥以及 Georges Canguilhem, *La Connaissance de la vie* (Paris: Gustave-Joseph Vrin, 1969), pp. 44-63。

註10‥參考 John G. Burke, "The Wild Man's Pedigree: Scientific Method and Racial Anthropology," in *The Wild Man Within: An Image in Western Thought from the Renaissance to Romanticism,* ed. Edward Dudley and Maximillian E. Novak (Pittsburgh, Pa.: University of Pittsburgh Press, 1972), pp. 262-8 也參考 Jean Biou, "Lumières et anthropophagie," *Revue des Sciences Humaines* 146 (April-June 1972): 223-34。

註11‥Henri Dehérain, *Silvestre de Sacy: Ses Contemporains et ses disciples* (Paris: Paul Geuthner, 1938), p. 111.

註12‥有關這些與其它請看ibid., pp. i—xxxiii。

註13‥Duc de Broglie, "Éloge de Silvestre de Sacy," in Sacy, *Mélanges de littèrature orientale* (Paris: E. Ducrocq, 1833), p. xii.

註14‥Bon Joseph Dacier, *Tableau historique de l'érudition française, ou Rapport sur les progrès de l'histoire et de la littérature ancienne depuis 1789* (Paris: Imprimerie impériale, 1810), pp. 23, 35, 31.

註15‥Michel Foucault, *Discipline and Punish: The Birth of the Prison,* trans. Alan Sheridan (New York: Pantheon Books, 1977), pp. 193-4.

註16‥Broglie, "Éloge de Silvestre de Sacy," p. 107.

註17‥Sacy, *Mélanges de littérature orientale,* pp. 107, 110, 111-12.

註18‧‧Silvestre de Sacy, *Chrestomathie arabe, ou Extraits de divers écrivains arabes, tant en prose qu'en vers, avec une traduction française et des notes, à l'usage des élèves de l'École royale et spéciale des langues orientales vivantes* (vol. 1, 1826; reprint ed., Osnabrück: Biblio Verlag, 1973), p. viii.

註19‧‧"supplementarity"、"supply"和"supplication"等概念，請看Jacques Derrida, *De la grammatologie* (Paris: Éditions de Minuit, 1967), p. 203和整本。

註20‧‧有關Sacy的學生和影響力請看Johann W. Fück, *Die Arabischen Studien in Europa bis in den Anfang des 20. Jahrhunderts* (Leipzig: Otto Harrassowitz, 1955), pp. 156-7。

註21‧‧Foucault對檔案特性的看法可以被發現在*The Archaeology of Knowledge and the Discourse on Language*, trans. A. M. Sheridan Smith and Rupert Sawyer (New York: Pantheon Books, 1972), pp. 79-131. Gabriel Monod(一位和雷南同時代但較年輕且思考敏捷的人)指出雷南在語言學、考古學或《聖經》詮釋學上絕非是革命者，不過他有最寬廣和最精確的有關那個時代的任何人的知識，因此可以說是最重要的代表(*Renan, Taine, Michelet* [Paris: Calmann-Lévy, 1894], pp. 40-1)。同樣參考Jean-Louis Dumas, "La Philosophie de l'histoire de Renan," *Revue de Métaphysique et de Morale* 77, no. 1 (January-March 1972): 100-28。

註22‧‧Honoré de Balzac, *Louis Lambert* (Paris: Calmann-Lévy, n.d.), p. 4.

註23‧‧Nietzsche對語源學的看法充斥在他的作品，主要參考他對"Wir Philologen"的筆記，取自他一八七五年一月到七月的筆記，William Arrowsmith翻譯成"Notes for 'We Philologists,'" *Arion*, N. S. ½ (1974): 279-380。另外參考*The Will to Power*裡有關語言和觀點論的段落(trans. Walter Kaufmann and R. J. Hollingdale [New York: Vintage Books, 1968])。

註24‧‧Ernest Renan, *L'Avenir de la science: Pensées de 1848*, 4th ed. (Paris: Calmann-Lévy, 1890) pp. 141, 142-5, 146,

148, 149.

註25‧‧Ibid., p. xiv和整本。

註26‧‧*Histoire générale et système comparé des langues sémitiques* (in *Oeuvres complètes*, ed. Henriette Psichari [Paris: Calmann-Lévy, 1947-61], 8: 143-63)整個開頭的章節(第1卷第1章)基本上是反閃族(也就是穆斯林與猶太人)的種族偏見的百科全書，其餘的部份也到處都是相同的觀念，許多雷南其他的作品也是，包括*L'Avenir de la science*，尤其是雷南的筆記。

註27‧‧Ernest Renan, *Correspondence; 1846-1871* (Paris: Calmann-Lévy, 1926), 1: 7-12.

註28‧‧Ernest Renan, *Souvenirs d'enfance et de jeunesse*, in *Oeuvres complètes*, 2: 892. Jean Pommier兩個作品非常仔細地處理了雷南嘗試聯繫宗教和語源學的努力‧‧*Renan, d'après des documents inédits* (Paris: Perrin, 1923), pp. 48-68，以及*La Jeunesse cléricale d'Ernest Renan* (Paris: Les Belles Lettres, 1933)。較近的作品有J. Chaix-Ruy, *Ernest Renan* (Paris: Emmanuel Vitte, 1956), pp. 89-111。標準的描述——根據雷南宗教上的工作，完成了更多——仍然有價值‧‧Pierre Lasserre, *La Jeunesse d'Ernest Renan: Histoire de la crise religieuse au XIX*ᵉ *siècle*, 3 vols. (Paris: Garnier Frères, 1925)。在vol. 2, pp. 50-166, 265-98對了解語源學、哲學和科學有用。

註29‧‧Ernest Renan, "Des services rendus aux sciences historiques par la philologie," in *Oeuvres complètes* 8: 1228.

註30‧‧Renan, *Souvenirs*, p. 892.

註31‧‧Foucault, *The Order of Things*, pp. 290-300。由於語言的伊甸園來源說已不被相信，其他的一些事件——洪水與巴貝塔的建造——同樣失去它們的解釋力，最完備的語言來源的歷史是Arno Borst, *Der Turmbau von Babel: Geschichte der Meinungen über Ursprung und Vielfalt der Sprachen und Volker*, 6 vols. (Stuttgart: Anton Hiersemann 1957-63)。

註32‥被引用在Raymong Schwab, *La Renaissance orientale* (Paris: Payot, 1950), p. 69。有關太快就相信東方發現的普遍性的危險，請看一位傑出當代漢學家的反省Abel Rémusat, *Mélanges postumes d'histoire et littérature orientales* (Paris: Imprimerie royale, 1843), p. 256和整本。

註33‥Samul Taylor Coleridge, *Biographia Literaria*, chap. 16, in *Selected Poetry and Prose of Coleridge*, ed. Donald A. Stauffer (New York: Random House, 1951), pp. 276-7.

註34‥Benjamin Constant, *Oeuvres*, ed. Alfred Roulin (Paris: Gallimard, 1957), p. 78.

註35‥Abrams, *Natural Supernaturalism*, p. 29.

註36‥Renan, *De l'origine du langage, in Oeuvres complètes*, 8: 122.

註37‥Renan, "De la part des peuples sémitiques dans l'histoire de la civilisation," in *Oeuvres complètes*, 2: 320.

註38‥Ibid., p. 333.

註39‥Renan, "Trois Professeurs au Collège de France: Étienne Quatremère," in *Oeuvres complètes*, 1: 129。雷南並沒有看錯Quatremère，他有天份可以挑出有趣的研究題目然後在讓它們變得相當沒趣，參考他的文章"Le Goût des livres chez les orientaux" and "Des sciences chez les arabes," in his *Mélanges d'histoire et de philologie orientales* (Paris: E. Ducrocq, 1861) pp. 1-57。

註40‥Honoré de Balzac, *La Peau de chagrin*, vol. 9 (*Études philosophiques* 1) of *La Comédie humaine*, ed. Marcel Bouteron (Paris: Gallimard, 1950), p. 39; Renan, *Histoire générale des langues sémitiques*, p. 134.

註41‥例如請看*De l'origine du langage*, p. 102和*Histoire générale*, p.180。

註42‥Renan, *L'Avenir de la science*, p. 23。整段如下‥「對我來說，我只知道科學的唯一成果，就是猜謎，

就是斬刀截鐵地向人們說出事物的底細，就是像人們解說答案，然後，以整體人性所成就的唯一合法權威之名，向人們提出宗教早已提出的記號與信條，使人們無法再接受宗教。」

註43‥參考Madeleine V. -David, *Le Dêbat sur les êcriture et l'hiêroglyphe aux XVII*^{e} *et XVIII*^{e} *siècles et l'application de la notion de dêchiffrement aux êcritures mortes* (Paris: S. E. V. P. E. N., 1965), p. 130。

註44‥在Schwab的*La Renaissance orientale*裡，雷南只是被不經意地提到，Foucault的*The Order of Things*完全沒提到，在Holger Pederson的*The Discovery of Language: Linguistic Science in the Nineteenth Century*則有點遭貶抑(trans, John Webster Spargo 〔1931; reprint ed., Bloomington: Indiana University Press, 1972〕)。Max Müller的*Lectures on the Science of Language* (1861-64; reprint ed., New York: Scribner, Armstrong, & Co., 1875)和Gustave Dugat的*Histoire des orientalistes de l'Europe du XII*^{e} *au XIX*^{e} *siècle,* 2 vols. (Paris: Adrien Maisonneuve, 1868-70)完全沒有提到雷南。James Darmesteter的*Essais Orientaux* (Paris: A. Lêvy, 1883)——第一節是一段歷史"L'Orientalisme en France"——獻給雷南但沒說到他的貢獻。有半打有關雷南作品的註解在Jules Mohl的百科式與極端有價值的記事簿，*Vingtsept ans d'histoire des êtudes orientales: Rapports faits à la Sociêtê asiatique de Paris de 1840 à 1867,* 2 vols. (Paris: Reinwald, 1879-80)。

註45‥在處理有關種族與種族主義的作品裡，雷南佔著重要的位置，底下幾個作品處理了這個問題‥Ernest Seillière, *La Philosophie de l'impêrialisme,* 4 vols. (Paris: Plon, 1903-8); Thêophile Simar, *Etude critique sur la formation de la doctrine des races au XVIII*^{e} *siècle et son expansion au XIX*^{e} *siècle* (Brussels: Hayez, 1922); Erich Voegelin, *Rasse und Staat* (Tūbingen: J. C. B. Mohr, 1933)。同樣的提到他的*Die Rassenidee in der Geistesgeschichte von Ray bis Carus* (Berlin: Junker und Dunnhaupt, 1933)。雖然沒有直接處理雷南的時代，不過是*Rasse und Staat*重要的補助材料‥Jacques Barzun, *Race: A Study in Modern Superstition* (New York: Harcourt, Brace & Co., 1937).

註46‧‧在 *La Renaissance orientale*，Schwab有一些不錯的篇幅，描寫有關博物館、生物與語言學的類似和Cuvier、Balzac等等‧‧參考p. 323和整本。有關圖書館和它在十九世紀中葉的重要性，參考Foucault, "La Bibliothèque fantastique" 是他寫給 Flaubert的 *La Tentation de Saint Antoine* (Paris: Gallimard, 1971), pp. 7-33的序言。感謝 Eugenio Donato 教授讓我注意到這點‧‧參考他的"A Mere Labyrinth of Letters: Flaubert and the Quest for Fiction," *Modern Language Notes* 89, no. 6 (December 1974): 885-910。

註47‧‧Renan, *Histoire gênérale*, pp. 145-6.

註48‧‧看*L'Avenir de la scienec*, p. 508和整本。

註49‧‧Renan, *Histoire gênérale*, p. 214.

註50‧‧Ibid., p. 527。這個想法可追溯至Friedrich Schlegel區分有機與膠著(agglutinative)的語言，後來形態的閃族語是一個例子。Humboldt作了相同的區分，自雷南後大部份的東方主義者都一樣。

註51‧‧Ibid., pp. 531-2.

註52‧‧Ibid., p. 515和整本。

註53‧‧看 Jean Seznec, *Nouvelles Études sur "La Tentation de Saint Antoine"* (London: Warburg Institute, 1949), p. 80。

註54‧‧參考Étienne Geoffroy Saint-Hilaire, *Philosophie anatomique: Des monstruosités humaines* (Paris: published by the author, 1822). Isidore Geoffroy Saint-Hilaire作品完整的題目是 *Histoire gênérale et particulière des anomalies de l'organisation chez l'homme et les animaux, ouvrage comprenante des recherches sur les caractères, la classification, l'influence physiologique et pathologique, les rapports gênéraux, les lois et les causes des monstruosités, des variétés et vices de conformation, ou traité de tératologie*, 3 vols. (Paris: J.-B. Baillière, 1832-36).

有關Goethe生物學觀念的一些有價值的篇幅見Erich Heller, *The Disinherited Mind* (New York: Meridian Books, 1959), pp. 3-34。同樣參考Jacob, *The Logic of Life*和Canguilem, *La Connaissance de la vie*, pp. 174-84，可以看到一個非常有趣的報告，有關Saint-Hilaire在生命科學發展上的位置。

註55‥E. Saint-Hilaire, *Philosophie anatomique*, pp. xxii—xxiii.

註56‥Renan, *Histoire gênérale*, p. 156.

註57‥Renan, *Oeuvres complètes*, 1: 621-2和整本。參考H. W. Wardman, *Ernest Renan: A Critical Biography* (London: Athlone Press, 1964), p.66和整本，可看到Reana家居生活的細緻描述‥雖然你可能不想強迫地類比雷南的傳記和我所稱的他的「男性」世界，Wardman的描述至少對我來說正有此企圖。

註58‥Renan, "Des services rendus au sciences historiques par la philologie," in *Oeuvres complètes*, 8: 1228, 1232.

註59‥Ernst Cassirer, *The Problem of Knowledge: Philosophy, Science, and History since Hegel*, trans. William H. Woglom and Charles W. Hendel (New Haven, Conn.: Yale University Press, 1950), p. 307.

註60‥Renan, "Réponse au discours de réception de M. de Lesseps (23 avril 1885)," in *Oeuvres complètes*, 1: 817。不過作為真正當代的價值，在Sainte-Beuve一八六二年六月有關雷南的文章裡有最好的說明。同樣參考Donald G. Charlton, *Positivist Thought in France During the Second Empire* (Oxford: Clarendon Press, 1959) 和*Seculer Religions in France*.。同樣參考Richard M. Chadbourne, "Renan and Saint-Beuve," *Romanic Review* 44, no. 2 (April 1953): 126-35。

註61‥Renan, *Oeuvres complètes*, 8: 156.

註62‥在他一八五六年六月二十六日，寫給Gobineau的信中，*Oervres complètes*, 10: 203-4. Gobineau的想法則詳見他的*Essai sur l'inégalité des races humaines* (1853-55)。

註63．．由Albert Hourani在他卓越的論文 "Islam and the Philosophers of History," p. 222所提出。

註64．．Caussin de Perceval, *Essai sur l'histoire des Arabes avant l'Islamisme, pendant l'époque de Mahomet et jusqu'à la réduction de toutes les tribus sous la loi musulmane* (1847-48; reprint ed., Graz, Austria: Akademische Druck- und Verlagsanstalt, 1967), 3: 332-9.

註65．．Thomas Carlyle, *On Heroes, Hero-Worship, and the Heroic in History* (1841; reprint ed., New York: Longmans, Green & Co., 1906), p. 63.

註66．．G. Otto Trevelyan, *The Life and Letters of Lord Macaulay* (New York: Harper & Brothers, 1875), 1: 344-71當中，描述了 Macaulay 的印度經驗，Macaulay 的 "Minute" 的全文，可在此處很容易找到．．Philip D. Curtin, ed., *Imperialism: The Documentary History of Western Civilization* (New York: Walker & Co., 1971), pp. 178-91。有關 Macaulay 英國東方主義觀點的一些推論，A. J. Arberry, *British Orientalists* (London: William Collins, 1943)當中，有相關的討論。

註67．．John Henry Newman, *The Turks in Their Relation to Europe*, vol. 1 of his *Historical Sketches* (1853; reprint ed., London: Longmans, Green & Co., 1920).

註68．．詳見Marguerite-Louise Ancelot, *Salons de Paris, toyers éteints* (Paris: Jules Tardieu, 1858)。

註69．．Karl Marx, *Surveys from Exile*, ed. David Fernbach (London: Pelican Books, 1973), pp. 306-7.

註70．．Ibid., p. 320.

註71．．Edward William Lane, Author's Preface to *An Account of the Manners and Customs of the Modern Egyptians* (1836; reprint ed., London: J. M. Dent, 1936), pp. xx, xxi.

註72．．Ibid., p. 1.

註73．．Ibid., pp. 160-1. Lane的標準傳記出版於一八七七年，由他的曾外甥 Stanley Lane-Poole 負責執筆，A.

J. Arberry在他的*Oriental Essays: Portraits of Seven Scholars* (New York: Macmillan Co., 1960), pp. 87-121. 中，對Lane有充滿同情口吻的描述。

註74‧‧Frederick Eden Pargiter, ed., *Centenary Volume of the Royal Asiatic Society of Great Britain and Ireland, 1823-1923* (London: Royal Asiatic Society, 1923), p. x.

註75‧‧*Société asiatique: Livre du centenaire, 1822-1922* (Paris: Paul Geuthner, 1922), pp. 5-6.

註76‧‧Johann Wolfgang von Goethe, *Westöstlicher Diwan* (1819; reprint ed., Munich: Wilhelm Golmann, 1958), pp. 8-9, 12。Goethe對*Diwan*的評論研究資料中，曾以尊敬的口吻提起Sacy的名字。

註77‧‧Victor Hugo, *Les Orientales,* in *Oeuvres pôetiques,* ed. Pierre Albouy (Paris: Gallimard, 1964), 1: 616-18.

註78‧‧François-René de Chateaubriand, *Oeuvres romanesques et voyages, ed.* Maurice Regard (Paris: Gallimard, 1969), 2: 702.

註79‧‧詳見Henri Bordeaux, *Voyageurs d'Orient: Des pêlerins aux méharistes de Palmyre* (Paris: Plon, 1926)。我發現Victor Turner, *Dramas, Fields, and Metaphors: Symbolic Action in Human Society* (Ithaca, N. Y.: Cornell University Press, 1974), pp. 166-230。當中，有關朝聖者與朝聖的理論觀念，十分有用。

註80‧‧Hassan al-Nouty, *Le Proche-Orient dans la littêrature française de Nerval à Barrès* (Paris: Nizet, 1958), pp. 47-8, 277, 272.

註81‧‧Chateaubriand, *Oeuvres,* 2: 702 and note, 1684, 769-70, 769, 701, 808, 908.

註82‧‧Ibid., pp. 1011, 979, 990, 1052.

註83‧‧Ibid., p. 1069.

註84‧‧Ibid., p. 1031.

註85‧‧Ibid., p. 999.

註86‧‧Ibid., pp. 1126-27, 1049.

註87‧‧Ibid., pp. 1137.

註88‧‧Ibid, PP. 1148, 1214.

註89‧‧Alphonse de Lamartine, *Voyage en Orient* (1835; reprint ed., Paris: Hachette, 1887), 1: 10, 48-9, 179, 178, 148, 189, 118, 245-6, 251.

註90‧‧Ibid., 1: 363; 2: 74-5; 1: 475.

註91‧‧Ibid., 2: 92-3.

註92‧‧Ibid., 2: 526-7, 533。有關東方法語作家的重要作品有:‧‧Jean-Marie Carré, *Voyageurs et écrivains français en Égypte,* 2 vols. (Cairó: Institut français d'archéologie orientale, 1932)以及Moënis Taha-Hussein, *Le Romantisme français et l'Islam* (Beirut: Dar-el-Maeref, 1962)。

註93‧‧Gérard de Nerval, *Les Filles du feu,* in *Oeuvres,* ed. Albert Béguin and Jean Richet (Paris: Gallimard, 1960), 1 297-8.

註94‧‧Mario Praz, *The Romantic Agony,* trans. Angus Davison (Cleveland, Ohio: World Publishing Co., 1967).

註95‧‧Jean Bruneau, *Le "Conte Orientale" de Flaubert* (Paris: Denoel, 1973), p. 79.

註96‧‧這些都由Bruneau在ibid.中考慮過。

註97‧‧Nerval, *Voyage en Orient,* in *Oeuvres,* 2: 68, 194, 96, 342.

註98‧‧Ibid., p. 181.

註99‧‧Michel Butor, "Travel and Writing," trans. John Powers and K. Lisker, *Monsaic* 8, no. 1 (Fall 1974): 13.

註100‧‧Nerval, *Voyage en Orient,* p. 628.

註101‧‧Ibid, pp. 706, 718.

註102‧‧*Flaubert in Egypt: A Sensibility on Tour,* trans. and ed. Francis Steegmuller (Boston: Little, Brown & Co., 1973), p. 200。我還參考了以下的文本‧‧*Oeuvres complètes de Gustave Flaubert* (Paris: Club de l'Honnête homme, 1973), vols. 10, 11; *Les Lettres d'Égypte, de Gustave Flaubert,* ed. A. Youssef Naaman (Paris: Nizet, 1965); Flaubert, *Correspondance,* ed. Jean Bruneau (Paris, Gallimard, 1973), 1: 518 ff。所有Flaubert的「東方」作品，都可以在這些文本中找到。

註103‧‧Harry Levin, *The Gates of Horn: A Study of Five French Realists* (New York: Oxford University Press, 1963), p. 285.

註104‧‧*Flaubert in Egypt,* pp. 173, 75.

註105‧‧Levin, *Gates of Horn,* p. 271.

註106‧‧Flabuert, *Catalogue des opinions chic,* in *Oeuvres,* 2: 1019.

註107‧‧*Flaubert in Egypt,* p. 65.

註108‧‧Ibid., pp. 220, 130.

註109‧‧Flaubert, *La Tentation de Saint Antoine,* in *Oeuvres,* 1: 85.

註110‧‧詳見Flaubert, *Salammbô,* in *Oeuvres,* 1: 809 ff。另外也可參閱Maurice Z. Shroder, "On Reading *Salammbô,*" *L'Esprit créateur* 10, no. 1 (Spring 1970): 24-35.

註111‧‧*Flaubert in Egypt,* p. 198-9.

註112‧‧Foucault, "La Bibliothèque fantastique," in Flaubert, *La Tentation de Saint Antoine,* pp.7-33.

註113‧‧*Flaubert in Egypt*, p. 79.

註114‧‧Ibid., pp. 211-2.

註115‧‧有關這個過程的討論，詳見Foucault的*Archaeology of Knowledge*或者Joseph Ben-David的*The Scientist's Role in Society* (Englewood Cliffs, N. J.: Prentice-Hall, 1971)。另外也可參閱Edward W. Said, "An Ethics of Language," *Diacritics* 4, no. 2 (Summer 1974): 28-37。

註116‧‧詳見 Richard Bevis, *Bibliotheca Cisorientalia: An Annotated Checklist of Early English Travel Books on the Near and Middle East* (Boston: G. K. Hall & Co., 1973) 中，寶貴的列舉資料。

註117‧‧有關美國遊客的討論，請參看Dorothee Metlitski Finkelstein, *Melville's Orienda* (New Haven, Conn.: Yale University Press, 1961)以及 Franklin Walker, *Irreverent Pilgrims: Melville, Browne, and Mark Twain in the Holy Land* (Seattle; University of Washington Press, 1974)。

註118‧‧Alexander William Kinglake, *Eothen, or Traces of Travel Brought Home from the East*, ed. D. G. Hogarth (1844; reprint ed., London: Henry Frowde, 1906), pp. 25, 68, 241, 220.

註119‧‧*Flaubert in Egypt*, p. 81.

註120‧‧Thomas J. Assad, *Three Victorian Travellers: Burton, Blunt and Doughty* (London: Routledge & Kegan Paul, 1964), p. 5.

註121‧‧Richard Burton, *Personal Narrative of a Pilgrimage to al-Madinah and Meccah*, ed. Isabel Burton (London: Tylston & Edwards, 1893), 1: 9, 108-10.

註122‧‧Richard Burton, "Terminal Essay," in *The Book of the Thouand and One Nights* (London: Burton Club, 1886), 10: 63-302.

註123‧‧Burton, *Pilgrimage*, 1: 112, 114.

III
當代的東方主義
Orientalism Now

人們看到他們將偶像擁在懷裡，
宛若抱著個癱瘓的大嬰兒。
-福樓拜《聖安東尼的誘惑》

開疆闢土，通常意味著從那些與我們膚色不同，
或是鼻子稍微平坦一些的人那裡奪取土地；
若你探究此事夠深，會發現它並不光彩。
能夠對此有所補償的，只有開疆闢土這個觀念本身。
這個隱身在不光彩背後的觀念：
不是個感傷的托詞，而就是個觀念，
以及對此觀念的無私信仰
——那是你可以供奉、向之鞠躬致敬，
並且奉上犧牲的東西……
-康拉德《黑暗之心》

1 潛隱與明顯的東方主義
Latent and Manifest Orientalism

在第一章裡，我試圖指明**東方主義**這個字眼所涵蓋的思想與行動之範圍，而以英國和法國在近東、伊斯蘭和阿拉伯的經驗為其特權類型。在那些經驗裡，我辨識出一種密切（且或許是最為密切而豐富）的西方與東方之關係。那些經驗是更廣泛的歐洲或西方與東方之關係的一部份，但是影響東方主義最為深遠的，似乎是當西方人在接觸東方時，覺察到的一種恆久的面對他者的感受。東方與西方的疆界觀念、各種程度的優劣勢之投射、完成著作的多寡，以及賦予東方的各種特徵：這一切都確證了綿延好幾個世紀的東方與西方之間，在想像與地理上的蓄意區分。在第二章裡，我的焦點相當集中。我感興趣的是我所謂的現代東方主義的最早階段，它始於十八世紀後葉與十九世紀初期。我並不打算讓我的研究成為現代西方之東方研究發展史的編年紀實，我的意圖反而是要以直至一八八〇年或一八八〇年為止的知識、文化和政治史的背景作為對照，來解釋東方主義的興起、發展與體制。雖然我對於此一階段東方主義的研究興趣，包含了非常多樣的學者及富有想像的作家，但我頂多能夠聲言，我只是概述構成這個領域的典型結構（以及它們的意識形態傾向）、它與其他領域的關係，以及某些最具影響力作者的著作。我主要的操作性假設一直是：這個學習領域就和甚至是最走偏鋒的藝術家作品一樣，承受了社會、文化傳統、俗世環境，以及像學校、圖書館和政府等穩定影響力的限制和作用；再者，學術與想像的書寫都絕非完全自由，在其意象、假設和意圖上都有所限制；最後，像學院形式的東方主義這樣的「科學」，其進展並不像我們通常所認為的那麼客觀。簡言之，行文至此，我的研究企圖是要描繪**機制經濟**（economy）如何使東方主義成為一貫的題材，即使說**東方**作為觀念、概念或意象，這個字眼在西方是有相當程度有趣的文化回響。

我明白這種假設不免有其爭議。我們大部份人都會假定，一般而言，學術和學問是向前推展的；我們認為隨著時間及更多資訊的積累、方法的改良，以及後代學者對前輩成果的改進，它們會變得更好。此外，我們滿足於一種創造神話，相信某種藝術天才、原創的天賦，或是強大的智力，可以超越其時代和環境，而為世界提出新的作品。大可不必否認這些觀念，因為它們確有幾分真實。縱然如此，偉大原創的心靈在文化中提出作品的可能性，絕非無窮無盡，正如偉大的天才對於前人的成就和專業領域的既有成果，也有非常得體的尊重。姑且不論經濟與社會環境，前人的著述、一個學術領域的制度生命及任何學問的集體性質，這些因素都會減低個別學者之研究成果的影響力。像東方主義這樣的領域具有累積和會社團體的認同，並由於其與傳統學術（經典、《聖經》、語源學）、公共體制（政府、貿易公司、地理協會、大學），以及特定類型的書寫（旅遊書、探險記、奇幻、異國風光）的關連，而顯得特別壯大。對東方主義而言，其結果是造成一種共識：某些事物、某些類型的陳述、某些類型的著作，在東方學專家看來是正確的。他將自己的著作和研究奠基其上，而它們反過來又對於新的作家和學者施予壓力。東方主義因此可以被認為是一種受到規範（或東方學化）的書寫、視野和研究，受到儼然適合東方的掌控、觀點及意識形態偏見所支配。以某種特定方式，東方被教導、研究、管理和代言。

因此，在東方主義裡出現的東方，是被一整組力量所框架的再現系統，將東方帶入西方的學術、西方的意識，以及稍後的西方帝國裡。如果東方主義這個定義看來頗為政治，那只是因為我認為東方主義本身就是某種政治力量與活動的產物。東方主義是材料恰好為東方、其文明、人民與地域的一種詮釋學派。它的客觀發現──無數獻身的學者的著作，他們編輯與翻譯文本、編纂文法、編寫字典，重建死去的時代，生產了在實證上可以驗證的學問──總是已經被一個事實所限定，那就是它的真理就像語言所傳遞的一切真理一樣，體現在語言之中，而尼采曾經說過，語言的真理不過是：

> 一整群動態的隱喻、換喻和擬人化的比喻──簡言之，是人類關係的總括，以詩意與修辭的形式，去強化、移換、誇飾，並且在長久的使用之後，對於一個民族來說，成為穩固、典律、義正詞嚴：真理乃是幻象，吾人已忘記其為幻象（註1）。

也許像尼采的這種觀點，對我們而言，過於虛無，但它至少可以讓我們注意到，就其存在於西方的知覺裡而論，東方這個字眼後來被賦予了非常寬廣的意義、聯想和意涵，而這並不必然指涉真實的東方，而是指涉圍繞著這個字眼的領域。

因此，東方主義不僅僅是存在於西方任何時候裡，有關於東方的正面學說；它也是個有影響力的學院傳統(當某人提及一位學院專家時，被稱之為東方學專家)，同時是一個利益的領域，由各種人士去界定，諸如：旅行家、商業投資、政府、軍事遠征、異國冒險的小說和記事的讀者、自然史學家，以及對他們而言，東方是一種關於特定地方、民族與文明的特殊知識的朝聖者。關於東方的習慣用語變得十分頻繁，而且在歐洲的論述裡根深柢固。在這些慣用語底下有一層關於東方的信條；這種信條是從許多歐洲人的經驗裡塑造出來的，它們全都連繫於東方的本質面向，諸如東方性格、東方專制主義、東方感性好淫等等。對於十九世紀裡的任何歐洲人而言——而且我認為我們可以幾乎不必附加條件地這麼說——東方主義正是這麼一種真理體系，是尼采意義下的真理。正因為如此，就每個歐洲人能夠訴說的東方而論，他必然是個種族主義者、一個帝國主義者，並且幾乎全然是種族中心主義的。如果我們再記起人類社會，至少那些比較先進的社會，除了帝國主義、種族主義和種族中心論以外，幾乎沒有提供個人其他觀點來對待「異己」(other)文化，那麼馬上可以挑出這些標籤之中的尖刺。因此，東方主義促進一般文化壓力，那就是傾向於將歐洲與世界的亞洲部份之間的差異感僵滯化，但同時也受此文化壓力所推動。我的論點是，東方主義基本上是一種凌駕於東方的信念政治意志，因為東方比西方弱，東方的不同之處被視為是孱弱。

我在第一章很早便引介了這個命題，而且幾乎此後所有篇章的部份意圖，也都是在確證這個命題。像東方主義這樣的「領域」——在東方沒有與之相當的事物存在——其出現本身，便暗示了東方與西方的相對力量。有大量關於東方的文獻存在，而它們當然指出了與東方的互動程度及數量上的驚人；但西方勢力的重要指標，乃是西方人的東向運動（始自十八世紀末）和東方人的西向運動相較，簡直不可同日而語。先不論西方軍隊、領事團、商賈，以及科學與考古探險總是朝向東方的事實，一八〇〇到一九〇〇年從伊斯蘭東方到歐洲的旅者人數，和其他方向的人數相較之下，簡直微不足道（註2）。再者，在西方的東方旅者到那裡是學習先進文化，並感到張口結舌；但如我們所知，在東方的西方旅者的意圖卻大相逕庭。此外，據估計有六萬本關於近東的書籍寫於一八〇〇至一九五〇年間；而東方所寫關於西方的書籍數量則根本無法比擬。作為一種文化機器，東方主義充滿了攻擊、活動、判斷、真理意志和知識。東方是為西方而存在，或者在無數的東方學專家看來是如此，他們對於研究對象的態度不是父權心態，就是坦然以上對下的模樣——除非他們是古文物研究者，但這時「古典」東方的光榮便屬於**他們**，而非可悲的現代東方。最後，支撐西方學者工作的還有無數的機構，東方社會則無以類比。

東方與西方的這種不均等，顯然由於不斷變易的歷史形式。在其第八世紀至十六世紀的政治與軍事巔峰時期裡，伊斯蘭同時支配了東方與西方。然後，權力的中樞向西方移轉，然而在二十世紀末的當前，它似乎又朝向了東方。我在第二章所作關於十九世紀東方主義的討論，停頓在十九世紀後半葉裡一個特別標明的時期，當時東方主義通常有延緩、抽象而主觀投射的面向，正要展開為正式的殖民主義服務的新世界性使命。我現在想要描述的就是這個計畫與時刻，特別是因為它可以提供我們關於二十世紀東方主義危機，以及政治與文化力量在東方復起的重要背景。

在好幾個地方，我曾經提到，東方主義作為一群關於東方的觀念、信念、老生常談或學問，與一般文化中其他思想流派有所關連。現在，十九世紀東方主義最重要的發展之一，乃是將關於東方的基本觀念——它的感性好淫、它的專制主義傾向、它的異常心態、它的不精確習慣、它的落後——蒸餾成為一種分別而無以挑戰的一致性；因而，一位作者要是用了**東方的**這個字眼，就足夠讓讀者藉以參照辨別出關於東方的一套獨特資訊。這種資訊似乎在道德上中立且具客觀效驗。它似乎具有與歷史年代或地理位置同等的認識論地位。因此，在其最基本的形式裡，東方的材料無法真的被任何人的發現所冒犯，或者能夠被完全重新評價。反之，各種十九世紀學者和虛構作家的著作使得這種知識本體更為清楚、更為細緻、更為實在——而且與「西方學」(Occidentalism)益加不同。然而，東方主義的觀念可以和一般哲學理論結合(例如關於人類與文明歷史的哲學)，並且傳播哲學家們所謂的世界假說(world-hypotheses)，而且在很多方面來說，這些對於東方知識的專業貢獻者，也很熱心地使用文化效驗上導源於其他學科和思考體系的術語，來發表他們的學說與觀念、他們的學術著作，以及他們精心營運的當代觀察。

我其實正在區別，其一是一種幾乎無意識的(而且確實是無以冒犯的)確定性，我稱之為**潛隱的**東方主義(*latent* Orientalism)，其二是各式各樣，關於東方社會、語言、文學、歷史和社會學等等的陳述之觀點，我稱之為**明顯的**東方主義(*manifest* Orientalism)。關於東方知識的任何變化，幾乎毫無例外地發生於明顯的東方主義裡，而潛隱的東方主義則多少不斷維持其一致性、穩定性和延續性。我在第二章裡分析的十九世紀作家，他們關於東方之觀念的差異，可以被指明為完全是明顯的差異，是形式與個人風格的差異，而極少是基本內容的差異。他們每個人都沒去碰東方的分別、奇異、落後、靜默的冷漠、女性的可征服性、任人求歡的柔順性；這就是為什麼每位書寫東方的作家，從雷南到馬克思(意識形態上來說)，或者從最嚴謹的學者(藍尼與沙錫)到最有想像力的(福樓拜與聶瓦)，都認為東方是個需要西方關注、重構，甚至是救贖的地方。東方是一個脫離了科學、藝術與商業之歐洲進步主流的地方。因此，不論引介入東方的價值是好是壞，都是西方在東方的某種高度專殊化之利益的作用。這是一八七〇年代以迄二十世紀早期的情況，不過，我且提出一些例子來說明我的意思。

東方的落後、墮落，以及與西方的不均等的論題，在十九世紀初期最容易與種族不平等之生物基礎的觀念連結在一起。因此，在庫枇葉的《王家動物》(*Le Règne animal*)、郭比諾的《人種系譜論》(*Essai sur l'inégalité des races humaines*)，以及羅伯·納克斯(Robert Knox)

的《黑暗的民族》(*The Dark Races of Man*)裡所發現的種族分類，都與潛隱的東方主義一拍即合。在這些觀念上，又附加了第二層的達爾文主義，似乎更強化了將種族區分為進步與落後，或是歐洲—亞利安與東方—非洲的「科學」效驗。因此，在十九世紀晚期親帝國主義者與反帝國主義者之間的爭辯裡，帝國主義的整個問題都帶出了先進與落後(或臣屬)的種族、文化與社會的二元分類。例如約翰・魏斯雷(John Westlake)的《國際法原理》(*Chapters on the Principles of International Law*, 1894)主張地球上被指稱為「未開化」(這個字眼承載了東方學專家的假設)的區域，應該被先進的強權兼併或佔領。同樣地，諸如卡爾・彼得斯(Carl Peters)、李波德・狄・索緒爾(Leopold de Saussure)，以及查理斯・譚普(Charles Temple)等作家的觀念，也汲取了十九世紀晚期東方主義裡十分核心的先進／落後的二元分立(註3)。

和其他被指名為落後、墮落、未開化和呆智的民族一樣，東方人被放在由生物決定論和道德—政治訓誡構成的架構裡觀看。東方因此聯繫於西方社會裡頂多是被視為可悲的異類(行為偏差者、瘋人、女人、窮人)。東方人很少真正被看到或注視：他們被看穿，當成要解決或限定，或者——就像殖民強權公開覬覦其領土一樣——要被接管的問題，而非公民，甚至不是人。重點在於，將某個事物指名為東方的，就牽涉了已經宣稱的價值評斷，以及就像住在腐敗的奧圖曼帝國裡的民族的情形，涉及了暗中的行動方案。由於東方人是臣屬民族的一員，他就必須臣服：就是如此簡單。這種判斷與行動的古典論點，可以在葛斯塔福・勒朋(Gustave Le Bon)的《民族演化的統治心理學》(*Les Lois psychologiques de l' évolution des peuples*, 1894)裡找到。

但是潛隱的東方主義還有其他用途。如果這群觀念讓某人得以區隔東方人與先進文明的強權，而且「古典」的東方證成了東方學專家和他對於現代東方人的置之不理，那麼潛隱的東方主義還鼓勵了一種獨特(姑且不論，還是歧視)的男性世界概念。我在討論雷南的時候，已經提過這個論點。東方男性被隔離了他所生活的整個社區，而許多東方學專家和藍尼一樣，以類似於蔑視與恐懼的眼光來看待之。再者，東方主義本身全然是個男性領域：和現代許多專業行會一樣，以性別歧視的眼罩來看待自身及其主題。這在旅行家和小說家的著作裡格外明顯：女人通常是男性權力幻想的產物。她們展現了無限的肉感，或多或少是愚蠢的，而更重要的是她們是心甘情願地投懷送抱。福樓拜的庫加・翰寧是這種描繪的典型，在色情小說裡更是常見(例如皮耶・盧伊〔Pierre Louÿs〕的《愛芙黛蒂》〔*Aphrodite*〕)，其新奇之處乃是依其利益來援用東方。再者，關於世界的男性概念，就其對於執業的東方學專家的影響而論，傾向於是靜止、不動，永恆的固著。東方與東方人，被視作沒有發展、轉變與人類運行——依這個字最深刻的意義——的可能性。作為一種已知且最終是不動或非生產性的品質，它們被等同於一種壞的永恆性：因此，當東方受到讚許時，是諸如「東方的智慧」這樣的句子。

從一種隱約的社會評價轉變為堂皇的文化評價，這靜態的男性東方主義在十九世紀晚期有各式各樣的面貌，尤其是討論到伊斯蘭時。像李波德・凡・蘭克和雅克布・伯克哈特

(Jacob Burckhardt)等文化通史家也攻擊伊斯蘭，好像他們處理的不是神人同形的抽象，而是可以深入論定其宗教政治文化。蘭克在他的《世界史》(*Weltgeschichte*, 1881-1888)裡提到了伊斯蘭被日耳曼—諾曼民族所擊敗，而在伯克哈特的〈歷史散記〉("Historische Fragmente," 1893，未出版筆記)裡，他認為伊斯蘭是可憐、空洞、瑣碎的(註4)。奧斯渥德・史賓格勒(Oswald Spengler)則以更高的敏銳與熱情呈現了這種知識操作，他關於一種古波斯僧侶人格(Magian personality)(以東方伊斯蘭人為典型)的觀念，充斥於《西方的沒落》(*Der Untergang des Abendlandes*, 1918-1922)及其主張的文化「形態學」(morphology)中。

這些各有不同的東方觀念，所依恃的是當代西方文化裡，東方作為一種被真正感受到與經驗到的力量幾乎完全付諸闕如。由於某些明顯的理由，東方不是位居外界，就是身為被西方收編的較衰弱伙伴。若西方學者確實察覺了當代東方人或思想與文化的東方運動，往往被視作沈寂暗影，亟待東方主義者去賦予生機，將之實現，要不就是一種文化及智識上的庶民隱祕，可提供東方主義者從事更宏觀的詮釋活動，以便凸顯他身為優越的裁斷者、飽學之士、強勢的文化意志。我的意思是，在討論東方時，東方完全缺席，反之，我們察覺到出現的是東方主義者與他的言說；然而，我們不能忘記東方主義者的現身，是因為東方的有效缺席才成為可能。這個我們必須稱之為替代與移位的事實，清楚地在東方主義者身上施加某種壓力，在他的著作裡化約東方，即使他費了許多時間來闡明與展現東方。否則我們又如何解釋，像朱留司・魏豪森(Julius Wellhausen)和席多・諾代克這類人的重要學術生產類型，或是那些幾乎完全污衊了其研究主題的空洞、浮泛的陳述？因此，諾代克在一八八七年可以聲言，他身為東方學專家的全部著作，乃是確認他對於東方民族的「輕視」(註5)。而且和卡爾·貝克一樣，諾代克是個希臘文化愛好者，他展現對於東方的強烈厭惡，來表達他對於希臘的喜愛，而東方卻是他身為學者的研究對象。

有一項非常具有價值與灼見的關於東方主義的研究——雅克斯·華登堡(Jacques Waardenburg)的《西方鏡中的伊斯蘭教》(*L'Islam dans le miroir de l'Occident*)——檢視了五位製造伊斯蘭形象的重要專家。華登堡關於十九世紀晚期與二十世紀早期東方主義的鏡象隱喻，十分巧妙。在他的每一位卓越的東方學專家的著作裡，關於東方的視界都有偏見——甚至五位之中就有四位具有敵意——好似每個人都認為伊斯蘭反映出他選了弱的東西。每位學者都學富五車，而其貢獻的風格也各有特色。這五位東方學專家是一八八〇年代至兩次大戰期間的傳統裡，最優秀的代表。然而，依格涅茲·郭德依合雖欣賞伊斯蘭對於其他宗教的容忍，欣賞之餘，他卻討厭穆罕默德的神人同形論(anthropomorphism)和伊斯蘭過於外顯的神學和法學；麥當勞對伊斯蘭的虔信與正統教義感興趣，但由於他認為伊斯蘭有異端基督教的精神而興趣大減；卡爾·貝克對於伊斯蘭文明的理解，使得他認為伊斯蘭是個可憐未發展的文明；史諾克·黑格若傑(C. Snouck Hurgronje)對於伊斯蘭神祕主義(他視之為伊斯蘭的核心)的精細研究，使他對伊斯蘭教縛手綁腳的限制嚴加批評，而路易斯·馬西格農對於穆斯林神學、神祕熱情和如詩藝術的少見認同，卻使得他很奇怪地無法原諒他所認定的伊斯蘭對於輪迴轉世(incarnation)觀念的頑抗。他們在方法上的顯見差異，相較於他們對於伊斯蘭的東方學式共識便顯得無足輕重了：伊斯蘭潛在地便處於劣勢（註6）。

華登堡的研究還有一項優點，就是揭示了這五位學者共享了真正具有國際統一性的知識與方法論傳統。即使早至一八七三年的第一屆東方學者大會，這個領域的學者已經熟悉彼此的著作，並且非常直接地察知彼此的存在。華登堡未能足夠強調的是，十九世紀晚期大部份的東方學專家，彼此間也有政治上的聯繫。黑格若傑直接因其關於伊斯蘭的研究，成為荷蘭政府掌控其伊斯蘭教印尼殖民地的顧問；從北非到巴基斯坦的殖民官員，經常徵詢身為伊斯蘭事務專家的麥當勞和馬西格農；而且如華登堡在某處所言（有點過於簡略），這五位學者都塑造了一致的伊斯蘭觀點，對於整個西方的政府圈子有廣泛影響（註7）。我們必須在華登堡的觀察上附加一點：這些學者當時正在完成始自十六和十七世紀以來的趨勢，將之帶至最為具體精緻的頂峰，那就是不僅視東方為一個模糊的文學問題，而是視之為——依據梅森—歐索(Masson-Oursel)的說法——「一種適切地吸收了不同價值的堅實論說，據以透察習俗及思維，甚至揭開歷史的祕密」（註8）。

我早先提到對東方的吸納與同化，像但丁和海伯洛這樣不同的作者，都在做這種事。這些作為和十九世紀末已經難以抵擋的歐洲文化、政治與物質事業之間，很顯然有所差異。十九世紀的殖民「奪取非洲」，當然不僅侷限於非洲。對於東方的穿透也絕非是在多年對於亞洲的學術研究之後，完全突然的、戲劇性的回想。我們必須體認到這是一個長久而緩慢的佔有過程，在其中歐洲或是歐洲對於東方的察覺，從文本與沈思性的，轉變為行政、經濟性，甚至是軍事性的。這根本的改變是空間與地理方面的，或者，就東方而論，這是地理與空間理解之性質的改變。幾世紀以來，將歐洲以東的地理空間指稱為「東方的」，這有部份是政治性的，部份是教條性的，還有部份是想像的；它意涵了關於東方的真實經驗與東方的知識之間，沒有必然的關連。而且，除了他們受到一個**學問的**(而非存在的)傳統所支持以外，但丁和海伯洛對他們關於東方的觀念，也確實沒有提出什麼斷言。但是當藍尼、雷南、波頓，以及數百位十九世紀歐洲旅行者和學者討論東方時，我們立即注意到一種遠更為縝密，甚至是獨佔性的對於東方及東方事物的態度。在東方學專家所重構的經典及經常是距今久遠的形式裡；在當代東方人生活其中，被研究與想像的真實形式裡，東方的**地理空間**被穿透、細究和掌握。經過西方這種無上權威把弄數十年後，其累積的效果是將東方從異邦轉變為殖民空間。十九世紀晚期重要的不是西方**是否**穿透與佔有了東方，而是英國人和法國人**如何**感受到他們已經這麼做了。

書寫東方的英國作家，或英國的殖民官員，處理的是一個英國權勢在此領地上無庸置疑地逐日增加，即使原住民在面對這種情況時，其實是被法國和法國思考方式所吸引。然而，就東方的真實空間而論，英國確實在那裡，法國則不然，除非是被當成誘惑東方鄉愚的輕浮蕩婦。最能夠表現空間態度這種性質差異的指標，就是克羅莫爵士對這個主題的意見，而這真正是發自內心：

> 法國文明格外吸引亞洲人和地中海東部人的理由十分淺顯。事實上，它比英國和

德國文明還要吸引人，而且比較容易模仿。相較於不善表達、害羞的英國人，以及其社會排他性與孤立習性，法國人的活潑與寰宇主義，不知道害羞是什麼意思，十分鐘就能夠和任何偶遇的人熟識。教育不足的東方人未能認識到，前者無論如何具有真誠的美德，而後者經常只是演出。他冷淡地看待英國人，奔向法國人的懷抱。

此後，性的影射多少發展得自然。法國人總是微笑、機靈、優雅和時髦；英國人則沈鬱而勤勉、精簡、準確。克羅莫的說法奠基於英國人的殷實可靠和法國人的誘惑的對比，而這在埃及的現實裡，當然一點也不存在。

（克羅莫繼續說道）我們毫不意外，以埃及人知性上的輕浮，無法看到在法國人推理的底層，經常有些謬誤，或者他偏好法國人膚淺的機敏，而不顧英國人或德國人有耐心但不吸引人的勤勉。讓我們再看看，法國人行政系統理論上的完美、精巧的細節，以及顯然要迎合任何可能出現的偶然狀況的條文。相較於此，英國人講求實際的系統，立下少數重點的規定，而將大部份細節留給個人判斷。教育不足的埃及人自然會偏好法國人的系統，因為它在外表上看來比較完美而且容易運用。再者，他也未能認識到，英國人意圖設計一套適於他必須處理的事實的系統，而對於應用法國行政程序的主要反對意見，乃是它經常迫使事實去順應既定的系統。

既然英國確實在埃及現身，而且這種現身——根據克羅莫的說法——在那兒並非要訓練埃及人的心智，而是要「形成其性格」，因此法國人曇花一現的誘惑，只是漂亮少女的吸引力，帶著「有些矯揉造作的魅力」，而英國的則屬於「一位端莊年長的女士，也許有比較高的道德價值，但是外表比較不討人喜歡(註9)。」

在克羅莫的穩重英國奶媽和法國妖嬈女子之間的對比底下，是英國在東方地位的壓倒性優勢。由於英國的佔領，「他(英國人)必須處理的事實」，比起善變的法國人能夠指出的還要複雜而有趣。在克羅莫的《現代埃及》(1908)出版後兩年，他在《古代和現代的帝國主義》(*Ancient and Modern Imperialism*)裡提出了哲學性的闡述。和羅馬帝國主義的同化主義、剝削與壓迫的政策相較之下，對克羅莫而言，他似乎比較能夠接受英國帝國主義，即使它較為薄弱。然而，在某些點上，英國人非常清楚，即使「以一種相當模糊、懶散，但典型的盎格魯—撒克遜風格」，他們的帝國在「兩種基礎——廣泛的軍事佔領或(對臣屬種族的)國族原則」之間躊躇難決。但這種不確定是學院上的，因為實際上克羅莫和英國都反對「國族原則」。因此，有些事情要注意。其中一點是帝國不能被放棄。另一點是當地人不宜與英國人通婚。第三點——我認為也是最重要的一點——克羅莫認為英國在東方殖民地的帝國現身，對於東方的心靈與社會產生了持久(若不說是驚天動地的話)的影響。他關於這種影響的隱喻，幾乎是神學性的，在克羅莫的腦海裡揮之不去的是西方對於廣袤東方的穿透。

他說，「帶有強烈的科學思想的西方氣息曾經掃過的國度，留下了永恆的痕跡，再也不像以前一樣(註10)。」

即使提到了這麼多，克羅莫卻遠非一位原創性的思想家。他的見聞及表達方式，在他的「帝國建制」與知識社群同儕裡，都很尋常。這種共識在克羅莫的總督同事柯容、史威德罕(Swettenham)和盧卡達(Lugard)的例子裡，最為真實不虛。尤其柯容爵士總是操著帝國官話，而且甚至比克羅莫更恃無忌憚地，以佔領來描述英國與東方的關係，東方是由有效率的殖民主子完全擁有的廣大地理空間。他在一個場合裡說道，對他而言，帝國並非一個「野心的目標」，而「最主要是一個歷史、政治與社會學上的事實」。在一九〇九年，他回憶曾代表參加在牛津舉辦的帝國公開記者會(Imperial Press Conference)，「我們在這裡訓練，然後我們送出你們的首長、行政官員和法官、你們的教師、牧師和律師給你們」。對柯容而言，這種幾近訓誨的帝國觀點，其特定的場景在亞洲，而如他所述，這讓人「停下來思考」。

> 我有時候喜歡把這偉大的帝國組織描繪成為但尼生(Tennyson)式「藝術之宮」的巨大結構，而其基礎坐落在這個國度裡，它們必須由英國之手來安置和維持，而殖民地是柱子，高高飄浮在上的則是龐大的亞洲圓頂(註11)。

柯容和克羅莫懷抱著這種但尼生式的藝術之宮，在一九〇九年一起擔任系務會議的熱心成員，極力推動成立一個東方研究學院。除了一廂情願地說：如果他懂得當地語言的話，他的印度「飢餓之旅」就會大有斬獲，柯容還主張以東方研究作為英國對東方之責任的一部份。在一九〇九年九月二十七日，他告訴上議院：

我們對於東方人民的語言，以及他們的風俗、感情、傳統、歷史和宗教的熟悉、我們對於可以稱之為東方智慧的理解能力，是我們得以在未來維持我們贏得地位的唯一基礎，而任何可以鞏固這個地位的步驟，都值得陛下的政府注意及在上議院裡辯論。

五年後在關於這個主題的倫敦市長官邸會議裡，柯容終於作了交代。東方研究並非知識上的無所是事：他說它們是：

一種偉大的帝國義務。依我之見，開辦一所像倫敦這樣的（東方研究）學院（後來成為倫敦大學亞非學院），是帝國的必要配備。我們這些以某種方式在東方待了幾年的人，認為這是我們生命中最快樂的部份，而且認為我們在那裡所做不論偉大或渺小的工作，是能夠擔負在英國人肩上的最高責任的人，覺得在我們的國家設備裡，有一項缺漏一定要被填補；而那些在倫敦市裡的人，不論是經由財務支持或是任何其他形式的積極和實際協助，致力於填補這個缺漏，都是為帝國報效愛國的職責，並且促進人類的忠義與良善（註12）。

在相當程度上，柯容關於東方研究的想法，順理成章導源自一個多世紀以來，英國對於東方殖民地的功利主義管理和哲學。邊沁和彌爾父子關於英國對東方(尤其是印度)之統治的論點影響相當可觀，並且在排除過度的管制和創新上有所作用；反之，如艾瑞克・史塔克斯(Eric Stokes)使人信服地說明，功利主義結合了自由主義和福音主義(evangelicalism)的傳統，作為英國統治東方的哲學，強調強力執行在理智上的重要性，以搭配各種法律和刑罰條例、關於邊界和土地租金的教義系統，和遍及各處一絲不苟的帝國監督權威(註13)。整個系統的基石是不斷改良的東方知識，因此隨著傳統社會向前躍進，並且成為現代商業社會，英國的父執式控制會很嚴格，而且牢牢掌握資源。然而，當柯容有點不雅地將東方研究稱呼為「帝國的必要傢私」時，他是用固定的形象，去描繪英國人與當地人作買賣及維持地位的交易行為。從威廉・瓊斯爵士的時代開始，東方就同時是英國統治轄區與英國所知道的東方情景：地理、知識與權力的終於相遇，而英國總是位居主人的位置。如柯容一度說過：「東方是學者在其中永遠拿不到學位的大學」，也就是說東方需要英國在那裡永遠停留(註14)。

但是有其他歐洲勢力，包括法國和俄國，使得英國的出現總是受到威脅（可能是稍稍地受威脅）。柯容當然曉得所有的主要歐洲勢力，對世界的態度都和英國人一樣。地理學從「乏味且賣弄學問」——柯容對於當時地理學作為一門學院學科已經排除的東西的描述——轉變為「一切科學裡最具全球視野(cosmopolitan)的」，正是支持了這種西方的新流行嗜好。柯容在一九一二年對他曾擔任會長的地理學會提出下列發言，並非隨口空談。

> 一種絕對的革命已然發生，不僅在教授地理學的方式與方法上，也在輿論對於地理學的評價上。現在我們認為地理知識是一般知識的根本部份。藉由地理學的幫助，且無其他途徑，我們才能理解巨大的自然力量的行動、人口的分佈、商業的成長、邊界的擴張、國家的茁壯，及人類能力以各種方式展現的輝煌成就。
>
> 我們知道地理學是史學的侍女……。地理學也是經濟學與政治學的姊妹科學；而且，我們每個曾試圖研究地理學的人，都知道當我們偏離地理學的領域時，就會發現自己遇到了地質學、動物學、人種學、化學、物理和幾乎所有近親科學的邊界。因此，我們有理由可以說地理學是諸科學之翹楚，亦即它是公民身分的合宜概念的必要配備之一，而且是產生公共人所不可獲缺的配屬物(註15)。

地理學本質上是關於東方之知識的物質論定。東方的一切潛隱與不變的特徵，立足且植根於它的地理形勢。因此，一方面地理上的東方滋養著它的居民，保衛他們的特徵，並且界定他們的特殊性；另一方面，地理上的東方誘引著西方的注意，即使——由於有組織的知識經常揭顯的那些弔詭之一——東方是東方，西方是西方。在柯容的心目中，地理學的都會文化觀在於它對西方整體的普遍重要性，而西方與世界其餘部份的關係，乃是一種明白的貪婪。不過，地理學的慾求也可以採取一種去發現、去確定、去揭露的認識論衝動的道德中立性——誠如在《黑暗之心》裡，馬羅坦承對地圖懷有熱忱。

> 我會花好幾個小時在南美、或非洲、或澳洲，並且在這一切探險的壯麗裡迷失了自己。在那個時候，地球上還有很多空白空間，而當我在地圖上見到一個特別誘人的地方(但每個地方都如此)，我會將手指放在上面，然後說當我長大以後，我要去那裡(註16)。

在馬羅說這些話之前大約七十年，拉馬丁對這一點也不以為意，地圖上的空白空間是由當地人居住；或者，在理論上來說，在瑞士—普魯士的國際法權威伊瑪・德・拔托(Emer de Vattel)那裡也毫無保留，他在一七五八年邀請歐洲國家去佔領只有遊盪的部落居住的土地(註17)。重要的是去尊崇僅僅以觀念來征服，將對於更多地理空間的貪欲，轉變為關於地理與文明或未開化民族之間特殊關係的理論。不過，在這些合理化之外，也有獨特的法國貢獻。

到了十九世紀末，在法國政治與知識的氛圍融合，已經足夠使地理學和地理投機(冥想)，成為吸引人的全國性消遣。歐洲輿論的一般氣氛醞釀成熟；當然，英國帝國主義的順利發展已經為自己大肆宣傳。然而，對法國與法國思想家而言，英國似乎總是阻礙了法國在東方扮演一個即使是稍微成功的角色。在普法戰爭之前，有很多關於東方的充滿渴望的政治思考，而且不侷限於詩人和小說家的圈子。舉例來說，以下是聖馬可・吉拉丁(Saint-Marc

Girardin)於一八七二年三月十五日的《兩個世界期刊》(*Revue des Deux Mondes*)所寫的：

> 法蘭西還得在東方付出更多，因為東方很聽它的。東方甚至要求一些她力有未逮之事。他一廂情願地把自己託付給她。這對法國和東方都是非常危險的事。一旦準備幫助苦難人民脫離苦海，法國勢必得承擔她無法擔負的義務；而對東方來說，由於所有等待外援的人民都處於一種不確定的狀態，唯有自救的民族才能拯救自己(註18)。

針對這一類觀點，迪斯萊利無疑地會和他經常說的一樣，認為法國對於敘利亞(吉拉丁所指的「東方」)只有「感情上的興趣」。「人民受苦」(populations soufrantes)的虛構當然是由拿破崙所用，他當時以此訴諸埃及人對抗土耳其人及伊斯蘭教。在三〇、四〇、五〇及六〇年代，東方的受苦人民只限於敘利亞的基督教少數族裔，也沒有任何記錄顯示「東方」訴諸法國謀求解救。比較真實的說法是英國阻擋了法國在東方的路，因為即使法國真的覺得對於東方負有義務(有些法國人確實如此)，法國也無能力介入英國和它所控制的從印度到地中海的廣大領地。

一八七〇年戰爭對於法國的最顯著影響之一，是地理學社的蓬勃發展，以及獲取領土的新強烈要求。在一八七一年末，巴黎地理學會宣告它不再侷限於「科學空論」。它敦促國民不要「忘記我們先前的優勢，在我們停止加入……文明征服野蠻的競賽時，就遭受了挑戰」。古洛美・戴平(Guillaume Depping)是後來所謂的地理學運動的領導人，他在一八八一年堅稱在一八七〇年戰爭期間，「真正獲得勝利的是學校教師」，意思是真正的勝利是普魯士科學地理學戰勝法國戰略上之漫不經心。政府的《官方期刊》(*Journal officiel*)贊助每一期的專論，討論地理研究和殖民探險的價值(與利益)；一位國民可以在同一期裡頭，從雷賽普的〈非洲良機〉("the opportunities in Africa")及迦尼爾(Garnier)的〈藍河探險〉("the exploration of the Blue River")受益。當科學與文明成就的國家榮耀，與非常原始的利潤動機之間的聯繫受到極力催促，以便支持殖民征服，科學地理學便很快地讓位給「商業地理學」。用一位狂熱者的話來說，「地理學會的形成是要打破使我們被自己的海岸束縛的迷魅」。在這種解放的探求催促之下，各種計畫冒現出來，包括朱立斯・佛尼(Jules Verne)——他所謂的「難以置信的成功」，在一個推理的極高點上，顯而易見地展現了科學的心靈——徵募人員從事「環繞世界的科學探索」，計畫在北非海岸以南開創一個巨大的新海洋，以及一個構想，以鐵路(計畫提出者所謂的「鋼索綴」)去「連結」阿爾及利亞和塞內加爾(註19)。

十九世紀最後三分之一裡法國的擴張主義熱潮，大部份產生自一種明顯的願望，即意圖彌補一八七〇——一八七一年普魯士的戰勝，而同樣重要的，也源自一種企圖去媲美英國帝國主義成就的慾望。後一個慾望非常強烈，並鑑於英法在東方的長期敵對傳統，不斷對英國耿耿於懷，對於一切與東方有關的事務感到焦慮，因而意欲趕上並仿效英國。在一八七〇年代晚期，印度支那研究協會重新設定它的目標，發現將「印度支那帶入東方主義的研究領域」非常重要。為什麼呢？為了將交趾支那轉變為「法屬印度」。軍方人士抨擊缺乏堅實的殖民基地是普法戰爭時的軍事與商業弱勢之重要因素，而長期以來明顯相較於英國的殖民劣勢更是主因。一位領袖群倫的地理學家拉龍熙爾・雷諾西(La Roncière Le Noury)主張，「西方種族的擴張力量，它的優秀理想、它的要素、它對於人類命運的影響，都將是未來歷史學家研究的美好題材。」但是，唯有白種人縱情於航行——他們知識優越的標記——的雅興，殖民擴張才會發生(註20)。

根據這些論題，得到了一個通俗的觀點，即東方是個有待耕耘、收穫和護衛的地理空間。對於東方的耕作照料的意象，以及對於東方明白的性慾關注，因此而繁茂增生。以下是加布萊爾・查姆斯(Gabriel Charmes)寫於一八八〇年的典型情感溢流：

> 當我們不再置身東方，而由其他歐洲強權取而代之時，我們在地中海的商業、我們在亞洲的未來，以及我們南方港口的交通，都將終結。**我們國家財富最豐盛的源流之一將會枯竭**。(黑體為作者所強調)

另外一位思想家里洛—波流(Leroy-Beaulieu)將這種論點進一步演練：

> 當一個社會抵達高度的成熟與勢力，它便會殖民，它創生、保護一個新社會，並且將之置入良好的發展條件，使它生氣蓬勃。殖民化是社會物理學最複雜與細緻

的現象之一。

這種將自我複製與殖民等同起來的作法，導引里洛—波流到一個有點邪惡的觀念，即現代社會裡任何生動活潑的事物，都由於「將興旺的活動傾倒至外界而得以擴大」。因此，他說：

> 殖民化是一個民族的擴張力量；那是它的再生產力量；**那是它經由空間的放大與多產**；那是使宇宙或是其大部份臣服於這個民族的語言、習慣、觀念和律法之下（註21）。

這裡的論點是，較弱勢或是低度開發地區的空間，例如東方，便被視為是邀請法國去關注利益、直搗、播種——簡言之，殖民。地理上的概念，不論是直敘或是比喻，去除了由邊界與邊境所維持的分離實體。懷有企業精神的夢想家，像狄．雷賽普，計畫將東方與西方從它們的地理束縛中解脫出來，而法國的學者、官員、地理學家和商業掮客，也不遑多讓地將他們生氣勃勃的活動，傾倒在相當慵懶、女性的東方上。法國有比歐洲其他地方更多數量與成員的地理學會社，因素有二：法國有非常強大的組織，像是法國亞洲學會（Comité de l'Asie française）和東方學會（Comité d'Orient）；有博學多聞的會社，其中最主要的是亞洲學會，其組織與成員相當穩固地根植於大學、研究所和政府。每個都以其特殊方式使得法國在東方的利益更加真實、更為實際。由於十九世紀最後二十年裡，法國面臨了它的國際責任，因此持續幾近一世紀、現在看來被動消極的東方研究必須停止。

英國與法國在東方的利益真正重疊的唯一部份，亦即無以挽回的奧圖曼帝國版圖裡，這兩位敵手以幾乎是完美而獨具特徵的一致性，來掌理它們之間的衝突。英國在埃及和美索不達米亞，透過一系列與當地(且無權的)酋長締定的幾近虛構之條約，而控制了紅海、波斯灣，以及蘇彝士運河，還有地中海和印度之間的廣闊土地。另一方面，法國似乎注定要在東方上空盤旋，偶爾下降，以實現類似雷賽普成功的運河計畫的構想，這些構想大多數是鐵路計畫，例如計畫穿越多少屬於英國領地的敘利亞—美索不達米亞鐵路。此外，法國自視為基督教少數民族，例如馬洛乃人、迦勒底人(Chaldeans)和聶斯托里教派(Nestorians)的保護者。但是英國和法國在適當時機時，卻彼此原則上同意有必要分割土耳其在亞洲的部份。在第一次大戰前及期間，就已有祕密外交致力於近東地區劃分為勢力範圍，然後成為託管(或佔領的)領土。在法國，大部份的擴張主義情緒形成於地理學運動的高峰期，而其焦點是分割亞洲部份的土耳其，甚至於在一九一四年的巴黎，為此目的「發動了一個令人嘆為觀止的新聞攻勢」(註22)。在英國，有各式各樣的委員會被授權研究和針對分割東方的最佳方式提出建議政策。從這些委員會裡，例如班森委員會(Bunsen Committee)，組成了英、法聯合隊伍，其中最著名的是由馬克·賽克斯(Mark Sykes)和喬治·皮卡特(Georges Picot)所領導的隊伍。這些計畫的守則是將地理空間做均等的區劃，這也是刻意為了緩和英、法之間的敵對。誠如賽克斯在備忘錄裡所述：

很清楚地……一個崛起的阿拉伯遲早會出現，而如果希望這個崛起不是詛咒而是庇佑的話，法國和我們自己就應該有較好的關係……（註23）

雙方仇怨揮之不去。威爾遜（Wilson）的民族自決構想更是為之火上加油，賽克斯自己便提到，這種構想使得強權間合謀的殖民與瓜分計策的整個骨架失去效用。此處不宜討論二十世紀初期近東地區整個迷亂且爭議多端的歷史，因為它的命運是在強權、原有的王朝、各種民族主義政黨和運動，以及猶太復國運動者之間決定的。比較迫切重要的是，東方得以被看見，以及強權藉以行動的特殊認識論架構。因為雖然英、法有所差異，但它們都認為東方作為一個地理——以及文化、政治、人口、社會和歷史——的實體，在傳統的名分上乃是由英、法掌握其命運。對它們而言，東方並非突然的發現，並非僅僅是歷史的意外，而是歐洲以東的地區，其主要價值一貫地是以歐洲的觀點來定義，更具體地說，那是宣稱造成東方之所以為當時狀況的歐洲功績——歐洲科學、學術、理解和行政管理的觀點。而這是現代東方主義的成就——是否輕忽則無關緊要。

在二十世紀早期，東方主義有兩種主要的方法將東方帶往西方。其中一種是藉由現代學術圈的散佈能力，透過學術專業、大學、專業學會、探險與地理組織、出版業裡的遍佈機構。如我們所見，這一切都建立在先驅學者、旅行家和詩人的優越權威上，他們積累性的視野塑造了一個本質性的東方；這種東方的教條或正統展現，正是我在此所謂的潛隱的東方主義。若有任何人想要針對東方提出具有效力的陳述，潛隱的東方主義便提供他可以利用或是動員的宣告能力，並針對手中的具體事例，轉變成為可以理解的論述。因此，當巴佛於一九一〇年在下議院做有關東方的發言時，他在腦海裡確實必須擁有他那個時代裡，通行且可被接受的理性語言的宣告能力，藉此某種稱為「東方」的東西才可以被命名和談論，而無過度模糊不清的風險。但是，就像一切宣告能力及其所促動的論述一樣，潛隱的東方主義是非常保守的，也就是說致力於本身的自我保存。它一代一代地傳承下去，成為文化的一部份，這種語言就如同幾何學或物理學是現實的一部份一樣。東方主義的存在，並非依存於其對於東方的開放性或接受性，而是在於它凌越東方的建構性之權力意欲的內在及重複之一致性。東方主義憑此度過了革命、世界大戰，以及帝國的支離破碎而存活下來。

東方主義將東方提供給西方的第二種方式，是一項重要的匯聚的結果。數十年來，東方學專家一直在談論東方，他們翻譯了文本，解說了文明、宗教、皇朝、文化、心性，作為學術的對象，由於它們無可比擬的異國風味而被阻隔在歐洲之外。東方學學者是專家，像雷南或藍尼一樣，他們在社會裡的工作是替同胞解說東方。東方學專家與東方之間的關係，本質上是詮釋性的：站在一個遙遠的、幾乎無法理解的文明或文化紀念物之前，東方學專家藉由翻譯、同理心契入地描繪、內省式地掌握這難以接近的對象，而減少了模糊曖昧之處。但是，東方學專家還是置身東方之外，而東方無論能夠被闡述得多麼容易理解，還是在西方之外。這種文化、時間與地理上的距離，表現在深沈、祕密以及性的允諾的隱喻裡，像「東方新娘的面紗」或「無以理解的東方」這類的語句，流傳進入了日常語言之中。

然而，幾乎是矛盾地，東方與西方之間的距離在整個十九世紀裡，正在逐漸減縮。隨著東方與西方間商業、政治和其他存在性的交會不斷增加(其方式我們一直都在討論)，潛隱的東方主義教條及其對於「古典」東方研究的支持，以及由旅行家、朝聖者、政治家等人連結起來對於當前、現代、明顯的東方的描述，兩者之間的緊張日益凸顯。在某些無法確切決定的時候，這種張力會引發兩種東方主義的會合。當起自沙錫的東方學專家開始向政府建言什麼是現代的東方時，這種匯聚可能已發生，但這只是一種假想。準此，經過專門訓練與涵養的專家的角色又有了新的向度：東方學專家可以被視為是西方強權在試圖提出東方政策時的特別代理人。每位有學養(及不那麼有學問)的歐洲東方旅行者，覺得自己是西方人的代表，穿透了模糊的薄膜。我曾經討論過的波頓、藍尼、多提、福樓拜和其他主要人物，顯然都是如此。

西方人對於明顯與現代的東方的發現，隨著西方在東方獲取的領土增加而變得十分緊迫。因此，當東方成為實際的行政義務時，有學養的東方學專家所界定的「根本的」東方，有時候是矛盾的，但在許多狀況下遭到確認。當然，克羅莫的東方理論——從傳統東方學檔案裡獲取的理論——由於他實際統治數百萬東方人而得到堅實的辯護。法國人在敘利亞、北非和法國其他殖民地裡的經驗，亦復如此。但是潛隱的東方主義教條與明顯的東方主義經驗之間的匯聚，其最為戲劇性的時刻，是因為於第一次大戰之後，英國和法國調查土耳其亞洲部份，以便加以瓜分。躺在外科手術台上的是歐洲「病人」，顯露出它的一切衰弱、特徵與地形學的輪廓。

東方學專家以其專業的知識，在這場手術之中扮演了無與倫比的重要角色。當英國學者愛德華・亨利・帕馬於一八八二年被派往西奈半島，判斷當地的反英國情緒及其演變為阿拉伯叛變的可能性時，已經存在的是他作為東方**內部**的祕密情報員的重要角色。帕馬在這個過程裡喪生，但他是為帝國執行類似服務的許多人裡，最不成功的一位；這種服務現在是部份被託付給區域「專家」嚴肅而實際的事業。另一位東方學專家，霍戈，著名的阿拉伯探險記——巧妙地命名為《穿透阿拉伯》(*The Penetration of Arabia*, 1904)(註24)——的作者，則有所收穫，在第一次大戰期間被任命為開羅的阿拉伯事務局局長。而像葛楚・貝爾、勞倫斯和聖約翰・菲比等人都是東方學專家，由於他們對於東方與東方人熟稔與專業的知識，而進入東方成為帝國的情報員、東方之友、政策方案的構想者，都不是純屬偶然。他們形成一個「幫」——勞倫斯曾經如此稱呼——以矛盾的觀念和類同的性格而聚集在一起：個性突出，對於東方的同情與直覺式的認同、對於個人之東方使命感的謹慎維護、有教養的怪癖，以及最終對於東方的非難。對他們所有人而言，東方是他們直接而特殊的經驗。在帝國消失，並將其遺產遞交給佔有支配權力的其他候選者之前，在他們手上，東方主義與處理東方的有效作為，已經獲致其最終的歐洲形態。

這些個人主義者並非學院中人。我們將會很快見到，他們是東方之學院研究的受益者，卻不在任何意義上屬於東方學專家正式與專業的群體。然而，他們的角色並非限制學院的東方主義，也不是去顛覆它，而是使它有所作用。在他們的系譜裡，有像藍尼和波頓這樣的人，具有百科全書般的自學成果，以及他們在對待或書寫東方人時，明顯展示出來的精確、學院一般的知識。相較於學院裡的東方學研究，他們代之以一種精緻的潛隱之東方主義，後者在他們時代的帝國文化裡輕易到手。他們的學術參考架構，究其實，乃是由像威廉・繆爾、安東尼・畢凡（Anthony Bevan）、馬葛遼斯（D. S. Margoliouth）、查理士・萊爾（Charles Lyall）、布朗（E. G. Browne）、尼可森（R. A. Nicholson）、該・勒史湯吉（Guy Le Strange）、羅斯（E. D. Ross）和湯馬斯・阿諾德（Thomas Arnold）等人所構成，他們也直接延續了藍尼的傳承。他們想像性的視角主要是由著名的同時代人蘆荻亞・吉普林所提供，他令人難忘地吟唱道，要掌握「對於棕櫚與鳳梨國度的支配」。

英國與法國在這些事物上的差異，與它們在東方的歷史完全一致：英國就是在那兒，法國則怨嘆已失去印度和其間的領土。到了世紀末，敘利亞成為法國活動的主要焦點，但即使是在那裡，一般皆認為法國在人員素質與政治影響力上都不及英國。搶奪奧圖曼帝國戰利品的英、法競爭，即使是在漢志（Hejaz）、敘利亞和美索不答米亞的戰場上也感受得到——但是在這所有地方，如機敏的愛德蒙・不列門（Edmond Bremond）所論，法國的東方學專家和地方專家在才華和謀略上都遠遜於英國同道（註25）。除了不世出的天才如馬西格農，法國並沒有勞倫斯或賽克斯或貝爾之輩。不過法國有的是堅毅的帝國主義者，像是埃汀・福拉丁(Étienne Flandin)和佛蘭克林—波隆(Franklin-Bouillon)。克雷塞提伯爵(Comte de Cressaty)是個喧鬧的帝國主義者，他於一八一三年對巴黎法語聯盟演說時，宣稱敘利亞是法國自己的東方，是法國政治、道德與經濟利益的所在；他附加道，這些是在這個「好戰帝國主義者的時代」裡必須捍衛的利益。但是克雷塞提也指出即使有法國在東方的商業和工業公司，即使有歷來最多的本地學生在法國學校註冊上課，法國在東方無疑還是被逼到一邊去，不僅受到英國威脅，還有奧地利、德國和俄國的威脅。如果法國要繼續防止「伊斯蘭死灰復燃」，最好要能夠控制東方：克雷塞提最早提出這個論點，而國會議員保羅・杜默(Paul Doumer)隨之附議(註26)。這些論點在好幾個場合一再重複，而且事實上，法國在第一次世界大戰後，獨自在北非和敘利亞做得很好，但是對於湧現而出的東方人口與理論上是獨立的領土，英國總是宣稱他們所作的特殊與具體的管理，是頗有功勞的，但法國卻總無法掌握。也許最終現代英國和現代法國東方主義之間一再察覺到的差異，是關於風格的差異；對於東方與東方人的概化、保留在東方與西方之間的區別感、西方支配東方的受到支持——這一切在兩國傳統裡都一樣。因為在構成我們習慣稱為「專業」的許多元素裡，風格是最為明顯的，而風格是由傳統、體制、意志和智慧模塑為正式聯繫的特殊世俗環境的結果。我們現在就要轉而討論二十世紀早期英國和法國的東方主義裡的這個決定因素，這個可以感知的、現代化的精鍊之物。

2 類型、專業與看法：東方主義的世俗性
Style, Expertise, Vision: Orientalism's Worldliness

吉普林的「白人」(White Man)不但出現在好幾首詩中，更出現在像《齊姆》這樣的小說中，運用到這個意象的警語或慣用語數目更是相當多，使《齊姆》不再只是一本諷刺性小說：「白人」的觀念、假借、生存風格，似乎讓許多身在海外的英國人有所倚靠，他們的實際膚色，使他們確切而充滿戲劇性地和當地人群分離，但對這些周旋在印度人、非洲人或阿拉伯人之間的英國人而言，他們還屬於一種明確的知識範圍，還能從對這些有色族裔負有管理之責的一項長遠傳統，汲取經驗上或精神上的養分。吉普林讚頌白人在殖民地所走的「道路」時，寫的就是這項傳統，描寫其榮耀與艱困：

而今，這是白人腳踏之路，
當他們投身清理荒蕪——
地面堅硬如鐵，頂上藤蔓處處，

雙掌盡是深刻紋路，
我們已走過那條路——潮濕而蜿蜒的道路，
以之為引領的星圖。
喔！全為這世界，白人才並肩，
走過他們的道路（註27）。

白人巧妙地互通聲氣，讓「清理荒蕪」達到最佳效果，這也暗指目前殖民地內各股歐洲勢力互相抗衡的潛在危險：吉普林的白人因為協調各方策略不成，隨時都準備訴諸武力：「我們的自由，子孫的自由／若自由不成，唯有戰爭。」在白人和藹可親領導勢力的面具下，一直潛藏著使用武力——殺戮與被殺——的明顯意圖，而其任務之所以看來還有一些尊嚴，完全是因為智識上的奉獻；他是「白人」，但他不只為了圖利，因為他的「引領星圖」指引的目標，本應大幅超越世俗的利益，當然許多白人都曾經懷疑，自己在「潮濕而蜿蜒的道路」上，奮鬥的目標究竟何在？很多白人一定也曾深感困惑，不知自己的膚色怎會賦予自己優越的存在地位，讓自己擁有強大的力量，可以掌控人類世界的絕大部份，但到頭來，對吉普林和對那些知覺語彙深受他影響的人而言，身為白人，本就是一種自我肯定的生意，一個人會成為白人是因為他本來就是白人，更重要的是，「分那杯羹」，實現「白人歲月」無可改變的命運，更讓一個人沒什麼時間去胡亂臆測有關起源、使命、歷史邏輯等問題。

身為白人因此不但是觀念，也是現實，其中包含一個理性思索過的地位，可以同時面對白人與非白人世界。身為白人，意味著——在殖民地——以某種方式發言、行為依循某一套準則，甚至感覺到某些事物——而非其他事物，身為白人就要有某些特定的判斷、評價與姿態，那是一種權威的形式，在此形式之前，所有的非白人，甚至白人本身，都必須完全臣服；而在其所採取的制度模式（殖民地政府、使節團、商業機構）裡，「身為白人」只是一種媒介，用以向世界表達、宣傳、推行其策略，這個媒介雖也包含某種程度的個人特色，但是，最終統攝一切的，還是一個非個人化的集體觀念——「身為白人」。簡言之，「身為白人」是一種十分具體的處世態度，一種掌握現實、語言與思想的方式，一種特定的風格於焉成形。

吉普林本身不可能憑空冒出來，他所創造的「白人」也一樣。這類觀念與作者均源自相當複雜的歷史與文化環境，其中至少有兩點和十九世紀東方主義的歷史有很多雷同之處：其一就是文化上認可、部署許多大型泛論的習慣，這些泛論把現實分成好幾個不同的集合：各種語言、族裔、類型、膚色、精神狀態，每個範疇都非中性的界定，而是帶有評斷色彩的詮釋，在這些範疇背後，潛藏的是「我們的」與「他們的」的僵硬二元對立，而且「我們的」永遠在「他們的」之上（「他們的」甚至完全淪為「我們的」的利用對象），這種二元對立不但因人類學、語言學、歷史而不斷加強，更因達爾文「物競天擇，適者生存」的理論，以及——影響同樣深遠的——高度文化人文主義的修辭，而益形鞏固。像雷南、阿諾德這類作家，之所以能大膽運用和族裔相關的泛論，主要還是因為他們既得的文化遺產充滿官方色彩，「我們的」價值觀是（姑且名之為）開放、人性化、正確的，是有純文學、高等學術、理性思考在背後撐腰的，身為「歐洲人」（以及白人），每次只要這些價值觀一受宏揚，我們就分潤其光；但這類由一再覆述的文化價值觀形成的同夥關係，不但能內含聚眾，也能拒眾排他，阿諾德、羅斯金、彌勒、紐曼、卡萊爾、雷南、郭比諾、孔德等人，只要每發表一項有關「我們的」藝術的觀念，即將「我們關連在一起的鏈上又加聯繫，將另一個局外人排擠掉。雖然這類敘述無論發生在何時何地，都免不了這樣的後果，但我們還是該記得，十九世紀歐洲聲勢奪人的學術與文化，可說是在面對真實的局外人（殖民地、窮人、青少年）時，建立起來的，那些局外人在文化中扮演的角色，就是要去定義「他們」天生體質不合的那部份（註28）。

白人和東方主義起源環境的另一點相似之處，就是二者掌控的「領域」，以及那種身處這類領域，就一定要有某種行為、學習、佔有模式（甚至儀式）的感覺。舉例而言，只有西方人才能談論東方人，就好像只有白人才能指定、論述有色人種或非白人，東方主義者或白人（此二者往往是對等的）所提的每種論述，都隱含著一種無法化約的距離感，把白人和有色人種、西方人和東方人，遠遠隔開；非但如此，這些論述背後還夾帶著經驗、學術和教育的傳統，使東方人／有色人種永遠都得固守在那個**西方人／白人研究對象**的位置，絕無可能翻身。當西方人佔據權力的位置——如克羅莫所佔有的地位——東方人只能謹守既有的單純準則：那就是確保沒有東方人可以取得獨立、統治自己，其前提就在於，既然東方人不懂得如何統治自己，那為了他們著想，還是讓他們保持那種狀態比較好。

白人既然和東方主義者一樣，時時得面對圍堵有色人種的那道緊張防線，他就覺得自己有義務，該隨時去定義或者重新定義自己探索的領域。因此描述的段落，往往和打斷描述、再次說明定義與評斷的段落，規則地交替出現；這是當時使用吉普林的「白人」作為面具的東方專家寫作時的典型風格。一九一八年，勞倫斯寫給李查茲(V. W. Richards)的文件，就包含這樣的段落：

> ……阿拉伯人引發我的想像，那是一種十分、十分古老的文明，已精練到足以擺脫家庭神祕，以及半數我方文明急於擁有的牽絆，這種物質精簡的信念十分可貴，而其中顯然也包含了一種道德上的精簡，他們只想眼前的事情，儘量單純地度過每日生活，不拐彎抹角，也不穿山越嶺。就某種程度而言，那是一種精神與道德上的疲乏，整個種族智力用罄，為了躲避重重難關，他們得拋棄許許多多我們認為是可貴與肅穆的東西，我雖然無法透過任何方式，和他們擁有同樣的觀點，但我認為自己對他們的了解，已足以讓我從他們的角度，來看我自己和其他的外國人，而且不會因此責難他們。我知道自己在他們眼中是個陌生人，而且永遠都是；我無法改變成他們的樣子，同時，我也無法相信他們會更糟（註29）。

下面這段葛楚・貝爾的評論，雖然提到的主題看來似乎天差地遠，但呈現的卻是類似的觀點：

這種狀態已經持續了幾千年（指的是阿拉伯人處於「戰爭的狀態」），唯有去讀內陸沙漠最早文獻記錄的人，可以告訴我們這個問題的答案，因為從第一個阿拉伯人開始，就是這樣，但好幾世紀以來，阿拉伯人卻從未自經驗中汲取到任何智慧。他從未感到安全，但他卻裝出一副安全是家常便飯的樣子（註30）。

我們還得加上貝爾另一段更進一步的觀察，作為這段話的註解，這次她談的是大馬士革(Damascus)的生活：

我開始模糊看出，一個偉大東方城市的文明是怎麼回事，看出他們如何過活，看出他們在想些什麼；我也開始和他們建立起交情，我相信，自己是英國人這點很有幫助……五年前，我們就開始向上發展，這其中差異十分顯著，我想和我國政府在埃及的成功大有關係……俄國的落敗固然是主因，但就我記憶所及，卡隆部長(Lord Curzon)在波斯灣和印度前線推行的有力政策，才是更主要的原因。不了解東方的人，絕無法理解這其中的緊密關連，倘若英國當初沒有攻進喀布爾，今天英國觀光客在大馬士革街上就會遭人白眼，這種說法絕非誇張（註31）。

在這類敘述中，我們馬上就注意到，「阿拉伯」或「阿拉伯人」有一種分離、明確、集體內在一致性的氛圍，使所有個人生命歷程特殊、值得敘述的阿拉伯人全被抹煞；引發勞倫斯想像的，是阿拉伯人——作為意象與作為假設性人生哲學（或態度）——的透明性：無論採取何種觀點，勞倫斯對阿拉伯人的印象，似乎都是透過非阿拉伯人的漂白眼光而得，而對這位置身局外的觀察者而言，阿拉伯人不知不覺中擁有的原始單純，其實是由觀察者所界定——在這個例子中，就是由白人所界定。阿拉伯人的單純精練，在本質上和葉慈對拜占庭的遙想互相呼應：

火焰，匱缺柴薪，火石不燃，
暴雨不侵，火生眾火，
血生精靈來此，
所有錯綜狂飆遠離（註32）。

這種精練和阿拉伯人的恆久性放在一起，就好像阿拉伯人從未度過漫漫的歷史流程。矛盾的是，勞倫斯眼中的阿拉伯人，又好像已在時間的長流中耗盡自己，阿拉伯歷史悠久的文明，讓阿拉伯人散盡元氣，只留下最基本的精髓，阿拉伯人的道德感也在文明歷程中消耗殆盡，剩下來的，就是貝爾眼中的阿拉伯人：累積了好幾世紀的經驗，但卻沒留下任何智慧。作為一個集合體，阿拉伯人並沒累積存在或語意上的深厚度，他始終不變，由裡到外，從一邊到另一邊「內在沙漠的記錄」中均沒變,除了勞倫斯所提及的竭盡心智的高尚文化。他要我們認為，即使有個阿拉伯人感到快樂，即使有個阿拉伯人因喪親或喪子而悲痛，即使有個阿拉伯人對政治暴虐感到不公,這些體驗也都應臣服於「身為阿拉伯人」這個純粹、樸素、恆久的事實之下。

這種情境的原始性至少同時存在於兩個層次：其一是簡化的**定義**，其二（根據勞倫斯和貝爾的敘述）則在於**現實**。這種表面上看來絕對的偶然，並非單純源自偶然，因為第一，它只可能從外來去辦到，透過辭彙及知識論的利器，藉以直搗事物核心，並免除意外、環境或經驗這些會產生困擾失焦的因素。第二，這種偶然純粹是方法、傳統與政治交相運作的結果，其中每一點都是要泯滅「東方人」、「閃族」、「阿拉伯人」、「東方」等類型與日常現實（亦即每個人都活在其中的、葉慈所謂的「獸性層面難以控制的神祕」）之間的差別，學者將一個指定為「東方」的類型與他可能碰到的任何東方人劃上等號。長年的傳統讓所謂閃族精神與東方精神等論述更為鞏固；同時，套句貝爾的名言，東方的所有事物「連貫在一起」，是以這種方式教導西方予政治的理性。因此，東方**原本**就具有原始性，就等於原始性，所有談到或寫到東方的人，都必須依循這個觀念，就好像這個觀念是超越時間或經驗的永恆試金石。

要了解身為白人的東方代理人、專家、顧問，如何運用這一套模式，有一種很好的方法。對勞倫斯和貝爾而言，最重要的，是他們指稱的阿拉伯人或東方人都屬於一個可以辨識、具權威性的程式成規，足以吸納涵蓋所有的細節。不過，更加特定來說，「阿拉伯人」、「閃族」、「東方人」等觀念，到底是從何而來？

我們前面已談過，十九世紀像雷南、藍尼、福樓拜、高辛・裴西瓦、馬克思、拉馬丁等作家，都對所有東方事物假定其代表性，並從中汲取力量，產生關於「東方」的泛論；每件東方物體均訴說出其東方特質，以至於「東方」的屬性凌駕於任何相對的例證之上。一個東方人先是屬於東方，然後才是一個人，這種徹底的歸類很自然因科學（或論述，這是我比較喜歡的說法）而益形鞏固，在科學上，物種的分類是朝向後或向下的方向進行，但這也應是針對所有物種本體衍生的解釋方式。因此在「東方的」這類涵蓋廣泛、半流行性的歸類之下，還有一些更符合科學原則的分類方式，其中大部份主要以語言類型為分類基礎——例如閃語族的(Semitic)、德拉威達語族的(Dravidic)、哈姆語族的(Hamitic)——但這些分類又很快取得人類學上、心理學上、生物學上與文化上的證據，作為支持。舉例而言，雷南的「閃語族的」，就是一種語言學上的泛論，在他手上，各類從解剖學、歷史、人類學，甚至地質學而來的平行概念，都可以附加其上，因此「閃語族的」不僅可以作為一種單純的描述或指稱，還可以運用在任何複雜的歷史或政治事件上，使這些事件只留下先於事件本身、而且為事件所固有的單純核心，「閃語族的」因此成為一種超越時間、超越獨特性的分類，意在以一些事先存在的「閃語族的」本質為基礎，預測所有閃族人個別單一的行為，並透過某些共通的「閃族」要素，對準、詮釋人類生活的所有面向。

為什麼十九世紀末自由派歐洲文化，有點懲治的觀念會發揮特殊的作用，似乎頗為費解，不過，若我們記得，像語言學、人類學、生物學等科學的魅力，不在於玄理上的臆測或觀念上的推論，而在於經驗法則的具現，那麼這一切都會變得比較理所當然。雷南的閃族，就像波普的印歐民族一樣，都是建構的產物，雖然閃族人確實存在，但在特定的閃族語系語言具有科學上可資了解性，以及經驗上可資分析性的特性下，「閃族」一詞早已被視為一種邏輯推論，而且不可避免地成為原型。於是，在嘗試塑造一種原型的、原始的語言學類型（也是文化、心理學與歷史類型）的同時，還有一種「為人類最初潛能下定義的企圖」（註33），所有明確的行為例證都源自這種企圖，而這種企圖之所以能夠成立，完全是因為大家相信——以經驗論者的慣用術語而言——心靈與身體是彼此依存的兩個現實，兩者最初都是由一組既定的地理、生物以及準歷史條件所限定（註34），這組條件當地人無從發覺或內省，而且之後也無法逃避其制約。這些經驗論的觀點為東方主義者好古的偏見提供了有力的支持，他們所有針對「古典」伊斯蘭教、佛教或祆教進行的研究都顯示，他們覺得自己（正如喬治・艾略特筆下的卡紹本博士告白），「宛如古人之魂，在世上流浪，雖然許多景物已成廢墟，眾多變化令人困惑，他們還是試著在精神上，建構出過去的模樣（註35）。」

倘若這些有關語言學、文明，而且最終及於族裔特性的推論，都只是歐洲科學家與學者，學術辯論議題的某個面向，那我們大可不必加以注意，只把它們當成一齣微不足道的純屬閱讀用戲劇的題材來源即可。問題是，這項議論本身和議論內容，都已廣泛流傳，在十九世紀末的文化裡，正如崔林所述：「逐漸興起的民族主義與勢力逐漸擴張的帝國主義，所激發的種族理論，在殘缺不全、吸收不良的科學支持下，幾乎變得無庸爭議（註36）。」種族理論，有關初始起源與初始分類的種種觀念、當代的衰微、文明的發展與進步、白人（或亞利安人）的命運、對殖民領土的需求——這一切都是科學、政治、文化特殊混合體的既含元素，而其漂流擴散的結果，幾乎沒有例外，總是引發歐洲或某個歐洲種族，去凌駕統治另一些非歐洲人。一般人也都同意，根據達爾文本人認可的某種變異達爾文主義的說法，現代東方人是先前偉大文明的退化殘餘，透過眼前的衰敗混亂，我們可以感覺到東方古老的或「古典的」文明，但這只因為：㈠具有高度精練科學技術的白人專家，可以做審查重建的工作；㈡一群總括性概論的辭彙（閃族人、亞利安人、東方人），指的不是一組虛構的事實，而是一整組看似客觀、擁有眾人共識的分類法。因此一句有關東方人能做什麼、不能做什麼的評論，就有生物上的「真理」作為支撐，例如米樹(Michel)的〈從生物學看我們的外交政策〉("A Biological View of Our Foreign Policy," 1896)、赫胥黎(Thomas Henry Huxley)的《人類社會的掙扎圖存》(*The Struggle for Existence in Human Society*, 1888)、班雅明・吉德(Benjamin Kidd)的《社會演化論》(*Social Evolution*, 1894)、約翰・克羅茲(John B. Crozier)的《當代演化的智識發展史》(*History of Intellectual Development on the Lines of Modern Evolution*, 1897-1901)，以及查爾斯・哈維(Charles Harvey)的《英國政治的生物特性》(*The Biology of British Politics*, 1904)（註37），都說明了這一點。大家都認為，倘若語言就像語言學家所說的那樣，彼此截然不同，那麼使用語言的人——其思想、文化、潛能，甚至身體——也都應在類似的情況下，互有差異，而且這些差異背後有本體性、經驗性的真理力量作為支撐，針對起源、發展、特性、命運所做的研究，更是頗具說服力地展現出這些真理。

這裡要強調的是，這個有關種族、文明、語言間顯著差異性的真理，是（或假裝是）基進、無以抹滅的。這項真理直通事物底部，肯定斷言人絕對無法逃離起源，和起源所賦予的類型；它在人與人間，設下真實的疆界，種族、國家、文明，都因此得以建立；它強迫大家把目光從平凡（同時也是多重）的人類現實，如喜悅、傷痛、政治組織上移開，轉而朝向後與向下的方向，去注意那永恆不變的起源，科學家的研究逃不開這類起源，就好像一個東方人永遠無法脫離「閃族」、「阿拉伯人」、「印度人」等大帽子，從他眼前的現實——衰敗的、被殖民的、落後的——完全將他排擠掉，除了白人研究者諄諄教誨的呈現敘述外。

進行專門研究的職業給人種種個別的特權。我們還記得，藍尼可以表面上看來像個東方人，但卻同時保有學者的客觀距離。事實上，他研究的東方人已經變成**他的**東方人，因為他不但把這些人當成實存的人物，更在敘述中，把他們當成歷史里程物體。這種雙重觀點形成一種諷刺結構，從一方面來說，確實有一群人活在現在，但從另一方面而言，作為研究對象，這些人卻變成「埃及人」、「穆斯林」或「東方人」。兩個層次間的差距，唯有學者才能看到與操縱。前者不斷趨向更大的多變性，但這種多變性卻一直受到抑制與壓縮，逼著往向下、向後的方向進行，回到通則性的**根本**盡頭；每個現代、本土的行為例證，都變成一種流溢出來的物體，需要送回最初的源頭，而整個回送過程又再次加強了源頭的重要性，這種「遣送」的動作，正是東方主義**訓練**的主要內容。

藍尼把埃及人，同時當作眼前存在的實體與**特例**標籤的印證，這種能力不但源自東方主義者的訓練，也來自一般人對近東穆斯林或閃族的看法。東方閃族（猶太人）是最能展現眼前現實與起源實為一體的民族，作為東方主義者的研究對象，猶太人和穆斯林很容易透過他們的原始起源，讓人了解：這是現代東方研究的舊磐石（就某種程度而言，現在依然如此）。雷南曾稱閃族人是發展停滯的例證，這種說法顯示，對東方主義者而言，現代猶太人無論多麼相信自己屬於現代，都無法逃脫族裔起源對他的糾纏，這種糾纏在時間與空間雙方面同時並進，無論時間過去多久，猶太人的發展永遠無法超越「古典」時期，無論身處何方，猶太人永遠擺脫不掉族人與帳篷所在的草原與沙漠環境。所有猶太人生活可能狀態與應該發展狀態的真實例證，都指向「閃族的」這個原始解釋類別。

這個指稱系統的執行力量，在十九世紀末大行其道，它讓每個個別行為的真實例證，都被縮減為、都被拉回一小撮「最初的」解釋類別。在東方主義的系統裡，它就相當於大眾行政體系的官僚制度，部門分類比個人檔案更有用處，而個人之所以還有一點意義，主要當然是因為可以被放進檔案裡。我們應把正在工作的東方主義者，想像成公務員，看他們在一個很大的、上面標有「閃族人」的櫃子裡，放進各式各樣的檔案。藉助於近日比較人類學與原始人類學的各種發現，如威廉・羅伯森・史密斯(William Robertson Smith)這種學者，就可以將近東地區的住民加以歸類，同時記載他們的血緣關係、婚姻習俗、信仰儀式的形式與內容等，史密斯作品的力量，就在於以平鋪直敘的手法，徹底揭開閃族神祕的面紗，原本伊斯蘭教或猶太教等名稱，在世人心中築起的障礙，在此被一掃而空，史密斯以閃族的語言學、神話，加上東方主義者的學術訓練，「建構出……一幅和所有阿拉伯事實一致的，社會制度發展的假設圖像。」如果這幅圖像能成功揭露圖騰制度或動物崇拜中的一神教信仰，清楚勾勒出其中早已存在，而且目前仍具影響力的來歷起源，那麼這個學者就可說是很成功，但史密斯也指出，這得靠我們洞察「穆罕默德的資料來源會盡其可能地遮掩，不吐露古代異教的種種細節」(註38)。

史密斯有關閃族的作品，涵蓋的範圍包括神學、文學與歷史；他寫這些書時，心中十分明白其他東方主義者作品的內容（舉例而言，他曾在一八八七年，強烈抨擊雷南的《以色列民族史》〔*Histoire du peuple d'Israël*〕），更重要的是，他寫作的目的，在於增進大家對現代閃族人的了解。我認為，就學術這條鎖鏈而言，史密斯是連結過去「白人專家」與現代東方的關鍵扣環，若無史密斯，勞倫斯、霍戈、貝爾等人為東方專業而傳承下來的封閉智慧，就不可能存在，而即使是史密斯本人，也要有他對「阿拉伯事實」額外而直接的體驗，才能造就他這位好古學者今日的權威；史密斯因為能夠「掌握」原始的分類，又能在現代東方行為千變萬化的現實體驗中，找出一般性的真理，兩種能力互相結合，才讓他的作品這麼有份量，非但如此，這種特殊組合更倡導了專業的風格，使得勞倫斯、貝爾、菲比等人，賴以建立其聲望。

史密斯就像先前的波頓、多提等人一樣，在一八八〇年到一八八一年間，到漢志一遊。對東方主義者而言，阿拉伯半島一直是個十分特殊的地方，這不只因為穆斯林一向把伊斯蘭視為阿拉伯的**聖地**，更因為漢志的歷史背景，看來就像它的地理面貌一樣荒蕪與落後；阿拉伯沙漠因此被視為一個特殊的地點，有關這個沙漠過去的敘述，可以和論述當前沙漠的手法如出一轍（內容也相同）。你可以在漢志大談穆斯林、現代伊斯蘭教，與原始伊斯蘭教，而不必擔心其中的區別；這些缺乏歷史背景作基礎的語彙，讓史密斯對閃族的研究，更多了一份權威。我們在他的評論中聽到的，是一位掌控伊斯蘭教、阿拉伯人、阿拉伯半島過去**一切**的學者在發言：

在穆罕默德的伊斯蘭教，其特徵是所有民族情感均染上宗教色彩，這就好像伊斯蘭教國家整個政治組織和社會形式，全都穿戴著宗教的外衣。但若我們以為，這種真誠的宗教情感，潛藏在所有事物深處，讓所有事物都因有了宗教的形態，而顯得合情合理，那我們就錯了。阿拉伯人這種偏見，其實源自一種比對伊斯蘭教信仰更深的保守主義，當初先知穆罕默德倡議的伊斯蘭教，十分輕易順應一開始便被倡導的種族之內的種種偏見，甚至對許多野蠻過時的想法加以保護，實在是一大錯誤，那些過時的想法，在穆罕默德眼裡看來，一定沒有任何宗教價值，他之所以把這些想法納入他的宗教體系，完全是為了便於宣傳他的革新教義。今天

> 在我們眼裡看來，很多伊斯蘭教色彩最明顯的偏見，其實在《古蘭經》裡都找不到依據（註39）。

這段驚人的邏輯推論，最後一句當中的「我們」，很清楚地點出白人的優勢地位，就因有了這優勢地位，白人在第一個句子當中，才能說所有政治和社會生活，都「穿戴著」宗教的外衣（因此他們可以說，伊斯蘭教是極權宗教），接著在第二個句子裡，他們又說宗教只是穆斯林的外在偽裝（換句話說，所有的穆斯林基本上都是偽君子），到了第三個句子，他們宣稱伊斯蘭教——即使已經掌握阿拉伯人的信仰——並未真正改變潛藏在阿拉伯人心中、先於伊斯蘭教的基本保守主義；這樣還不算說完，因為假如伊斯蘭教算是成功的宗教，那也是因為它因循軟弱地讓阿拉伯人「本真的」偏見乘虛而入；而這種謀術（這回我們代表穆斯林，說這是一種謀術）我們該怪在穆罕默德頭上，反正他本來就是一個冷酷無情的陰險教士，但這一切到了最後一個句子，卻多多少少被一筆勾消，因為既然西方人眼中的伊斯蘭教基本色彩，根本就不是真正的「伊斯蘭教」，那史密斯等於在向「我們」保證，他前面提到有關伊斯蘭教的一切，都不是「穆罕默德式的」。

東方主義者顯然不遵循著保持相同一貫和不前後矛盾等原則，他們汲汲營營的，是東方主義者的專業，而此專業植基於一份無可置疑的、完全在東方主義者哲學與修辭學掌控範圍內的集體性真理。史密斯可以不帶絲毫疑慮，大剌剌地談論「阿拉伯人心靈上……貧乏、實際……又在實質上缺乏宗教意味的習慣，」說伊斯蘭教體系其實是「有組織的虛偽」，對「穆斯林的奉獻」不可能產生任何敬意，因為「形式主義和徒然的反覆，在伊斯蘭教禮俗中，都被化約到只是一種體系」，他對伊斯蘭教的攻擊絕非相對而論，因為他心裡十分明白，歐洲和基督教佔有的優勢，是確切的事實，而非想像的狀況。追根究柢而言，史密斯抱持的世界觀是二元對立的，這從下列段落中可以明顯看出：

> 阿拉伯的旅者和我們自己十分不同。從一地到另一地的勞頓，對他而言，純粹是一件討厭的事，他一點也不喜歡出力的過程（「我們」則是喜歡），老是動不動就抱怨肚子餓或疲倦（「我們」可不會）。東方人一下駱駝，就想馬上蹲坐在毯子上休息，一邊抽菸、一邊喝飲料，你再怎麼樣，也沒法說動他們去做別的事，非但如此，阿拉伯人也不懂得欣賞風景（但是「我們」懂）(註40)。

「我們」是這樣，「他們」是那樣。史密斯仔細觀察漢志當地的生活、描繪自己在那兒的體驗時，似乎完全不必顧慮到，是哪一個阿拉伯人、哪一個穆斯林、何時發生、如何發生、根據何種測試結果而得等種種細部差異。對他而言，最重要的是，一個人得知或學到的任何有關「閃族人」和「東方人」的資訊，都能立即化為實證，而且不必等到列入檔案，當場就生效。

這個強制性架構，不容分說地把一個現代「有色」人種，和歐洲白人學者所提出，有關有色人種語言學上、人類學上、教義上原型祖先的一般性真理，連結在一起，二十世紀偉大的英、法東方專家，作品也都出於同一架構：這些專家還把個人的神話和執著觀點，帶進這個架構，像多提和勞倫斯就花了很大的力氣，來研究個人觀點。每位學者——布朗特、多提、勞倫斯、貝爾、霍戈、菲比、賽克斯、史托斯——都相信自己對東方事物的看法十分獨特，是自己和東方、伊斯蘭教或阿拉伯人，親自接觸的實際經驗獨創而來，每個人對官方版本的東方知識都表示不屑。「太陽讓我成為阿拉伯人，」多提在《阿拉伯沙漠的旅遊》(*Travels in Arabia Deserta*)當中寫道：「但卻未讓我扭曲到接受東方主義。」不過，追根究柢，他們全部（除了布朗特之外）都表現出傳統西方對東方的敵意和畏懼。他們的觀點改良了現代東方主義學院風格，並為其中各種大而無當的概論、偏狹的「科學」教人不得反駁、簡約的程式，平添一些個人的色彩。（這裡又要提出多提的說法，他在對東方主義表示不屑的同一頁上寫道：「閃族全部就像坐在地下水道裡，水深有限，而眉毛則碰到天空（註41）。」）他們就以這樣的概論為基礎，採取行動、提出承諾、為公眾政策提出建言；更諷刺的是，就多提、勞倫斯、霍戈、貝爾等人而言，他們雖因專業緣由，對東方涉入極深（像史密斯一般），卻從未因此擺脫對東方徹底的鄙視，而他們還在母國文化中，取得「白人東方人」的身分。其主要關心議題，就是如何讓白人繼續掌控東方與伊斯蘭教。

這個計畫也衍生出新的辯證關係。東方專家該做到的，不再只是單純的「了解」，此時，得讓東方做點事才行，東方的力量應用來增進「我們的」價值、文明、利益與目標，因此對東方的知識直接化為行動，在東方引發新的思想與行為風潮，而這些風潮又回過頭來，要求白人宣稱另一種新的控制，此時白人扮演的，與其說是關於東方學術著作的作者，不如說是當代歷史的創造者、把東方當作緊迫現實來處理的人（由於這種東方現實，一開始就是由西方專家所推動，因此也唯有西方專家能妥善了解），東方主義者這時成為東方歷史的化身，掌握形塑東方歷史，和東方歷史密不可分，同時也成為西方人眼中東方歷史的典型「符號」。以下這段敘述，簡短說明了這種辯證關係：

> 有些英國人（以齊秦勒〔Kitchener〕為首）相信，阿拉伯人背叛土耳其人，可以讓英國人在與德國奮戰時，同時打敗德國盟友土耳其。他們對講阿拉伯語的人其本性、力量、國家的了解，讓他們認為，這種背叛的後果應該是有利的，其中的特性與方式，也在了解中映照出來。於是他們在英國政府正式允諾協助的情況下，默許阿拉伯人叛變，沒想到麥加謝利夫人的叛變，讓大部份人大感訝異，聯軍措手不及，隨之引發的反應包含各種情緒，敵友關係趨向分明，而就在這種衝突起伏的嫉妒情緒中，事先的如意算盤也隨之瓦解（註42）。

這是勞倫斯本人為《七大智慧》（*The Seven Pillars of Wisdom*）的第一章所寫的摘要。「有些英國人」的「知識」，在東方產生了一種運動，其「事務」則創出混雜的成果；這種嶄新、復甦的東方，所引發的含糊曖昧、半想像、悲喜參半的後果，成為專家寫作的主題，也造就一種新型的東方主義論述，為當代東方勾勒出一種視境，並非以敘述事體，而是以極為複雜、充滿問題、被叛逆的希望的形式，由白人東方主義的作者提供有關東方的先知、擲地有聲的定義。

視境戰勝敘事——即使是像《七大智慧》這種故事取向十分明顯的作品，也有這種狀況——我們早在藍尼的《近代埃及人禮儀風俗論》當中，就已經見過。東方整體觀點（描述、歷史大事件記錄）與各種東方事件的敘述之間的衝突，可以分為好幾個層次，其中牽涉到好幾個不同的問題。這種衝突因為在東方主義的論述中，經常重現，因此值得在這裡稍加分析。東方主義者從上方俯視、審查整個東方，希望能掌握眼前東方的全貌——包括文化、宗教、心靈、歷史、社會等，為了達到這個目的，他必須透過一套精心設計的簡約範疇（閃族人、穆斯林思想、東方等），來觀察每個細節；這些分類既然只是取其梗概、求其效率，而一般又多少假定：東方人無法理解自己，只有東方研究者用他的方式才可以看透；因此，所有依此形成的、對東方的看法，終究只能依賴其所有之人、機構或歸屬論述，來賦予其一致性與力量。任何全面性的看法基本上都是保守的，我們也注意到，西方近東思想史裡，這類看法雖然有許多反證，卻還是原封不動地保存下來（事實上，我們還可以辯稱，這類看法衍生出一些可以證明它們自己有效性的例證）。

東方主義者大致是這種全面性看法的代理人。一個人往往會相信，自己已經將腦中所思，甚至眼中所見，全都臣服於某種迫切的「科學」觀點，而此觀點是針對一種集體名之為東方、或東方國家的整體現象而發，藍尼就是這種思考方式的典型例證。由此而生的看法，就像十九世紀末東方主義充斥的科學範疇一樣，都是靜止不變的，除了「閃族人」或

「東方心靈」等大分類外，再也沒有什麼可資依靠的東西，在整個東方範圍的概括性觀點裡，每一種東方行為都有最後的終點牢牢扣住，東方主義無論作為一種學科、一種專業、一種特殊的語言或論述，全都繫於整個東方的永恆性此一觀念上，因為沒有了「東方」，就不可能有一種首尾貫通、言之成理、論述清楚的知識，被稱為「東方主義」；東方因此臣屬於東方主義，就好像一般人一向認為，有一些相關的知識是屬於（或關於）東方的。

這種「同時性本質主義」（synchronic essentialism）（註43）靜止不變的體系，我名之為「視境」，因為這種體系假設，整個東方可以在同一時間展露全貌，但其間卻有一種壓力不斷存在，壓力的來源在於敘述，如果任何東方可移動、可發展、可隨時間遞嬗的細節，被引介進入上述靜止的體系，壓力自然出現，原本看來穩定的東西——東方原本就是穩定與不變永恆的同義字——開始變得不太穩定，這種不穩定的現象顯示，歷史夾帶的非連續細節、變化性潮流，與趨向成長、衰敗、戲劇化變動的特性，在東方或對東方而言，都是可能的；歷史與代表歷史的敘述辯稱，視境是不夠的，只把「東方」當作一個無條件的本體類別，對現實趨向變化的潛能而言，是不公平的。

非但如此，敘述更是書寫歷史用以對抗永恆性視境的特定形式。藍尼不願在自身與自己掌握的資訊上，賦予線性形式，反而比較喜歡採用百科全書式或辭典編纂式的大事記形式，就是因為意識到敘述的危險性。敘述肯定人類出生、發展、死亡的力量，揭露機構與現實改變的趨向，指出現代性與當時性終將取代「古典」文明的可能性；最重要的是，它還斷言以視境統領現實，只是表現出權力意志，以及掌握真理、詮釋事物的意志，並非歷史的客觀狀況。簡言之，敘述在視境的一貫網絡裡，引進了相對的觀點、角度與意識，打破了視境構築的寧靜、理性節制的虛構世界。

由於一次世界大戰的緣故，東方被迫進入歷史，當時負責這項工作的是「東方主義者所扮演的中介代理」。哈那．鄂德(Hannah Arendt)對此曾有精采的評論，她說帝國代理正好是官僚制度的對應，換句話說，倘若被稱為東方主義的集體學術努力，是一種以某個對東方的保守視境為本的官僚體系，那麼為東方這種視境跑腿的，就是像勞倫斯這類帝國代理(註44)。在勞倫斯的作品中，敘述性歷史與視境的衝突，展現得最為清晰，因為——套句他的話來說——「新帝國主義」正試圖「主動在（東方）當地人身上，賦予責任」(註45)，歐洲列強間的競爭，使他們開始激發東方人主動的生活，壓迫東方人聽命行事，把「東方」從永恆不變、被動消極的同義字，轉變成好爭豪奪的現代生活，然而不讓東方為所欲為，不失去對東方的控制，則十分重要，因為經典看法一向認為，東方沒有自由的傳統。

勞倫斯作品最富戲劇性之處在於，第一，它象徵了刺激東方（無生命力、無時間性、無力量）開始變動的掙扎；第二，要在那層變動上，強加上基本屬於西方的形態；第三，要以個人的視境限制住剛被喚醒的東方，而此一回顧模式又包含了強烈的挫敗感與背叛感。

> 我的用意在於創造一個嶄新的國家，喚回一些失去的影響力，為兩千萬閃族人提供一個基礎，建築民族意識高揚的夢想宮殿……對我而言，所有臣屬於帝國的區

域加起來，還比不上一個死去的英國男孩。若我能為東方恢復一些自尊、一份目標、一些理想，若我能讓原本白人統治紅種人的標準狀況顯得更加當務之急，我就可以說，在某種程度上，我已經幫助這些民族準備好邁向新的國協，在這個新國協裡，佔有統治地位的各種族將拋卻過去殘暴的成就，白種人、紅種人、黃種人、棕色人種、黑人，都將目光向前，並肩而立，共同為世界奮鬥（註46）。

無論這是一種意圖、一份實際上的承諾，或是一個失敗的計畫，少了一開始白人東方主義者的觀點，這一切都不可能出現：

布萊頓(Brighton)市中心的猶太人、吝嗇鬼、美少年的崇拜者、在大馬士革妓院裡追逐聲色者，都同樣是閃族享樂能力的象徵，這些象徵背後的同一來源，其實還賦予我們一些截然不同的特色，諸如猶太禁慾主義者、早期基督徒，或最早伊斯蘭教國王哈里發的自我節制，為窮人在精神上找尋登上美麗天堂的道路。閃族人因此在淫慾與禁慾之間，不斷擺盪。

勞倫斯這種論調，背後自有可敬的傳統撐腰，這項傳統就像燈塔發出的明亮光芒，照亮整個十九世紀，而發光體的中心，當然就是「東方」，其亮度足以照亮勢力範圍內所有粗略或精細的地理概述。猶太人、美少年的崇拜者、大馬士革妓院裡的聲色追逐者，與其說是人性的象徵，不如說是一個名為「閃族的」的記號學領域，由東方主義中的閃族分枝融貫成首尾一體。在這片領域裡，有些事情是可能的：

阿拉伯人可擺盪在一種想法上，就好像吊在一根繩子上一樣；因為他們心靈上默不表態的忠心耿耿，早已讓他們成為順從的僕役，沒有人會逃避約束，直到成功來臨，開始有了責任、義務及承諾；於是，想法煙消雲散，工作宣告終結——殘缺無成。沒有了信條的束縛，他們只要得見地球上的財富與樂趣，就可以被帶往世界的四個角落（但非帶往天堂）；但假如在路上……他們遇見了無處可棲身、只能靠乞討或獵鳥果腹的想法預言家，他們又會擱置所有的財富，追隨預言家的啟發……他們就像水一樣不穩定，也像水一樣最終可能無往不利，自有生命開始，他們就將自身化為連續的浪潮，拍擊肉體的海岸，每個波浪都破碎……我掀起其中一個波浪（不是最小的一個），令其在一個想法的呼吸前翻滾，直到浪頭達到巔峰，在大馬士革傾覆墜落，這個波浪因某些權益事物的抵擋而被擊回，但其中產生的力量，卻足以讓下一個波浪繼續前進，只要經過足夠的時間，大海自會再度掀起浪潮。

就像過去一樣，「可能」、「會」、「假如」是勞倫斯插身這個領域的方式，因此最後一個句子透露了某些可能性，讓勞倫斯以阿拉伯人操縱者的身分，自居於阿拉伯人之上，勞倫斯就像康拉德筆下的庫茲(Kurtz)一樣，把自己放逐於地球之外，和一種嶄新的現實認同貼近，以便——他後來指出——負責「投身塑造……時間無法抵擋帶給我們的新亞洲(註47)。」

唯有勞倫斯設計其意義時，阿拉伯人的起義才有意義；他在這種情況下為亞洲賦予的意義是一種勝利，「一種擴大的情緒……覺得我們承擔了別人的痛苦或經驗，乃至其人格。」東方主義者現在成為具有代表性的東方人，不再像早期藍尼那種參與其中的觀察者，與東方小心保持距離。但勞倫斯的白人和東方之間，有一種無法解決的衝突，雖然他並不明說，但這種衝突基本上是把東西方間的歷史衝突，重新搬進他心裡，他意識到自己對東方掌有的權力，意識到自己的口是心非，同時沒有意識到，東方其實有一些因素，可以對他指出，歷史畢竟是歷史，即使沒他插手，阿拉伯人最後還是能夠處理自己和土耳其人之間的紛爭，勞倫斯只是把整個起義的敘述(包括其中短暫的成功和痛苦的失敗)都化約成自己對**本身的**視察，把自己當成無以解決、「持續存在的內戰」：

> 然而事實上，我們設身處地體會他人經驗，都是為了自己的緣故，或至少因為如此對我們有利：我們唯有在感覺上或動機上假裝，才能逃脫這項知識……在這個行為舉止的曲巷內，我們這些領袖似乎無法直線前進，眼前是重重未知，羞赧的動機取消或加強先前的動機(註48)。

勞倫斯後來在這種親切的失敗感上，還加上另一套理論，說「那些老人」偷走了他的勝利，無論如何，勞倫斯最在意的，還是他身為一個白人專家，身為東方多年學術與普遍智慧的繼承者，他有能力遵從先人的存在風格，進而擔任起東方預言家的角色，推動「新亞洲」運動成形，而當這項運動失敗時，無論原因何在（因為由他人接手、因為背離了目標，或因為獨立的夢想未能落實），其中最重要的，就是勞倫斯的失望，因此勞倫斯絕非迷失在混雜事件中的人，正好相反，他把自己完全放在和新亞洲掙扎誕生相同的地位。

相對於希臘悲劇作家阿奇勒斯以「亞洲」此一角色哀悼亞洲的種種失落，以及聶瓦為了東方不及他想像的光芒燦爛而深感失望，勞倫斯不但化身成為悲悼的大陸，更成為一種主觀的意識，表達出一種幾乎是宇宙性的幻滅感。到最後，勞倫斯——不只由於湯馬斯和羅伯特‧葛瑞夫(Robert Graves)——和他的視野成為東方問題的根本象徵，簡言之，勞倫斯把自己的知識經驗散布在讀者與歷史之間，藉此為東方擔起責任，他呈現給讀者的，事實上是一種未經斡旋中介的專家力量——一種短暫成為東方的力量，所有經推定該屬於阿拉伯起義的歷史事件，最後都被化約為勞倫斯的經驗本身。

在這種情況下，風格不只是象徵亞洲、東方或阿拉伯人這類龐大概論的力量，同時也是取代、吸納的一種形式，讓一種聲音成為整個歷史，而且——對西方白人讀者或作者而言——這種歷史描述下的東方，是他們唯一可能得知的東方。正如雷南在通向閃族人的文化、思想以及語言道路上，描繪出其可能性的領域，勞倫斯也勾勒出現代亞洲的空間與時間（而且同時挪用了這個空間）。運用這種類型風格的結果，使亞洲在瞬間似乎和西方靠得好近，但到最後，我們還是只有一種悲情的距離感，感覺到「我們」和注定背負異國特性，因此得永遠和西方疏離的東方之間，還是隔著一道巨大的鴻溝。福斯特(E. M. Forster)《印度之旅》(*A Passage to India*)的結尾，就又確認了（在同一個時代）這種令人失望的結論，書中的阿濟茲(Aziz)和費爾汀(Fielding)雖嘗試和解，卻沒有成功：

> 「我們現在為什麼不能當朋友?」另一方抓著他，熱情地說：「這是我想要的，也是你想要的。」
>
> 但是馬兒不想要——各朝不同的方向前進；土地不想要，凸出一堆石頭，讓騎馬的人只能單騎通過；寺廟、坦克、監獄、宮殿、小鳥、腐屍、賓館，這些當他們從鴻溝出發後，一一映入眼簾的東西，都不想要，它們以千百個聲音說：「不，不，還不要。」天空也說：「不，不是在那裡（註49）。」

這種風格，這種精簡的定義，始終是東方碰到的最大問題。

不過這其中雖然充滿悲觀主義，背後倒也包含了正面的政治性訊息。東、西方間的鴻溝，如克羅莫與巴佛所熟知的，可以透過西方優越的知識與權力加以調整。法國作家巴瑞斯，根據一九一四年行經近東的實際經歷，留下了一份記錄：《地中海沿岸東方諸國探索》(*Une Enquête aux pays du Levant*)，其中的觀點正好可以補充勞倫斯的視野。《地中海沿岸東方諸國探索》就像先前許多同類作品一般，對經驗加以重述，作者不但找出西方文化在東方的起源與來源，還把聶瓦、福樓拜、拉馬丁先前在東方經歷所見那一套，重新再搬演一次，只不過巴瑞斯的旅程多了一重政治面向：他為法國在東方扮演建設性角色，積極尋求證據和足以作為結論的證明。然而，英、法間的專業差異還是存在：英國處理的是人民與領土間的實際關連，法國處理的則是精神上可能開發的領域。對巴瑞斯而言，法國的存在，在法國學校看得最為清楚，就像他提到亞歷山大港一間法國學校時說：「看到這些小小的東方女孩，不但歡迎擁抱法文的**想像**與音調，還以如此優美的方式（口語法文），複誦出其中的奧妙，真是令人滿心歡喜。」法國雖然實質上在東方沒有任何殖民地，但它在東方並非一無所有：

東方有一種關於法國的感覺，十分虔誠，又十分強烈，足以吸收、化解我們所有最複雜多變的雄心壯志。在東方，我們代表了精神、正義和理想的範疇，英國在那裡很有勢力，德國也是勢力強大，但我們擁有東方人的靈魂。

這位頗受稱道的歐洲醫師，大聲駁斥周瑞(Jaurès)的觀點，主張為亞洲施打疫苗，以預防亞洲病入膏肓，他提議把東方人西方化，讓他們和法國做有益的接觸，但即使在這樣的計畫中，巴瑞斯的視野還是脫離不了他想要消滅東、西之間的差異。

我們要如何才能培養出一批知識菁英份子，以便和他們合作，找出那些不願被徹底改造的東方人，那些堅持依自己原來標準發展的東方人，那些緊抓住家庭傳統不放的東方人，讓他們在我們與當地民眾間，搭起一座橋樑？我們要如何才能建立一種關係，以奠定未來我國（在東方）政治前途希望簽訂的協議或合約形式的基礎？所有這一切，最終都和勸誘這些陌生人，培養出一種和我方智識保持接觸的品味有關，**即使這種品味事實上可能是來自他們自己對國家命運的感受也無不可**（註50）。」

最後一個句子強調的，正是巴瑞斯本人主張的重點。既然巴瑞斯描寫的，是一個遙遠、充滿可能性的世界，不像勞倫斯和霍戈（霍戈的著作《漫遊的學者》〔*The Wandering Scholar*〕完全是他一八九六年與一九一〇年，兩度造訪地中海沿岸之東方諸國的記錄，其中充滿各種資訊，卻沒有浪漫的情調）（註51），他就比較能想像東方有可能自行其道；但他所主張的，東、西方間的約束（或鎖鍊），卻允許西方在智識上，不斷以各種方式向東方施壓，巴瑞斯不是透過潮流、戰役或精神上的冒險來看事物，而是透過智識帝國主義的養成，這種方式不但微妙，而且難以根除。勞倫斯代表的英國看法，是屬於主流東方、屬於各種民族和政治組織，以及由白人專家的專業知識監控輔導的各種運動；東方是「我們的」東方、「我們的」人民、「我們的」領土，英國人不像法國人那樣，比較不可能去區分菁英份子與一般大眾，因為法國人的感覺與政策，一向是以少數民族為基礎，以法國與殖民地子民間精神共同體的暗中壓力為依據。英國的東方主義者代理人——勞倫斯、貝爾、菲比、史托斯、霍戈——在第一次世界大戰期間，以及大戰結束之後，不但接收了專家／冒險家／奇人（十九世紀由藍尼、波頓、史丹霍普所創）的角色，還同時接收了殖民地威權角色，躋身殖民地中央，其地位僅次於當地統治者：勞倫斯與哈希姆家族(Hashimites)關係深厚，菲比與沙特(Saud)家族情份特殊，就是兩個最顯著的例子。英國東方專業以共識、正統、統治權威作為中心；二次大戰期間的法國東方專業則特別注意非正統、精神上的關連，以及怪異非常的事物，因此當時兩大學術巨匠一屬英國、一屬法國，實非偶然，英國的吉柏興趣集中在伊斯蘭教遜奈（風俗習慣）觀念（或正統觀念）之研究，法國的路易斯・馬西格農則把焦點放在半基督教、神智學上的伊斯蘭教神祕教派蘇菲教派等。我稍後再回來談這兩大東方主義者。

在這一節裡，我主要討論帝國代理人及政策制定者，而不談學者，是為了凸顯東方主義的重大轉變，有關東方的知識，和東方的交流，都從學術層面轉變為**工具性**利用態度。影響所及，是個別東方主義者的態度也隨之轉變，他們不再視自己——像藍尼、沙錫、雷南、高辛・裴西瓦、穆勒，以及其他人那樣——屬於某個共同團體，必須遵守其內部的傳統與儀式。此時，東方主義者已成為自己西方文化的代表，他在作品中濃縮呈現的，主要是一種雙重性，其作品（無論形式如何特別）只是這種雙重性的象徵性表現：西方意識、知識、科學，主掌最遙遠的東方世界與最細微的東方特色，形式上而言，東方主義者認為自己完成了東、西方的統一，但他達到統一的方式，主要是重新宣稱西方的科技、政治與文化優於東方。在這樣的一統當中，歷史因素即使未被完全驅逐，也被徹底削弱；（東、西方）人類歷史作為發展潮流、作為敘述歷程，或作為一股在時空中有系統、具實地開展的動力，都完全受制於東、西方本質化、理想化的觀念。東方主義者因為認為自己就站在東、西方交界處，因此他不但發表各種巨大泛論，還試著把東方或西方生活的每個面向，化為那半個地理世界未經斡旋的純粹象徵。

東方主義者一方面以專家角度寫作，一方面以西方代表自居，扮演見證觀察的角色，這兩種角色在其作品中交替出現，尤以視覺辭彙表現得最為明顯。以下就是（吉柏所引用）取自鄧肯‧麥當勞經典作品《伊斯蘭教的宗教態度與生活》(*The Religious Attitude and Life in Islam*, 1909)的典型段落：

> 阿拉伯人外表展現出來的樣子，不是特別容易投入信仰，而是實事求是、講求物質，對自己的迷信與風俗盤查詢問、極盡懷疑，甚至嘲弄不屑；他們喜歡測試超自然的事物——而且從事這一切時，全都以一種奇怪的輕鬆，甚至孩子氣的態度來進行（註52）。

這個段落裡最重要的動詞是**展現出來**(show)，讓我們了解阿拉伯人（自願或非自願）把自己在專家眼前攤開，（以便）讓專家仔細審視，歸諸在他們身上的種種特點，光是並列在一起的那一大串，就足以讓「阿拉伯人」獲得一種存在的無份量，「阿拉伯人」也因此被迫重新歸入現代人類學家慣常使用的廣泛分類：「孩子氣的原始狀態」。麥當勞同時暗示，在這樣的描述中，西方的東方主義者佔據了特殊的有利地位，而他們代表性的功能正是要**展現出**

應該被看到的東西，因此所有特定的歷史都能從東、西方交界的頂峰，或說敏感前線，去解讀分析；在循環式的視野的對照之下，東方生活的所有細節，都只是用來重新肯定觀察對象的東方性，以及觀察者的西方性，而人類生命複雜的動力——我所謂作為敘述過程的歷史——不是變得無關緊要，就是瑣屑末節了。

若這種視野在某些方面讓我們想起但丁，我們也不要忽略了，這裡的東方和但丁的東方，其實有相當大的差異。這裡的證據應該都是（而且大概也都被認為是）有科學根據的，從族譜的角度來看，其起源是十九世紀歐洲的知識與人文科學；非但如此，東方在這裡不是單純的奇觀、敵人，或某個充滿異國風味的領域，而是具有重大時間意義的政治實體。麥當勞就像勞倫斯，無法確實分離學者角色與代表西方人的特色，因此他眼中的穆斯林，就像勞倫斯眼中的阿拉伯人一樣，客體的**定義**與下定義主體的**身分認同**牽扯不清。所有阿拉伯東方人都必須設法擠進西方學者建構出來的東方類型，同時符合西方與東方慣常接觸的方式：亦即讓西方人在體驗過與東方親密的疏離感後，重新捕捉東方的本質。對勞倫斯而言，就像對福斯特一樣，那種疏離感引發失落沮喪的情緒，以及個人的失敗感，但是對麥當勞這樣的學者而言，東方主義者的論述卻因此加強。

而此論述是被搬上世界文化、政治與真實世界的舞台。一次與二次世界大戰間，我們很容易從——比如說——馬霍(Malraux)的小說中看出來，東、西方間的關係不但廣泛發展，而且充滿焦慮。東方要求政治獨立的徵候到處可見；在分崩離析的奧圖曼帝國，這種獨立傾向當然受到同盟國的鼓勵，但正如整個阿拉伯起義與後續發展明白顯示的，這種獨立傾向很快造成各種問題。此時，東方構成一種挑戰，不但針對整個西方，更針對西方的精神、知識與統治權力。西方經過一整個世紀不斷介入（與研究）東方，此時東方面臨現代危機，西方居於其間的角色反而顯得十分脆弱。公然佔領的問題開始出現；託管部份領土的問題開始出現；歐洲勢力在東方彼此競爭的問題開始出現；和當地菁英份子、當地普遍發展的運動、當地自治與獨立的要求等交涉接觸的問題開始出現；東、西方間文化接觸的問題也開始出現。這些問題迫使一般人重新思考西方擁有的東方知識，一位重量級人物史凡・李維(Sylvain Lévi，一九二八年到一九三五年任亞洲協會會長，法國大學梵文教授)，一九二五年時，就曾認真思考過東／西問題的迫切性：

我們的職責是要了解東方文明。人文主義的問題，在智識層面上，其內容是透過同情契入與知性的努力，去理解外國文明的過去及其未來形式。這個問題目前特別擺在我們法國人眼前（雖然英國人可能也會表達出類似的感受，畢竟，這個問題是**歐洲**的問題），問題是以實際的方式呈現，針對我們在大亞洲的殖民地……這些人繼承了悠久的歷史、藝術與宗教傳統，尚未完全淡忘傳統的感受，而且大概正渴望延長傳統。我們一向承擔著介入他們發展的責任，有時沒有徵詢他們的意見，有時則是為了回應他們的要求……我們（無論對錯）聲稱自己代表一個較為優越的文明，而且反覆以無比的自信不斷強調這種優越地位，使這種地位在當地人眼中看來，似乎無庸置疑；而因為有了這種優越地位賦予我們的權利，我們對所有當地人的傳統都表示懷疑……

準此，以一般方式，無論歐洲人介入何種領域，當地人往往自覺到有一種通盤的失望，事實上那是痛心疾首的失望，因為他覺得自己的福利不但沒有增加，事實上反而減少，這不單指純粹的物質條件，更是指道德領域。他社交生活的一切基礎似乎都在腳下逐漸變薄、傾毀崩塌，而他原本賴以重建生活的金柱，現在似乎成了虛有其表的紙板。

這種失望逐漸轉變成憤怒，傳遍整個東方，而這種積怨現在眼看就要轉為恨意，只待時機一到，馬上就要化為行動。

倘若歐洲因為疏懶或不了解這種狀況，未能採取行動捍衛自己的利益，**那麼亞洲這場戲很快就會逼近危機點**。

也就是在這種地方，科學該作為生命的形式與政策的工具——換句話說，無論在何處，只要我們的利益可能受損——一切都要靠科學深入當地文明與生活最細微處，以找出他們基本價值與持久特性，而非只是胡亂輸入各種歐洲文明，造成不連貫的威脅，讓當地生活因此窒息而死。我們應該像提供其他產品一般，把自己提供給這些文明，也就是說，我們應該打入當地市場（註53）。（黑體字為原作者強調）

李維毫不費力就把東方主義和政治連在一起，因為西方介入東方的漫長——或者說，延長的——過程，無論就所得知識或就其對不幸的當地人產生的影響而言，都不容否認。上述兩種結果放在一起，可能引發未來的麻煩。李維雖然明白揭示人文主義，對人類的關心也值得稱許，但他看待眼前關卡，所持角度卻十分扭曲，令人不悅。在他的想像裡，東方人感覺自己的世界受到優越文明的威脅；但其行動動機卻是被強加上去的，不是「自發性地」對自由、政治獨立或文化成就有正面的渴望，而是源自積怨或嫉妒的恨意，而李維提出對付這種可能有不良變化情勢的萬靈丹，就是將東方化為西方消費市場上的商品，將此一商品放在成千上萬的商品行列之中，爭取消費者的注意。你只要輕輕一摸，就能把東方化去（只要讓它認為自己在西方思想市場上，份量和別人「相當」），西方對東方浪潮的恐懼也能因此平息。當然，追根究柢，李維真正想說的重點——也是他最赤裸裸的告白——是除非對東方採取某些手段，否則「亞洲這場戲很快就會逼近危機點」。

亞洲受苦受難，但在它受苦受難的同時，也對歐洲造成威脅：東、西方間恆久、彼此摩擦的邊界，從亙古以來似乎就沒有改變過。李維所謂最具威嚴的現代東方主義者，在文化人文主義者身上可以找到比較直接的映照。舉例而言，一九二五年，法國期刊《月報》(*Les Cahiers du mois*)曾針對知名知識份子進行過一項調查；其中作家部份包含一些東方主義者（李維、愛密爾・西拿（Émile Senart)），以及如紀德、泛勒利(Paul Valéry)、愛德蒙・賈陸(Edmond Jaloux)等文學家，調查中和東、西方關係相關的問題，可說相當切合時宜（姑不論輕浮煽動），當時的文化環境從這些問題就可以稍稍窺見端倪。我們等一下馬上就可以看出，東方主義學者鼓吹散布的那一套思想，此時已經成為被接受的真理。其中有個問題問道：東、西方是否對彼此禁閉門戶（馬特林克〔Maeterlinck〕的想法）；另外有個問題問道：東方影響力對法國思潮而言，是不是代表了「嚴重危險」（亨利・馬西〔Henri Massis〕的用語）；還有個問題問的是西方文化中，可顯示西方文化優於東方文化的那些價值觀。我認為泛勒利的回答，在此很值得引述，因為他的回答立論直接，又和當時時勢十分切合，至少在二十世紀初時是如此：

> 從文化觀點看來，我不認為我們**現在**應該害怕東方的影響。我們對東方並非不熟悉。我們所有藝術均源自東方，我們擁有的許多知識也來自東方，我們現在大可坦然迎接東方傳出的事物——如果東方還有新的東西可傳出來的話，這點我很懷疑，這種懷疑正是我們的保證，我們歐洲的武器。
>
> 非但如此，這種情況下真正的問題在於**消化**，而這一直是歐洲心靈最大的專長，因此我們的角色應該是維持這種選擇的力量，全盤了解的力量，把所有事物轉化成我們內在物質的力量，使我們能成就今日狀況的力量。希臘人和羅馬人的例子都告訴我們，如何對付亞洲的怪物、如何分析應付他們、如何抽出他們的精髓……我覺得地中海盆地就好像一個封閉的容器，所有廣大東方的精華一向都流到這裡，好讓我們加以濃縮（註54）。（強調與省略均為原有）

若說歐洲文化通常消化掉東方，那泛勒利一定察覺到，東方主義就是執行這項工作的特定機制。在威爾遜倡導民族自決的時代裡，泛勒利信心滿滿，相信只要加以分析，東方威脅自會散去。「選擇的力量」主要是讓歐洲先承認東方是歐洲科學的起源，然後再將這起源當成已遭汰換的源頭。因此，從另一個角度解釋，巴佛可以先認定巴勒斯坦當地居民對土地擁有優先權，但和繼之而來的權力中心比較起來，實在不夠格保有他們的土地；巴佛說，僅僅是七十萬阿拉伯人的願望，和基本上是歐洲殖民運動的命運比較起來，實在是不值一顧（註55）。

於是亞洲代表了一種令人不悅的可能性，可能突然爆發，毀滅「我們的」世界，就像約翰・布侃(John Buchan)在一九二二年所說的：

> 世上有各種互相牴觸的力量、雜亂無章的智識在翻騰。你有沒有想過中國的例子？中國有數以百萬計的好頭腦遭空洞花俏的玩意弄得創意殆盡，他們沒有方向，也沒有驅策的力量，因此所有努力加起來全是一場空，全世界都因此恥笑他們（註56）。

倘若中國能找出章法（確實是會），就不會再是別人的笑柄。因此歐洲要努力維持自己——泛勒利所謂「權力機器」（註57）——的地位，從外界儘量吸收各種事物，然後將所有事物（無論知識上或實際物質上）都轉為自己所用，將東方有選擇性地組織其章法（或無章法）；然而要達此目的，就一定要有透徹的看法與分析，除非東方的本質能被看透，否則其力量——軍事、物質或精神力量——早晚會把歐洲推翻；偉大的殖民帝國，偉大的鎮壓系統存在的目的，就是要阻絕這種令人害怕的後果。正如喬治·歐威爾一九三九年在馬拉喀什(Marrakech)指出的，殖民地的人民（非洲、亞洲、東方的）不應被看到，除了作為一種由歐陸中心所發出的東西。

當你走過這樣一個小鎮——這裡有二十萬居民，其中至少兩萬人除了腳下所踩的地氈外，真的是一無所有——當你看見這些人的生活方式，更重要的是，當你看見他們是多麼容易死亡，你就很難相信，自己正走在人群裡。所有殖民帝國事實上都是依此事實而建立。那些人有棕色的臉龐——而且數目還如此龐大！他們真的和你一樣是人類嗎？他們有名字嗎？或者他們只是一堆難以區分的棕色物質，就像蜜蜂或昆蟲一樣難分彼此？他們在地球上出現，流汗或挨餓幾年，然後就重新沒入無名的墳塚，沒人注意到他們已經遠去，就連墳塚本身，也很快歸於塵土（註58）。

歐洲讀者除了在一些小作家（羅地、皮克索〔Pickthall〕等）的異國風味小說中，接觸到如詩如畫的人物外，所曉得的非歐洲人正是像歐威爾形容的這樣，他要不就是個可笑的人物，要不就是平凡或精密論述所指定的廣大集體性中的一顆原子，其類型無以區分，叫做東方人、非洲人、黃種人、棕色人種或穆斯林等。東方主義在這些抽象分類中，提供了概論的力量，把文明當中的個別範例，轉變成負載其價值、想法與位置的理想媒介，然後東方主義者再從「東方」找出這些媒介，將之轉變為普通的文化用途。

若我們想起雷蒙・史瓦柏一九三四年推出的阿奎提—度普朗精采傳記——後來將東方主義嵌入適當文化脈絡的研究均源自此——我們也不要忘記，他的作法和同輩那些如泛勒利般，仍把東方、西方當作二手抽象概念的藝術家與知識份子截然不同。這不是說龐德(Ezra Pound)、艾略特、葉慈、亞瑟・華里(Arthur Waley)、法農羅沙(Fenollosa)、保羅・克勞岱(Paul Claudel)(在《對東方的認識》〔*Connaissance de l'est*〕)、維克・賽加侖(Victor Ségalen)等人，忽略了穆勒幾代前曾說過的「東方的智慧」，而是整個文化都以一種不信任的態度來看待東方，特別是看待伊斯蘭教，當時西方研究東方的學識態度一直脫離不了這種不信任，其中最明顯的恰當例子，就是一九二四年，歐洲在東方極有經驗的知名報人范倫鐵・齊洛(Valentine Chirol)，在芝加哥大學發表的一系列「西方與東方」的演說；他目的在清楚教育美國人，東方並不像他們想像的那麼遙遠，他的論點也很簡單：東、西方截然對立，而東方——尤其是「穆罕默德教派」——是該為世界「最深刻分裂」負責的一大「強大力量」(註59)。我認為，齊洛不明究裡的概論，可以用他六場演講的標題適切標明：「他們的古老戰場」、「奧圖曼帝國的淪喪，埃及的特例」、「英國在埃及的偉大實驗」、「領地與託管」、「俄共的新因素」，以及「一些概括的結論」。

針對齊洛這種關於東方，相對而言算是廣受歡迎的敘述，我們還可以用艾利・佛賀(Élie

Faure）的見證來加以補充。佛賀像齊洛一樣，在自己的反覆思量中，勾勒出歷史、文化的專業，以及為人熟知的白人西方主義與有色人種東方主義間的明顯對照，他不但以「冷漠東方人的好勇廝殺」（因為「他們」不像「我們」，沒有和平的觀念）這類自我矛盾的敘述表達己意，還進一步指出，東方人肢體慵懶，沒有歷史、國家、**族群**（patrie）觀念，以及東方人基本上很神祕……等等，佛賀辯稱，除非東方人學會理性思考、學會發展知識與實證的技巧，否則東、西方間永遠沒有**接近**的可能（註60）。費南德・伯登史伯格（Fernand Baldensperger）的論文〈東、西方知識份子的彼此面對〉（"Où s'affrontent l'Orient et l'Occident intellectuels"）則以更為巧妙、學識豐富的口吻，來敘述東、西方間的困境，不過他也提到東方一貫對思想、對精神訓練、對理性詮釋的鄙夷（註61）。

這些作家在歐洲文化的深處發言，而且都相信自己是那個文化的代言人，因此，這些常見的說法（亦即**習見觀念**），不應單純被解釋為地域沙文主義的例證。正因為不是——只要對佛賀與伯登史伯格其他作品稍有了解的人，都可以明顯看出——其中的自我矛盾也就更加強烈。他們的發言背景是東方主義力求真實的專業科學的轉型，科學在十九世紀的功能，原本是為歐洲恢復部份淪喪的人文內容，但到了二十世紀，科學不但成為政策的工具，更重要的是，還成為歐洲用以詮釋自我，並將東方詮釋於西方本身運用的符碼。由於本書先前討論過的一些原因，現代東方主義本身早已帶有歐洲對伊斯蘭教強大恐懼的印記，「宗教聖戰」政治上的挑戰讓這種狀況更為嚴重。我要說的重點在於，一種相對上而言無害處的語言學分科，已經轉變成為一種能力，藉此掌控政治運動、管理殖民地、發表近乎末世言論，呈現白人的文明傳播任務十分艱鉅等，而這一切全都在一個應該是很開放自由的文化中運作，這個文化最關切的，就是其誇示的包容、多重性與心胸開放。事實上，實際狀況與開放自由正好相反：「科學」讓教義與意義更加僵化，成為「真理」，因為如果這類真理為自己保留了，以我曾經提過的那些方法去評斷東方的權利，把東方視為永恆不變，那所謂自由開放只不過是鎮壓與思想偏見的一種形式。

由於本書試圖探討的一些原因，這種假性自由開放的程度過去往往——現在亦然——無法從文化內部窺得端倪，不過令人鼓舞的是，偶爾有人會對這種假性自由開放提出挑戰。以下是李查茲為自己《孟子的心靈》(*Mencius on the Mind*, 1932) 一書所寫的序言，可以作為一個例子，其中「中國」都可以用「東方」來代換。

> 至於西方對中國思想了解日深造成的影響，很有趣的是，我們可以看到像吉爾森(M. Etienne Gilson)這種既不可能是無知、也不可能是不小心的作家，居然在他《聖湯姆斯·阿奎那斯的哲學》(*The Philosophy of St. Thomas Aquinas*) 一書英文序言中，說阿奎那斯的哲學是「對整個人文傳統兼容並包」，這是我們每個人的想法，對我們而言，西方世界還是全世界(或是算得上份量的那部份世界)；但一個公允客觀的觀察者卻可能會說，這種偏狹觀念有其危險性，我們在西方還沒有絕對的把握，說自己絕不會遭受這種看法帶來的不良後果(註62)。

李查茲的論述加強了運用他所謂「多重定義」——一種消去不同定義系統間競爭性、真正的多重主義——的必要性。無論我們是否接受李查茲對吉爾森地域主義的反駁，我們都可以接受這種說法：開放人文主義（在歷史上，東方主義是其中一個部門），「減緩」了已擴大或正擴大意義的過程，而這種過程正是促進彼此真正了解的基礎。二十世紀東方主義意義並未擴增，取而代之的——就技術層面而言——是手邊最容易取得的主題。

3 現代英、法東方主義的極盛時期

Modern Anglo—French Orientalism in Fullest Flower

我們因為已經習慣，把當代有關東方某個領域、或其生活某個面向的專家，當成「區域研究」的專家，因此反而喪失過去那種鮮明的感受，忘了直到二次世界大戰左右，東方學者都還被認為是通才（當然他們有很多特殊知識），最擅長做些綜合性的論述。我所謂綜合性的論述指的是，東方學者針對，比如說，阿拉伯文法或印度宗教，提出相對而言不算複雜的想法時，別人（他們自己也一樣）總會把他們的想法，當成是針對東方整體而發，因而提出綜合觀點。於是每個針對東方某一小部份資料進行的個別研究，都以綜述的方式，肯定那項資料的東方性，而既然一般人都相信，整個東方以某種有系統的深刻方式，扣合在一起，那麼東方學者認為自己手上處理的材料例證，最終將促成對東方性格、心靈、思潮、普世精神等事物更深一層的了解，這便造成完美之詮釋學意涵。

本書頭兩章大部份曾有類似論點討論到東方主義思想史較早階段。但我們在此要談的稍晚歷史，無論如何，其歧異點卻在於緊鄰一次世界大戰之前與之後的階段。這兩個階段就和稍早的階段一樣，無論什麼案例，也無論用以描述的風格或技巧是什麼，東方就是東方；而其間差異就在於，東方主義者提出看穿東方的本質上之東方性的**理由**不同。以下這段從黑格若傑，一八九九年針對愛德華．沙喬（Edward Sachau）的《穆罕默德律法》（*Muhammmedanisches Recht*）所寫的評論中摘錄出來的片段，可以作為戰前之推論方式的甚佳範例：

……法律，實際上得隨著民族的日常運用及習俗，以及其統治者的專擅，不斷調整讓步，但它還是保有對穆斯林知性生活的深刻影響。因此，法律一直是（現在對我們而言也還是如此）研究的重要領域，這不只是基於和法律史、文明史與宗教史相關的一些抽象理由，也是為了實際的目的。歐洲和穆斯林東方的關係越密切，越多穆斯林國家接受歐洲的宗主權，我們歐洲人就越該熟悉伊斯蘭教的知性生活、宗教法與思想背景（註63）。

雖然黑格若傑允許像「伊斯蘭法」這麼抽象的東西，偶爾也在歷史與社會的壓力下讓步，但他真正有興趣的，還是保留其中的抽象性，供知性研究之用，因為在「伊斯蘭法」的寬廣綱領中正好驗證東、西方間的嚴重分歧。對黑格若傑而言，東、西方間的差異不再只是學術上或大眾化的陳腔濫調，正好相反，對他來說，此差異表徵了兩者間本質上、歷史上的權力關係；對東方的知識要不是證明、增進，就是加深讓歐洲在亞洲有效延伸宗主權

（這個辭彙在十九世紀有可敬的淵源）的差異性，假如某人是西方人，便是把東方當成整體加以了解，因為東方已被託付給西方人去掌控。

吉柏一九三二年所出版的《伊斯蘭遺產》（*The Legacy of Islam*）一書中，其中一篇文章〈文學〉的結尾段落，幾乎可說是和黑格若傑這段話互相輝映。吉柏先描述了十八世紀以前，東、西方之間三次偶然的接觸，然後接著描述十九世紀：

> 經過這三次偶然接觸後，德國浪漫主義者又轉向東方，有史以來第一次，他們刻意開啟一條道路，讓東方詩歌的真正遺產能夠進入歐洲詩歌的世界。擁有嶄新權力感與優越感的十九世紀，在歐洲權力的精心策劃之下，似乎十分篤定地敲開東方的大門。而今日，從另一方面而言，情況似乎有改變的跡象，東方文學開始因為本身價值再度受到研究，並獲致對東方的新了解，隨著這波知識開始散布，東方開始在人文生活上找回應有的地位，東方文學也可以再次發揮其歷史功能，協助我們從狹隘壓抑的觀念中（這類觀念讓我們的文學、思想、歷史中有意義的成分都侷限於我們的西半球之內）解放出來（註64）。

吉柏的用語「本身價值」，和黑格若傑宣稱歐洲對東方擁有宗主國地位的邏輯思想，正好截然相反，不過其中不變的，是某個稱為「東方」與另一個稱為「西方」的東西，似乎都擁有無法破除的整體認同，這種實體對彼此而言都有用處，吉柏值得稱頌的用意顯然也在於揭示，東方文學對西方的影響，不一定（就結果而言）要被視為布朗帝耶和（Brunetière）所謂的「民族悲哀」（a national disgrace），相反地，東方可以被視為，向西方種族中心主義的在地侷限發起的一種人文主義之挑戰。

儘管吉柏稍早時，曾經鼓吹歌德世界文學（*Weltliteratur*）的觀念，然而他提出東、西方間人文主義傳統相互發明的呼籲，卻反映出戰後政治與文化現實的轉變。歐洲對東方的宗主權並未消失，只是——在英屬埃及——從當地人多多少少平靜的接受，轉變為越來越具爭議性的政治問題，伴隨著當地人民任性乖張地要求獨立。於是那些年裡，英國不斷和查克魯大人（Zaghluh）、國民委員黨（Wafd party）等，產生紛爭（註65）。非但如此，一九二五年起，世界進入經濟大蕭條，更增加了吉柏文章裡反應出來的那種緊張感。不過他所提的內容中，最震撼人心的還是其中特定的文化訊息，他似乎在告訴讀者：注意東方，因為運用東方的力量，可以讓西方在設法克服狹隘性、具壓抑性的專業化，以及侷限的觀念時，得到很大的助益。

黑格若傑和吉柏立論的基礎已經有了很大的轉變，正如事情的優先次序也已經改變了一樣。歐洲對東方的控制再也不能被視為一種無需爭議近乎自然的事實；一般人也不再認為，東方需要西方的啟蒙。兩次大戰之間那幾年，真正重要的，是一種可以超越地域觀念與排除仇外情結的文化自我定義。就吉柏而言，西方需要把東方當成某種研究的對象，因為東方可以把心靈從乾枯的特殊領域中釋放出來，可以減輕過度區域性與民族性的自我中心主義帶來的苦痛，可以促使一個人在文化研究中確實掌握中心問題。若說東方在這波新興的文化自覺的辯證潮流中變得比較像平等合夥人，那是因為，第一，現在的東方比起以前具有更大的挑戰性；第二，相對而言，部份受到西方在世界其他地方殖民屬地宗主權逐漸削弱的影響，西方正進入新一階段的文化危機。

因此，在兩次大戰之間出現的東方學最佳作品——以馬西格農和吉柏本人令人讚嘆的研究生涯為代表——裡，可以找到一些和當時人文學者最佳研究成果共通的元素；也因此我前面提過的綜述性的態度，可以被視為東方學者和當時人文學者具有同樣的意圖，試圖在純西方的人文世界裡，以反實證、憑直覺、充滿同理心的態度，把文化當成整體加以了解。無論是東方學者或非東方學者，一開始的認知都是，西方文化正歷經重要階段，其主要特色就是充滿野蠻無知、狹隘科技視野、道德貧乏，以及尖銳惱人的民族主義等等所帶來的威脅，構成西方文化的危機。舉例而言，運用特定文本把特例轉化為常態（了解一個時期的整個生活形態，最後甚至是了解文化的整體生命）的觀念，在西方那些深受狄爾泰作品啟迪的人文學者身上很常見，在東方學大師級學者，像是馬西格農、吉柏等人身上，也很普遍。復興語源學的計畫——柯提斯（Curtius）、佛斯勒（Vossler）、奧爾巴哈（Auerbach）、史派澤（Spitzer）、剛多夫（Gundolf）、霍夫曼斯塔爾（Hofmannsthal）等人的作品中（註66）——都有這種趨勢，在馬西格農對他自己所謂密契語彙、伊斯蘭教虔敬信仰的字彙等進行的研究，對嚴格技術性東方學者的語源學所提供的活力中，也可以找到對等的例證。

但是，這個歷史階段的東方學和同時代的歐洲人文科學（*sciences de l'homme, the Geisteswissenschaften*）間，還有另一層更有趣的關連。首先，我們必須注意，非東方學的文化研究，可能不得不對某種自我膨脹、反道德的技術專業化（至少部份由歐洲法西斯）主義的崛起所代表的趨勢對人文主義文化造成的威脅，做出比較立即的回應。這種回應把兩次大戰之間的關懷，一直延伸到二次大戰之後，奧爾巴哈極具權威性的《模擬》（*Mimesis*）一書，以及他晚期以語源學家身分提出的一些方法論反思當中，都可以看到此種回應雄辯式的學者型個人式的見證（註67）。他告訴我們，《模擬》一書是他流亡到土耳其時所著，意在以宏觀的角度，真正去了解幾乎是西方文化最後一刻的發展，此時西方文化尚保有嚴整與文明的一貫性；奧爾巴哈因此期許自己以特定文本分析為基礎，創作出一部通論作品，以勾勒出西方文學表現之各種變化、豐富性與多產性的各項原則。這個目標可以說是西方文化的總結，在西方文化裡，這個總結就和發動這個總結的態勢一樣重要，而奧爾巴哈相信，是因為有了他所謂的「晚期布爾喬亞人文主義」（註68），這個總結才可能出現。此一個別的特殊事件，因此被轉化為世界歷史歷程非比尋常的媒介化象徵。

人文主義傳統常深刻投入非屬自身的民族文化或文學，這點對奧爾巴哈而言一樣重要——這和東方學也直接相關。奧爾巴哈舉柯提斯為例，其學術上的豐富產量，見證了他以德國人的身分，在專業上刻意選擇投入浪漫文學的研究，浸淫功力相當深厚，因此奧爾巴哈引用聖維克多的雨果《迪達斯卡里崆》（*Didascalicon*）當中一段深具意義的話，作為暮年反省的總結，並非偶然，這段話如下：「覺得家鄉甜蜜的人，還是幼嫩的初學者；覺得每塊土地都有如家鄉的人，已經成長堅強；但覺得全世界都有如異鄉的人，才是真正無懈可擊（註69）。」一個人距離自己文化上的家鄉越遠，越容易加以評斷，面對整個世界也一樣，一定要有精神上的疏離與寬容，才能具備真知灼見，同樣的道理，有了這種親切與疏遠的綜合感受，一個人才能更容易地對自己和異國文化做出評價。

另一股同樣重要，在方法上而言也同樣有效的文化力量，就是「類型」（types）在社會科學之運用；不但被當成分析的架構，還被視為以新方式觀看熟悉事物的法門。二十世紀初期的思想家，如韋伯、涂爾幹、盧卡奇、曼漢，以及其他知識社會學家，可發現這種「類型」的精確歷史（註70），這部歷史經常被拿來檢驗：但我想還沒有人提過，韋伯對基督新教、猶太教與佛教的研究，使他（或許在不知不覺間）跨入原本為東方學者而設、而且原為東方學者所有的領土，他從其中那些相信東方和西方經濟（與宗教）「心態」（mentalities）本體上截然不同的十九世紀思想家身上，得到許多鼓舞；他雖然從未徹底研究過伊斯蘭教，卻對伊斯蘭研究有很大的影響，這主要是因為，他的類型觀念只是從「外在」去肯定東方學者持有的許多正統論點，而那些東方學者的經濟觀念，從未超脫東方基本上無力經營貿易、商業與經濟理性的看法。在伊斯蘭研究領域裡，這些陳腔濫調真的一盛行就是好幾百年——直到一九六六年，馬辛．羅丁森（Maxime Rodinson）重要研究著作《伊斯蘭教與資本主義》（*Islam and Capitalism*）出版為止。不過，類型——東方的、伊斯蘭教的、阿拉伯的等等——的觀念，還是持續存在，而且在現代社會科學中，因類似的抽象觀念、典範或類型的滋養，益發成長茁壯。

我在本書中常提到，東方主義者處理（或生活在）和自己成長背景截然不同的文化環境時，常會體驗到一種疏離感。而東方主義伊斯蘭教版本，和奧爾巴哈的必要疏離之觀念所立足的其他所有人文學科，最大的不同就在於，伊斯蘭東方學者從未認為自己和伊斯蘭教的疏離有所裨益，或認為這種疏離可以作為一種態度，讓自己能更加了解自己的文化。相反地，他們和伊斯蘭教的疏離，只加強了他們對歐洲文化持有的優越感——即使他們的敵意延伸的範圍擴及整個東方，而伊斯蘭教則被視為降格的（通常也是充滿敵意與危險的）東方代表。整個十九世紀，這種傾向——這也是我一向的論點——成為東方學研究傳統既有的一部份，而隨著時間慢慢過去，它甚至成為大部份東方學訓練的標準內容，一代一代傳下來。非但如此，依我看，歐洲學者繼續以《聖經》「起源地」的觀點，來看待近東地區的可能性相當大，也就是說，他們會繼續把近東地區視為具有重大影響力、不可搖撼的宗教聖地；而伊斯蘭教因為和基督宗教與猶太教都有特殊關係，在東方學者眼中就永遠是**最初的**文化觀念（或類型），伊斯蘭教文明從起源之初（當代亦然）似乎不斷和信仰基督宗教的西方唱反調所引起的恐懼，當然也讓上述情況更加惡化。

由於這些原因，兩次大戰間的伊斯蘭教東方學，也面臨奧爾巴哈和我前面簡短提過的另外幾個人所預示的文化危機，不過同一時期東方學者發展的方式，卻和其他人文科學不同。由於伊斯蘭東方學內容，保留了一開始就特有的那種充滿爭議性的「宗教」態度，換句話說，它一直依循某些固定的方法論途徑：一方面它必須保留文化疏離，使其不受現代歷史、社會政治環境，以及新資料對任何理論或歷史「類型」必要修正之影響，另一方面，就伊斯蘭教文明而言，東方學提供的抽象觀念（或說製造抽象觀念的機會），似乎有了新的正當性；既然大家都假設，伊斯蘭教運作的方式，就是像東方學者所說的那樣（其說法與現實無關，只牽涉到一組「古典的」原則），大家自然也認為，現代伊斯蘭教只是過去舊有觀點的重新確認，特別是人們也認為在現代化對伊斯蘭教而言，不是挑戰，而是侮辱的情況下，更是如此。（這段敘述大量運用假設、認定等辭彙，正好在偶然間，可以用來描繪東方主義，為了維持其看待人間現實的特殊方式，所必要的相當古怪的扭曲轉變。）最後，若說語源學上綜合一切的野心（如奧爾巴哈或柯提斯所了解的），是要促成學者意識的擴大，使其體認到博愛的情操，與人類行為共通的某些準則，那麼伊斯蘭教東方學的綜合，只讓人更尖銳地體認到，伊斯蘭教反映出來的東西差異。

因此我試圖描述的，是伊斯蘭教東方學一直到今天都還保有的特色：和其他人文科學（甚至和其他領域的東方學）比較起來，其立場相當落伍；在方法學上和意識形態上，相當落後；和其他人文學，以及真實世界的歷史、經濟、社會、政治環境比較起來，它又相當封閉，缺乏發展（註71）。十九世紀末期，就已經有人意識到伊斯蘭教（或閃族）東方學這種落後的現象，這或許是因為某些觀察家開始明顯注意到，無論是閃族或伊斯蘭教東方學，都很少擺脫其原創時期的宗教背景。第一屆東方學者大會，一八七三年在巴黎舉行，而幾乎從一開始，其他學者就明顯發現，一般而言，閃族學者和伊斯蘭學者在學識上明顯落後。英國學者卡斯特（R. N. Cust），在撰寫一八七三年到一八九七年間各屆大會的調查報告時，這樣描述閃族／伊斯蘭研究領域：

（有關古代閃族研究領域的）會議，確實擴展了東方研究的範圍。但現代閃族的部份，就完全不是這麼回事；這些會議與會者眾多，但討論主題卻幾乎沒有文學旨趣，古老學派的半吊子學者腦海中被無趣的事情所佔滿，而不提作為十九世紀「指標」（indicatores）的偉大課題。為了找個字，我還得回去翻看普林尼（Pliny）的東西。這部份不但缺乏現代語源學與考古學精神，其中的報告讀來更像是上個世紀的大學講師聚在一起，討論希臘戲劇中的某一段劇情，或某個母音要不要加重音。那是在比較語源學的曙光，尚未照亮掃除評註學派（the Scholiasts）蜘蛛網的時代。討論穆罕默德是否真能執筆寫作，值得嗎（註72）？

就某種程度而言，卡斯特描述的這種辯護式的古物研究（antiquarianism），正是歐洲反閃族主義的學院派版本，就連「現代閃族」這個意在同時囊括穆斯林與猶太教徒（起源於雷南率先進行探索的所謂古閃族領域）的歸類，都在無疑是明顯的浮誇下，暗舉著種族主義的旗幟。卡斯特稍後在報告中指出，在同樣的會議裡，「『亞利安人』如何提供了許多值得反思的素材」，顯然「亞利安人」和「閃族人」是同等抽象觀念，但由於我稍早提過的某些原因，這種隔代遺傳式的標籤似乎和閃族人特別有關——若把人類族群當成一個整體，這種標籤到底付出了多少昂貴的道德與人命代價，二十世紀歷史在這方面提供了豐富的例證。然而現代反閃族主義歷史，對東方主義這種隔代遺傳式之作法的合法化，以及——對我在此處所論更重要的——這種學術與知識合法化，貫穿現代所有與伊斯蘭教、阿拉伯人，或近東地區相關討論的狀況，一向未充分強調。雖然此時已不太可能再寫些有關「黑人心靈」或「猶太性格」的學術性（甚至一般性）論文，但要進行像「伊斯蘭心靈」或「阿拉伯人性格」的研究，卻絕對沒有問題——稍後我們再回來討論這種情況。

因此，為了確切了解兩次大戰間，伊斯蘭教東方學的學術系譜——馬西格農與吉柏的畢生研究，最能引人入勝並令人滿意地（絕無諷刺之意）了解其間狀況——我們就要能了解東方學者對素材抱持的綜述性態度，以及另一種在文化上和其十分相似的態度——亦即像奧爾巴哈和柯提斯等語源學家，在作品中所揭示的態度——有些什麼樣的不同。伊斯蘭教東方學面臨的學術危機是「晚期布爾喬亞人文主義」精神危機的另一個面向；無論如何，伊斯蘭教東方學卻以其形式與風格，認為人類問題可以歸入「東方的」或「西方的」範疇，於是一般人都相信，西方人有的那些解放、自我表現、自我拓展等議題，對東方人而言都不甚相干；反之，伊斯蘭教東方學者在表達自己對伊斯蘭教的看法時也用同樣的方式，強調其（同時推定穆斯林也如此認為）**抗拒**改變，不願達成東、西方間的互相了解，反對男女脫離古老、原始的古典制度，步入現代化發展，事實上，這種抗拒改變的感覺是如此強烈，其中帶有的力量又是如此普遍，以致我們只要讀到東方學者的作品，就會了解，令人恐懼的末世啟示，不是指西方文明的毀滅，而是指東、西方之間藩籬的撤除。吉柏反對現代伊斯蘭國家的民族主義，是因為他認為，民族主義會腐蝕掉維持伊斯蘭教東方性的內部結構；世俗化的民族主義的淨效果，便是讓東方變得和西方沒什麼不同。不過吉柏的特長，就在於以超凡的同情力量認同異族宗教，以致他的反對聽來都像是為伊斯蘭教正統團體發言。至於他這種呼籲，到底有多少成分是恢復東方學者舊有為土著發言的習慣，還是真心為伊斯蘭教著想，這個問題的答案，恐怕是在兩者之間某處。

當然，沒有學者或思想者，是因民族淵源或歷史偶然而涉入其中的某種理想類型或學派的完美代表。然而，就東方學這麼一個相對而言十分封閉專精的傳統來說，我認為每個學者都在有意或無意的情況下，意識到民族傳統——若非民族意識形態——的存在。這點就東方學而言，特別明顯，尤其歐洲國家又都直接介入某個東方國家的政治事務，更是造成這種情況的一大原因，舉個非英國人、非法國人的例子（因為這位學者的民族認同感都十分簡單明瞭）來說，我馬上想到的就是黑格若傑（註73）。不過即使我們明白指出，個人與類型（或個人與傳統）之間的差異，我們還是會很驚訝地發現，吉柏與馬西格農竟有相當高的程度，可以作為代表的類型。或許我們這樣說比較好：吉柏與馬西格農實現了所有他們的民族傳統、他們國家的政治狀況，以及他們國內東方學的民族「學派」的歷史，所賦予他們的各項期望。史凡·李維對兩個學派間的差異，有極為尖銳的分析：

> 將英格蘭與印度連在一起的政治利益，讓英國作品持續接觸具體現實，同時保住

過去的再現與現在的視野之間的連貫性。在古典傳統薰陶下，法國以在中國所引發興趣的同樣方式，試圖也在印度尋找共通之人類心靈的展示方式。（註74）

若說這種兩極對立性，一方面產生清醒、透徹、具體的效果，另一方面又造就普世性、冥想性、精妙的效果，恐怕是言過其實。但這種對立性，剛好揭示了兩種十分長遠傑出的研究生涯，一直到一九六〇年，法國與英美伊斯蘭教東方學都以這兩股研究趨勢為主導；若說這種主導性有任何意義，那是因為每位學者，不只來自一個自覺的傳統，且就在其中創作，而這個傳統的侷限（或從智識、政治上而言，限制），就像李維前面描述的那樣。

吉柏生於埃及，馬西格農生於法國，兩個人後來都發展出很深的宗教信仰，與其說他們是探討社會的學者，不如說他們是研究社會上宗教生活的學者；他們兩個人的入世性也都很強，最大成就之一，都是把傳統學術運用到現代政治世界。不過兩人研究的範圍——幾乎可說是作品的質地——有相當大的差異，即使我們把他們所受迥異的學院生活與宗教教育考慮在內，也是如此。馬西格農一輩子致力研究哈拉智的作品——一九六二年，吉柏為馬西格農寫訃聞時指出：「他永不休止地在晚期伊斯蘭，文學與宗教奉獻中尋找哈拉智的痕跡。」——其研究範圍幾乎毫無限制，讓他實際涉入每個角落，找出「人文精神穿越時空」的證據；馬西格農的作品集涵蓋了「當代伊斯蘭生活與思想的每個面向與領域」，因此他在東方學的表現，對同僚而言，是一種不斷的挑戰。當然，吉柏也因某種理由稱讚馬西格農的探索方式（只是最後吉柏卻避開那種方式）：

以某種方式連結伊斯蘭教與天主教精神生活的主題，（讓他能）在對聖母法蒂瑪的崇敬中，找到一種同質的精神元素，甚且最後能在什葉派思想的各種表現中，或在源起於亞伯拉罕的信仰社區，以及像「七睡者」（Seven Sleepers）這類主題中，找到有興趣研究的特殊領域。他針對這些主題所寫的東西，獲得一種他賦予伊斯蘭教研究永恆意義的特質，但正因為這些特質，這類作品往往包含兩個層次，一個是客觀學術研究的普遍層次，希望能巧妙運用成熟的學術研究工具，闡明既定現象的本質；另一個是客觀資訊與理解，經由個人對精神面向的直覺，吸收與轉化的層次，要在前者與後面這種由其人格的豐富特質中流溢出來造成的轉化之間，畫一條分界線，有時候恐怕不太容易。

這段話暗示，天主教徒似乎比新教徒更容易受到吸引，去研究「對聖母法蒂瑪的崇敬」（the veneration of Fatima），但吉柏顯然懷疑，有些人分不清楚「客觀」學術研究，和以（即使是細膩的）「個人對精神面向的直覺」為基礎所作的研究，竟把兩者混為一談。然而吉柏接著在訃聞下一段，承認馬西格農心靈的「豐富性」展現在各個不同的領域，諸如「伊斯蘭藝術的象徵主義、伊斯蘭邏輯的結構、中世紀財務的精密網絡，以及工匠協會的組織等」，這話說得倒是一點也不錯；緊接著他又形容馬西格農早期對閃族語言的興趣，促成了「對生手而言，幾乎可以媲美古代詮釋學之神祕性的大而化之研究」，這種說法也沒錯；只是吉柏結尾的語氣倒顯得相當大方，他說：

> 對我們而言，他以身作則，對同輩東方學者留下的深刻教訓是，即使是古典東方學，也需要在某種程度上，投注心力在賦予東方文化各種不同面向意義與價值的生命力，否則無法正確掌握研究內容（註75）。

這當然是馬西格農最大的貢獻。的確，在當代法國伊斯蘭學（有時會用這個名稱）裡，已經形成一種展現「東方文化」的「生命力」認同的傳統；只要提起像賈克・柏克（Jacques Berque）、馬辛・羅丁森、伊夫・拉寇斯特（Yves Lacoste）、羅傑・阿諾戴茲（Roger Arnaldez）等學者卓越的成就——他們每個人研究方法與意圖都差異懸殊——就可以明顯看出馬西格農是他們最初仿效的例子，在學識上對他們有深遠的影響。

但是當吉柏選擇以近乎軼聞的方式，集中討論馬西格農各項長處與短處的同時，他卻忽略了馬西格農和他大不相同的明顯特色，但從整體角度觀之，這些特色卻讓馬西格農成為法國東方學內部重要發展模式的成熟象徵：其中之一就是馬西格農的個人背景，此背景漂亮地反映出李維所描述，有關法國東方學的簡單真理。「人文精神」的理念，對吉柏以及許多和他源自同一學識與宗教背景的現代英國東方學者而言，多多少少有點陌生。在馬西格農的概念裡，「精神」無論作為美學、宗教、道德或歷史現實，似乎都是他從孩提時代汲取養分的來源。他的家人和海斯曼之類的人十分友好相熟，而且幾乎他所有作品，都反映出他在學識氣氛濃厚情況下接受的早期教育，以及晚期象徵主義的觀念，甚至他深感興趣的天主教特別支派（與蘇菲神祕主義教派），也都會明顯反映出來。馬西格農的作品深受當代法國偉大風格之一的薰陶，洋洋灑灑不受拘束，他有關人類經濟的觀念，很多取自和他同時代的思想家與藝術家，而正因為這種文化範圍廣泛的風格，使他和吉柏隸屬於完全不同的領域。他早期想法源自所謂美學頹廢期，但伯格森、涂爾幹、牟斯（Mauss）等人，也對他有很大的影響。他最早接觸東方學是因為雷南，去聽雷南演講時他還很年輕；他也是李維的學生，後來還和保羅．克勞岱、蓋布瑞爾．布努爾（Gabriel Bounoure）、賈克和瑞莎．馬里旦（Jacques and Raïssa Maritain）、福蔻（Charles de Foucauld）等人為友。他也吸收了一些相對而言算是較新領域——諸如：都市社會學、結構語言學、心理分析、當代人類學，以及新歷史等——的作品，他的論文——即使不提有關哈拉智的里程碑式研究——輕而易舉就汲取了整體的伊斯蘭文獻材料；他那充滿神祕感的博學多聞，以及親切平易的性格，有時讓他看起來，就像是波赫士（Jorge Luis Borges）創作出來的學者。他對歐洲文學中的「東方」主題非常敏感，這當然也是吉柏的興趣之一，但馬西格農不像吉柏，他的興趣既不在「了解」東方的歐洲作家，也不在那些本身為獨立藝術性的見證，後來成為東方學者所發掘的歐洲文本（例如，吉柏將史考特作為研究莎拉丁的資源）；馬西格農的東方完全和「七睡者」或「亞伯拉罕式的祈禱」的世界一致（吉柏就舉這兩個主題，作為馬西格農非正統伊斯蘭教觀點的明顯標記）：偏離正軌、稍顯怪異，完全回應出馬西格農賦予其上的令人眩目之詮釋才華（就某種角度而言，這種才華也使其成為主題）。若說吉柏喜愛史考特的莎拉丁，那麼馬西格農相對偏愛的就是聶瓦，把他作為自殺、**瘋狂詩人**、心理怪異的象徵；這不表示馬西格農基本上只研究過往的事物，相反地，他在伊斯蘭教—法國間的文化與政治關係裡，都扮演了相當重要的角色。他顯然是個熱情的人，相信伊斯蘭教文化可以被穿透，不只藉學術研究，更藉著熱心參與其中所有活動：被伊斯蘭教吸納的東方基督宗教就是其中重要活動之一，其支派巴達利亞兄弟會（Badaliya Sodality）得到馬西格農很大的鼓舞。

馬西格農縱橫洋溢的文學天賦，有時會讓他的學術著作外表看來反覆無常、全然世界主義式，或者充滿個人冥思，這種外表常給人錯誤印象，而且事實上，這些表象很少能適切描述他的作品。他希望刻意避免自己所謂「對東方學枯燥乏味的分析」（註76），不要一味在假設性的伊斯蘭文本或問題上，堆積上一層層毫無生氣的來源、起源、證明、例示之類的東西。他在每個地方，都希望盡力囊括某個文本或問題的相關脈絡，使其生動有趣，甚至用那種像他這樣，願意跨越專業訓練與傳統藩籬，深入探索每個文本之性靈深度的任何人所能取得的深刻洞見，來令讀者感到驚異。現代東方學者——包括吉柏，成就與影響和他最接近的同行——沒有人能在文章裡，那麼輕而易舉地（而且正確地）引用伊斯蘭教神祕主義大師、榮格（Jung）、海森伯格（Heisenberg）、馬拉梅（Mallarmé）、齊克果（Kierkegaard）等人的思想；當然能像他那樣，學識淵博與具體政治經驗（一九五二年，他在〈西方面對東方：文化解決的優先性〉〔"L'Occident devant l'Orient: Primauté d'une solution culturelle”」(註77)裡曾提及這種經驗)兼具的東方學者，更是少之又少。不過他的學術世界定義很清楚，結構井然，貫穿他的整個研究生涯，從頭到尾都嚴謹有序，然而其豐富的範圍與旁徵博引雖然幾乎無可比擬，但還是受到一組基本上固定不變的觀念之約束。我們在此就以綜合的方式，敘述一下他的學術結構，並列出其中的觀念。

馬西格農的學說以亞伯拉罕傳下來的三大宗教作為起點，其中伊斯蘭教是以實瑪利(Ishmael)的宗教，也就是一群未能蒙受上帝許諾的一神教民族，這個許諾是歸以撒(Issac)的。因此伊斯蘭教是一種反抗的宗教(反抗天父、反抗天父的道成肉身基督)，但就因為這種反抗，讓伊斯蘭教保留了始自夏甲(Hagar)淚水的那份悲傷，阿拉伯語因此成為淚水的語言，就好像整個伊斯蘭教的**聖戰**(jihad)觀念(馬西格農明白指出，這種聖戰是伊斯蘭教的史詩形式，但雷南一直看不出來，也看不懂)，有極其重要的智性任務，一方面要抵抗外在敵人基督宗教與猶太教，一方面要對付內在敵人：異端邪說。但馬西格農相信，他可以在伊斯蘭教裡找出一股逆流，這股逆流化身為神祕主義，成為馬西格農學術研究的主要目標，成為他通往神聖恩寵的道路。神祕主義的基本特徵，當然是其中主觀的特質，所有非理性、甚至無可解釋的傾向，都朝向化入神境那種獨特的、個人的、剎那的體驗聚集。所有馬西格農有關神祕主義的傑作，因此都試圖描述靈魂掙脫正統伊斯蘭社群或「正統教義」(Sanna)，加諸在他們身上那種限制性真誠的種種歷程。伊朗神祕主義者比阿拉伯神祕主義者更顯得無所畏懼，這一方面因為他是「亞利安人」(十九世紀「亞利安人」和

「閃族人」的標籤，對馬西格農而言，還是有不可忽略的迫切性，就好像許雷葛的兩種語族間二元對立的合法性一樣）（註78），一方面因為他在追求「完美」之境；就馬西格農的看法而言，阿拉伯的神祕主義者傾向接受華登堡所謂驗證式的一元論，而其最佳代表人物就是哈拉智，他藉著尋求，而且最終得到伊斯蘭教所排斥的上十字架，設法在正統伊斯蘭社群之外為自己求得解脫。根據馬西格農的說法，穆罕默德曾刻意拒絕到手的機會，不願搭起自己和上帝間的橋樑，因此哈拉智的成就在於，不顧伊斯蘭教的中心教義，以密契方式和上帝合而為一。

伊斯蘭正統社群的其餘部份，都活在馬西格農所謂「本體性的飢渴」（soif ontologique）狀態中。上帝在人面前是一種缺席的狀態，一種拒絕現身，但虔誠穆斯林卻因自己對上帝旨意順服的體認（伊斯蘭），產生一種上帝超越的嫉妒心理，無法容忍任何形式的偶像崇拜。根據馬西格農的說法，容納這些想法的位子，是「受了割禮的心靈」，此心靈在被驗證式伊斯蘭教狂熱掌握時（如神祕主義者哈拉智的例子），也能燃起對上帝的神聖激情與聖愛。在上述兩種情況，上帝超越的「單一性」（*tawhid*），需要由虔誠穆斯林透過見證，或透過對上帝神祕的愛，一次又一次地去了解、去達成：而這就是——馬西格農在一篇複雜的文章裡指出——伊斯蘭的「意向」（註79）。顯然馬西格農的同情站在伊斯蘭教神祕召喚的這一邊，一方面是因為這和他身為虔誠天主教徒的脾性十分相近，另一方面則是因為神祕主義在正統信仰中，具有破壞性的影響力。馬西格農描述的伊斯蘭教意象，反映出一個不斷被內含於拒絕當中、遲來（和其他亞伯拉罕信條比較起來）、現實世界的認知相對而言貧瘠荒蕪、具備用以抵禦哈拉智與其他蘇菲教派神祕主義者所行的「心理騷動」的龐大結構，其中充滿了孤寂落寞，因為它是三大一神教當中，唯一僅存的「東方」宗教（註80）。

但這種顯然十分嚴峻、充滿「不變量的單純體」（invariants simples）（註81）（尤其對馬西格農這樣一個學識廣博的思想家而言）的伊斯蘭教觀點，卻未引起馬西格農太多的敵視。我們在閱讀馬西格農的作品時，會很驚訝地發現，馬西格農一再堅持複雜性閱讀的必要性——而且這種命令中夾帶絕對的真摯，不容絲毫懷疑。一九五一年時，他曾寫道，他的東方學「既非瘋狂的異國情調，也非對歐洲的否定，而是介於研究方法與古老文明傳統間的某個層次」（註82），拿來實際閱讀阿拉伯或伊斯蘭教文本時，這種東方學就衍生一種聲勢驚人的學識之多樣詮釋；對馬西格農心靈的天賦縱橫與創意，如果有人不懂得敬重，那一定是愚癡。但他對東方學的定義，最值得我們注意的，還是其中兩個片語：「研究方法」與「古老文明傳統」，馬西格農認為自己糅合了兩股大致上而言，原本是對立的龐大領域，但真正令人感到困擾的，是這兩個領域間奇怪的不對稱關係，而非只是歐洲與東方的對立。馬西格農隱含，東、西方差異的本質，在於現代與古老傳統的差別，而他有關政治與當代問題的作品（這類作品最清楚呈現出馬西格農研究法的侷限性），確實以很奇怪的方式，呈現出東、西方間的對立。

就最好的方面而言，馬西格農眼中的東、西方接觸，認為西方應為入侵東方、殖民主義，以及對伊斯蘭教無情的攻擊，負起很大的責任；他是一位擁護伊斯蘭文明永不退縮的戰士，正如他在一九四八年以後撰寫的無數文章與信件可以證明的，他大力支持巴勒斯坦難民，全力捍衛巴勒斯坦的阿拉伯伊斯蘭教與基督宗教權利，抨擊猶太人復國主義，以及他在提到阿巴・耶班（Abba Eban）所說的某些話時，尖刻指陳以色列的「資產階級殖民主義」（註83）。但馬西格農論點的框架，同時也把伊斯蘭教東方視為基本上是古代的，而西方則是現代的代稱，正如羅伯森・史密斯一般，馬西格農認為東方人不是現代人，而是閃族人；這種簡化的分類法一直在他的思想中揮之不去。舉例而言，一九六〇年，當他和法蘭西學院的同事賈克・柏克，共同在《才智》（*Esprit*）上發表兩人間有關「阿拉伯人」的對話時，其中有大半篇幅都是在爭論，（就主要例子而言）直接把阿拉伯／以色列間的衝突，當成**閃族人**的問題，是否就是看待當代阿拉伯問題的最好方法。柏克試著婉轉表示反對，間接提醒馬西格農，阿拉伯人就像世界其他地方的人一樣，也歷經了他所謂的「人類學上的變化」，至少這種可能性是存在的，但馬西格農立即否定了這種想法（註84）。他一再努力了解並報導巴勒斯坦紛爭的舉動，雖然充滿了深刻的人文主義，但卻從未真正跨越以撒與以實瑪利間的爭執，或——就他和以色列間的爭吵而言——猶太教和基督宗教間的緊張關係。當阿拉伯的城市與村莊被猶太復國主義者攻佔時，真正受傷的其實是馬西格農的宗教情感。

歐洲，尤其是法國，被視為當代的現實。馬西格農最早在一次世界大戰期間，和英國有政治上的接觸，部份由於當時的經驗，他對英國和英國政策明顯表示厭惡；勞倫斯那類人代表了一種過於複雜的策略，讓馬西格農在和費瑟（Faysal）打交道時，明白表示反對。「我試著跟費瑟……以他的傳統眼光來了解他。」英國似乎代表了在東方的「擴張」，不道德的經濟政策，以及一種過時的政治影響力哲學（註85）。而法國人就比較現代，只想從東方找回在精神上、傳統價值上等等，已經喪失的東西。我認為馬西格農這種看法，源自整個十九世紀視東方可以對西方產生療效的傳統，此傳統最早在奎內的作品中可以找到蛛絲馬跡，馬西格農又在其中加上了基督宗教的同情：

就東方人而言，我們應運用同情的科學，儘量「參與」他們的語言和心智結構之建立，這些我們確實有參與的必要，因為到最後，這種科學不只為我們也有的真相做見證，或者也是見證一些我們已喪失，但必須重拾的真相；最後，因為就某種深刻意義而言，所有事物都有好的一面，而那些可憐的被殖民者存在的目的不只為了我們，更為了他們自己（註86）。

然而根據馬西格農的看法，東方人自己無法了解或欣賞自己，部份由於歐洲影響的緣故，東方人已經喪失了他的宗教與**哲學**；穆斯林內心有「大片空虛」，離無政府與自殺狀態不遠，因此法國人就變得有義務，要迎合穆斯林的渴望，捍衛他們的傳統文化，維護他們的王朝統治與信仰傳承（註87）。

任何學者——即使是像馬西格農這樣的學者亦然——都無法抗拒他的民族或自己所

屬學術傳統賦予在他身上的壓力。馬西格農在敘述東方以及東方與西方的關係時，有大半時候似乎都在精煉，但同時卻又重述其他法國東方學者的觀念，只不過我們必須承認，他的精煉、個人風格、個人天賦，最終還是可以超越透過傳統與民族氛圍運作的反人性之政府箝制。即使如此，在馬西格農身上，我們還是可以看到，就某方面而言，他對東方的觀念雖然保有特殊個性與傑出的怪異特質，但其中一直保有徹底傳統東方主義者的看法。根據他的說法，伊斯蘭教的東方是精神性的、閃族的、部落式的、徹底一神教的，以及非亞利安的，這一連串的形容詞和十九世紀末人類學的分類目錄頗為類似，所有相對而言屬於現世的有關戰爭、殖民主義、帝國主義、經濟壓迫、愛、死亡與文化變遷的經驗，在馬西格農眼裡看來，似乎永遠都得透過形而上的、最終是去人文化的鏡片來過濾，他們是閃族的、歐洲的、東方的、西方的、亞利安的等等。這些範疇建構起他的世界，賦予一種他所謂的深刻意義——至少對他而言是如此。從另一方面來說，馬西格農在個人化而且洞察至微的學術世界裡，努力把自己放在一個很特殊的位置，他重塑伊斯蘭教，同時捍衛伊斯蘭教，一方面反抗歐洲，一方面仍反抗伊斯蘭的正統派；這種以驅動者與勇冠三軍的姿態介入——這確是一種介入——東方的狀況，象徵了他對東方差異性的接受，也象徵了他持續的努力，想把東方改造成自己心目中的樣子，把這兩種因素放在一起看來，馬西格農以知識駕馭東方、代表東方的意圖，其實是很明顯的，他對哈拉智的研究，完美地代表了這種意圖。馬西格農在研究中，賦予哈拉智超乎比重的重要性，這一方面顯示，他決定把一個人物提升到其孕育的文化之上，另一方面則透露，哈拉智對西方基督徒（西方基督徒不把（而且可能無法把）信仰，當作蘇菲教派眼中那種絕對的自我犧牲）而言，代表不斷的挑戰，甚至是惱人之事；無論如何，馬西格農的哈拉智顯然是意圖體現伊斯蘭教主流教義體系基本上排除的價值觀，並成為其化身。而馬西格農本人描述這個體系並希望用哈拉智加以超脫之。

儘管如此，我們也不必立刻指陳馬西格農的作品怪誕，或說他作品最大的弱點，就是扭曲了伊斯蘭教，並將此種伊斯蘭教當作「一般」或「普通」穆斯林都會堅持的信仰。一位傑出的穆斯林學者，曾明確針對後面這一點進行討論，固然他的論點中，並沒有指明馬西格農的立場不對（註88）。這類論點雖然很容易讓人同意——畢竟本書一直意在闡明，伊斯蘭教在西方**一向**受到扭曲——但真正得爭辯的問題，卻是有沒有真實再現任何事物的可能性，抑或任何一種再現、所有再現，因為是再現，所以都受到，第一，語言；第二，再現者所處文化、機構、政治氛圍的牽制與影響；如果說情況屬於後者（我相信是如此），那我們就要有心理準備，接受再現必然和「真相」（「真相」本身也是一種再現）之外許多其他事物牽扯、糾纏、緊扣、交織的事實。這導向在方法論上讓我們把再現（或說扭曲——這兩者頂多只是程度有別）放在一個共同的遊戲領域裡，這個領域不單由某種既定的共同主題事項來界定，更由共同的歷史、傳統、論述世界來界定；這個領域雖無法由單一學者創造，但每個學者都會坦然接受，在其中找到自己的位置，做出自己的貢獻，而這種貢獻——即使不世出的天才也一樣——只是在限定領域內重新處理素材的策略；即使有某個學者發掘一份失傳已久的手稿，他也只是在早已預備好的脈絡中生產這份「找到」的文本，因為這就是**找出**新文本的真正意義。由此觀之，每個人的貢獻一開始都會在領域中引起變化，但接著新貢獻又促成新的穩定狀態，就像一個表面有二十個羅盤的地方，再放入第二十一個羅盤，一定會讓原來所有羅盤都震顫一陣，但接著一切又會進入一種新的調適狀態。

歐洲文化中東方主義的種種再現，累積成一種可以稱之為推論式的一致性，一種不但有歷史、還有物質（與制度）表現，足以展現其樣態。正如我在提到雷南時說過的，這種一致性是文化實踐的一種形式，是發表有關東方敘述的一個機緣體系；我要闡述有關這個體系的重點，不是說這個體系是某種東方本質的扭曲呈現——這種說法我一點也不信——而是說這個體系的運作，就和一般再現的情況類似：有其目的、依循某種趨勢，而且是在一個特定的歷史、智識，甚至經濟場景中運作。換句話說，再現都是有目的的，而且往往十分有效，可以順利完成一項或多項任務。再現是一種形構，或者就像羅蘭・巴特談到所有語言運作時所說的，再現是肢解變形。在歐洲，東方的再現能夠成形——或者說變形——完全是出自一種對一個名為「東方」的地理區域，越來越特定的敏感性；可以說這個領域的專家之所以費心處理東方，完全是因為他們身為東方學者的專業會要求他們向自己的社會，提出各種東方的意象、有關東方的知識，以及針對東方而生的洞察。而這些東方學者提供給自己社會的東方再現，往往有很大的程度是：㈠負有個人特殊印記，㈡具體例示他認為東方可以怎麼樣或應該怎麼樣的觀念，㈢有意識地和他人的東方觀點競爭，㈣

提供當時東方學者論述似乎最需要的東西，㈤對當代某種文化、專業、民族、政治以及經濟上的要求，有所回應。顯然這種實證知識的角色雖然永遠不會缺席，卻絕非絕對真理。相反地，「知識」——永遠不可能是純粹原始、未經媒介或單純客觀——是上述所列、東方主義再現的五大特點，所一再分配又分配的東西。

由此觀之，與其說馬西格農是個被神話了的「天才」，不如說他是一種體系，可以生產某幾種論述，並將之散播傳入組成他所處時代的檔案或文化素材的大規模推論形構。我認為假使我們承認這點，並不是就把馬西格農非人文化，或把他貶損到受制於庸俗決定論的地步；相反地，就某種意義而言，我們可以看出一個真正的人，如何擁有（而且有能力謀取更多）具制度面向，或超出人類範圍外的文化生產能力，而這正是每個不滿於自己在時空中之有限存在的人類，必定會仰首渴望的東西。當馬西格農說「我們都是閃族人」時，他指的是自己理念的範圍超越他的社會，顯示他對東方的想法，足以超越法國人或法國社會的地方性奇聞軼事範圍。閃族的範疇從馬西格農的東方學汲取養分，但其力量卻來自其超越學科領域的傾向、其意欲伸展入更廣闊的歷史與人類學的趨向，在此，這似乎有其正當性與撼人的力量（註89）。

至少就某個層次而言，馬西格農的公式與他再現後的東方，即使不說具有毫無疑問的正當性，也對專業東方學者的行會有直接的影響。正如我先前提過的，吉柏對馬西格農成就的認可，包含了一種體認，亦即把馬西格農當作他本身作品外的另一種選擇（換言之，用暗示來說），必須加以處理。我在此當然對吉柏的訃聞有點強加解釋，因為文中這樣的看法只有一點蛛絲馬跡可循，沒有實實在在的敘述，但若我們現在把吉柏一生的事業，當作馬西格農成就的陪襯，從這個角度看來，就可以明顯看出，上述解釋十分重要。艾伯特・胡拉尼（Albert Hourani）為英國學院撰寫的吉柏紀念文（我已提過許多次）中，很精采地摘述了吉柏的事業、主要思想以及其作品的重要性，就廣泛的層面而言，胡拉尼的評價，我基本上都同意。問題是，他的文章有點美中不足（不過這點不足在另一篇關於吉柏的較輕短作品：威廉・波克（William Polk）的〈在東方學與歷史之間的漢彌爾頓・吉柏爵士〉（註 90）中，稍稍獲得彌補），因為他傾向把吉柏當成個人遭遇、個人影響之類的產物，而波克（他對吉柏一般性的了解，遠不及胡拉尼深刻細緻）卻把吉柏當成某個特定學術傳統的高潮，套句波克文章中沒用到的話來說，就是一種可以稱之為學術研究共識或典範的東西。

這個從湯瑪斯・孔恩（Thomas Kuhn）那裡大而化之地借來的觀念，和吉柏可說是關係匪淺，因為正如胡拉尼提醒我們的，吉柏在很多方面，都算是和體制牽扯極深的人物。吉柏從早期在倫敦的發跡，到中期在牛津的生涯，甚至到後來擔任哈佛中東研究中心主任、極具影響力的那幾年，一切言行都有無可置疑的標記，反映出一個在既定體制內運行自如的心靈。馬西格農是無可挽救的局外人，吉柏則是局內人：無論如何，這兩個人分別在法國與英、美東方學領域內，達到威望與影響力的頂峰。對吉柏而言，東方不是一個人直接接觸的地方，而是一個人在學術圈、大學、學術會議的藩籬內，閱讀書寫的內容與研究的對象。他就像馬西格農一樣，很喜歡吹噓自己和穆斯林的友誼，但他們的友誼——就像藍尼的一般——一直都是有用的友誼，而非具決定性的友誼，到最後吉柏成為英國（後來是美國）東方學學院架構中的王朝式人物，成為一個其作品自覺地彰顯某種學術傳統之民族趨勢的學者，而他彰顯的學術傳統，正座落在大學、政府機構以及研究基金會內。

這種情況的指標之一，就是吉柏到盛年時，常有機會為制定政策的組織發言或撰寫文章。舉例而言，一九五一年，他在《近東與列強》（*The Near East and the Great Powers*）這本標題意味深長的書裡，就發表過一篇論文。在這篇文章裡，他試圖解釋英、美學術領域中的東方研究部門，為什麼有擴充的必要：

> ……西方國家與亞非國家之關係的整體情勢已經改變。我們無法再依賴，在戰前思潮中似乎佔有極重要地位的威權因素，也不能再預期亞洲人、非洲人或東歐人，會自動來到我們面前向我們學習，而我們只需大剌剌地坐在那裡。我們必須學著了解他們，以便學習和他們合作，和他們建立一種比較接近相互扶持的關係（註91）。

這種新關係的內涵後來在〈區域研究再探〉（"Area Studies Reconsidered"）一文中清楚地被談出。東方研究與其被視為學術活動，倒不如說是整個國家政策用來對付後殖民世界那些剛獨立，而且很可能難以駕馭之民族的工具。東方學者重新體認到自己對大西洋邦聯的重要性，而且以此為武裝，成為政策制定者、商業人士，甚至新一代學者的嚮導。

吉柏後期觀點中，最重要的不是東方學者作為學者的正面工作（吉柏年輕時研究穆斯林入侵中亞所做的那些學術工作，就是很好的例子），而是其對社會大眾需要能加以適應。這點胡拉尼說得很好：

> 他（指吉柏）清楚了解到，現代政府與菁英份子，全都對自己的社會生活與道德的傳統一無所知或加以排拒，他們的失敗也肇因於此。因此他主要的努力放在經由細心研究過去，闡述穆斯林社會的特定本質及其中心信仰與文化（此乃伊斯蘭社會的核心），就連這個問題，他一開始也是傾向以政治角度來看待（註92）。

但若非吉柏早年作品相當嚴謹充分的準備，他後期這些觀點便不可能成形，我們想了解他的思想，也必須先從他較早的作品下手。最早對吉柏產生影響的人，包括鄧肯・麥當勞，吉柏從他的作品中，清楚獲得伊斯蘭教是一種首尾連貫的生活系統之觀念，這個系統之所以首尾呼應，與其說是因為實踐這種生活的人，倒不如說是因為所有穆斯林都參與其中的某種整體教義、宗教修行方法，與社會秩序的理念。在這些人與「伊斯蘭教」間，顯然有各種充滿動態的遭遇，但對西方學者而言，最重要的不是先從伊斯蘭信徒的經驗出發，而是要從伊斯蘭教繼起的力量教人去理解穆斯林的經驗。

麥當勞與後來的吉柏，從未去處理「伊斯蘭教」作為客體（有關這種伊斯蘭教，可以有許多龐大、極其一般性的論述）時，在認識論與方法論上引起的難題。麥當勞相信，一個人在伊斯蘭教裡，可以體察到更為驚人的抽象層次，那就是東方的性靈。他最具影響力的著作《伊斯蘭的宗教態度和生活》（該書對吉柏的重要性不得小覷）一書中，開宗明義第一章，可說是以無可辯駁的語氣，討論有關東方心靈的文選。一開始他說，「我覺得這很清楚，也承認『看不見的事物』這種觀念，對東方人來說，要比對西方人直接、真實得多。」那些「偶爾幾乎要顛覆普遍律則的龐大修正元素」不會顛覆東方人的抽象觀念，也不會顛覆其他那些統領東方人心靈、同樣具有橫掃千軍力量的普遍律法。「東方心靈基本的不同，不在對看不見事物的信賴度，而在無法為看得見的事物建構出一個體系。」這項難題的另一面——後來吉柏就責怪道，正因如此，阿拉伯文學才會缺乏形式，而穆斯林對現實的觀點，才基本上是原子論式的——在於「東方人的不同，基本上不在宗教性，而在缺乏對律則的認知。對東方人而言，天下沒有固定不移的自然定律。」這項「事實」似乎無法說明，大量現代西方科學賴以為發展基礎的伊斯蘭科學，為什麼會有那麼傑出的成就，不過麥當勞碰到這點，就避過不提。他繼續滔滔列舉：「顯然對東方人而言，任何事都有可能。超自然事物就近在身旁，隨時都可能碰到他。」一個「偶然事件」——這裡指的是，歷史地理因素在東方促成的一神教——竟然在麥當勞的論述裡，成為解釋東、西方差異的整個理論，這顯示麥當勞對「東方主義」的投入之深。以下是他的摘述：

因此他們無能穩定看待生命，無法把生命當成整體，無法了解所有事實都應該用一種生命理論來貫穿，而且很容易受到單一概念而驚慌失措，對其他一切視而不見——我相信這就是東、西方間的差異所在（註93）。

當然，這一切都毫無新意。從許雷葛到雷南，從羅伯森．史密斯到勞倫斯，這類觀念一直都在不斷反覆，而且絕非自然事實，只不過代表了有關東方的一種斷見。凡是像麥當勞與吉柏那樣，刻意選擇進入一個名為東方學的專業領域者，都會基於某種斷見來抒發這些觀念，亦即東方是東方，是和我們不同的等等。這個領域中的各種思慮、精煉以及結論性宣示，因此成為一種維繫和延長界範東方的斷見。麥當勞（或吉柏）說東方人很容易受到單一概念而驚慌時，看不出有任何反諷之意；他們兩人似乎都無法看出**東方主義**傾向於受「東方差異性」這個單一概念驚嚇的程度，而且兩個人對「伊斯蘭教」或「東方」被當作專有名詞，前後任意加上一長串形容詞或動詞，宛如這兩個名詞指的是人，而非柏拉圖式的抽象概念，對這種大批發式的設計，也都不以為意。

因此吉柏幾乎所有關於伊斯蘭教與阿拉伯人的研究作品中，都以「伊斯蘭教」這個具超越性、必然存在的東方事實，與人類每日生活經驗的現實之間的緊張關係為支配性主題，這種現象絕非偶然。他身為學者與虔敬的基督徒，全副心力都投注於「伊斯蘭教」，而非由民族主義、階級鬥爭，以及愛、怒或人類工作等個人化的經驗，為伊斯蘭教帶來的那些（對他而言）相對顯得細鎖無聊的變化。這種貧乏化的研究特性在《伊斯蘭教何去何從？》（*Whither Islam?*）一書（吉柏在一九三二年所編纂，同時撰寫其中與書名同名文章，另外馬西格農撰寫有關北非伊斯蘭教一篇讓人印象深刻的作品，也收錄在本書內），最為明顯：吉柏的任務照他自己看來，是評估伊斯蘭教目前的狀況與未來可能的發展方向。在這樣的任務裡，個人以及伊斯蘭教世界中各個顯然不同的領域，不是用來作為伊斯蘭教整體性的反證，而是用來當作例證。吉柏本人先提出一套引介式的伊斯蘭教定義，然後在作為總結的論文內，設法闡明伊斯蘭的現實情況與真正的未來。他和麥當勞一樣，對單一整體之東方的概念似乎十分安然，認為東方實存的環境，不能輕易被化約為種族或種族理論；由於他堅決否定種族通則化的價值，因此能凌駕於先前世代的東方學者最受譴責的種族通則化之上。他對伊斯蘭教的普世主義與寬容態度（讓各種族與宗教團體在其境內和平民主地共存）抱持同樣慷慨與同情的看法：在伊斯蘭世界各種族團體中，吉柏單挑出猶太復國主義者與孟農派基督徒，說他們無法接受共存的狀態，實在具有陰鬱的預言意味（註94）。

但吉柏的中心論調在於，伊斯蘭教（或許因其最終代表東方人對看不見的事物，而非對自然那種全心全意的關懷）在伊斯蘭東方世界的生活，佔有最終的崇高和主宰的地位。對吉柏而言，伊斯蘭教**就是**伊斯蘭的正統，**就是**信徒組成的團體，**就是**生命、統一性、可理解性與價值；同時**也是**律法與秩序——雖然其中有伊斯蘭教聖戰團體與共黨煽動者令人嫌惡的分裂破壞。吉柏編的《伊斯蘭教何去何從？》裡，一頁又一頁地告訴我們，埃及與敘利亞的新興商業銀行，就是伊斯蘭教的事實表徵，或說是伊斯蘭教的起步，各地學校或越來越高的識字率，也是伊斯蘭教的事實展現，就像新聞事業、西方化的現象，以及知識份子社會等，全部都是。吉柏在討論民族主義的興起與其中「毒素」時，絲毫未曾提到歐洲的殖民主義；他從未想到，現代伊斯蘭的歷史，如果透過它在政治上或非政治上，對殖民主義的抗爭來解讀，可能其中的脈絡會更為清晰可循，就像他到最後都一直沒關注到，他在討論的「伊斯蘭」政府，到底是共和政府、封建體制或君主制度。

「伊斯蘭」對吉柏而言，成為一種超結構，一方面受到政治（民族主義、共黨煽動、西方化）的威脅，另一方面則被穆斯林玩弄其智性主權的危險企圖而陷入危機。在以下的段落裡，請注意宗教以及其他和宗教同性質的字眼，如何被用來粉飾吉柏文章的語調，多少讓我們對指向「伊斯蘭」的世俗壓力，免不了感到高雅的煩惱：

> 作為宗教的伊斯蘭，其力量幾近確保不失，但作為（現代世界）社會生活仲裁者的伊斯蘭，則已經被請下王座；新的力量與其並行，甚至凌駕其上，施展權威，此權威雖然有時與其傳統或社會規範相矛盾，但還是奮力勇往直前。用最簡單的話來說，情況是這樣的：一般穆斯林公民或穆斯林文化傳承者，一直到最近，都對政治沒有興趣，也未履行任何政治功能，除了宗教文學外，他們無法輕易接觸到其他文學，而除了與宗教相關的活動外，他們也沒有慶典或社區生活；對外在世界，他們見聞極其有限，甚至一無所知，只能透過宗教眼鏡稍窺端倪。在這種情況下，**對他們而言，宗教就代表一切**。現在，無論如何，在比較先進的國家裡，他們的興趣範圍已經擴展，所參加的活動，也不再只限與宗教有關；他會驟

然注意到某些政治問題，也會閱讀或接觸到各種題材內容完全與宗教無關的一大堆文章，這些文章甚至完全不會談論到宗教觀點，判斷的準則也與宗教大不相同（註95）。……（黑體字為另加）

由於伊斯蘭教不像其他任何宗教，**伊斯蘭就是一切，而且代表一切**，可以想見，這幅畫面確實有點難以想像。我認為，以這種誇張說法來描述人類現象，是東方主義獨有的特色，生命本身——政治、文學、能量、活動、成長——成為（就西方人而言）難以想像的東方整體性的侵略干擾，但作為「歐洲文明的補充與制衡」，現代形式的伊斯蘭教，卻又是種很有用的課題，這就是吉柏對現代伊斯蘭教的核心論點。因為「就歷史最廣泛的層面而言，目前歐洲與伊斯蘭教間所發生的狀況，是在文藝復興時期被刻意分離的西方文明，現在重新整合，而且以排山倒海的力量，重新肯定其統一性（註96）。」

馬西格農從未設法去掩護他自己形而上的臆測，但是吉柏與馬西格農不同，他發表這類觀察時，總將其當成客觀知識（這是他認為馬西格農缺少的）。只不過不管就哪種標準而言，大多數吉柏有關伊斯蘭的一般作品，「都是」形而上的，這不只因為他會使用「伊斯蘭」之類的抽象字眼，把它們當作具有明確、清晰的意義，還因為他所談的「伊斯蘭」，到底是位於哪一個具體時空，從頭到尾都不清楚。他一方面追隨麥當勞的腳步，把伊斯蘭明確置放在西方之外，但另一方面在他許多作品中，他又把「伊斯蘭」重新整合，融入西方。一九五五年，他比較明確地談到這個內在／外在的問題，西方取自伊斯蘭的，只有伊斯蘭最早源自西方的非科學成分，而在借用伊斯蘭科學傳統方面，西方只不過遵循了「自然科學與科技……可無限傳播」的定律（註97）；結果便是伊斯蘭在「藝術、美學、哲學與宗教思想」方面，因此呈現二手現象（因為這些東西最早都源自西方），而就科學與科技領域而言，伊斯蘭又只是輸送管道，輸送一些非他們專屬的元素罷了。

想要澄清吉柏思想體系中，對伊斯蘭教的看法，一定要從這些形而上的限制觀點之**內在**出發，事實上，他在四〇年代的兩本重要著作：《伊斯蘭教的現代趨勢》與《穆罕默德教：歷史的探索》（*Mohammedanism: An Historical Survey*）當中，對這方面也有很具體的描述。吉柏在這兩本書裡，費盡心血討論到伊斯蘭的當前危機時，在其中，伊斯蘭固有、基本的存在內容，和當代試圖加以修改的渴望，正好針鋒相對。我前面已經提過，吉柏對伊斯蘭的現代化浪潮，具有很深的敵意，反而對伊斯蘭的正統，固執堅持。現在我們該提到，吉柏在**穆罕默德教**與**伊斯蘭教**這兩個辭彙間，偏好前者（既然他說伊斯蘭賴以為基礎的使徒傳承觀念，是以穆罕默德為最高潮），他也斷言，伊斯蘭的主要科學是法律，而且法律很早就取代了神學。這些論述奇怪的地方在於，它們都是有關伊斯蘭的斷論，但它們根據的基礎，卻非伊斯蘭內部的證據，而是刻意取自伊斯蘭之外的邏輯。沒有穆斯林會稱自己是穆罕默德信徒（Mohammedan），就目前研究所知，穆斯林也不一定覺得法律比神學更重要。但吉柏所做的是，把自己這個學者放在自己察覺到的矛盾情況中，放在「伊斯蘭」「形式上的外在過程與內部真實間，有某種難以言說的錯置（dislocation）的那一點上（註98）。

就此觀之，東方學者認為自己的任務，就是要表達出這種錯置，同時最終詳加敘述有關伊斯蘭的真理（就定義而言——既然伊斯蘭自身的矛盾阻絕其自我省察的力量——伊斯蘭本身便無法表達這些東西）。吉柏大部份有關伊斯蘭的一般性敘述，所提的伊斯蘭觀念都是說（這又是他的定義），伊斯蘭宗教或文化，缺乏領悟的能力：「東方哲學從未真正了解，希臘哲學中基本的正義觀念。」至於東方社會，「和大多數西方社會形成對比，（他們）通常致力於建立穩定的社會組織，（但較少）建立哲學思想的理念體系」；伊斯蘭內部主要的弱點在於「宗教秩序與穆斯林中、上層階級脫節」（註99）。但吉柏也意識到，伊斯蘭從未獨立於世界其他部份之外，因此必須承受一連串外在的、介於其本身與世界之間的錯置、不足與脫節。因此吉柏說，現代伊斯蘭是古典宗教與浪漫的西方觀念有時代錯置之接觸的結果。伊斯蘭為了抗拒這種攻擊，發展出觀念上顯示全然無望，想法完全不適合現代世界的現代主義學派：伊斯蘭救世主主義（Mahdism）、民族主義、復甦的哈里發政權，只不過這種對現代主義的保守反應，同樣不適合現代性的發展，因為其中產生了一種固執的「守舊」（Luddism）主張。於是我們不禁要問，如果伊斯蘭無法克服內在的錯置，也無法滿意地應付外在的環境，那伊斯蘭到底是什麼？以下這段從《伊斯蘭教的當代趨勢》中摘錄下來的片段，可以提供解答：

伊斯蘭是一個活生生、充滿活力的宗教，訴諸好幾億人的心靈、知性與良心，為他們訂定誠實、嚴謹、敬畏上帝的生活標準。僵化的不是伊斯蘭，而是其中的正統規範、系統化的神學，以及社會辯神論主張（apologetic）。錯置之處正在於此，伊斯蘭教中教育程度最高、頭腦最清楚的大部份擁戴者，感到不滿之處在於此，未來發展的危險，最明顯之處也在於此。任何宗教，只要其對信徒意志的要求與其對信徒智識的呼喚間，出現永久的鴻溝，最終就難逃分崩離析的命運。由於絕大部份穆斯林，都還沒有意識到錯置的問題，伊斯蘭經師集團（ulema）也就合理地拒絕採取現代主義者規定的那些躁進措施，但現代主義的撒播，已經是一種警告，表示伊斯蘭的重整，不能再被無限期地拋諸腦後。

我們在試著確定伊斯蘭教內容僵化之起源與原因的同時，或許也能為一個現代主義者一直在問，但至今一直未能解決的問題，找到一些答案的線索——這個問題就是，伊斯蘭教的基本原則要如何重整，但同時又不影響其中的根本要素（註100）。

最後這一段敘述的內容，我們再熟悉不過，其中指出當前傳統的東方學者重建與重整東方的能力，因為東方本身無力為自己做到這些。因此就某種程度而言，吉柏的伊斯蘭存在於東方現在正實行的、被研究或宣揚的伊斯蘭**之先**，然而這種伊斯蘭觀點卻不只是東方學者的虛構、不只源自吉柏的思想，它是一個以整群信仰者為**訴求**的「伊斯蘭」——既然這種伊斯蘭不可能真正存在——作為基礎；「伊斯蘭」能多多少少存在於未來東方學者公式當中的原因在於，伊斯蘭在東方為神職人員（這些人員訴求於信眾的心靈）的語言所篡奪並中傷，只要這些神職人員不在訴求上作太多的要求，伊斯蘭就很安全；一旦改革派的神職人員，肩負起重整伊斯蘭的（合法）角色，希望能帶領伊斯蘭進入現代性，麻煩就會由此而生，而這項麻煩當然就是錯置。

錯置在吉柏作品中指出的問題，其意義遠遠超過伊斯蘭教中某種被推定的知性困境。我認為，錯置指出了東方學者擁有為伊斯蘭教書寫、立法或重新規範的真正特權和基礎。吉柏不僅偶然想到錯置而已，相反地，錯置是通往他主題的認識論通道，而且到後來，還成為他觀察的舞台，讓他據以在所有作品、所有擔任過的有影響力職位上，探索伊斯蘭。在沈默的訴求於一群古板之正統信徒的伊斯蘭，與僅由受誤導的政治活躍團體、走投無路的書記，以及機會主義的改革份子所提出之口頭宣導的伊斯蘭之間：吉柏昂然矗立、書寫、重新規範。他的作品不是抒發伊斯蘭無法表達的心聲，就是闡述其神職人員不願闡述的內容。就某種意義而言，吉柏寫的東西在時間上超越伊斯蘭，因為他讓伊斯蘭在未來時間中的某一點，能夠表達目前無法表達的東西。但就另一個重要層面來說，吉柏有關伊斯蘭的作品內容，在時間上又好像比這個首尾連貫的「活生生」宗教信仰要早，因為早在伊斯蘭信仰成為世俗討論、實踐，或爭議的焦點之前，他的作品就已經把「伊斯蘭」視為針對穆斯林而發的沈默訴求。

吉柏作品中的矛盾——提到「伊斯蘭」時，既不把伊斯蘭當成神職人員事實上所說的那樣，又不把伊斯蘭當成一般信徒會說的那樣（如果他們能說的話），這就是一種矛盾——多多少少受到統領他作品、而且事實上統領整個他所傳承（透過麥當勞之類的導師）的現代東方學歷史的形上學態度所消音。東方與伊斯蘭有一種超現實、現象學式地化約的地位，使它們除了西方專家外，無人能夠企及。從西方對東方產生冥思之始，東方一直無能為力的一件事，就是再現自己；東方證據唯有透過東方學者作品烈火的試煉，因之堅實，才能得人信賴。吉柏的作品意欲呈現的伊斯蘭（或穆罕默德教），不但包括其**真實所是**，更包括其**可能所是的內容**；本質與潛能在形而上的層次——也唯有形而上的層次——合而為一。吉柏著名的文章，諸如〈伊斯蘭宗教思想的結構〉("The Structure of Religious Thought in Islam")或〈伊斯蘭歷史的詮釋〉("An Interpretation of Islamic History")等，都自此產生形而上的態度，而且不受主觀知識與客觀知識間區別（吉柏藉此批評馬西格農）的干擾（註101）。有關「伊斯蘭」的敘述，以一種真的只有奧林匹亞諸神才有的自信冷靜語調發出，在吉柏的文章與其描述的現象間，沒有錯置，也沒有不連貫的感覺，因為根據吉柏本身的說法，文章與現象最終都可以化約為對方。這樣一來，「伊斯蘭」與吉柏對它的描述，就有種平靜、推論式的簡單特性，而其共同要素，就是吉柏這位英國學者井井有條的文章。

我在東方學者作為印刷品的扉頁外表與意欲形成的模式上，添加了許多重大意義。在本書中，我提過海伯洛的字母百科，《埃及描述》的龐大內容，雷南既像實驗筆記、又像博物研究的豐富記述，藍尼《近代埃及》中晦澀的略語與簡短的插曲，以及沙錫的文摘等等，這些文章既是**呈現**給讀者的某些東方的徵象，同時也是某些東方學的徵象。其中涵蓋了一種秩序，讓讀者不但能藉以了解「東方」，還能藉以了解東方學者作為詮釋者、展示者、個人、中介者、代表性（與再現）專家等各種角色。吉柏與馬西格農以極為傑出的方式，生產了重述西方之東方學者作品歷史的文章，這段歷史具現於各種概稱性與圖學式的風格，最後終被化約為學究式的專題論文單一性。東方的樣本、東方的踰越、東方的辭彙編纂單元、東方的系列、東方的範例——這一切都被吉柏和馬西格農收入線性散文的推理式分析之權威，以論文、短文、學術專書的形式呈現出來。在他們那個時代——從一次世界大戰結束到六〇年代初期——三種東方學者書寫形式獲得徹底的轉變，那就是百科全書、文選與個人記述，這些文類的權威被重新分配、驅散或消弭，化成一群專家委員會（《伊斯蘭百科全書》，《劍橋版的伊斯蘭歷史》）、一種層次比較低的服務（那種讓人準備研讀社會學、經濟學或歷史，而非準備擔當外交重任的語言基礎教學，例如沙錫的《阿拉伯古典名著選》），以及化入官能式的啟發領域（與個人或政府的關係，遠勝過與知識的關係——勞倫斯就是個明顯的例子）。吉柏以看似隨興但實際上環環相扣的散文見長，馬西格農的藝術家天分，讓他能天馬行空，信手拈來，這一切歸於一種古怪的詮釋天賦的統御，毫不顯得過於浮誇：這兩位學者讓歐洲東方學的**普世**權威發揮到淋漓盡致。在他們之後，新的現實——新的專業化風格——廣義來說，是英、美傳統，狹義來說，則是美國社會科學家。舊有的東方學在這裡面被分成好幾部份，但每一部份都還是服膺傳統東方主義信條。

4 晚近發展面面觀 The Latest Phase

自從第二次世界大戰以來，阿拉伯穆斯林已經在美國通俗文化中扮演要角，甚至在學院、決策圈內，以及商業界，人們也都密切關注著他們。每一次以阿戰後，類似的情形尤其明顯。這可以說是國際勢力組成結構大改變的象徵，美帝已經進而取代昔日法國和英國在世界政治舞台所處的中心位置了，當前利益的大網，將美國和先前所有的殖民世界連接起來，同樣的情形就像今天學院各分枝領域的分裂增殖現象一樣，他們切割（以及連接）了前此所有語源學的與歐式訓練為主的學科，例如：東方學。就像現在有一種被稱為「區域專家」的人（這些專家們或者為政府部門服務，或者為商業貿易服務，甚至同時為兩者服務），他們自詡擅長於區域性的專業知識。事實上，現代歐洲東方學的年鑑裡所積累的大量「準」史料知識（例如莫爾〔Jules Mohl〕在十九世紀對東方所作的航海日誌），都是經過重新消化之後，以新的面目再度發表於世的。種類繁多的東方雜種式再現（hybrid representations），就此漂泊、漫遊於文化的領地。日本、中南半島、中國、印度，以及巴基斯坦等，他們的再現已經引起了廣大的回響，而且情況還在持續當中，同時基於許多顯然的理由，在許多地方，這些問題也都被加以討論。伊斯蘭和阿拉伯人當然也有他們自己的再現，不過，我們這裡所論及的再現乃是片段而零碎但又有持續性，同時又具有強大意識形態的一致性，人們很少討論之，但在美國，傳統歐洲東方學對這類再現付出甚多心力。

一、通俗形象與社會科學之再現。下列是幾個當今阿拉伯人通常如何被再現的例子。我們可以注意到，「阿拉伯人」似乎很快就調適了一切變形和化約（服膺於一種簡單的意圖），而且他們還繼續被迫如此。一九六七年普林斯頓大學第十屆同學會的服裝，在六月戰爭（the June War）之前就已經籌畫好了。若認為這服裝只是一種粗率的提議，可能並不恰當，從穿著寬長袍、頭飾、套鞋的設計來看，主題應該就是要扮成阿拉伯人，而六月戰爭發生之後，阿拉伯主題顯然瞬間變成了令人尷尬的事。同學會隨即宣佈改變作風，大家仍然穿著原先設計好的服裝，不過同學們改成排隊走路，雙手放在頭上，一副落魄失敗的樣子。這就是阿拉伯人的德行，從騎駱駝的遊牧民族這種模糊的刻板印象，乃至一般公認的無能、易於失敗的漫畫肖像，這就是阿拉伯的模樣。

然而，一九七三年以阿戰爭之後，阿拉伯人則搖身一變，成為從哪一個角度看來都更具威脅性的人物。卡通漫畫裡出現的阿拉伯酋長，盡是站在汽油唧筒後面，這些阿拉伯人，擺明了一副「閃族人」的模樣：銳利的鷹鉤鼻、臉上帶著邪惡髭鬚的睨視神情，在在都提醒著大部份非閃族的人，「閃族」正是引起「我們的」全部麻煩的真正原因；而就眼前的這次事例來說，正是石油的短缺。由於基本外貌上的相似，流行觀念中的反閃族敵意的靶心，順理成章地從猶太人身上轉移到阿拉伯人身上，這種轉換（transference）作用的形成是很自然的。

因此，如果阿拉伯人佔據了足夠引人注意的地位，那也不過是基於一種負面的評價。阿拉伯人一向被視為西方和以色列的破壞者，或者，從另一個觀點來看，他乃是一九四八年以色列建國里程上被克服的一個障礙。就阿拉伯所有的歷史來看，這都是在東方學者的傳統下，以及其他在猶太復國主義者的傳統下所給予的歷史（或者是他們從阿拉伯身上截取的，不過，沒有什麼差別）。巴勒斯坦就被拉馬丁和早期猶太復國主義份子視為是荒蕪沙漠，有待開發，他們想像它的居民是微不足道的遊牧民族，對土地沒有實權，當然也就沒有任何文化上或國家的實體可言。阿拉伯於是被想像成是現下糾纏著猶太人的令人惱恨的陰影。又因為阿拉伯人和猶太人都是東方閃族，在那樣的陰影裡頭，就浮現了西方人可能對於東方，不管是傳統意義上的，還是潛在的不信任感。前納粹歐洲時期的猶太人已經走上雙岔路：一種由拓荒者冒險家式的東方學者（波頓、藍尼、雷南）重建儀式中被建構出來的猶太英雄，以及令他毛骨悚然，充滿著神祕意味的可怕陰影，也就是阿拉伯東方人。這個阿拉伯東方人除了在東方學者的論爭中曾經為他創造的過去，與其他事情絕緣。阿拉伯人和命運拴在一起，命運決定了他，並且宣告了一連串定期性的懲罰，按照塔克曼（Barbara Tuchman）所給出的神學名詞來說，也就是：「以色列的恐怖利劍」。

姑且不論反猶太復國主義，阿拉伯人其實是個石油供給者。然而，這不過是另一個負面的特性。大部份阿拉伯石油的報導乃基於阿拉伯之大量儲油量的事實，將一九七三至一九七四年的石油杯葛等同於阿拉伯人道德品質之欠缺（主要獲利者是西方石油公司和一小撮阿拉伯統治菁英），於是，「為什麼像阿拉伯人這樣的民族竟讓已開發（自由、民主、道德）世界飽受威脅？」這樣的問題，在不經婉轉修辭的情況下，屢遭提出。對於這類問題的回答，通常的建議是：派艦隊攻入阿拉伯油田。

至於影片和電視中的阿拉伯人，如果不是讓人同時聯想到好色，就是嗜殺成性、不老實。他就好比一個性慾過剩的墮落傢伙，擅長機巧迂迴的謀畫（這是真的），不過本質上則是殘酷成性、不可靠，而且低級卑劣。奴隸販、趕駱駝者、兌錢商，和形形色色的惡棍，這些都是電影中的阿拉伯人的傳統角色。我們常常可以看到（搶匪、海盜、「當地」〔native〕暴徒等）阿拉伯頭子，對逮到的西方英雄和金髮女郎（他們一副心思純良的樣子）齜牙咧嘴地叫嚷：「我的手下會宰了你們，不過，在那之前他們喜歡先來玩玩！」邊說邊暗示性地瞥視了一眼——這是當前對范倫鐵諾式之騙子情聖（Valentino's Sheik）的貶抑。新聞影片或圖片上，阿拉伯人出現時總是一大夥人，沒有個體，沒有個人的特質或經驗。大部份的影片都呈現出群眾的狂熱和不幸，或者是非理性（因此也是令人絕望異常）的態勢，潛藏在所有這些形象背後的則是**聖戰**的威脅性。影響所及，人們大為恐懼穆斯林（或阿拉伯人）來接管世界。

針對伊斯蘭和阿拉伯人所例行出版的書籍及文章來看，和中世紀與文藝復興時期以來充滿敵意的反伊斯蘭評論一致，絲毫沒有改變。再也沒有其他別的族群或宗教可以全然地以如此的方式被說及、被寫成這個樣子，且毫無回應或抗辯！一九七五年，哥倫比亞學院（Columbia College）的大學部所發表的課程指南中，關於阿拉伯語這門課就如此說道，阿拉伯語的每個字必定和暴力有關，而誠如語言所「反映」的，阿拉伯心靈也是無可救藥地誇張的。最近，泰若（Emmett Tyrrell）在《哈潑》（*Harper's*）雜誌上的一篇文章甚至更是中傷有加，挾著種族主義的偏見，他申論阿拉伯人基本上是兇手，阿拉伯人的基因之中原就帶有暴力和欺詐（註102）。一項名為「美國教科書中的阿拉伯人」的調查，揭示了充滿令人瞠目結舌的錯誤訊息，或者，更貼切地說，充滿了對這個宗教族群的殘酷無情的再現。其中有一本書斷言：「甚至，（阿拉伯）這地區沒有多少人知道有比較好的方式生活，」然後，像是無心一般地問著：「是什麼將中東的人民相連在一起呢？」答案，毫不遲疑就得到了，那就是「阿拉伯人對於猶太人和以色列這個國家的敵意，換句話說，仇恨是最緊要的鏈結。」延續類似的題材，另一本關於伊斯蘭的教科書如是說：「穆斯林宗教，又稱為伊斯蘭教，開始於七世紀，由一個名為穆罕默德的阿拉伯富商所創立。穆罕默德自稱先知，並且找到其他的阿拉伯追隨者，然後告訴他們說，他們乃是被挑選來統治世界的。」接著是另一段與此相類的篤定說法：「穆罕默德死後不久，他的教義被收錄成書，稱為《古蘭經》，後來成為伊斯蘭教的聖書（註103）。」

然而，這些粗俗的想法卻被近東阿拉伯研究的學院所擁護、支持，而不是給予否定。（值得一提的是，前面所提到的普林斯頓事件，就發生在一所以其近東研究部門為傲的大學之中，這個部門設立於一九二七年，也是全美國同類研究部門中最具歷史的。）舉例而言，柏格（Morroe Berger）這位普林斯頓大學研究社會學與近東的教授，在一九六七年受命於「健康、教育及福利部」（the Department of Health, Education, and Welfare）作了一份報告，柏格當時也是中東研究學會（the Middle East Studies Association, MESA）的主席，該協會設立於一九六七年，是一個由學者組成的專業性協會，在那份報告中，柏格強調應「從社會科學及人文學科的觀點，而且主要是從伊斯蘭教興起以後」（註104）來著手關心近東問題的各個層面。他的論文題為：〈中東與北非研究：發展與需要〉（"Middle Eastern and North African Studies: Developments and Needs"），發表在第二期的《中東研究學會公報》（*MESA Bulletin*）上。在考察過這個地區對美國在戰略、經濟，以及政治方面的重要性之後，表態背書個別的美國政府部門與私人基金會投入贊助大學的計畫——「一九五八年國防教育法」（the National Defense Eduation Act of 1958，源於一九五七年蘇聯人造衛星的升空），建立了社會科學研究協會（the Social Science Research Council）與中東研究（Middle Eastern Studies）兩者的結合，在這些以及其他討論之後，柏格作了以下結論：

> 現代的中東及北非，並不是偉大文化成就的中心，在可預見的未來，也沒有這種跡象。所以，對於這個地區或其語言的研究本身，就現代文化來說，也就談不上有什麼報酬。……這個地區不是主要政治權力中心，也沒有這方面的可能潛力。……相較於非洲、拉丁美洲和遠東，對美國而言，中東正在降低它在政治上的重要性（北非尤其如此），甚至，就「頭條新聞」或者「製造麻煩」的價值來看，

也是如此。……當代中東，因而僅在極小程度上具備的某些特性，似乎還可以吸引學術方面的注意。這類情況沒有降低這個區域研究的正當性，以及它在智識上所具有的價值，或者影響到了學者們投注在這裡的工作品質。於此，我們應該警覺到的是，無論如何，應該要對於該領域的研究及教學人數成長量，予以某些限制（註105）。

當然作為一種預言，這是相當可悲的。然而，更不幸的是，柏格之所以受到中東研究學會的囑託，不只因為他是現代近東地區的專家，而且——從報告的結論也很清楚——也因為他的地位使他被預期可以預測未來及政策決定的未來走向。柏格沒有看到中東所具有的重大政治意義，及潛在的重大政治勢力，我認為，柏格的失敗在於判斷上的保守審慎，不敢越軌。柏格報告的兩個主要錯誤，出現在最前面和最後面兩個段落，其論點的系譜淵源正是我們在探究的東方學的歷史。在柏格所談到的，所謂偉大文化成就的闕如，以及對於日後研究所下的結論中——因為其本質上的弱點，中東吸引不了學術上的注意——我們發現了一個幾乎絲毫不差地再複製出來的標準東方主義者觀點：閃族不曾創造過偉大文化，並且，一如雷南經常說的，閃族人的世界太過乏善可陳，以至於抓不住普世的關注。尤有甚者，柏格作出了這樣一種一如以往的老式論調，他對於呈現在他眼前的事物毫不知覺——畢竟，柏格的報告不是寫於五十年前，而是在美國的石油百分之十從中東進口的年代，同時美國也在此地進行了超乎想像的龐大戰略性和經濟性投資——不過，柏格倒是確立了他作為一個東方主義者的主要地位。事實上，關於他所說的，如果沒有像他這樣的人，中東將會被忽略；還有，沒有他這個中介、詮釋者的角色，中東地方也將不會被了解，這其中一半的原因是在於，對於中東所作的微乎其微的了解，柏格仍屬特出，另一半原因則是，普遍認為只有東方學者才能詮釋東方，而東方基本上是沒有能力自我詮釋的。

當柏格寫這篇文章時，與其說他是古典的東方主義者（過去不是，現在也不是），不如說他是專業的社會學家。當然，這個事實並不會將他受惠於東方學及其觀念的程度減到最低。在那些觀念之中，特別是一種被視為理所當然的反感傾向，對構成其研究基礎的材料加以貶抑，這是如此強烈地構成了柏格研究的主要基底，使得他看不見眼前的現實。而令人更印象深刻的，還在於這對他而言，並沒有什麼必要去自問，如果柏格認為中東「並不是偉大文化成就的中心」，為何建議每個人（正如他所做的），將他的一生致力於其文化的研究呀！學者，比起醫生，更會研究他所喜歡的，或者令他感到興趣的事物，唯有依著一種誇張的文化責任感的驅使，他才會去研究他並不認為是好的事物呀！然而，正是如此一種東方主義的文化責任感，促使其經幾世代以來，東方學者佔據其文化藩籬，面對東方從事他的專業研究工作。東方學者的東方，盡是一些野蠻、怪癖和無法無天之事，而他們為了西方的利益考量，盡力阻絕東方的入侵。

我之所以談到柏格，是將他作為學院面對伊斯蘭東方所表現出來的心態之一例，這同時也是學術性觀點如何支持著通俗文化中所散播開來的簡化觀點的一個例子。然而，柏格也代表著一個最流行的東方學之轉變，那就是：從基本上是語源學的學科及對東方所作的含糊籠統的理解，轉而走向社會科學的專業。一個東方學者首先不再嘗試精通東方奧祕的語言，取而代之的是，一開始以受過訓練的社會科學家的姿態現身，將他的科學「應用」到東方，或者任何其他地方去。對於東方的歷史，這尤其是一種美國式的貢獻。這一切可以粗略溯源到二次世界大戰之後的時期，當時美國察覺到她已經站在剛剛由英、法兩國空出來的位子上了。在這個特殊時刻之前，美國的東方經驗是相當有限的，只有像美國作家梅爾維爾之流的文化孤離份子（Cultural isolatos）才會對東方感到興趣；或者犬儒如馬克吐溫，才會參觀探訪之，並以此為題加以著述；或者有些美國的超越主義者，發現印度的思想和他們自己之間的相似性；或者若干神學家和研讀《聖經》的學生研究了《聖經》的東方語言；或者是有一些與北非穆斯林（Barbary）海盜之類的偶然而臨時性的外交或軍事上的遭遇；或者是零星的遠東海軍遠征北非穆斯林；當然，還有到東方傳教的那些無所不在的傳教士。但是除此之外，缺乏深入的東方傳統。在美國，東方的知識終究沒有經過仔細推敲、編纂和再建構的過程。這過程始於歐洲所開展出來的語源學研究。不僅如此，美國甚且下來沒有過什麼富有想像力的投資。這也許是因為人們所看到的美國邊境，不過是西部的那一塊而已！不過，二次世界大戰後，很快地，東方不再是過去歐洲幾世紀以來那種廣泛的普遍爭論之議題，而是繫屬於政府的行政部門的新課題，關係到政策的重要性議題。進入社會科學家和新型專家的領域，現在東方學的重責大任，轉而落在他們稍嫌窄了點的肩膀上，而我們也將會看到，他們讓東方做了重大轉變而使其近乎難以辨認了。無論如何，新的東方學者繼承了原有的文化敵意態度，並且力保不失。

在美國社會科學界對東方新生的關注之中，一個驚人的事實是，他們對文獻的特別規避。就算讀遍論述現代近東的厚厚一疊專業文章，你也找不到一件對文獻的參照。對這些區域專家來說，重要的是「事實」（facts），而文本則可能只是對「事實」的干擾而已。存在現代美國式對於阿拉伯或伊斯蘭東方的認知中的這個顯著疏漏所造成的後果，是讓這個地區及它的人民處於一種概念上被去勢的狀態。他們被化約成「態度」（attitudes）、「趨勢」（trends）的統計表，簡單說來，也就是去人性化（dehumanized）。本來，一位（或者多位）阿拉伯詩人或小說家，寫出其（可能是百般奇怪的）經驗、價值觀和人性，他有效地瓦解了東方被再現的模式（包括形象、陳腔濫調、抽離）。一件文本多少直接述及活生生的現實，它的影響力不是因為它是阿拉伯的、法國的或英國的，而是存在於文字的力量與生命力之中。它雜糅了來自福樓拜《聖安東尼的誘惑》的隱喻，剔除了東方主義者手臂上的偶像，丟棄那些異常癱瘓的小孩（意指東方主義者他們所生產的關於東方的觀念），而這些東方主義者甚至還企圖讓人們以為這些真的就代表東方哩！

當代美國的近東研究中，文獻之闕如以及語源學的相對弱勢，是東方學一個新奇而古怪的例證。對他們來說，我所使用的「東方主義」一詞本身也是反常的。現在從事近東研究的學院專家極少與傳統上那種東方學者相像，那個時代已經隨著吉柏和馬西格農而告終結。但一如我所說的，某種文化的敵意，以及一種與其說是語源學，不如說是「專家知識」

（expertise）的認知，倒是被複製而存留下來。從系譜上來講，當今美國的東方學是出自戰爭期間或其後所設立的軍隊語言學校，或是在戰後時期政府及公司對非西方世界的突增之興趣，以及和蘇聯的冷戰競賽，再者，就是一些殘餘的傳教式般對東方人的態度，此時東方人被認為成熟到足以進行改革及再教育。關於奧祕的東方語言之非語源學方面的研究是有用的，因為有著極為明顯而基本的戰略上的理由，並且還有助於以一種近乎神祕儀式般的權力印信，傳授到「專家」身上，而所謂「專家」，顯然就是能夠以其一流手法來處理那些令人絕望的曚昧不明的題材者。

就社會科學研究的優先次序來看，語言研究，當然不是用來閱讀本文的，它是達到另一個更高目的的工具。例如中東研究機構（Middle East Institute），這是一個半官方的、為了監督並且資助對中東的研究興趣而成立的機構，在一九五八年時，它出版了一份《當前研究報告》，其中「美國之阿拉伯研究現況」的一篇稿子，十分有趣由一位希伯來文教授所寫，並以這樣的題辭道：「例如，外語知識不再是人文學者的專屬領域，那是工程師、經濟學者、社會科學家，以及其他許多專家的專業工具。」整份報告所強調的是，阿拉伯語對石油公司的行政管理人員、技術人員以及軍事人員的重要性，不過，報告中主要的陳述重點是下面這個三段論式的句子：「蘇聯的大學目前正在培養能說流利阿拉伯語的人才，因為蘇聯已經領悟到，經由使用當地的語言來穿透人們的心靈，以引起當地人共鳴的重要性。美國必須刻不容緩地準備發展他們的外語課程（註106）。」於是，東方語言，在某個程度上總是如此，成為某種政策方針的一部份，或者成為持續努力宣傳的一個部份。就這兩個目標而言，東方語言的研究成了道具，促成了拉斯威爾有關宣傳的論文之工具，論文中所在意的，不是那些人們是什麼樣的，或他們在想些什麼，而是他們能被塑造成什麼樣子及想什麼。

事實上，宣傳家的觀點結合了對個性的尊重，以及對一般形式民主的不在乎。對個性的尊重，是出自於對群眾的支持，以及人類偏好的變異性經驗的依賴，所形成的大規模操縱之上。……而關於存在於群眾中的個人這一點，則非賴於人是作為他們自身利益的最佳判準的民主教條之上。現代的宣傳家，像現代心理學家一樣，都認知到人們在面對涉及自身利益的情況時，通常是個差勁的判斷者，他要不是在沒有充分的理由下任意地見異思遷，要不就是怯懦地死抓住陳年礁岩上的碎屑不放。一般來說，計算人們在習慣與價值觀念上所確保的持續性變化之幅度，其涉及的比起對人類一般偏好的評估更要多得多，這意味著要進而考慮那套人們所交織而成的關係網絡，尋找可能未經深思熟慮而反映的偏好跡象，並且提出一個能與事實協調的解決方案。……至於那些需要大規模行動的調整，宣傳家的任務就是去開創出目標的象徵符號，以便有助於選擇和適應的雙重功能，同時也必須自發性地誘發接納性。……隨之而來的管理之理想則是情境控制，這不是以強制性的手段來達成，而是要能未卜先知。……宣傳家視為理所當然的是：世界完全是由因果關係所形成的，不過只在某種程度上是可以預期的（註107）……

學習而得的外語就此成為巧妙收攬民心的一部份，正如同對外國地區的研究，比如東方，變成了一種未卜先知式之操控方案。

不過，這類方案總是裝飾著自由派的外表，而且照例是保留給學者、善心人士和熱誠的人來參與。就東方、伊斯蘭或阿拉伯人的研究來說，被鼓勵的想法是，「我們」能夠認識另一個民族、他們的生活方式與思想等等，而更好的則必定是，最終能夠讓他們自我表達、為自己說話、再現自己（儘管這個假想的事實是基於馬克思的名言；拉斯威爾也同意這一點，就如同他針對拿破崙三世說的：「他們無法再現自己，他們必須被再現」），不過這只就某部份而言是真的，而且是在特定情況下是真的。在一九七三年十月以阿戰爭的令人不安的日子裡，《紐約時報雜誌》（*New York Times Magazine*）炮製了兩篇文章，一篇代表以色列，另一篇則代表衝突的另一方——阿拉伯。代表以色列的一篇，是由一位以色列律師執筆，而代表阿拉伯的一篇，則由美國前任駐某一阿拉伯國家的大使捉刀。這位大使並不具備任何東方研究方面的正式訓練。為了避免我們直接跳到「相信阿拉伯人是無法再現自己的」這個簡單的結論，我們應該好好想一想的是，在這個例子裡，阿拉伯人和猶太人兩者都屬於閃族（如同我先前以廣義的文化指稱所進行討論者），而且兩篇都是**被用來**面對西方讀者而再現的。在這裡，我們回顧一段普魯斯特的文字是必要的，這是一段描寫一個猶太人進入貴族沙龍的出人意表的場景，引文如下：

羅馬尼亞人、埃及人、土耳其人可能厭惡猶太人。不過，在一個法國人家裡的客廳，那些人之間的差異並不是那麼明顯，甚至是一個以色列人，他的進門弄得彷彿是從沙漠中心冒出來一樣，身體畏畏縮縮地像隻土狼，脖子向前斜斜伸出，對人則以高傲的口吻說道：「撒冷」（*salaams*，穆斯林招呼語），都完全滿足東方風格的某種品味（*un goût pour l'orientalisme*）（註108）。

二、文化關係政策。在一方面，當我們說，美國事實上是直到二十世紀才成為世界帝國，如果這樣的說法沒有錯，那麼，說美國在十九世紀期間是朝向日後(公然的帝國事業）鋪路的方向在關心著東方，這也是事實。撇開一八○一年和一八一五年對北非海盜的戰役不談，讓我們來看看一八四二年美國東方學會的創立。在一八四三年東方學會首屆舉行的年會中，會長佩克林（John Pickering）表達得相當清楚，為了跟隨歐洲帝國主義權力的步伐，美國策動了東方研究。佩克林所傳遞的訊息是，東方研究的架構，現在一如往昔，不單只是學術性的，而且還是政治性的。我們可以從下面的總結中發現到，關於東方學的討論路線，就其意圖而言，其實並沒有任何爭議空間：

在一八四三年美國學會的首屆年會中，佩克林會長第一次提出了一份值得注意的專業領域概要，他認為，假使人們注意到，在目前這個到處一片和平的特別有利環境之中，通往東方國家之路越來越自由，通訊傳播上的便利性就更為深遠，那麼，這個領域是值得耕耘的。當今的地球，在梅特涅（Metternich）〔譯註：梅特涅，1773-1859，奧國政治家〕和路易・菲立普（Louis Philippe）主政之下顯得相安無事，而南京條約打開了中國的港埠，遠洋航行的船隻採用螺旋推進器，摩斯（Morse）電報終於告成，他並且提出了一項橫越大西洋電纜的鋪設建議。學會的目標即是要培養學習亞洲、非洲和玻里尼西亞群島等的語言，以及任何與東方相關的事物，進而在這個國家創造出一個東方研究的品味，進行文本、翻譯和學術交流的出版與發行、籌募圖書館和陳列室。而大部份的工作在亞洲領域已經完成，特別是在梵語和閃族語方面（註109）。

梅特涅、路易・菲立普、南京條約和螺旋推進器，所有這些都暗示著這是一群助長了歐、美長驅直入東方的冠冕堂皇的帝國群星。而且，片刻也不停息。即使是在十九與二十世紀期間，充滿傳奇性的近東美國傳教團，他們的角色與其說是上帝所囑，還不如說是**他們的**上帝、**他們的**文化，以及**他們的**天命（註110）。早期的傳教機構，像印刷出版、興辦學校、大學、醫院等等，當然是致力於地區的福利，不過這是挾帶著特定的帝國特色，以及美國政府的支持而做的，這些機構和法國、英國在東方的作為毫無差別。存在於猶太復國主義以及巴勒斯坦殖民地化之中的美國主要政策利害關係所繫的要素，也是第一次大戰期間扮演著將美國捲入戰爭的一個舉足輕重的角色。（一九一七年十一月）巴佛宣言之前後，英國國內之討論，反應了事態的嚴重性，而美國也對此相當認真考慮（註111）。第二次大戰期間及其後，美國對中東利益的逐步升高是很顯然的。開羅、德黑蘭和北非，是戰爭重要的競技場，在石油、戰略以及人力資源的開採利用上，英、法兩國是先驅者，但美國為了其嶄新的戰後帝國角色作出了準備。

美國的這種角色，不折不扣是一九五〇年牟提莫・格拉弗（Mortimer Graves）所定義的一種「文化關係政策」。格拉弗說，此一政策部份是企圖獲得「從一九〇〇年以來，每一個重要的近東語言所出版的每一份有意義的出版品」，「（美國）國會應該認知到（這個企圖），它是（美國）國家安全的一個衡量標準」。由此，問題很顯然，格拉弗（一個順勢而善納雅言的人）申論道，美國需要「更深入地了解此刻正與美國爭奪近東的其他勢力，自然，其中主要是共產主義和伊斯蘭教（註112）。」在這樣一種利害關係的考量下，進而作為更加落伍保守的美國東方學會的當代附庸，整個針對中東的龐大研究機構誕生了——它既有坦白的戰略性姿態，也有面對公共安全與政策的敏感性（並不像通常那樣裝作一副純學術研究的樣子）——這個模式就是中東研究機構，一九四六年五月於華盛頓，在（如果不是完全隸屬或者掌控的話）聯邦政府的奧援下創立而成（註113）。因為以下的組織機構，中東研究學會得以成長：福特以及其他基金會的有力支持、聯邦政府各式各樣對大學的贊助、各種聯邦研究方案與由諸如國防部（the Defense Department）、蘭德公司（the RAND Corporation）、赫德遜機構（the Hudson Institute）這些建制所推動的研究方案，以及各銀行、石油公司及跨國公司等等的奔走協議與遊說的努力。對於所有這些，我們這樣說是並不過分的：不管就一般的或細節上所起的作用而言，它都保留了傳統東方學者在歐洲所發展出來的樣式。

美國與歐洲對（近或遠）東方的帝國圖謀之平衡處是很明顯的。比較不明顯的可能是：㈠歐洲東方學之學術傳統，在某種程度上，如果不是被接收的話，也是被調整適應、合於規範、馴服與通俗化，進而供給了戰後美國近東研究的所需養分：㈡撇開當代精緻的外貌，加上看來高度繁瑣的社會科學技術的使用，歐洲傳統在某種程度上，已經在美國大部份的學者、機構、論述風格，以及方向定位上，激起了一股凝聚協合的態度。我已經討論過吉柏的想法與觀念，不過，我仍然要指出，一九五〇年代中期，吉柏成為哈佛中東研究中心的主任，在這個職位上，他的理念與作風發揮了重要的影響力。在美國，吉柏所展現出來的，不同於一九二〇年代晚期以來普林斯頓的西堤（Philip Hitti）所展現的。普林斯頓的科系生產出一大群重要的學者，而其東方研究的品牌也激勵著對這一領域的主要學術興趣。另一方面，吉柏更與東方學的公共政策面保持真正接觸。吉柏在哈佛將東方學的焦點集中在冷戰的區域研究的方向上，比西堤在普林斯頓尤有過之。

雖然如此，吉柏爵士的作品並未明顯採用雷南、貝克和馬西格農這一傳統路數的文化論述用語。然而這一論述傳統的知識工具和信條，令人印象深刻地主要存在於（雖然並非獨佔）格洛本（他首先在芝加哥然後在加州大學洛杉磯分校）的作品，及其身處的制度性權威之上。格洛本就像部份逃避法西斯主義的歐洲學者一樣，移居到美國（註114），在那之後，他創作出一部鏗鏘有力的東方學之專業作品。這部作品集中論述伊斯蘭，將伊斯蘭看作是一個單元文化體（holistic culture），他的學術生涯自始至終是持續不斷地對此製造出一套基本上是簡化而負面的概化論斷。格洛本的風格，糅合了德—奧博學者由於吸收自法、英與義大利東方學這一正統偽科學（pseudoscientific）的偏見，同時又想要努力保持公正無私的學者觀察身分，結果通常是證據混沌，而這一切使得他的文體幾乎沒有多少可讀性。格洛本論述伊斯蘭自我形象的典型篇幅，塞滿了半打以上摘自儘可能許多不同時期裡的伊斯蘭文本，也引用胡賽爾（Husserl），也有前蘇格拉底派，既參考了李維史陀，同時還有眾多美國社會科學家。但是，這一切並沒有模糊了格洛本對伊斯蘭那充滿了敵意的反感，一點也沒有困難，格洛本預設伊斯蘭並不像任何其他宗教或文明，而是一個單一現象。然後，他說明伊斯蘭是反人性的，沒有能力發展、自覺，或是追求客觀性，同時也是沒有創造力的、不科學的，卻又是個權威主義。這裡有兩段典型的引文——我們必須記得，格洛本是以一種身在美國的歐洲學者的獨特權威性在進行書寫的，他教書、負責行政管理，並給同一領域的其他廣大的學者們補助。

> 認清伊斯蘭文明是一個沒有和我們一起分享根本期望的文化實體，這是極其重要的。它對於其他文化的結構性考察，不論是將研究本身視為是目的，或者當作有助於對它自己的性格與歷史的更進一步了解的媒介，都沒有真正地感興趣。如果這個觀察只是對當代伊斯蘭有效，那麼我們可能傾向於將它跟伊斯蘭深受動亂的狀態聯想在一起，伊斯蘭不容許其人民向外看，除非外力迫使它這麼做。但是，

正如這點對過去來說也一樣有效，我們也許可能試圖將它和這個（伊斯蘭）文明從根本上的反人性連結在一起，換句話說，他們在任何程度上，斷然拒絕接受個人成為仲裁者，或事物衡量的尺度，滿足於將真理視為心靈結構之描述的傾向，或者換言之，滿足於心理學式真理的傾向。

（阿拉伯或伊斯蘭的民族主義）缺乏國族神聖權利的概念，儘管偶爾使用來作為一種口號，它也缺乏成型的倫理，似乎也同樣缺乏十九世紀晚期對機械是進步的信仰，尤其是一種缺乏對根源現象的知性活力。權力以及行使權力的意志，兩者本身即是最後的目的（在論證上，這個句子似乎沒有特定目的，然而，毫無疑問地卻給了格洛本一種聽起來像是哲學式非敘述的安全感，宛如向自己確保他談伊斯蘭談得很智慧，而並沒有貶抑的意思）。（伊斯蘭所感知的）政治上無能為力的憤慨，造成他們的急躁，對知性領域內的長期分析與規畫形成阻礙（註115）。

上述的書寫，在其他大多數的脈絡下，可能會被客氣地稱為是「議論式的」，然而就東方學而言，卻是相當正統的，且被視為是二次大戰以後，美國中東研究的教條式智慧，主要原因在於它結合了歐洲學者的文化威信。儘管今天在這個領域中，已不再能產出像格洛本這樣的人，無論如何，這個領域不經批判地接受了格洛本的著作，甚至只有一名學者曾經認真地批評格洛本的觀點，那就是摩洛哥歷史學家和政治理論家拉洛伊（Abdullah Laroui）。

拉洛伊運用格洛本著述中簡化地重複敘述的主題，作為批判性的反東方學專家研究的實際工具，整體看來，他對研究個案的經營令人印象深刻。拉洛伊自問，是什麼緣故讓格洛本不顧其大量的細節和顯而易見的知識視界，仍然寫出了如此高度化約性的著作？一如拉洛伊所說：「格洛本附加在『伊斯蘭』這個字上頭的形容詞（中世紀、正統、現代）都是中性，甚至是多餘的。正統伊斯蘭和中世紀伊斯蘭之間，或平易和簡單的伊斯蘭，所有這些都不存在任何差異……因此（對格洛本來說）只有**一個**在其自身內在變化的伊斯蘭（註116）。」根據格洛本的說法，現代伊斯蘭因為仍然忠實於它自身根源，所以已經背離了西方。然而經由從西方觀點之自我再詮釋的功夫，伊斯蘭還是能夠自我現代化，當然，格洛本則認為那是不可能的事。至於格洛本的結論附加於伊斯蘭乃是一幅無法創新的文化圖像，拉洛伊在描述的時候，並沒有提及伊斯蘭因此需要運用西方的方法來進行本身的改革這樣的觀念，或許是拜格洛本的普遍影響力之賜，在中東研究中幾乎是所有人都承認的事實（例如大衛．哥登〔David Gordon〕《第三世界的自決和歷史》〔*Self Determination and History in the Third World*〕（註117）一書，即極力督促阿拉伯人、非洲人和亞洲人要「成熟」，而他申論說，這唯有靠學習西方的客觀性才能達到）。

拉洛伊的分析也說明了格洛本如何使用克魯伯（A. L. Kroeber）文化主義式理論來了解伊斯蘭，這個工具必然地伴隨著一連串的化約和排除，伊斯蘭因此只能被再現成一個排外的封閉系統。於是，伊斯蘭文化中多樣的面向，在格洛本看來，不過都是一個不變的母體／一個特殊神論的直接反映而已，這個單一不變的母體驅使一切進入秩序與意義之中。發展、歷史、傳統、現實，這些觀念在伊斯蘭因此都是可以交互替換的字眼。然而，拉洛伊鄭重地堅持說道，歷史乃是事件、瞬息萬變的現象和意義等錯綜複雜的秩序，不能被化約成這樣的一種文化觀念，同樣地，文化也不能化約到意識形態上去，更不能將意識形態化約為神學。格洛本既掉入他所繼承的東方主義式信條的陷阱，同時也掉入他選擇用來詮釋伊斯蘭具有缺陷的特色的陷阱，於是他所找到存在於伊斯蘭的，就不外是：高度明晰的宗教理論，但卻極少宗教經驗的具體敘述；高度明晰的政治理論，卻沒多少正確的政治文獻；社會結構的理論，但是極少個體化的行動；歷史理論，不過極少備載日期的事件；清晰的經濟理論，但是極少經過量化的連貫事件系列，諸如此類（註118）。結果很顯然的，伊斯蘭的歷史景觀被整個套在某種文化理論的框架內，不可能正確地論斷或檢證穆斯林經驗的實存狀況。格洛本的伊斯蘭，終歸一句話，是一個早期歐洲東方學者心目中的伊斯蘭——僵化古老、蔑視日常人類經驗、粗疏、簡化，而且一成不變的伊斯蘭。

本質上說來，對於伊斯蘭的這樣一種觀點是政治性的，根本談不上是不偏不倚的。這一觀點的勢力所及強烈影響了新一輩（也就是說，比格洛本還年輕）的東方學者，這多少歸因於它傳統上的權威，另一部份也在於它的利用價值，可用以掌握廣大的世界區域之把柄，並進而宣稱其中具有前後一致的現象。由於伊斯蘭從未輕易地讓西方政治性地包圍（自從二次大戰以來，阿拉伯民族主義公然宣稱他們對西方帝國主義的敵意，這無疑已蔚為風潮），因此欲求在伊斯蘭之中確認某種在理智上令人滿意之事物以作為報復與時俱增。某位權威人士談及伊斯蘭（雖然他並沒有指明他的意思是**哪個**伊斯蘭，或者伊斯蘭的哪個方面）是「封閉型傳統社會的一個原型」。值得注意的是，**伊斯蘭**一詞的發人深省之使用，一網打盡地意指一個社會、宗教、原型，和一個實況。不過，這一切都將進一步臣屬於剛才那同一個學者的觀念：不像（「我們的」）正常的社會，伊斯蘭以及中東社會完全是「政治性的」。「政治性的」這個形容詞意味著，對伊斯蘭之不「自由」的責備，因為它不能（像「我們」〔"we"〕所做的一樣）將政治與文化區別開來。結果是一幅關於「我們」〔"us"〕與「他們」〔"them"〕之間令人反感的意識形態圖像：

> 整個來看，了解中東社會的同時，也必須保持我們長遠的目標。只有一個已經達到動態穩定的社會（像「我們的社會」〔ours〕），才能想到政治、經濟或文化這些個別真實自主的存在領域，而不只是為了研究的方便所作的劃分而已。傳統社會並沒有將凱撒的歸給凱撒，上帝的歸上帝，它們完全處於一種流動的狀態，可以這麼說，政治和所有生活的其他層面之間的關係，是議題的核心。舉例而言，今天不管一個男性要娶四個或一個妻子、齋戒或者進食、贏回或失去土地、仰賴天啟或者理智，所有這些，在中東都會成為政治性議題。……和穆斯林本身一樣，新一代的東方學專家必須重新追究，有意義的伊斯蘭社會結構和社會關係可能是什麼（註119）。

大部份例子中的瑣碎性（娶四個妻子、齋戒或進食等），是用來作為伊斯蘭這涵括全體特性與專制統治的證據。至於這些例子會發生的**地點**，我們就無從得知了。不過，我們卻被點醒下列非關政治的事實：東方學者「應該為給予中東人關於他們的過去的一個正確認識這回事，負起大部份責任」（註120），在此同時，我們可能忘了東方學者根據他們的定義所認定的事物，當然是東方人自己不可能知道的。

上面扼要地總結了新一代美國東方學的「強硬」（"hard"）派，而「溫和」（"soft"）派則強調傳統東方學者雖然已經給了我們關於伊斯蘭歷史、宗教與社會的基本概論，不過，「他們時常太滿足於只立基於少數文稿的證據，總結出一個文明的意義（註121）。」所以，對比於傳統的東方學者，新一代的區域研究專家帶著哲學意味的口吻申論道：

> 研究的方法論以及學科典範，不是用來判定我們挑選什麼來作研究，也不是用來限定我們的觀察。從這個觀點來看，區域研究堅信，真正的知識只能基於那些存在的事物才有所可能，反過來說，方法和理論是抽象的，它們根據非經驗的標準指導經驗觀察，並且提供解釋（註122）。

不錯！不過一個人**如何**知道「存在的事物」，而且這個認知者又**建構**（*constituted*）這個「存在的事物」到什麼樣的程度？對於東方的此種新的價值中立的理解，存在於被建制化的區域研究計畫之中，但對上述問題並未討論。「如果沒有特定立場的理論化，那麼伊斯蘭是很**難得**（*rarely*）會被研究，**難得**被探索，因此也就**難得**為人所知」，這個天真的想法難以掩蔽某種意識形態的蘊含，這個荒謬論點是在於，竟然認為人並未參與在鋪陳知識的材料及其建構過程中，東方這個實體乃是靜態地「存在著」（用季辛吉博士的字眼來說），僅有彌賽亞革命（messianic revolutionary），才會不顧承認東方的現實面和在他的腦子裡的那種現實之間的差異。

不管怎樣，在強硬派和溫和派之間，多多少少沖淡了的老式東方學的不同版本到處橫流，他們在某些例子上使用新一代的學院術語，另一些時候則使用舊的術語。然而，東方學的主要教條，仍然以其最純粹的形式存在於今天有關伊斯蘭和阿拉伯人的研究中，我們在此作個摘要：西方和東方之間存在著絕對而且系統性的差異，西方是理性的、已開發的、人道而卓越的，東方則是脫離常軌的、未開發的，並且是低劣的。另一個信條是：有關東方的抽象概括（abstractions），特別是以那些代表「古典的」（classical）東方文明的文本為基礎所進行的抽象概括，總是比從現代東方現實世界中獲取其直接證據更受到偏好。信條三是東方乃恆久如一的、整齊化一的，並且不能自我界定，這同時也就假定著，使用一個實際上出於西方的立足點，而且是非常普遍化與系統性的辭彙來描述東方，乃是無可避免的，甚至這還很合乎科學「客觀性的」（objective）。第四個信條是：東方，本質上要不是某種教人害怕的東西（黃禍、蒙古騎兵、褐色領地），要不就是受制於人（綏靖、研究與發展、無論何時都可能進行斷然地佔領）。

頗不尋常的是，這些觀念始終存在於學院及政府部門的現代近東研究之中，而且沒有受到任何有意義的挑戰。悲哀的是，即使有挑戰的態勢，也沒有一個足以示人的成果是由伊斯蘭或阿拉伯學者的著作所作出來對東方主義教條的反駁。個別的幾篇文章，除了它們提出的特殊時機和地點具重要性之外，一般是不可能影響到為數龐大的機關團體，以及在傳統維繫下形成的一種具束縛力的研究共識。由伊斯蘭的東方學所引領的該領域之當代學術生命，相當不同於其他東方學次領域：關懷亞洲學者委員會（The Committee of Concerned Asia Scholars，主要成員是美國人），他們在六〇年代期間，率先帶動了東亞專家成員間的革命，非洲研究專家也受到了修正主義者類似的挑戰，其他第三世界的區域專家也是一樣，唯獨阿拉伯學者和伊斯蘭學者仍然未經修正地繼續運作。對於他們來說，還存在諸如**一種**伊斯蘭的社會（an Islamic society）、**一種**阿拉伯心靈（an Arab mind）、**一種**東方心理（an Oriental psyche）這類東西，即使那些專長是現代伊斯蘭世界的人，也會時代錯置地使用一些像《古蘭經》這樣的文本，來解讀當代埃及或阿爾及利亞社會的每個切面。東方學者所建構的伊斯蘭，或者說一個七世紀時的理想，被設定成一個統一體（unity），而巧妙地迴避了殖民主義、帝國主義，甚至一般政治現實等晚近更為顯著的影響。而關於穆斯林（或者如同他們有時候仍然被稱呼的穆罕默德派〔Mohammedans〕）如何作為的陳腔濫調，則仍然以冷漠的方式論辯著，但無人會冒險以那種方式談論黑人或者猶太人。總之，穆斯林充其量只是東方學者的「土著報導人」（"native informant"）。無論如何，在暗地裡，他仍然只是一個令人瞧不起的異教徒，為了他的罪孽，他還必須另外扛著那個為人所知的全然不知感恩圖報的身分——那就是，消極而負面地——作為一個反猶太復國主義者。

當然，還有關於中東研究的建制機構，一大股利益，「校友」或「專家」聯絡網等，將法人團體事業、基金會、石油公司、外交使節、軍隊、駐外單位、情報圈和學術圈整個連結起來，有補助和其他報酬，有組織結構、階層制度，還有研究機構、中心、院系等等，全部投注在一小撮對於伊斯蘭、東方和阿拉伯人基本上不變的觀念之權威加以合法化及維繫不墜的工作。在美國，一項新近關於中東研究的批判分析顯示，這個領域並不是一成不變的，而是複雜的，它包括了老作風的東方學者、慎重的邊際性專家、反顛覆滲透專家、決策者，此外還有「少數……的學院勢力掮客」（註123），無論如何，東方學的核心教條繼續存留著。

就地位之崇高，與盛享理智尊榮而言，我們簡短地回顧兩冊《劍橋版的伊斯蘭歷史》，以作為這個領域如今研究取向的例子。《劍橋版的伊斯蘭歷史》一九七〇年首先於英國出版，也是東方學者正統教派的公認讀本，然而，這部由無數權威人士的努力成果，除了從東方學的標準來看，它都是理智上一個失敗的嘗試。事實上，它原本可以是一部與眾不同，而且更好的伊斯蘭歷史。就如同幾位思想更深刻的學者所注意到的（註124），這種歷史，在人們第一次籌畫的時候，就已經注定了它的命運，不可能在執行時，呈現出什麼與眾不同或出色的面貌。編輯者未經批判地接收了太多的觀念，過分依賴含糊不清的概念，以及方法論之關鍵議題的輕忽（儘管這些方法論上的爭議在東方學的舊有論述中，屹立不搖幾近兩個世紀）；對伊斯蘭的理念本身也沒有開始努力使其更引人入勝。尤有甚者，《劍橋版的伊斯蘭歷史》根本誤解及錯誤地再現了伊斯蘭作為宗教傳統的意義，而且它本身也沒有作為一部歷史的整合觀念。像這類的巨型著作，說實在的，很少像我們現在所談的這一部《劍橋版的伊斯蘭歷史》，在觀念和方法論上的思維，幾乎是完全闕如。

首先揭開這部歷史序幕的是，夏希德（Erfan Shahid）論述前伊斯蘭時期的阿拉伯這一章，他明智地描述了由於地形及人文經濟之間的有利共鳴，七世紀時伊斯蘭出現了。但是，從前伊斯蘭教時期的阿拉伯直到論穆罕默德的一章，然後接著是正統哈里發，以及烏瑪雅王朝的哈里發（Umayyad caliphates）的一章，卻整個迴避了任何將伊斯蘭視為一個信仰、信念或教義的解釋證明，一個人能夠公正地說這便是伊斯蘭的歷史嗎？這便是由何特（P. M. Holt）在導論裡相當炫耀地定義為一個「文化綜合體」（"cultural synthesis"）（註125）的伊斯蘭歷史嗎？在第一卷幾百頁中，伊斯蘭被理解成意指戰爭、朝代更迭、死亡、權力與衰、民族往來的一連串無趣的年表，大部份都是一些蒼白、單調而乏味的筆調寫出。

就拿第八世紀到十一世紀的阿拔斯王朝時期（the Abbasid period）〔譯註：阿拔斯王朝，取代烏瑪雅王朝，自西元七五〇年起至一二五八年為蒙古人所滅為止〕為例，任何對阿拉伯或伊斯蘭的歷史有點認識的人都知道，這是伊斯蘭文明的一個高峰，就像義大利的文藝復興全盛期（High Renaissance）一樣，是文化史上燦爛耀眼的時代。然而，四十頁的敘述，完全沒有任何地方讓人稍稍感覺到一丁點的豐富色彩，反而盡是像這樣的句子：「昔日哈里發王位上的主人（馬門，al-Ma'mun），此後便顯得害怕和巴格達（Baghdad）〔譯註：巴格達，當時的首都〕社會接觸，他仍然定居在馬爾夫（Merv），而將伊拉克政府託付給他的親信哈珊・撒勒（al-Hasan b. Sahl），哈珊・撒勒是法德（al-Fadl）的弟兄。哈珊・撒勒一主政，幾乎同時面臨了來自阿布撒拉亞（Abu'l-Saraya）的什葉派（Shi'i）嚴重叛變。然後在伊曆一九九年六月（Jumada II. 199），也就是西元八一五年一月，他從庫法（Kufa）發出武裝起義的號召，以支持哈珊派伊本・塔巴塔巴（the Hasanid Ibn Tabataba）（註126）。」從這樣的敘述，一個非伊斯蘭人是不會知道「什葉派」或「哈珊派」是什麼東西，至於Jumada II 199，除了行文中清楚指明它是某種日期的記號以外，外人同樣無從得知這到底是什麼。因此，一個非伊斯蘭人，他當然就會相信說，阿拔斯統治者，包括哈倫・拉希德（Harun al-Rashid），當他們悶悶不樂地坐在馬爾夫時，是一群冥頑不化的愚蠢兇殘傢伙。

伊斯蘭的核心地區，是以除北非和西班牙南部安達魯西亞（Andalusia）一帶以外來加以界定的，至於**他們的**歷史則從過去直到現代一部有秩序的進行曲。因而，第一卷中的伊斯蘭，就像專家們所配置的一樣，是經過篩選、按年代和地理排列的。然而，在那些論述古典伊斯蘭的章節裡，並沒有為當進入（如他們所稱的）「近代」之後的種種發展，作出閱讀上的適當準備，讓讀者們進入店裡卻充滿失望。至於現代阿拉伯地區的章節，甚至連對這個地區的革命性發展的最微末的了解都談不上。面對阿拉伯人／世界，作者擺明了一副學院派頭，公然反動的態勢（必須說明的是，這段期間阿拉伯國家中受教育及未受教育的青年，帶著他們的熱情與理想主義，成為政治剝削的沃土，雖然他們有時候可能並沒有真正了解其理想，卻仍成了狂妄的激進論者和煽動份子的工具）」（註127），不過，經由對黎巴嫩民族主義不經意的讚美，偶爾也緩和了這種保守態勢（雖然書中並沒有告訴我們，三〇年代期間，曾在一小撮阿拉伯人之間吹起旋風的法西斯主義，也影響到黎巴嫩的馬洛教派，馬洛教派於一九三六年在黎巴嫩創立了黎巴嫩法朗軍（〔the Falanges libanaises〕，這是墨索里尼黑衫軍〔Mussolini's Black Shirts〕的翻版），而談到「不安和騷動」的一九三六年時，書中並沒有提到猶太復國主義，尤有甚者，它絕不允許反殖民主義與反帝國主義這樣的字眼與見解，破壞其行文敘事上的平靜。至於〈西方的政治衝擊〉和〈經濟與社會變遷〉這些章節，並沒有什麼特別的想法，只是因為它和「我們的」這個世界有些關連，而作出一個勉強的讓步。關於變遷，是單方面地向現代化看齊，甚至沒有任何地方談得夠明白，為什麼其他形式的變遷如此專橫地被排除呢？一旦認定了伊斯蘭唯一值得注意的關係是在於與西方有所瓜葛，一般而言，這也同時會忽略伊斯蘭與萬隆（Bandung）、非洲或第三世界交往的重要性，這種恣意地對大部份現實的漠不關心，多少解釋了以下這個令人驚異悅耳的陳述：「關於西方與伊斯蘭之間新一層的關係，歷史性的地基已被清理（被誰？為什麼？用什麼方法？）……將之立基於平等與合作（註128）」。

隨著第一卷的結束，卷內充斥著一些關於「伊斯蘭真正是什麼」的相互牴觸和爭議的扯濫污，第二卷同樣沒有任何幫助。這本書的一半專注於處理涵蓋了第十到二十世紀的印度、巴基斯坦、印度尼西亞、西班牙、北非和西西里島，更明顯的是論述北非的章節，雖然，職業性的東方學專家行話和未經梳理的歷史細節這類的組合，仍然充斥在每個角落。在大約一千兩百頁的厚重晦澀散文中，「伊斯蘭」這個所謂的「文化綜合體」，看起來不過是其他點名冊上所謂的國王、戰爭和朝代罷了。這個偉大的綜合體，在第二卷的後半部〈地理環境〉、〈伊斯蘭文明的根源〉、〈宗教與文化〉與〈戰爭〉等篇章中，宣告圓滿齊備。

現在提出一些正當的問題和異議，似乎是合理的。為什麼題名為伊斯蘭〈戰爭〉的一章，實際上所討論的卻是某些伊斯蘭軍團的社會學（順帶一提，這個討論本身也算是有趣的）？是不是已經被認定了有一種伊斯蘭的戰爭模式，而它不同於，比方說，基督宗教的戰爭模式？共產主義者的戰爭對資本主義者的戰爭，可作為極適當的類比主題，然而，這些出自蘭克曖昧晦澀的引文，和其他同樣拙笨又不相干的材料一樣，竟有板有眼地在書中敘述著伊斯蘭文明——這除了像是格洛本的那種不分青紅皂白的博學炫示之外——對於伊斯蘭的了解有什麼用處呢？難道不是因為虛偽，所以掩飾了真正的格洛本論調的命題嗎（即伊斯蘭文明是由於穆斯林從猶太基督教文明、希臘式文明，甚至是德奧文明，在沒有固定原則的襲用下，從而打下了基礎）？與上述觀念可相比擬的即：伊斯蘭乃是一個剽竊的文化，在第一卷中就有人提出「所謂的阿拉伯文學」，乃是波斯人所作（絲毫沒有提供任何證明，也沒有列舉作者名字）。而當迦得（Louis Gardet）處理〈宗教與文化〉這一章時，我們只被簡略地告知：將侷限於討論伊斯蘭的前五世紀。這是意味著「現代時期」（modern times）的宗教與文化不能被「納入綜合體」（synthesized）嗎？或者，它意味著伊斯蘭在十二世紀時就已經完成了它最終的形式嗎？真的有這樣一種「伊斯蘭地理學」嗎？它似乎還包括了穆斯林城市之有計畫的無政府狀態呢？或者，它主要是用來論證僵硬的人種地理決定論而發明之主題？由於暗示提醒我們「齋戒月（the Ramadan）充滿活力的夜晚」，因此預期我們會得出這樣的結論：伊斯蘭是一個「為城市居民所設計」的宗教。這是有待解釋的解釋。

關於經濟與社會制度、法律與正義、神祕主義、藝術與建築、科學，以及各式各樣的伊斯蘭文學的章節，整體而言乃是位居一個比大部份的大歷史（History）更高的層次，然而，並沒有任何地方有證據顯示關於上述段落的作者，擁有和現代人文學家，或者其他學科訓練的社會科學家的相當素養：傳統的思想史之技藝、馬克思主義者的分析、新史學（the New History）等技術顯然均付之闕如。總之，在研究它的歷史家眼裡，伊斯蘭和一種相當柏拉圖式，以及古物研究式的成見偏好，最為相配，而就某些大歷史的作者而言，伊斯蘭即等於政治與宗教，另外的一些人則認為它是一種存在的樣式，而其他另外一群則又認為它和穆斯林社會有所區隔，還有其他人則看待它是一個神祕性的已知本質。不過，對全體**所有**的作者而言，伊斯蘭是個邊遠而缺乏張力的東西，沒有太多可以教導我們認識今日穆斯林的複雜性。這部整體而言，支離破碎的巨構——《劍橋版的伊斯蘭歷史》，迴旋著老東方學者心知肚明的真理，也就是：伊斯蘭是一個典章文本，而無關於人民。

像《劍橋版的伊斯蘭歷史》這樣一種當代東方學的文本，所凸顯的基本問題在於：族群起源與宗教，是不是最好，或者至少是最有用、最基本，並且是最清楚的關於人類經驗的定義？對當代政治的理解而言，它是不是更涉及其他重大的東西呢？是必須體認到某個X或Y，在某些特定且具體的角度上是蒙受其害的，或者只說他們是穆斯林與猶太人就算了呢?當然，這是一個有爭議的問題，何況，我們似乎傾向要用理性的字眼來論述宗教—族群及社會—經濟兩方面的現象哩！無論如何，東方學明顯地將伊斯蘭這個範疇，視為一個主導性的分類，而這正是它所從事之退步的知識策略之主要論點。

三、伊斯蘭不過如此而已。現代東方學中所見的閃族人單純性的理論是如此地根深柢固，以至於運用起來並沒有什麼差異，不論是在《錫安長老的協定》（*The Protocols of the Elders of Zion*）那麼有名的反閃族的歐洲著作中，或者是在一些評論意見中，例如魏茲曼（Chaim Weizmann）在一九一八年五月三十日給巴佛的論點：

> 表面上聰明又機靈的阿拉伯人，崇拜一件東西，而且只有這件東西——權力與成就……英國當局……理解到當他們處理阿拉伯人這種靠不住的本性時，……必須要小心而且要不斷地留意……英國政府若試著做得更公平些，阿拉伯人就會變得更加傲慢自大……目前的形勢必然朝向創造一個阿拉伯人的巴勒斯坦國度——假設在巴勒斯坦有個阿拉伯民族的話。不過，實際上並不會造成這種後果，因為一般菲肋（*the fellah*，指農夫、工人）至少落後四個世紀之多，而冶分第（*the effendi*，指官吏、學者、醫生等）……則盡是不老實、無知、貪婪，並且如同他的無能一樣，也沒有愛國心（註129）。

東方學者的觀點是魏茲曼與歐洲反閃族份子之間的公分母，他們認為閃族（或者其亞種）天生就缺乏西方所欲的特質。不過，存在雷南與魏茲曼之間的差異則是，後者在其華麗文體的背後還聚集了機構、制度的牢靠後盾，這是前者所沒有的。多虧二十世紀這個時而與學術方法，時而又和政府及其所有單位機構無所不至的掛勾，才保有這種歷久不衰的「美好的童年時光」——那個雷南看作是閃族不變的存在模式——的東方學哩！

然而，這個二十世紀版本的神話又維繫著什麼樣更為深遠的傷害呀！它已經以「進步的」準西方社會的視角，織就了一幅阿拉伯圖像，所以，就巴勒斯坦人反抗外來殖民主義者來說，或者從實際道德上來看，甚至就存在的觀點而言，如果他不是愚蠢的野人，就是微不足道的少數。根據以色列的法律，只有猶太人才能享有完全的公民權與無條件的移民權，至於阿拉伯人，則只被賦予更少而且更為簡單的權利——即使阿拉伯人是當地的居民，他們也不能移民進來，他們之所以不得享有同樣的權利，因為他們是「較低度開發的」。東方主義從頭到尾左右了以色列對阿拉伯人的政策，像新近出版的郭寧報告（Koenig Report）就充分地證實了這一點：有好的阿拉伯人（即依照他們所說的來做的人），和不好的阿拉伯人（沒有照著做，因此是恐怖份子）；不過所有的阿拉伯人，在大部份情況下，當他們一旦被打敗，你就可以預期他們將會順從地退回那萬無一失的防禦線之後，而且你只要以極低限度的人來控馭就夠了。這是基於阿拉伯人必須接受以色列的優越性神話，而且絕不敢回擊的理論之上。一個人只需要瀏覽哈卡比將軍（General Yehoshafat Harkabi）的《阿拉伯對以色列的態度》（*Arab Attitudes to Israel*）就能明瞭，歐特（Alter）在《評論》（*Commentary*）

期刊中以讚嘆的言辭為之美言不已（註130），看看阿拉伯的心靈是如何墮落邪惡、反猶太到極點、暴力、不安定，除了詞藻之外，不可能更多了。一個神話支持著進而製造出另一個神話，彼此應和，而指向被期望作為東方人的阿拉伯人自己生產出相應之角色模式，但卻沒有任何具有人性的阿拉伯人可以真正接受這種角色。

自然而然地，東方主義是沒有辦法以一組信仰，或作為一分析方法而被發展的。事實上，它正是發展的教條式反命題，它的核心論證是關於閃族發展受阻的神話，其他神話則從這個原型衍生而出，每一個都顯露出閃族是西方人的對立面，並且是因為他自身的缺陷而無法挽救的犧牲者，隨著一串連鎖的事件和境遇，這個閃族神話在猶太復國主義者的運動中分成兩支：一支走上東方主義的道路；另一支，也就是阿拉伯人，則被迫走上東方之路。每一次帳蓬和部族的意象被引導出來時，這個神話便派上用場；每一次一喚起阿拉伯民族性這個概念，這個神話也派上用場。而環繞在他們周圍所建築起來的機構，則逐次地增強了這些隨時令人掛念在心的工具的威力。對每一位東方主義者來說，就著東方主義所傳播之充滿瞬息萬變的神話，建立起一個相當嚴格的且聲勢凌人的支援體系——目前這個系統終於納入而成為國家體制的一部份，因此，寫作著述有關阿拉伯東方世界，也就是寫作關於一個國族的權威。然而，這並不是以一高亢的意識形態來肯定與證實，而是以絕對權勢為後盾的絕對真理的無可質疑確信。

一九七四年《評論》二月號為讀者刊出歐樓伊教授（Professor Gil Carl Alroy）一篇題名為〈阿拉伯人要和平嗎？〉的文章。作者歐樓伊是一位政治科學教授，也是《阿拉伯世界對猶太人國家的態度》（*Attitudes Towards Jewish Statehood in the Arab World*）及《中東衝突的形象》（*Images of Middle East Conflict*）兩部書的作者，他是一個聲稱「懂得」阿拉伯人的人，當然明顯也是一個形象製造專家。歐樓伊的論點自然是可以預期的，例如：阿拉伯人想要摧毀以色列；阿拉伯人是心裡想什麼就真的說什麼的人（歐樓伊還賣弄他的能力，引用埃及報紙上的證據；每一處他都視為是指認「阿拉伯人」的證據，就好像阿拉伯人和埃及人的報紙是等同似的），諸如此類等等，歐氏一點也不鬆懈、武斷而狂熱。歐樓伊文章的重心，和前述其他「阿拉伯專家」（Arabists，和「東方學專家」是同義字），例如哈卡比將軍的著作一樣，歐樓伊的專長領域是「阿拉伯心靈」（Arab mind），那是一個關於阿拉伯人真面目（亦即，如果一個人剝去他所有外在愚蠢的言行，就可以得知）的實用性假設。換句話說，歐樓伊首先證明，因為阿拉伯人嗜好血腥復讎；其次，他們在心理上無法追求和平；第三，他們天生受到正義概念的箝制，其實這意味著和正義採取相對立的立場，他們不應被信賴，一個人必須和向任何其他致命性的疾病搏鬥一樣，對他們從事無休止的戰鬥。就證據來看，歐樓伊主要的證物是取自格里登〈阿拉伯世界〉（我在第一章曾參考過）這篇論文裡的一段引文。歐樓伊發現格里登能夠「非常好地捉捕西方與阿拉伯（對事物的）觀點之間的文化差異」，歐樓伊的論點因而是確定的——阿拉伯人是退化墮落的野蠻人，於是這位阿拉伯心靈方面的權威，如此這般地告知了廣大的關注時事的猶太人讀者，他們必須繼續留心警戒！歐樓伊藉著得自阿拉伯人自己的證據，並且根據心理分析，以學術性沈著又巧妙的方式完成了這項工作，他以一副奧林帕斯神祇一般的口吻說道，他們「顯然排拒……

真正的和平」（註131）。

一個人如果認知到當東方主義者與東方對峙時，即引生了一個雖然還算含蓄，卻很有威力的差異點：即前者（東方主義者）從事**書寫**，然而後者（東方）則處於**被書寫**狀態，這樣他將可以解釋何以有這類的行文敘述。就後者來說，他們被預設的角色是被動順從，而前者則具有觀察、研究的權力等等。一如羅蘭．巴特所說的，神話（以及使其不朽的人）能不停歇地自我創造（以及使其不朽的人本身）（註132）。行文中的東方被宣告為是固定不變、穩定、需要調查，甚至缺乏關於他自身的知識。不准任何要求或者既經允許的辯證推論，這裡有的儘是訊息的來源（東方）以及知識的出處（東方主義者），簡言之，這是作者與其題材的關係，否則便是一片呆滯狀態。這兩者間的關係根本事關權力，對此，倒是有許多意象，以下是節錄自派泰（Raphael Patai），《流向金色大道的金色河流》（*Golden River to Golden Road*）一書中的例子：

> 為了適當地評估中東文化將會從西方文明之令人驚異的豐富寶庫中**欣然接受**些什麼，**首先即必須取得**對於中東文化一比較好而完整的了解。而為了對加諸於一向指引著人們的傳統文化脈絡之上的**新引介進來的特質**，對其可能的效果進行**評斷**，同樣的前提也是必要的。再者，能將**嶄新的文化獻禮塑造得美味可口**的方法及手段，也必須研究得比至今為止的情況，還要更徹底才行。簡而言之，唯一**能夠化解中東抗拒西方化這個死結的解決之道**，**乃是研究中東**，**獲得**關於其傳統文

化的一個**更充分而完整的圖像**，並對**目前正在發生的變遷過程**有較多的理解，而且更加**深入洞徹**成長於中東文化的人群之心理狀態。**這個任務將是負荷繁重**，不過，**它的回報——造成西方**與其重要關鍵地位的鄰近世界區域之間的和諧；那麼，這麼做是非常值得的（註133）。

支持著這節的隱喻象徵（我以黑體字表示的部分），來自人類各行各業中的相關活動，例如商業性的、園藝性的、宗教的、獸醫的、歷史的。不過，西方跟中東之間的關係，在每一個場景中真的都定義得好像性關係一般——就像我較早之前討論福樓拜時說的，東方跟性之間的連結很明顯地一直持續著，中東，就像任何一個處女一樣，會加以反抗，但是男性學者將無視於這個「負荷繁重的任務」，硬是衝擠闖入、貫穿這個難解的死結，並贏得獎賞。「和諧」，是征服了處女般靦腆之後的成果，這無論如何都不是平輩之間的共存狀態。學者與主題對象之間的權力關係，從來不曾改變過，盡是一味偏向東方主義者的一方。這些戴著面具對「和諧」趨炎附勢的研究、理解、知識與評估，都不過是征服的工具。

像在派泰（他最近這本《阿拉伯人的心靈》（*The Arab Mind*）（註134）已經超越了甚至是他自己先前的著作）這類著述中，字句上的經營，目的在於指望達到一種非常獨特的壓縮與簡化。派泰有很多人類學上的行頭——比如以一個「文化區域」（culture area）來描述中東——但是，結果卻是為了劃分阿拉伯人和其他每個人之間的差異，而杜絕了阿拉伯人之間（不管現實上他們可能是誰）的多元差異性，因為，作為研究以及分析的材料對象，阿拉伯人因此能夠較易於受到控制。不僅如此，經過這樣的化約之後，他們也可以容許，並進而將下列這種荒謬論調正當化與價格化——那種任何人都可以在，比如哈馬迪（Sania Hamady）的《阿拉伯人的脾氣與性格》（*Temperanent and Character of the Arabs*）這類著作中發現到的情景：

> 到目前為止，阿拉伯人已經示範了他們不是能永久持續接受紀律的團結個體，他們經歷並了解到集體熱情的爆發，但不會耐心地繼續追求集體性的努力，他們通常對此只有三心兩意的五分鐘熱度。他們既表現得缺乏組織與機能方面的協調及和諧性，也顯現不出可以合作的能耐。任何為了公眾利益，或者互惠的集體行動，都與他們背道而馳（註135）。

文章的行文體例也許說得比哈馬迪所想要說的還更多，像示範（demonstrate）、顯現（reveal）、表現（show）這些動詞，沒有使用半個間接受詞，那麼阿拉伯人正對誰顯現、示範或者表現呢？很顯然地，並不對著特定的誰，而是一般的每個人。從哈馬迪並沒有在任何地方為她的觀察引用一般性的證據看來，這是用另一種方式說明了，這些真相僅對享有特權，或者熟諳其中訣竅的觀察者才是自明的。然而，除了所給予的觀察上的無意義的愚蠢之外，還能有哪種證據呢？隨著行文前進，她的語氣益加自信：「任何集體行動……都與他們背道而馳。」分類範疇變僵硬了，主張也更加堅定不讓步，而阿拉伯人則從整個民族，不折不扣地變成了哈馬迪文體下所設定的材料對象。阿拉伯人成了僅僅是為了專制的觀察者「世界即**我的**觀念」（The world is my idea）的需要，而存在的隨機性事物。

因而，在整個當代東方學的著作中，不論是哈本（Manfred Halpern）所主張的，如果將全人類的思想工程濃縮到八歲，則伊斯蘭的心靈只到四歲的程度（註136）；或者如柏格所推測的，由於阿拉伯語盡是誇張華麗的修辭，以至於阿拉伯人無法接受真正的思想（註137），諸如此類最為怪異乖張的論調，滿佈在他們的書頁之中。一個人可以依功能與結構稱這些論調為神話，並且必須試著了解是什麼樣的其他斷言命令支配著這些用語。當然，這是空想出來的，東方學者關於阿拉伯人的概化工作進行得十分詳細，特別當他帶著批評的眼光逐步條列阿拉伯人的性格時，不過，一到了分析阿拉伯人的力量強度時，就又遠遠不如。阿拉伯家庭、阿拉伯人的修辭、阿拉伯人的性格，不管東方學者的描述涵蓋多廣，甚至在他們以勢如破竹的氣勢橫掃這一主題之後，儘管這些同樣的描述仍維持著一貫的豐富性與深度，但總顯得違背自然本性、毫無人性之潛能。讓我們再回到哈馬迪的著作：

因此，阿拉伯人活在一個艱困而挫敗的環境之中，他沒有什麼機會發展他的潛力，並界定他在社會中的地位，他對進步和改變也不怎麼相信，他發現他的救贖只有等待來世了（註138）。

阿拉伯人所不能夠自我達成的事，現在卻在以阿拉伯為對象的著述中發現。東方學者極為確定**他的**潛力，東方學者不是悲觀主義的人，能夠確認他（自己的和阿拉伯人）的處境，但是所浮現出來的關於阿拉伯東方的圖像卻注定是負面的了。不過，我們要問，那麼為什麼還有一連串無休止論述阿拉伯的著作呢？如果不是——確實不是，對於阿拉伯的科學、心靈、社會及其成就的喜愛，是什麼東西吸引了東方學者呢？換句話說，存在關於阿拉伯人的神話論述中，「阿拉伯人呈現」（Arab presence）的特質為何？

有兩件事值得注意：數量以及衍生性權力。這兩者的本質，最終還是可以相互還原為彼此的，不過為了分析的緣故，我們現在將它們區別開來。每一部當代的東方學術著作，特別在社會科學的學術著作中，幾乎毫無例外地，大量談到家庭、家庭的男性支配結構，以及其在社會上普遍的影響力等等。派泰的著作就是一個典型的例子。以下是一段自我彰顯但又悄然而自相矛盾的話：如果家庭這個制度，是造成阿拉伯社會落後之原因，其唯一治療方法便是「現代化」的安慰劑，我們必須感謝家庭的繼續自我生產，它生產力饒沃，同時也是阿拉伯——一如它以現在的樣子存在於世界的根源。柏格所意指的，「最棒的價值在於男人自己的超凡性能力」（註139），這句話暗示了阿拉伯之現身於世界，背後所潛伏的威力。如果由東方主義的英雄所巧取豪奪並陶醉其中的阿拉伯社會，幾乎完全以負面的，一般而言又是被動的辭彙來呈現，我們可以推定這樣的一種再現，是用來處理阿拉伯多樣性的美妙變化與潛能的方式，其根據，如果不是知識性與社會性的，那麼當然就是性與生物方面的了。存在於東方主義者的論述中，絕對神聖的禁忌正是那個真實的性，而它卻從來不被認真看待。然而，關於東方主義者在阿拉伯人之間到處發現到的這種欠缺「真正」理性的世故與成就，他們從未明顯地將之歸咎於性能力。我認為，這卻正是以「傳統」阿拉伯社會的評論為主要目標，諸如哈馬迪、柏格，以及林訥（Lerner）等的議論所疏漏的環結。這些人，他們認知到家庭的權力、注意到阿拉伯心靈的弱點，陳述東方世界對西方的「重要性」；然而，在一切說盡、做盡之後，卻絕不說及他們在論述中所蘊含的，那真正遺留下來給阿拉伯人的一種尚未分化的性驅力。在少數幾個地方，例如曼格尼里（Leon Mugniery）的作品中，我們倒是發現這種隱晦含混變得清楚了：「那些血氣方剛的南方人特徵……，強烈的性慾望（註140）」不論如何，大部份時候對於阿拉伯社會的蔑視，在一貫陳腐的簡化與變形之中，繼續瀰漫著一股性誇大的暗流——阿拉伯人無止盡地以性方式自我生產，除此之外無它——這種說法除了強調其種族上的劣勢外，一切顯得令人難以置信。關於這點，東方主義者倒什麼也沒說，儘管這是他們立論的憑依：「不過，在近東，協力合作的事宜大部份仍然是家庭事務，極少在血親族群或村落之外（註141）。」也就是說，阿拉伯人唯一的出路，僅止於是作為生物性的存在。從制度面、政治面或文化面來說，他們都等於零，或者是趨近於零。但就數量上，以及作為家庭的生產者而言，阿拉伯人則是確確實實的。

這個觀點的棘手之處在於，它將東方學者像派泰，甚至是哈馬迪，以及其他人設想的阿拉伯人的消極、被動加以複雜化了。不過，這卻符合神話的邏輯，像夢一樣，準確地迎合了徹底反命題的出現。因為神話不是用來分析或解決問題的，神話所呈現出來的，就像是問題早已經分析過而解決了，換句話說，神話呈現出來的它們，是已經裝配好的圖像，稻草人就像這樣地從古董飾品中重組，然後用以代表真實的人類。那麼，既然這個圖像利用了所有的材料，才成為如今的圖像，而且，按照定義，神話又取代了真實生活，那麼過度多產的阿拉伯人和順從的洋娃娃兩者間的對反性，也就沒有什麼作用了。論述填滿了反命題。一個阿拉伯東方人是一種不可能的生物，他的性本能衝動宰制著他，因過度刺激而發作。雖然如此，以這個世界的觀點，他仍然像是一個傀儡，在現代的地平線之前顯得茫然若失，既不能理解，也無法與之分庭抗禮。

最近關於東方政治行為的討論中，阿拉伯人這樣的一種形象似乎跟近來東方學專業知識的兩個新寵——革命與現代化，有其適切的關連，而這一形象還常常是由東方學者對這兩個主題所作的學術討論而帶動引起的呢！在「東方及非洲學院」（the School of Oriental and African）的統籌下，一九七二年出版了一冊由凡提啟歐提（P. J. Vatikiotis）編輯，名為《中東的革命及其他個案研究》（*Revolution in the Middle East and Other Case Studies*）的一本書，書名完全是醫療性質的——使我們想到東方學者最終所付出的那種「傳統的」東方學經常想要避免的恩澤，即臨床心理上的殷勤關照。凡提啟歐提以準醫療的革命定義，樹立這本書的基調。不過，既然阿拉伯人的革命是放在他和他的讀者們心裡面的革命，那麼定義上表現出來的敵意，似乎也就顯得可以接受。但是，這裡存在一個非常機巧的反諷，我稍後會回來談。凡提啟歐提在理論上的奧援乃是卡繆（Camus），一如歐布朗（Conor Cruise O'Brien）最近所證明的，卡繆的殖民心態既不是革命的朋友，當然也不會是阿拉伯人的友人，而且「革命摧毀了人們和公理」這個格言之所以被接受，當然是因為卡繆而有其「基本意義」的。凡提啟歐提繼續說：

……一切革命的意識形態，都是直接與人在理性、生物性與心理上的組成構造相衝突的（事實上是正面加以攻擊的）。

自許為井然有序的轉移（metastasis），革命意識形態需要支持者的狂熱，對革命家而言，政治不僅是信仰的問題，或是宗教信仰的替代品而已，它還必須中止始終存在的，亦即，為了生存而能及時適應的活動。轉移與救贖論式的（soteriological）政治痛惡適應性，因為，此外它還能怎樣開脫困難、忽視並迴避人類在生物及心理層面方面的障礙，或者迷惑人類的微妙的——儘管是有限的——而且脆弱的理性呢？它對於既具體又不連續的人性問題的本質，以及在政治生活的傾向，既畏懼又躲避。它助長抽象的和普羅米修斯式的作法。它將一切有形可感知的價值，都附屬在一個終極的價值之下，也就是控馭人類及歷史於人類解放的巨構之下。它對於人類的政治並不感到滿足，人的政治有太多惱人的限制了，取而代之的，是希望創造一個新世界，不是從適應的層面，進行詭譎多變、精緻微妙，換句話說也就是，人性的角度來創造，卻是以驚世駭俗的奧林帕斯神祇般氣派十足的擬神式創世（pseudo-divine creation）之舉動來進行。人類事務中的政治是革命論者所難以接受的方程式，對他們而言，人類的存在毋寧是為了政治性地構思和嚴酷地宣佈的法令而服務（註142）。

不管這段話還表達了其他什麼別的意見，即使是反革命的狂熱，這一最極端的瑰麗詞句也罷，它所說的其實不過是：革命是一種壞胚子的性行為（擬神式創世舉動），也是某種癌症。根據凡提啟歐提的意思，不管「人」做了什麼，那總是理性的、正確的、微妙的、不連續的，以及具體的，而革命的主張則無論如何總是殘忍、非理性、令人迷惑、癌症的。生殖、變化以及連續性，不只被視為是與性、瘋狂等同，而且，有一點矛盾的是，甚至也等同於抽象化。

隨著訴諸於（來自右派的）人性及規矩，或者（反左的立場）訴諸人性的捍衛，以防止性、癌症、瘋狂、非理性暴力與革命，凡提啟歐提的術語既沈重又充滿了情感色彩。然而，既然這裡所討論的是阿拉伯革命，我們可以把上述的引文說成：這就是革命，如果阿拉伯人想要革命，那麼這就是關於阿拉伯人，關於他們這種低等的人種的一個相當生動有力的註解了！他們唯一可以接受的是性刺激，而不是莊嚴的奧林帕斯神祇式的（西方式的、現代性的）理性。我先前談到的反諷一事，在此開始出現。因為在幾頁之後，我們發現阿拉伯人原來這麼無能，以至於他們甚至不能胸懷革命大志，當然就更不用說是完成革命壯志了——根據暗示，阿拉伯人的性本身並不足為懼，要擔憂的反而是性機能的障礙。總之，凡提啟歐提要求讀者相信，在中東，革命只不過是一個威脅而已，因為革命最終是不可能如願以償的。

> 與今天的非洲、亞洲一樣，在中東，許多國家的政治衝突與潛存的革命，其主要來源在於所謂激進民族主義者的政權，與民族主義運動在經營獨立自主的社會、經濟以及政治問題上的無能，更不用說解決這些問題了……。他們所能成就的革命經驗仍然相當有限，除非中東各國能控制他們的經濟活動，以至創造或者生產他們自己的技術。他們缺乏真正對革命而言很基本的政治範疇（註143）。

如果你做了，就該死，如果你沒做，也該死！在這一連串消解式的定義中，浮現的革命——如性發狂的心靈所虛構的事物，就進一步的周密分析來說，其結果甚至不能促成凡提啟歐提所確實敬重的發狂。這種發狂是人性的，而不是阿拉伯的；是具體的，而不是抽象的；是無關乎性的，而不是與性扯上關係。

凡提啟歐提所主編的這部學術著作，其核心論文是路易斯的〈伊斯蘭的革命觀〉("Islamic Concepts of Revolution")一文。這篇文章的策略顯得很精細。許多讀者都知道，對於今天說阿拉伯語的人而言，**沙勿拉**（*thawra*，音譯）這個字，及和它相同字根的其他字眼的意思都是：革命。這點也可以從凡提啟歐提的導論中得知，但是路易斯直到他文章即將結束的地方，才述及**沙勿拉**的意義，而這已經是在他討論過像**政權**（*dawla*）、**叛亂**（*fitna*）以及**侵略**（*bughat*）這類（其歷史層面及主要是在宗教方面的背景上）概念之後了。論點主要是「與惡質政府相抗衡的西方權利學說，是迥異於伊斯蘭思想的」。伊斯蘭思想主要是以「失敗主義」（defeatism）與「緘默主義」（quietism）作為其政治態度。但是除了某些文字淵源的探討之外，文中沒有任何一個地方確定這一切術語所逆料將發生的時空背景。然後，在接近論文尾聲的地方，我們得到這樣的陳述：

> 在阿拉伯語國家中，*thawra* 這個與眾不同的字，過去習慣上是當作「革命」的意思。在古典阿拉伯語中，*th-w-r* 這個字根意指立起（rise up，例如駱駝之屬）、因被攪動或者鼓舞，也因此，特別在北非的習慣用法，指的是反叛的意思，所以經常出現在小規模獨立主權建立的情境脈絡，例如，十一世紀時統治西班牙，所謂的山大王（party kings）在哥多華哈里發時代（the Caliphate of Cordova）瓦解之後，被稱為「遶瓦」（*thuwwar*，*tha'ir* 的單數型）。名詞 *thawra* 首先即意味著興奮之意，一如《集字正解》（*Sihah*）這本標準的中世紀阿拉伯語字典所引用的句子：*intazir hatta taskun hadhihi 'lthawra* ——等待直到興奮平息——好一個巧妙的建議！義吉（al-Iji）習用的動詞—— *thawaran* 或者 *itharat fitna* 的形式，激起叛亂的意思，意味著其為危險事物之一，故人們應該打消實踐抵抗惡質政府的責任。十九世紀阿拉伯作家，關於法國大革命使用了 *thawra* 這個詞語，其後繼者則將之襲用於自己的時代所公認的國內或國外的革命事件（註144）。

上引的整個段落，充滿了降貴紆尊且壞信念的調調，為什麼用駱駝起身站起作為現代阿拉伯革命的語源學的字根呢？這除了是將之貶抑為一種機巧的不信任現代的手法之外，還能是什麼呢？路易斯的理由明顯是要貶低革命的當代價值，以至革命的高貴（或者是美麗），不過形同一隻駱駝從地上站起之類而已。革命是興奮、叛亂、創立小規模政權，除此之外，沒有別的什麼了。而最佳的忠告（這預設了只有西方學者與紳士才可能給予的），則是「等待直到興奮平息」。從對於*thawra*這麼輕忽的說明中，一個人是不可能會知道有無數的人們對革命有著積極的承諾的，只是，他們太過複雜，以至於甚至像路易斯這樣厲害的學識都難以明瞭。不過，正是（路易斯）這種本質化的描述，「『阿拉伯人』之間的革命紛擾，大約是像駱駝起身般的自以為是，像鄉巴佬說溜了嘴一樣值得思量」，這種描述對於關心中東的決策者及學者而言，卻是極其自然的。由於相同的意識形態上的理由，所有這些正宗的東方學者的文獻將沒有辦法解釋，或者領悟到，二十世紀阿拉伯世界所堅信確認的革命動亂。

路易斯將**革命**與駱駝起身，通常還伴隨著興奮（並不帶有為了價值的緣故所作的鬥爭），聯想在一起，這比他平常所說的，「阿拉伯人僅僅不過就是一種神經過敏的性生物」，還暗示了更多的意涵——他慣用於描述革命的每一個字或句子，都帶著性意味：**激起**（stirred）、**興奮**（excited）、**豎起**（rising up），不過，大部份他歸給阿拉伯人的都是「不好的」性事。阿拉伯人實在不是為了正經事而整軍經武，他們的性興奮之高尚，僅僅不過等同於一隻駱駝起身那般！取代革命的是叛亂、創立小規模政權，以及更加地興奮。窮其所言，阿拉伯人僅能做到前戲、手淫，干擾、中斷性交歡，而不是最終的交配。我認為，不管他的研究態度是多麼天真無邪，或者他的用語多麼委婉，這些都表達了路易斯的暗示，因為既然他是對詞語間的細微差別如此敏感，他必定也會警覺到他的用字遣詞，也同樣會呈現出字義上的細微差別。

路易斯是一個有趣的例子，值得更進一步檢視，因為他在英、美中東機構的政治圈中的地位，乃是一個飽學的東方學者，而且他所寫的每件東西都表達了這一領域的權威。儘管他微妙又反諷的企圖五花八門，但至少這十多年來，他的著作大體所流露的思維，其實就是這些非常攻擊性的意識形態。我所提到他的近作，可以作為某種學院體制的一個完美範例。這種學院著作的本意，旨在自由而客觀地做學問，但實際上卻非常密切地成了與他的主題對象**相對抗者**的宣傳資料。不過，對於任何熟悉東方學歷史的人來說，沒有什麼值得驚訝的，這不過是西方最晚近的，最不受批評的「學術」醜聞而已。

路易斯在其學術計畫中如此汲汲營營於揭露、削弱，甚至貶抑阿拉伯人與伊斯蘭，這與他作為一個學者和歷史家的精神，背道而馳。例如，他曾在一九六四年出版的一本書中，有一章取名〈伊斯蘭的反叛〉（"The Revolt of Islam"），然後幾乎相同的材料，在十二年之後再發表，不過這次稍事修改，重新定標題為〈伊斯蘭的回歸〉（"The Return of Islam"），以適應發表的新場地（就本例而言，指的是《評論》這份刊物）。從「反叛」到「回歸」，當然是個更惡劣的改變，路易斯所企圖達到的改變，是為了要對他最近的讀者解釋，為什麼穆斯林（或者是，阿拉伯人）仍然不平息下來，而接受以色列在近東各地的霸權。

讓我們再切近一點來看看路易斯是怎麼進行的。在兩篇文章中，他都提到一九四五年開羅的一個反帝國主義暴動，在這兩個場合裡，他都描寫成是反猶太運動，但是他沒有告訴我們，是怎樣的反猶太？而作為反猶太人的證據，他則舉出了多少令人感到驚訝的情報：「有幾間教堂，天主教的、亞美尼亞人的和希臘正教的教堂，都遭到了攻擊和破壞。」看看他在一九四六年第一個版本所寫的：

一九四五年十一月二日，埃及的政治領導人呼籲在巴佛宣言紀念日上，舉行示威遊行，這些很迅速地發展成為反猶太人的暴動。在此期間，一間天主教、一間亞美尼亞人的，以及希臘正教的教堂都遭到了攻擊和破壞。也許可以質問說，天主教徒、亞美尼亞人和希臘人，他們和巴佛宣言有什麼關係呢（註145）？

再看看一九七六年在《評論》上所發表的版本：

當民族主義運動變得真正流行起來時，它也就變得少了一點民族成分，而多了一些宗教意味。換句話說，比較不是那麼阿拉伯，而更屬於伊斯蘭氛圍，這發生在最近幾十年來，本能上天生的社群忠誠性，會在危機時刻中顯露其重要性遠超過其他所有一切。舉一些例子來看就夠了：一九四五年十一月二日，在埃及，英國政府針對巴佛宣言所舉行紀念日的議題上所發動之示威遊行（注意這裡，「發動示威遊行」這個句子是多麼企圖要展示本能上天生的忠誠，而先前那個版本的說法則是，「政治領導人」要對行動負責）。雖然這確定不是發起遊行示威的政治領導人的意圖，不過，遊行很快地發展成反猶太人的暴動，而且反猶太人的暴動變成更為廣泛的突發性暴動事件，在此期間，數間教堂，天主教的、亞美尼亞人的和希臘正教的教堂（另一個具啟發性的改變：在這裡，印象是屬於三種廣泛教派的許多教堂遭到了攻擊，然而早先的版本則是特指三間教堂）都遭到攻擊和破壞（註146）。

路易斯在這裡和別的地方，（並非學術上的）論辯的目的，在於展示伊斯蘭不只是一個宗教，而且是反閃族（猶太）的意識形態體系。不過，在他嘗試論斷伊斯蘭是個可怕的群眾現象，同時「沒有真正地流行起來」的時候，遇到一些邏輯上的困難。但是這個問題並沒有讓他耽擱太久，一如他在第二個版本意圖明顯的插曲所說明的，他繼續宣稱，伊斯蘭是非理性的一群，或者說是群眾現象，用熱情、天生本能以及未曾深思的仇恨統治著穆斯林。他所展示說明的整個觀點，是要恐嚇他的讀者，絕不要做出對伊斯蘭退讓半步的舉動。根據路易斯的說法，伊斯蘭不會發展，穆斯林也是如此；就他們自身純粹的本質而言（根據路易斯的說法），碰巧這還包含了長期以來對基督徒和猶太人的仇恨，穆斯林僅僅是需要被留心查看的族類。路易斯處處約束自己不要製造出這麼絞盡腦汁的煽情報告，他總是小心地說，當然，穆斯林不是走著納粹那條路來反閃族（猶太）的，不過，他們的宗教可能會很輕易就適應了反閃族（猶太）主義的這個環境，其實已經這麼做了。關於伊斯蘭和種族主義、奴隸制度，或者其他多多少少的「西方世界」之罪惡，也是類似的情形。路易斯對於伊斯蘭的意識形態思想的核心重點在於，伊斯蘭絕不會改變，所以現在他的全部使命，就是要通知保守派的猶太讀者大眾，以及任何其他想聽的人，關於穆斯林，從政治層面、歷史層面和學術上來說，他必須以這個事實開始並且作結：穆斯林就是穆斯林。

要承認整個文明可能以宗教作為它首要的基本忠貞，這太過分了，即使是提出這樣一件事，也會讓自由派的輿論視為是無禮而有攻擊意味的。自由派的輿論永遠準備好為那些它視為是其監護區內的利益，發出悍衛性的不滿，這反應了當前（政治方面、新聞雜誌業，以及學術上都一樣）的無能，不能認知到宗教因素在現今穆斯林世界事務的重要性，而隨順著使用依賴於左翼與右翼、進步與保守的語言，以及其他西方的術語來解釋穆斯林的政治現象。這種使用，如同由棒球採討特派員為一場板球比賽所做的解說般的精確而又具啟發性而已（註147）。（路易斯是如此喜歡最後這個類比，以至於從一九六四年的論辯中再次逐字引用。）

在稍後的著作中，路易斯告訴我們哪種術語措詞是更為精確而有用的，雖然這個措詞似乎仍是「西方的」（western，無論「西方的」指的是什麼意思）。路易斯認為，穆斯林，就像先前大部份其他的殖民地人民一樣，甚至即使看到了真相，也無法說出實話。根據路易斯的說法，這些人耽迷於神話，和「美國所謂的修正派」一樣，「他們緬懷美國道德的黃金年代，實際上又將世界上一切罪惡與犯法，歸因於他們國內的現行制度」（註148）。姑且不論那是對修正派歷史的一個捉弄而又全然不準確的敘述，這種評論將作為偉大歷史學家的路易斯，擺到了不過是小小穆斯林和修正派這種微不足道的低度開發之上。

然而，就準確性而言，甚至就奉行他自己的規則：「學者，無論如何都不會屈服於他自己的偏見」（註149）而言，路易斯都是他自己與他所信仰的主義的一位騎士。例如，他再一次引用阿拉伯人反抗猶太復國主義（用阿拉伯民族主義者流行的話來說）的例子，但沒有提到——在任何一部他的著作中都沒有提到——猶太復國主義者的入侵並將巴勒斯坦殖民化，而且不顧一切地與阿拉伯土著居民起了衝突——沒有一個以色列人會否認這點，不過，路易斯這位東方學歷史家硬是略而不談。他會說到中東（以色列除外）民主制度的闕如，而沒有提及以色列行使緊急防禦管理條例（the Emergency Defense Regulations）來規範阿拉伯人；他既沒有說到任何有關以色列對阿拉伯人的「預防性的拘留」（preventive detention），也沒有提及關於約旦河西岸的加薩走廊軍事佔領區好幾打的非法屯墾區，更不用說在從前的巴勒斯坦，沒有阿拉伯人的人權，尤其是移（入）民權。取而代之的是，路易斯允許他自己的學術自由而說道：「（就阿拉伯人所相關的範圍而言）帝國主義和猶太復國主義，在他們仍屬於較古老的名字——基督徒和猶太人——之下，長久以來始終就是親密的。」（註150）他引用勞倫斯論「閃族」的看法，來支持他反伊斯蘭的例子，而從未將猶太復國主義和伊斯蘭平行討論，好像猶太復國主義是個法國式的運動，而不是宗教運動，他甚至處處都試著要表明，任何地方的任何革命，充其量不過是「世俗化的千禧年主義者」的一個形式罷了。

如果不加上關於一位真正的歷史學家應有客觀性、公正性及公平無私這類的說教，一個人將會發現這種做法會像政治性宣傳那樣可能引起反對，當然，政治性宣傳就是政治性宣傳。他的話總是暗示著：穆斯林和阿拉伯人是不可能客觀的。不過，東方學者如路易斯之於穆斯林和阿拉伯人所寫的論著，根據其定義、根據學術訓練、根據他們純粹的西方性事實，則都是客觀的——這算是東方學作為一個教義的極點了，不僅貶低了它的主題對象，而且蒙蔽了（東方學這個教義的）從業者。最後，還是讓我們聽聽路易斯關於歷史學家本身應該如何自處的說法，也許我們可以好好問一問，是不是只有受偏見支配的東方人，才是他所要嚴加懲處的？

（歷史學家的）忠誠度可能相當程度上，影響到他在研究主題上的選擇，然而，忠誠度卻不應該影響到他對所選擇主題的處理方式。假如，在從事研究期間，他發現了他所認同的族群總是對的，而其他與之相衝突的那些族群則總是錯的，那麼他應該好好反省，質疑他的結論，進而再次檢驗他作為挑選證據與詮釋的基礎的那個假設。因為人類社群的特質正是它不會永遠是對的（大概，東方學者社群也不是這樣的）。

最後，歷史學家必須公正而又誠實地呈現他的故事。這不是說他必須約束自己，對明確既定的事實只是坦白細述，而在他著述中的許多環節上，歷史學家必須明確陳述他的假設，並且給予公斷。重要的是，他應該自覺而且明確地這麼做——回顧檢討對結論有利或相反的證據，檢驗各種可能性的詮釋，然後清楚陳述他的判斷是什麼，而且，他又是如何及為什麼得到其判斷（註151）。

關於伊斯蘭，如果期望由路易斯所論述的伊斯蘭中——如同他已經處理過的，得到一個自覺、公正而又明確的判斷，乃是徒然的！如同我們所看到的，他偏好以暗示和諷諭的方式來推展他的工作。無論如何，我懷疑：他大概是沒有察覺到他確是這麼做的（也許關於「政治性」〔political〕事務除外，例如像支持猶太復國主義〔pro-Zionism〕、反阿拉伯民族主義〔anti-Arab nationalism〕，以及刺耳的冷戰主義〔Cold Warriorism〕），因為他是那麼肯定地說，整個東方學的歷史（他是其中的受益人），已經讓這些諷諭與假設成為不容置辯的真理了。

也許這些堅若磐石的「真理」中最不容置辯，同時也是最獨特（因為很難相信它能被維繫於其他任何語言裡）的是，作為一種語言的阿拉伯語，是個危險的意識形態體系。關於阿拉伯語的這個觀點，當代的「經典著作」是秀比（E. Shouby）的論文：〈阿拉伯語言對阿拉伯民族的心理影響〉（"The Influence of the Arabic Language on the Psychology of the Arabs"）（註152）。作者秀比被形容為「是一位具備臨床與社會心理學兩種訓練的心理學家」，人們推想他的觀點受到如此廣泛地流傳的主要理由在於，他本身就是一個阿拉伯人（自我請罪，就是那麼一回事）。他所提出的論點，單純得可憐，這也許是因為他沒有任何對於語言是什麼，以及如何操作的想法。雖然如此，論文的副題——阿拉伯語的特點是「思想普遍含糊」、「過分強調語言記號」、「過於獨斷和誇張」等等，則說了相當多內情。秀比經常以權威者的身分而被引用，因為他說得既像是那麼一回事，也因為他定質化了沈默無聲的阿拉伯人的典型，同時是很棒的文字玩家，玩玩遊戲，但沒有很嚴肅的或很多目的。沈默無言（muteness）是秀比談論中的一項要素，因為在他的整篇論文裡，他不曾引用阿拉伯人相當引以為傲的文學作品。那麼，阿拉伯語哪裡影響了阿拉伯人的心理呢？僅僅限於東方學為阿拉伯人所創造的神話世界之內罷了！阿拉伯人，是個瘖啞兼無可救藥地過度能言善道的、貧窮而又毫無節制的象徵。這樣的結果可以經由語源學的手段達到，從而成為以前複雜的語源學傳統（今天這個傳統，只能從非常少數的個人得到例證）的一個可悲結局的證據。今天，東方學者對「語源學」的依賴，是一個完全轉型成社會科學意識形態體系之專業知識的學術訓練上，最終的虛弱狀態了。

在我所討論的每件事中，東方學語言扮演著主導角色，它將相對反的事物集合起來，並視為是「自然的」（natural），並且用學術上的特殊用語和方法論來表現人類的類型，將現實和參考事物都歸屬到它自己所創製的對象（另外的一些字眼）上去。神話虛構的語言是論述，換句話說，它只可能是成套的系統而已——一個人實際上是不會在還沒有直接成為確保其存在的意識形態體系與制度的一員時（某些情況是無意識的，不過在任何情形下，都是非自願的），就任意發展論述，或在論述中提出命題。後者總是進步的社會制度對待較落後的社會，強勢文化遭逢弱勢文化。神話虛構的論述，其主要特色在於，它不僅隱藏自身的來歷，也隱藏了那些它所敘述的對象之來歷。「阿拉伯人」就被以一種幾乎是理想典型的靜止影像呈現著，既不是一個在實現的過程中具有潛在可能性的人，也不會創造歷史。而附著在作為一種語言的阿拉伯語之上堆積出來的誇大價值，使得東方學者得以將語言形塑得等同於心靈、社會、歷史和本性，對東方學者來說，語言述說出阿拉伯東方人，反之則不然！

四、東方人！東方人！東方人！我所取名為東方主義的這個意識形態虛構體系，有其嚴肅的含意，這不僅是因為它在知性上的不足信賴而已。就今天將大量資源投入中東的美國來說——比起地球上其他任何地方都更為大量——對決策者提出忠告的中東專家，差不多整個人都浸淫在東方主義的染缸之中。而大部份的投資，其數目正好就只是建基在沙堆上，因為專家們的政策教導是立基於像政治菁英、現代化以及穩定性這種可以市場行銷的抽象概念之上的，那些多半只是老一輩東方學者的成見穿上政策術語，而且它們大部份已經全然不適用於描述近來發生在黎巴嫩，或者較早前在巴勒斯坦的大眾抵抗以色列的事件。東方主義者現在試著要將東方看成是西方的模仿品，但是根據路易斯的說法，只有在東方的民族主義「已經準備和西方達成協議」（註153）時，它本身才可能改善。如果這時候，阿拉伯人、穆斯林，或者第三以及第四世界的人，終於走上令人意想不到的路上去，那麼，我們將不會驚訝於有個東方主義者告訴我們說：這顯示了東方人無藥可救，而且，同時也證明了他們是不可信賴的。

東方學方法論上的失敗，不能藉口說是**真實**的東方與東方學者對它的描繪不一致，或者，說是因為東方學者大部份是西方人，因此不能期望他們對一切關於東方的事務有一內在的認知。這兩個命題都是不對的。本書的主題不在於提出像真實的或正確的東方（伊斯蘭、阿拉伯，不管什麼）這樣的東西，也不是要利用莫頓（Robert K. Merton）有效的區分（註154），提出一個關於「局內人」（insider）的觀點擁有必然的特權來超越「局外人」（outsider）的主張。相反地，我所要論辯的是，「東方」本身就是個建構的實體，認為它有地理性的空間與其本土居民——根本上「差異」的居民，而我們可以根據那個地理空間上所特有的某一宗教、文化或者種族的本質，來界定他們，這種說法同樣是個高度爭議性的觀點。不過我的確不相信這樣的命題，認為只有黑人才能夠寫關於黑人的書，而一個穆斯林才能寫關於穆斯林云云。

不過，儘管有其失敗、可悲的行話、幾乎毫不掩飾的種族主義，以及像紙一般薄弱的知識裝備，東方學還是以我試著描述的形式活躍在今天，就它的影響力已經擴展到「東方」本身去的事實看來，確實有拉警報的道理：阿拉伯文（毫無疑問的還有日文、各式各樣的印度方言，以及其他東方語言）的書籍和雜誌文章，充滿了阿拉伯人所寫的「阿拉伯心靈」、「伊斯蘭」和其他神話的二手分析。現在，東方學在美國已經流傳開來，阿拉伯的金錢和資源也已經為找尋戰略上有價值的東方這種傳統的「關懷」，增添了相當可觀的

對抗，反而是加強了持續進行支配亞洲的帝國圖謀。

魅力。事實是，東方學已經成功地適應了新帝國主義的環境，在那裡，它的統治典範並不

我可以以某些直接的經驗，來談談關於東方的部份情況，知識份子階級與新帝國主義間的調適情形，也許是非常好的說明東方主義昂揚的有力案例之一。今天的阿拉伯世界已經成為美國知識、政治與文化上的一顆衛星，無論如何，應該悲傷的不是事情本身，而是這種特定的衛星關係形式。首先要思考的是，阿拉伯世界的大學發展趨勢，通常是依據某些繼承自先前的殖民勢力，或者曾經由該殖民勢力直接附加其上的模式而進行。現在新的環境情勢使得課程的實際情況更近乎荒誕可笑：容納幾百個學生的教室；訓練不整齊、工作過度，以及低薪資的教師；政治性的任用；先進的研究與研究的設備幾乎完全缺乏；最嚴重的是，整個區域連一所單純合乎標準的圖書館都沒有。在過去，英國和法國憑藉著他們的優越性與財富來主導東方的知識水平，現在則是美國佔據了那個位子，結果是鼓勵少數能夠順利通過這個體系而前景看好的學生，前往美國繼續深造。另一方面，一些來自阿拉伯世界的學生，也確實繼續到歐洲攻讀，不過，數字上全然反映了美國的優勢。這些學生當中，有的來自像沙烏地阿拉伯和科威特這種保守的國家，也有來自所謂激進國家的學生。此外，在學術、商業和研究方面的獎助系統，也使得美國成為實質上事務的霸權式主導者——無論多麼不可能是真正的資源，美國仍然被視為是資源的主要供應者。

有兩個因素使得這個情境甚至更明顯地判定了東方主義的勝利。從一個人所能做的一

般性的歸納結果來看，近東當代文化所感受到的趨勢，乃是受到歐洲與美國模式的指引。當塔哈．胡珊（Taha Hussein）一九三六年時說到，現代阿拉伯文化是屬於歐洲，而不是東方國家的，他當時所展現的是埃及文化菁英的身分，而且他還是其中著名出眾的一位。就今天的阿拉伯文化菁英來說，情況也同樣是真的。雖然從一九五〇年代早期以來，緊緊吸引著這個地區的第三世界反帝國主義者有力的觀念思潮，已經緩和了西方優勢文化的鋒芒，然而，從文化、知識和學術生產的角度來看，阿拉伯和伊斯蘭世界仍然屬於次級權力。在這裡，人們使用強權政治術語來敘述流行的情勢時，必然完全採取現實主義式的考量，沒有任何一位阿拉伯或伊斯蘭學者，能夠忽視美國或歐洲的學術性刊物、機構或大學此刻正進行的研究，反之並不然。例如，今天，沒有任何主要的阿拉伯研究刊物是在阿拉伯世界出版的，正如沒有哪所阿拉伯教育機構能夠挑戰像牛津、哈佛或加州大學洛杉磯分校在阿拉伯世界研究方面的地位那樣，當然就更不用說其他任何非東方的主題了。所有這一切可預期的結果是，東方學生（以及東方教授）依舊想到美國，拜在美國的東方學者門下為師，之後對著他們的本地聽眾，重複我之前所敘述的東方學者的那些像教條的陳腔濫調。這樣一個再生產體系造成了無可避免的事：東方學者利用他的美式訓練，以此自覺他比自己的同胞更優越，因為他可以「駕馭」東方學體系——不過，就他對優於他的那些前輩（即歐洲或美國的東方學者）之間的關係來說，他仍只是一個「土著報導人」罷了。事實上，這就是他在西方所扮演的角色，不過他應該夠幸運了，因為他能在赴美深造後，還能留在那兒呢！在今天的美國大學裡，大部份的東方語言基礎課程，都是由「土著報導人」來教授。不僅如此，體系中（大學、基金會等等之類）的權力，也幾乎毫無例外地是由非東方人所把持，即使東方人對非東方人的專職教授在數字上的比例，並不那麼壓倒性地偏向後者。

存在各種其他的指標顯示來自美國直接而赤裸裸的經濟壓迫，以及東方地區的同意，兩者如何同樣程度地維繫著這種文化上的宰制。舉個實例，我們可以清醒地發現到，雖然美國有好幾打組織機構，在研究阿拉伯人和伊斯蘭東方，但是東方本身卻沒有半個研究美國的機構，然而美國對這個區域顯然施展極為重大的經濟與政治影響力。更糟的是，在東方幾乎沒有任何一個，即使是普通水平的機構，致力於東方研究。不過這一切，我認為，比較起第二個對東方主義的勝利所作出的貢獻因素，那還算是小的，這第二個事實是：存在於東方的消費主義。整體而言，阿拉伯人和伊斯蘭世界已是西方市場體系的囊中物了。不需要提醒也知道，這個地區最大的資源——石油，已經完全被美國的經濟所吸納，在此，我的意思不僅是指最大的石油公司，都是由美國的經濟體系所掌控，同時，我也是指阿拉伯的石油收益，也是以美國為根據地，當然更不用說行銷、研究以及企業管理了。而這確實有效地使以石油致富的阿拉伯人，變成美國出口的龐大買主，從波斯灣國家到利比亞、伊拉克以及阿爾及利亞——全部的激進國家，都是如此。我的重點在於，這是一面倒的關係，美國是很少數產品（主要是石油和廉價勞力）的選擇性買主，而阿拉伯人則是範圍非常廣泛的美國產品，物質的或者意識形態的，高度多樣化的顧客。

這樣造成了許多影響。在區域內存在著品味上驚人的標準化現象——成為象徵記號的不只是電晶體收音機、牛仔褲、可口可樂，還有美國大眾媒體所提供的，進而由廣大電視觀眾心不在焉地消費著的東方文化影像。一個阿拉伯人以那種好萊塢所發行的「阿拉伯人」來看待他自己的弔詭現象，只不過是我提及的結果中最簡單的一個。另一個結果是，西方的市場經濟體系與其消費者導向，已經產出（而且正以加速度繼續產出）一批受教育的平民階級，他們的知識養成直接指向滿足市場需求——大量強調工程技術、商業與經濟學，這是相當明顯的。知識份子是預備來輔助那些西方所打造出來的主流趨勢，他的角色已經被規畫決定，而且是以「現代化」來設定的，這就意味著，這個角色是與有關現代化、進步，以及文化這些大部份從美國所接收而來的觀念之正當性與權威性息息相關。關於這點，令人印象深刻的證據，可以在社會科學中發現，甚至令人驚訝的是，環繞在激進的知識份子身邊，就像我在本書中稍早之前所討論到的，這些激進的知識份子的馬克思主義，正是從馬克思自己對第三世界均質化的觀點批發而來。如果全部這些所說明的是，一個知識份子對東方主義的形象與教條的默認，那麼在經濟、政治以及社會面的交換而言，它也存在著一股有力的增強效果——總之，現代東方已經參與到它自己的東方化之中了。

結果，對於東方主義，還有什麼另類的選擇嗎？本書的論點，只在於**反對**什麼，但並不**支持**某些正面積極的東西嗎？在本書中，我到處說及的存在所謂區域研究中的「去殖民化」新走向——馬立克（Anwar Abdel Malek）的著作、中東研究赫爾集團（the Hull group on Middle Eastern studies）成員所出版的研究論文，歐洲、美國，以及近東多方面的學者創新的分析與建議（註155）——不過，我並不打算做比提起他們還要更多的其他事情。我的計畫是，描述一套特殊的思想體系，但絕不是要用一套新的來取代這套體系。此外，我也嘗試著提出一整組在討論人類經驗問題時的相關質疑，即：一個人是如何**再現**其他文化？**另一個**文化是什麼意思？對於一個不同文化（或種族、宗教、文明）的觀念是有用的嗎？或者它要不是永遠伴隨著沾沾自喜（當一個人對自己品頭論足的時候），要不就是與敵意、侵略性（當一個人議論「他者」的時候）有關嗎？文化、宗教以及種族上的差異，比起社會經濟的分類範疇，或者政治歷史的分類範疇更加要緊嗎？思想觀念是如何獲得權威、正常化，甚至是「本然」的真理地位呢？知識份子的角色是什麼？他有必要去確立他所屬的國家和文化的正當性嗎？有什麼重要性他必須致力於獨立的批判意識，一種**對立性**的批判意識呢？

我希望對於這些問題，我的某些回答已經包含在前文之中了，不過，也許在這裡，我可以對它們的某些部份，再講得更為清楚明確一些。如同本研究中我所刻畫的特徵，東方主義不僅對非政治性的學術可能性有所懷疑，而且也對學者與政府之間的太過親密的顧問關係表示質疑。同樣明顯的是，我認為，讓東方主義持續佔據具說服力的思想形態的周遭環境，將會持續下去；雖然整體而言，這是相當令人沮喪的！儘管如此，存在於我自己內心，還是有一些合理的期許，也就是，東方主義其實不必總是像它在過去那樣，在知識上、意識形態上，以及政治層面上，都那麼不受到任何挑戰。

如果我不相信存在著如我主要描述的那種腐敗，或者至少是對於人類現實面盲目無知的學術的話，那麼我也不會著手寫這樣一本書了。今天有許多個別學者投入像伊斯蘭的歷史、宗教、文明、社會學，以及人類學的領域，他們的成果為學術上所帶來的價值深遠。當東方主義的同業公會傳統，接收了不自我警惕留意的學者——他個人的意識就像一個並未站在崗位上對抗**既有觀念**（*idées reçues*）的學者，以至於一切觀念很輕易地在行內代代相傳——這時候麻煩就來了。因此，有趣的著作多半是那些效忠於以知性觀點所界定的學科（而不是忠於一個「領域」——像東方主義那樣，如果不是按照教條般冠冕堂皇地加以定義，就是服從地理性的依據）的學者所創作出版的。最近一個出色的例子是，葛茲（Clifford Geertz）的人類學研究。他對於伊斯蘭的興趣相當特出而具體，充分受到他所研究的特定社會與問題激發（而不是受到東方主義的儀式、先入為主的觀念及教條）。

另一方面，受傳統東方主義學科訓練出來的學者與批判者，有些能夠從舊有的意識形態緊身衣中自我解放。柏克和羅丁森的訓練算是最嚴格有用的，不過激勵他們而賦予活力的，卻是甚至關於傳統問題的考察，同時也表現了他們在方法論上的自覺意識。相較於東方主義對於它的方向和前提，就其歷史上總是自信滿滿、孤芳自賞，且具有實證主義的傾向，敞開胸懷面對他所深入或相關研究的東方的一個途徑，正是反思性地對他的方法進行批判性的細究研討。這就是柏克和羅丁森所表現的特色，他們各有自己的進路。在他們的著作中所發現的總是，首先，對擺在面前的材料具有直接的敏感處，然後對他們的方法論和實踐技能不斷自我檢視，不斷地企圖將他們的作品回應材料，而不是回應到學說上先入為主的那些概念。確實，和馬立克與歐文（Roger Owen）一樣，柏克和羅丁森也都察覺到，人與社會的研究，不管是不是研究東方，最好以廣義人文科學的領域為指引，所以這些學者同時也是具批判性的讀者，並且又是其他領域所發生事件中的學生。柏克的關注點，特別在於結構人類學近來的發現，羅丁森是社會學與政治理論，而歐文則是經濟史，所有這些都從當代人文科學中，引進到所謂的東方問題研究裡具有啟發性的改善方案。

然而，無可迴避的事實是，即使假設我們對於東方主義關於「他們」、「我們」的區別置之不理，一系列強而有力的政治性，甚至根本上是意識形態的現實，也會影響著今天的學術。沒有一個人可以逃避、不去涉及到這些——如果不是東／西分裂，就是南／北對立、富國／窮國、帝國主義者／反帝國主義者、白人／有色人種等等，我們沒有辦法因為假裝他們不存在，而躲開這一切。恰好相反，當代東方主義教了我們很多關於知識份子在那一點上佯裝不知的不誠實，其結果只是更強化了分立對峙，進而使他們變得既邪惡不道德，而且經久不衰。一個公開爭論而且正義「進步」的學術，依然很輕易會墮落到教條式休眠狀態，前景黯淡。

我自己關於這個問題的認知，已經完全呈現在上述我所明確表達的問題性質與種類上。現代思想和經濟，已經教導了我們對於涉及再現、研究他者、種族性思考、對權力與權威當局的思想之未經思考或未加批判的接受、知識份子的社會政治角色、懷疑論的批判意識的重要價值等等，要保持敏感。也許，如果我們記得對於人類經驗的研究，就其最好或最壞的意義上來說，常常具有倫理道德上的後果，那就更不用提政治了。那麼，我們就不會對於身為一個學者，所做的種種不在乎了。對於學者，有什麼比人類的自由與知識更好的規範呢？也許我們也應該記得的是，對於生存於社會中的人的研究，乃是立基於具體的人類歷史與經驗之上的，而不是一些大學究式的抽象名詞、曖昧的法則，或者武斷的體系。那麼問題就應該是，讓研究與經驗相稱，甚至在某個角度上，透過經驗以成形、具體化。經驗將在研究過程中獲得闡釋，並且可能藉由研究而發生變化。不論如何，一而再的東方化東方的這種目標應該要被避免，其結果將是因此不得不對於知識更多加以琢磨、斟酌，而且這也將降低學者自負的程度。沒有了「東方」，可能就出現學者、批評家、知識份子等，對他們來說，比起促進人類社群共同事業的重要性，種族、族群或者民族上的區別，將顯得不那麼重要。

就積極面而言，我絕對相信——而且在我其他的著述中，我也試著證明，今天的人文科學正充分發展，提供當代學者以洞見、方法與思想，使他們能夠不需要種族、意識形態，以及帝國主義者這種東方主義在其歷史的優勢時期所提供的成見。我認為東方主義的失敗乃是人性和知性上的失敗，因為之於它必須對世界中其他的不同區域，採取一個無可改變的對立立場而言，視其為異己。東方主義並不認同人類的經驗，也不能將它視為人類的經驗。如果我們能夠從二十世紀對地球上如此多的民族，就其政治層面與歷史層面的認識之提升中獲益的話，我們就可以對東方主義這個遍及全球的霸權，以及它所代表的一切加以挑戰了。而如果本書對未來起了任何作用的話，這可算是對這個挑戰的一個盡本分的貢獻，同時也是一種警惕：像東方主義那些思想體系、權力論述、意識形態系統性的虛構——鍛鍊心靈的枷鎖，這一切太容易被製造出來、應用並防禦了。最重要的是，我希望已經向我的讀者，說明了關於東方主義的解答並不是西方主義。沒有一個先前的「東方人」會因為以下這個主意而感到寬慰：作為一個東方人，他好像適合（太適合了）從他自己的創作中去研究新的「東方人」，或者「西方人」。如果東方主義的知識具有任何意義的話，那是在於它是任何地方、任何時候、任何一種知識領域之中，知識本身所誘惑人們墮落的徵兆。現在還可能比以前更嚴重呢！

註釋：

註1：Friedrich Nietzsche, "On Truth and Lie in an Extra-Moral Sense," in *The Portable Nietzsche*, ed. and trans. Walter Kaufmann (New York: Viking Press, 1954), pp. 46-7.

註2：阿拉伯人到西方旅行的人數，是由 Ibrahim Abu-Lughod 在 *Arab Rediscovery of Europe: A Study in Cul-*

tural Encounters 裡所估計和考察的(Princeton, N. J.: Princeton University Press, 1963), pp. 75-6 及各處。

註3‧‧參見Philip D. Curtin, ed., *Imperialism: The Documentary History of Western Civilization* (New York: Walker & Co., 1972), pp. 73-105。

註4‧‧參見Johann W. Fück, "Islam as an Historical Problem in European Historiography since 1800," in *Historians of the Middle East*, ed. Bernard Lewis and P. M. Holt (London: Oxford University Press, 1962), p. 307。

註5‧‧Ibid., p. 309.

註6‧‧參見Jacques Waardenburg, *L'Islam dans le miroir de l'Occident* (The Hague: Mouton & Co., 1963)。

註7‧‧Ibid., p. 311.

註8‧‧P. Masson-Oursel, "La Connaissance scientifique de l'Asie en France depuis 1900 et les variétés de l'Orientalisme," *Revue Philosophique* 143, nos. 7-9 (July-September 1953): 345.

註9‧‧Evelyn Baring, Lord Cromer, *Modern Egypt* (New York: Macmillan Co., 1908), 2: 237-8.

註10‧‧Evelyn Baring, Lord Cromer, *Ancient and Modern Imperialism* (London: John Murray, 1910), pp. 118, 120.

註11‧‧George Nathaniel Curzon, *Subjects of the Day: Being a Selection of Speeches and Writings* (London: George Allen & Unwin, 1915), pp. 4-5, 10, 28.

註12‧‧Ibid., pp. 184, 191-2，關於這個學院的歷史，參見C. H. Phillips, *The School of Oriental and African Studies, University of London, 1917-1967: An Introduction* (London: Design for Print, 1967)。

註13‧‧Eric Stokes, *The English Utilitarians and India* (Oxford: Clarendon Press, 1959).

註14‧‧引用於Michael Edwardes, *High Noon of Empire: India Under Curzon* (London: Eyre & Spottiswoode, 1965), pp. 38-9。

註15‧‧Curzon, *Subjects of the Day*, pp. 155-6.

註16‥Joseph Conrad, *Heart of Darkness*, in *Youth and Two Other Stories* (Garden City, N.Y.: Doubleday, Page, 1925), p. 52.

註17‥關於de Vattel著作的生動摘要，參見Curtin, ed., *Imperialism*, pp. 42-5。

註18‥由M. de Caix引用，見於Garbriel Hanotaux, *Histoire des colonies françaises*, 6 vols. (Paris: Société de l'histoire nationale, 1929-33), 3: 481。

註19‥這些細節見於Vernon McKay, "Colonialism in the French Geographical Movement," *Geographical Review* 33, no. 2 (April 1943): 214-32。

註20‥Agnes Murphy, *The Ideology of French Imperialism, 1817-1881* (Washington: Catholic University of America Press, 1948), pp. 46, 54, 36, 45.

註21‥Ibid., pp. 189, 110, 136.

註22‥Jukka Nevakivi, *Britain, France, and the Arab Middle East, 1914-1920* (London: Athlone Press, 1969), p. 13.

註23‥Ibid., p. 24.

註24‥D. G. Hogarth, *The Penetration of Arabia: A Record of the Development of Western Knowledge Concerning The Arabian Peninsula* (New York: Frederick A. Stokes, 1904)。最近有1本好書討論相同主題‥Robin Bidwell, *Travellers in Arabia* (London: Paul Hamlyn, 1976)。

註25‥Edmond Bremond, *Le Hedjaz dans la guerre mondiale* (Paris: Payot, 1931), pp. 242 ff.

註26‥Le Comte de Cressaty, *Les Intérêts de la France en Syrie* (Paris: Floury, 1913).

註27‥Rudyard Kipling, *Verse* (Garden City, N. Y.: Doubleday & Co., 1954), p. 280.

註28‥十九世紀文化排外與侷限的主題，在Michel Foucault的作品中，佔有很重要的地位，他最近討論

這些主題的作品是：*Discipline and Punish: The British of the Prison* (New York: Pantheon Books, 1977) 以及*The History of Sexuality, Volume 1: An Introduction* (New York: Pantheon Books, 1978)。

註29：*The Letters of T. E. Lawrence of Arabia,* ed. David Garnett (1938; reprint ed., London: Spring Books, 1964), p. 244.

註30：Gertrude Bell, *The Desert and the Sown* (London: William Heinemann, 1907), p. 244.

註31：Getrude Bell, *From Her Personal Papers, 1889-1914,* ed. Elizabeth Burgoyne (London: Ernest Benn, 1958), p. 204.

註32：William Butler Yeats, "Byzantium," *The Collected Poems* (New York: Macmillan Co., 1959), p. 244.

註33：Stanley Diamond, *In Search of the Primitive: A Critique of Civilization* (New Brunswick, N. J. : Transaction Books, 1974) , p. 119.

註34：詳見Harry Bracken, "Essence, Accident and Race," *Hermathena* 116 (Winter 1973): pp. 81-96。

註35：George Eliot, *Middlemarch: A Study of Provincial Life* (1872: reprint ed., Boston: Houghton Mifflin Co., 1956), p. 13.

註36：Lionel Trilling, *Matthew Arnold* (1939; reprint ed., New York : Meridian Books, 1955), p. 214.

註37：詳見 Hannah Arendt, *The Origins of Totalitarianism* (New York: Harcourt Brace Jovanovich, 1973), p. 180, note 55。

註38：W. Robertson Smith, *Kinship and Marriage in Early Arabia,* ed. Stanley Cook (1907; reprint ed., Oesterhout, N. B.: Anthropological Publications, 1966), pp. xiii, 241.

註39：W. Robertson Smith, *Lectures and Essays,* ed. John Sutherland Black and George Chrystal (London: Adam & Charles Black, 1912), pp. 492-3.

註40‧‧Ibid., pp. 492, 493, 511, 500, 498-9.

註41‧‧Charles M. Doughty, *Travels in Arabia Deserta*, 2nd ed., 2 vols. (New York: Random House, n.d.), 1: 95。另外也請參閱 Richard Bevis的卓越論文‧‧"Spiritual Geology: C. M. Doughty and the Land of the Arabs," *Victorian Studies* 16 (December 1972), 163-81。

註42‧‧T. E. Lawrence. *The Seven Pillars of Wisdom: A Triumph* (1926; reprint ed., Garden CIty, N. Y.: Doubleday, Doran & Co., 1935), p. 28.

註43‧‧這方面的討論，詳見Talal Asad, "Two European Images of Non-European Rule," in *Anthropology and the Colonial Encounter*, ed. Talal Asad (London: Ithaca Press, 1975), pp. 103-18.

註44‧‧Arendt, *Origins of Totalitarianism*, p. 218.

註45‧‧T. E. Lawrence, *Oriental Assembly*, ed. A. W. Lawrence (New York: E. P. Dutton & Co., 1940), p. 95.

註46‧‧見 Stephen Ely Tabachnick, "The Two Veils of T. E. Lawrence," *Studies in the Twenties Century* 16 (Fall 1975): 96-7。

註47‧‧Lawrence, *Seven Pillars of Wisdom*, pp. 42-3, 661.

註48‧‧Ibid., pp. 549, 550-2.

註49‧‧E. M. Forster, *A Passage to India* (1924; reprint ed., New York: Harcourt, Brace & Co., 1952), p. 322.

註50‧‧Maurice Barrès, *Une Enquête aux pays du Levant* (Paris: Plon, 1923), 1: 20; 2: 181, 192, 193, 197.

註51‧‧D. G. Hogarth, *The Wandering Scholar* (London: Oxford University Press, 1924)。Hogarth描述自己的風格是「探險家第一，學者第二」(p. 4)。

註52‧‧由H. A. R. Gibb在 "Structure of Religious Thought in Islam," in his *Studies on the Civilization of Islam*, ed. Stanford J. Shaw and William R. Polk (Boston: Beacon Press, 1962), p. 180 所引用。

註53‧‧Frédéric Lefèvre, "Une Heure avec Sylvain Lévi," in *Mémorial Sylvain Lévi*, ed. Jacques Bacot (Paris: Paul Hartmann, 1937), pp. 123-4.

註54‧‧Paul Valéry, *Oeuvres,* ed. Jean Hytier (Paris: Gallimard, 1960), 2: 1556-7.

註55‧‧由Christopher Sykes在*Crossroads to Israel* (1965; reprint ed., Bloomington: Indiana University Press, 1973), p. 5 所引用。

註56‧‧列舉處請見Alan Sandison, *The Wheel of Empire: A Study of the Imperial Idea in Some Late Nineteenth and Early Twentieth Century Fiction* (New York: St. Martin's Press, 1967), p. 158。針對相應領域的法語作品，有一本十分傑出的研究著作‧‧Martine Astier Loutfi, *Littérature et colonialisme: L'Expansion coloniale vue dans la littérature romanesque française, 1871-1914* (The Hague: Mouton & Co., 1971)。

註57‧‧Paul Valéry, *Variété* (Paris: Gallimard, 1924), p. 43.

註58‧‧George Orwell, "Marrakech," in *A Collection of Essays* (New York: Doubleday Anchor Books, 1954), p. 187.

註59‧‧Valentine Chirol. *The Occident and the Orient* (Chicago: University of Chicago Press, 1924), p. 6.

註60‧‧Élie Faure, "Orient et Occident," *Mercure de France* 229 (July 1-August 1, 1931): 263, 264, 269, 270, 272.

註61‧‧Fernand Baldensperger, "Où s'affrontent l'Orient et l'Occident intellectuels, " in *Études d'histoire littéraire,* 3rd ser. (Paris: Droz, 1939), p. 230.

註62‧‧I. A. Richards, *Mencius on the Mind: Experiments in Multiple Definitions* (London: Routledge & Kegan Paul, 1932), p. xiv.

註63‧‧*Selected Works of C. Snouck Hurgronje,* ed. G. H. Bousquet and J. Schacht (Leiden: E. J. Brill, 1957), p. 267.

註64‧‧H. A. R. Gibb, "Literature," in *The Legacy of Islam,* ed. Thomas Arnold and Alfred Guillaume (Oxford: Clarendon Press, 1931), p. 209.

註65‥有關本時期政治、社會、經濟、文化各方面的最佳概論，可參閱 Jacques Berque, *Egypt: Imperialism and Revolution,* trans. Jean Stewart (New York: Praeger Publishers, 1972)。

註66‥有關他們作品中的知性計畫，有一份相當有用的描述‥Arthur R. Evans, Jr., ed., *On Four Modern Humanists: Hofmannsthal, Gundolf, Curtius, Kantorowicz* (Princeton, N. J.: Princeton University Press, 1970)。

註67‥ Erich Auerbach, *Mimesis: The Representation of Reality in Western Literature,* trans. Willard R. Trask (1946; reprint ed., Princeton, N. J.: Princeton University Press, 1968)，以及他的*Literary Language and Its Public in Late Latin Antiquity and in the Middle Ages,* trans. Ralph Manheim (New York: Bollingen Books, 1965)。

註68‥ Erich Auerbach, "Philology and *Weltliteratur,* trans. M. and E. W. Said, *Centennial Review* 13, no. 1 (Winter 1969) : 11.

註69‥Ibid., p. 17.

註70‥例如H. Stuart Hughes, *Consciousness and Society: The Reconstruction of European Social Thought, 1890-1930* (1958; reprint ed., New York: Vintage Books, 1961)。

註71‥詳見Anwar Abdel Malek, "Orientalism in Crisis," *Diogenes* 44 (Winter 1963): 103-40。

註72‥R. N. Cust, "The International Congresses of Orientalists," *Hellas* 6, no. 4 (1897): 349.

註73‥詳見 W. F. Wertheim, "Counter-insurgency Research at the Turn of the Century-Snouck Hurgronje and the Acheh War," *Sociologische Gids* 19 (September-December 1972)。

註74‥ Sylvain Lêvi, "Les Parts respectives des nations occidentales dans les progrès des I'indianisme," in *Mêmorial Sylvain Lêvi,* pp. 116.

註75‥H. A. R. Gibb, "Louis Massignon (1882-1962)," *Journal of the Royal Asiatic Society* (1962), pp. 120, 121.

註76‥Louis Massignon, *Opera Minora*, ed. Y. Moubarac (Beirut: Der-el-Maaref, 1963), 3: 114，我使用的Massignon完整書目是‥Moubarac: *L'Oeuvre de Louis Massignon* (Beirut: Éditions du Cénacle libanais, 1972-73)。

註77‥Massignon, "L'Occident devant l'Orient: Primauté d'une solution culturelle," in *Opera Minora*, 1: 208-23.

註78‥Ibid., p. 169.

註79‥詳見Waardenburg, *L'Islam dans le miroir de l'Occident*, pp. 147, 183, 186, 192, 211, 213。

註80‥Massignon, *Opera Minora*, 1: 227.

註81‥Ibid., p. 355.

註82‥引自Massignon討論Biruni的文章，詳見Waardenburg, *L'Islam dans le miroir de l'Occident*, p. 225。

註83‥Massignon, *Opera Minora*, 3: 526.

註84‥Ibid, pp. 610-11.

註85‥Ibid., p. 212。另外p. 211有另1段對英國的攻擊，pp. 423-7，則有他對Lawrence的評價。

註86‥引言詳見Waardenburg, *L'Islam dans le miroir de l'Occident*, p. 219。

註87‥Ibid., pp. 218-219.

註88‥詳見A. L. Tibawi, "English-Speaking Orentalists: A Critique of Their Approach to Islam and Arab Nationalism, Part I," *Islamic Quarterly* 8, nos. 1, 2 (January-June 1964): 25-44; "Part II," *Islamic Quarterly* 8, nos. 3, 4 (July-December 1964): 73-88。

註89‥"Une figure domine tous les genres [of Orientalist work], celle de Louis Massignon": Claude Cahen and Charles Pellat, "Les Études arabes et islamiques," *Journal asiatique* 261, nos. 1, 4 (1973): 104。有關伊斯蘭教東方學領域，有1份相當詳細的研究報告‥Jean Sauvaget, *Introduction à l'histoire de l'Orient musul-*

man: Éléments de bibliographie, ed. Claude Cahen (Paris: Adrien Maisonneuve, 1961)。

註90‧‧William Polk, "Sir Hamilton Gibb Between Orientalism and History," *International Journal of Middle East Studies* 6, no. 2 (April 1975): 131-9。我採用的 Gibb 書目在‧‧*Arabic and Islamic Studies in Honor of Hamilton A. R. Gibb,* ed. George Makdisi (Cambridge, Mass.: Harvard University Press, 1965), pp. 1-20。

註91‧‧H. A. R. Gibb, "Oriental Studies in the United Kingdom," in *The Near East and the Great Powers,* ed. Richard N. Frye (Cambridge, Mass: Harvard University Press, 1951), pp. 86-7.

註92‧‧Albert Hourani, "Sir Hamilton Gibb, 1895-1971," *Proceedings of the British Academy* 58 (1972): p. 504.

註93‧‧Duncan Black Macdonald, *The Religious Attitude and Life in Islam* (1909; reprint ed., Beirut: Khayats Publishers, 1965), pp. 2-11.

註94‧‧H. A. R. Gibb, "Whither Islam?" in *Whither Islam? A Survey of Modern Movements in the Moslem World,* ed. H. A. R. Gibb (London: Victor Gollancz, 1932), pp. 328, 387.

註95‧‧Ibid., p. 335.

註96‧‧Ibid., p. 377.

註97‧‧H. A. R. Gibb, "The Influence of Islamic Culture on Medieval Europe," *John Rylands Library Bulletin* 38, no. 1 (September 1955) ; 98.

註98‧‧H. A. R. Gibb, *Mohammedanisim: An Historical Survey* (London: Oxford University Press, 1949), pp. 2, 9, 84.

註99‧‧Ibid., pp. 111, 88, 189.

註100‧‧H. A. R. Gibb, *Modern Trends in Islam* (Chicago: University of Chicago Press, 1947), pp. 108, 113, 123.

註101‧‧這兩篇文章都收錄在Gibb的‧‧*Studies on the Civilization of Islam,* pp. 176-208以及3-33。

註102‧‧R. Emmett Tyrell, Jr., "Chimera in the Middle East," *Harper's,* November 1976, pp. 35-8.

註103‥列舉於Ayad al-Qazzaz, Ruth Afiyo, et al., *The Arabs in American Textbooks,* California State Board of Education, June 1975, pp. 10, 15。

註104‥“Statement of Purpose,” *MESA Bulletin* 1, no. 1 (May 1967): 33.

註105‥Morroe Berger, “Middle Eastern and North African Studies: Developments and Needs,” *MESA Bulletin* 1, no. 2 (November 1967): 16.

註106‥Menachem Mansoor, “Present State of Arabic Studies in the United States,” in *Report on Current Research 1958,* ed. Kathleen H. Brown (Washington: Middle East Institute, 1958), pp. 55-6.

註107‥Harold Lasswell, “Propaganda,” *Encyclopedia of the Social Sciences* (1934), 12: 527。這條參考資料我要感謝Noam Chomsky教授。

註108‥Marcel Proust, *The Guermantes Way,* tans. C. K. Scott Moncrieff (1925; reprint ed., New York: Vintage Books, 1970), p. 135.

註109‥Nathaniel Schmidt, “Early Oriental Studies in Europe and the Work of the American Oriental Society, 1842-1922,” *Journal of the American Oriental Society* 43 (1923): 11。另外也可參閱E. A. Speiser, “Near Eastern Studies in America, 1939-45,” *Archiv Orientalni* 16 (1948): 76-88。

註110‥範例可見Henry Jessup, *Fifty-Three Years in Syria,* 2 vols. (New York: Fleming H. Revell, 1910)。

註111‥有關Balfour宣言的發表與美國戰爭政策之間的關係，請看Doreen Ingrams, *Palestine Papers 1917-1922: Seeds of Conflict* (London: Cox & Syman, 1972), pp. 10 ff.

註112‥Mortimer Graves, “A Cultural Relations Policy in the Near East,” in *The Near East and the Great Powers,* ed. Frye, pp. 76, 78.

註113‥George Camp Keiser, “The Middle East Institute: Its Inception and Its Place in American International

Studies," in *The Near East and the Great Powers*, ed. Frye, pp. 80, 84.

註114‧‧有關這波遷移的敘述，請看*The Intellectual Migration: Europe and America, 1930-1960*, ed. Donald Fleming and Bernard Bailyn (Cambridge, Mass.: Harvard University Press, 1969)。

註115‧‧Gustave von Grunebaum, *Modern Islam: The Search for Cultural Identity* (New York: Vintage Books, 1964), pp. 55, 261.

註116‧‧Abdullah Laroui, "Pour une méthodologie des études islamiques: L'Islam au miroir de Gustave von Grunebaum," *Diogène* 38 (July-September 1973): 30。這篇文章曾被收錄在Laroui的*The Crisis of the Arab Intellectuals: Traditionalism or Historicism?* trans. Diarmid Cammell (Berkeley: University of California Press, 1976)。

註117‧‧David Gordon, *Self-Determination and History in the Third World* (Princeton, N. J.: Princeton University Press, 1971).

註118‧‧Laroui, "Pour une méthodologie des études islamiques," p. 41.

註119‧‧Manfred Halpern, "Middle East Studies: A Review of the State of the Field with a Few Examples," *World Politics* 15 (October 1962): 121-2.

註120‧‧Ibid., p. 117.

註121‧‧Leonard Binder, "1974 Presidential Address," *MESA Bulletin* 9, no. 1 (February 1975): 2.

註122‧‧Ibid., p. 5.

註123‧‧"Middle East Studies Network in the United States," *MERIP Reports* 38 (June 1975): 5.

註124‧‧*Cambridge History*最好的兩篇評論是‧‧Albert Hourani, *The English Historical Review* 87. no. 343 (April 1972): 348-57以及Roger Owen, *Journal of Interdisciplinary History* 4, no. 2 (Autumn 1973): 287-98.

註125‧‧P. M. Holt, Introduction, *The Cambridge History of Islam,* ed. P. M. Holt, Anne K. S. Lambton, and Bernard Lewis, 2 volts. (Cambridge: Cambridge University Press, 1970), 1: xi.

註126‧‧D. Sourdel, "The Abbasid Caliphate," *Cambridge History of Islam,* ed. Holt et al., 1: 121.

註127‧‧Z. N. Zeine, "The Arab Lands," *Cambridge History of Islam,* ed. Holt et al., 1: 575.

註128‧‧Dankwart A. Rustow, "The Political Impact of the West," *Cambridge History of Islam,* ed. Holt et al., 1: 697.

註129‧‧列於Ingrams, *Palestine Papers, 1917-1922,* pp. 31-2。

註130‧‧Robert Alter, "Rhetoric and the Arab Mind," *Commentary,* October 1968, pp. 61-85. Alter's article was an adulatory review of General Yehoshafat Harkabi's *Arab Attitudes to Israel* (Jerusalem: Keter Press, 1972).

註131‧‧Gil Carl Alroy, "Do The Arabs Want Peace?" *Commentary,* February 1974, pp. 56-61.

註132‧‧Roland Barthes, *Mythologies,* trans. Annette Lavers (New York: Hill & Wang, 1972), pp. 109-59.

註133‧‧Raphael Patiai, *Golden River to Golden Road: Society, Culture, and Change in the Middle East* (Philadelphia: University of Pennsylvania Press, 1962; 3rd rev. ed., 1969), p. 406.

註134‧‧Raphael Patai, *The Arab Mind* (New York: Charles Scribner's Sons, 1973)。另有一本種族歧視色彩更濃的作品‧‧John Laffin, *The Arab Mind Considered: A Need for Understanding* (New York: Taplinger Publishing Co., 1976).

註135‧‧Sania Hamady, *Temperament and Character of the Arabs* (New York: Twayne Publishers, 1960), p. 100。Hamady的書是以色列人與以色列辯士的最愛，Alroy以贊成肯定的態度，引用她的話，Amos Elon亦然，詳見他的 *The Israelis: Founders and Sons* (New York: Holt, Rinehart & Winston, 1971)。Morroe Berger（見以下註137）也常引用她的話，她模仿的對象是Lane的 *Manners and Customs of the Modern Egyptians*，但她的學識修養與常識皆不及Lane。

註136：有關 Manfred Halpern 的論點，可參看 "Four Contrasting Repertories of Human Relations in Islam: Two Pre-Modern and Two Modern Ways of Dealing with Continuity and Change, Collaboration and Conflict and the Achieving of Justice." 這是一篇一九七三年五月八日，在第二十二屆近東會議（在普林斯頓大學舉行，主題是心理學與近東研究）上提出的論文，這篇論文的先驅則是：Halpern的"A Redefinition of the Revolutionary Situation," *Journal of International Affairs* 23, no. 1 (1969): 54-75。

註137：Morroe Berger, *The Arab World Today* (New York: Doubleday Anchor Books, 1964), p. 140。許多半調子的阿拉伯文化研究者，例如 Joel Carmichael與 Daniel Lerner，寫出的蹩腳作品中，也都持有相同的論調；其他政治與歷史學者，諸如 Theodore Draper、Walter Laqueur、Élie Kedourie 等人，則以較為委婉的方式，表達了類似的看法；另外有些評價很高的作品，則明確傳達類似訊息：Gabriel Baer的 *Population and Society in the Arab East,* trans. Hanna Szoke (New York: Frederick A. Praeger, 1964)，以及 Alfred Bonné的 *State and Economics in the Middle East: A Society in Transition* (London: Routledge & Kegan Paul, 1955)。大家共同的結論似乎是：阿拉伯人即使有思想，思考的方式也和別人不同——換句話說，他們的思緒不一定有理性的過程，而且常常缺乏理性成分。另外也可參閱Adel Daher的RAND study, *Current Trends in Arab Intellectual Thought* (RM-5979-FF, December 1969)，以及其中典型的結論：「阿拉伯人的思想中，顯然缺乏具體解決問題的方式」(p. 29). Roger Owen 在一篇為 *Journal of Interdisciplinary History* 所寫的評論文章中（見前註124），猛烈抨擊在做歷史研究時，把「伊斯蘭」當成一種觀念的想法，他的評論焦點放在 *The Cambridge History of Islam* 上，認為這本書以某些方式，持續了「伊斯蘭」的觀念（這類觀念在Carl Becker與Max Weber等作家的作品中，可以找到），亦即：「(伊斯蘭）基本上被定義為一種宗教的、封建的、反理性的制度，缺乏締造歐洲進步可能

性的必要特質。」Weber整體論調都不對的有力證明，詳見Maxime Rodinson的*Islam and Capitalism*, trans. Brian Pearce (New York: Pantheon Books, 1974), pp. 76-117。

註138‥Hamady, *Character and Temperament*, p. 197.

註139‥Berget, *Arab World*, p. 102.

註140‥由Irene Gendzier在*Frantz Fanon: A Critical Study* (New York: Pantheon Books, 1973), p. 94 所引用。

註141‥Berger, *Arab World*, p. 151.

註142‥P. J. Vatikiotis, ed., *Revolution in the Middle East, and Other Case Studies; proceedings of a seminar* (London: George Allen & Unwin, 1972), pp. 8-9.

註143‥Ibid., pp. 12, 13.

註144‥Bernard Lewis, "Islamic Concepts of Revolution," in ibid., pp. 33, 38-9. Lewis的研究作品*Race and Color in Islam* (New York: Harper & Row, 1971)以饒富學識的口吻，表達了類似的不滿‥他的*Islam in History: Ideas, Men and Events in the Middle East* (London: Alcove Press, 1973)則明顯地更加政治化——而且一樣尖酸刻薄。

註145‥Bernard Lewis, "The Revolt of Islam," in *The Middle East and The West* (Bloomington: Indiana University Press, 1964), p. 95.

註146‥Bernard Lewis, "The Return of Islam," *Commentary*, January 1976, p. 44.

註147‥Ibid., p. 40.

註148‥Bernard Lewis, *History-Remembered, Recovered, Invented* (Princeton, N. J.: Princeton University Press, 1975), p. 68.

註149‥Lewis, *Islam in History*, p. 65.

註150‥Lewis, *The Middle East and the West,* pp. 60, 87.

註151‥Lewis, *Islam in History,* pp. 65-6.

註152‥最早發表於 *Middle East Journal* 5 (1951)。後來收錄在 *Readings in Arab Middle Eastern Societies and Cultures,* ed. Abdulla Lutfiyye and Charles W. Churchill (The Hague: Mouton & Co., 1970), pp. 688-703。

註153‥Lewis, *The Middle East and the West,* p. 140.

註154‥ Robert K. Merton, “The Perspectives of Insiders and Outsiders,” in his *The Sociology of Science: Theoretical and Empirical Investigations,* ed. Norman W. Storer (Chicago : University of Chicago Press, 1973), pp. 99-136.

註155‥舉例而言，可參看Anwar Abdel Malek、Yves Lacoste以及*Review of Middle East Studies 1 and 2* (London: Ithaca Press, 1975, 1976)中收錄文章作者的近期作品‥Noam Chomsky有關中東政治的各種分析，以及中東研究與資訊計畫(Middle East Research and Information Project, MERIP)等內容，也都可參考。Gabriel Ardant, Kostas Axelos, Jacques Berque, et al., *De l'impêrialisme à la dêcolonisation* (Paris: Éditions de Minuit, 1965)，提供了不錯的整體說明。

後記：為一九九五年版作
Afterword to the 1995 Printing

I

《東方主義》完成於一九七七年末，並且在一年之後付梓出版，這仍是我所撰寫的書籍當中，以「連續動作」將之完成的唯一著作，從作研究開始到數次草稿的寫作，直至最後定稿，整個過程之中，我持續地將之完成，沒有中輟或因為其他會使我嚴重分心之事而暫停。一九七五至一九七六年，在史丹佛行為科學高級研究中心（Stanford Center for Advanced Study in the Behavioral Sciences）訪問的期間，我受到相當棒的禮遇，並且度過了相對來說，較沒有負擔的一整年，而除此之外，在寫作本書的過程中，我只受到一、兩位朋友以及親密家人的鼓勵而已；從外面的世界，只得到非常少的支持或感興趣的關注。但是這個有關歐美如何看待中東、阿拉伯和伊斯蘭世界二百年的傳統學術、權力與想像力的研究，是否**可能**會引起一般大眾的興趣，在那時是仍不清楚的，舉例來說，我記得在一開始，我很難找到一個正式嚴謹的出版社，對這個研究計畫感到興趣，只有一家學術出版社例外，願意嘗試性地為一本小專書提供一份還算合理的契約。整體看來，在那時，這一整件事似乎是很沒前途且將收入微薄，然而所幸在我完成此書之後，很快地，情勢便有所改觀了（我在《東方主義》的前言之中，曾對我遇到第一位出版商的好運道一事加以描述）。

在英、美兩國，這本書都引起了很大的注目（一九七九年，本書的英國版也上市了），其中有些是很有敵意的（可以預期的），有些則根本是不了解，但大部份都是正面且熱烈的回應。而自一九八〇年法文版推出現後，其他語言的譯本也相繼跟著出現，到目前為止，各種譯本還在持續增加中，但也因而產生了許多爭議與討論，只是有些他們所使用的語言，我實在無能為力去了解。其中一個最明顯也仍在爭議的，是出現在阿拉伯文譯本中，由敘利亞一位有才華的詩人兼批評家狄伯（Kamal Abu Deeb）所翻譯，待會兒我會再討論它。在這之後，《東方主義》也陸續出現了日語、德語、葡萄牙語、義大利語、波蘭語、西班牙語、加泰隆尼亞語（Catalan）、土耳其語、賽爾維亞．克羅埃西亞語和瑞典語等譯本（一九九三年，這本書在瑞典更成為最暢銷的書籍，讓我及當地的出版商都覺得很迷惑），而其他尚有許多不同語言的翻譯工作也正在進行或即將出版（如希臘語、俄語、挪威語和中文）。據其他一兩篇報導指出，其他的歐語及以色列版的譯本也即將出爐，而在伊朗及巴基斯坦，也有本書的部份翻譯以海盜版形式出現在市面上，另有許多其他的譯文，特別是我所知道的日文譯本，已經有不只一個版本。所有這些版本都還在付印之中，偶爾引起了當地的熱烈討論，這是當初我在寫作此書時所始料未及的。

（以上情形）所造成的結果便是，幾乎以一種像波赫士式（Borgesian）〔譯註：阿根廷詩人，1899-1986，短篇故事作者與政論家〕作品引起的效應，《東方主義》變成好幾本不一樣的書了，到目前為止，我已（能）讀懂其中陸續出現的幾個版本，加上我自己在《東方主義》之後又寫了八、九本書，再加上許多篇論文，所以在此想要來討論這些陌生的、不安的且始料未及的多形貌（polymorphousness），我也試著回頭去讀別人談論我在書中所寫的內容。很明顯地，我將要嘗試糾正一些誤讀，並且對一些刻意作錯誤詮釋的情形加以更正。

《東方主義》變成一本很有用的書，是當時寫作的我遠遠沒有預料到的，我將重新審視其中的論辯和知識發展以說明何以會如此。這重點並不在於我要為自己評分或恭賀，而是希望能標示並記錄下一個更廣義的作者身分，希望能超越一種感受：在從事創作一件作品時，常常感覺到那種作為一個孤立存在（solitary beings）的自我主義（egoism）。因為，不管從哪一種觀點來看，我認為《東方主義》似乎已經變成一本集體創作的書籍，我好像不是其（唯一）作者了，而這也非當初我在寫作本書時所能預料的。

我開始提出一點關於本書最讓我感到懊惱，並且是直到現今（一九九四年）讓我花最多力氣去克服爭論的一項反應，那就是或許被惡意的或贊同性的評論者所誤導——誇大其辭地說道，本書是大家所稱的一種反西方主義（anti-Westernism）。這種論點包含兩個部份，有時被放在一起，有時則是分開來討論。第一部份是譴責我，並且宣稱這種東方主義的現象只是試圖以特殊的一部份來代表整個西方，或者說是一種縮影象徵，事實上應該要考量整體來表現西方才是。設若如是，可以進一步推論，整個西方可說是阿拉伯和伊斯蘭世界的敵人，或者也可以說，西方是所有受苦於西方殖民主義及偏見之下的伊朗人、中國人、印度人以及其他所有的非歐洲人的敵人。

這個論點的第二部份也一樣過度延伸了，就是論到掠奪性的西方以及東方主義早就侵入伊斯蘭和阿拉伯世界（注意此處的「東方主義」和「西方」已經彼此交錯混雜了），既然如此，東方主義與東方學專家就該被看待成是一種藉口，而如此的說法是為了要作一種正好相反的論調，亦即論道伊斯蘭世界是很完好的，而這就是唯一的方式（*al-halal-wahid*）等等，並且認為像我在本書中對東方主義所作的批判，事實上便是一種伊斯蘭主義或穆斯林基本教義論（fundamentalism）的忠實支持者的反應！

也許大家不曉得在本書中這些諷刺性的對比描寫，其實是產自於一個明確反本質論（anti-essentialist）者之手所進行的討論，作者對於像東方、西方這種類別劃分採取極度懷疑立場，並且也很鉅細靡遺地小心**不**為東方和伊斯蘭「辯護」甚或加以討論。但事實上，《東方主義》在阿拉伯世界已經被解讀並書寫成是一個對伊斯蘭及阿拉伯人的系統性辯護，即使我一再明白地表示我對真正的東方或伊斯蘭到底是什麼，沒有興趣而且也沒有能力去談。其實，在本書相當前面的討論中，我也提到不少，就是關於「東方」和「西方」

這些字彙，並無對應到某種穩定的實體，並讓我們視其存在為自然事實（natural fact）；更甚的是，所有這一類地理學的指稱，根本就是一種經驗與想像的奇怪組合，現今在英國、法國及美國所流通的東方概念，其根源不僅是一種企圖加以描述的衝動，並且也是一種具支配性且有點防禦味道的衝動。就像我試著要去指出的，只要是說到伊斯蘭作為一個特別危險的東方之具現，一切都將變得非常真實且有力。

無論如何，以上所要表明的核心要點是，如維科所教導我們的，人類的歷史是由人類所製造出來的。不僅為了領土控制權而爭是歷史的一部份，為了歷史和社會意義而抗爭也是其中的重要部份。對批判學者而言，任務倒不是要將不同的抗爭區別開來，而是要把他們扣連在一起，儘管這兩者之間，在前者佔優勢的物質性與後者那很明顯是超世俗性的精練講究之間，有相當大的對比。而我的（分析）方式則是去表明，每一個文化的發展與維繫都需要另一個與之相異且具有競爭力的**另類自我**（alter ego）存在著。認同的建構——對認同而言，不管是東方或西方、法國或英國，任何一種可區別的集體經驗之寶庫，在我看來，終究是一種建構——總會牽涉到對立物和「他者」的建構，而其真實性也總是受制於「我們」對他們的差異性的詮釋與再詮釋。每一個年代、每一個社會，其「他者」總被一再地創造出來。而這種自我或「他者」認同是一個歷史、社會、知識和政治過程所產生的東西，它絕不是靜態的，反而比較像是一種競賽，一種發生在所有的社會之中，並且將個人與體制都牽連在內的競賽。當今的一些爭議，如分別在法國和英國所發生的「法國性

（質）」（Frenchness）和「美國性（質）」（Englishness）之爭議，或者像在埃及與巴基斯坦所產生的關於伊斯蘭的爭論，到底他們是外人和難民，或者是叛教者和異教徒，這一類的爭議，其實都是一種關連到不同「他者」的認同之詮釋過程的一部份。這過程很明顯絕不只是一種心智活動（mental exercises），而是一種急迫的社會競賽，且這競賽牽涉到一些具體的政治議題，如移民法規、有關個人行為的立法、正統的憲章、暴力與／起義的正當化、教育的特質與內涵，以及外交政策的導向等，而這些都與指定官方敵人的工作有所關連。簡而言之，認同的建構與每一個社會中有權和無權的特定傾向有緊密的關連，所以這絕不是一種學術性的無心之作而已。

而造成這些流動且格外豐富的真實情況會這麼難以被接受的原因，是由於大部份的人們都抗拒接受其中潛藏的理念，那就是人們的認同不僅不是自然且穩定的，而且是被建構出來的，甚至有時是徹底（由無至有）被發明出來的。對這一本《東方主義》或其後傳統的發明》（*The Invention of Tradition*）和《黑色的雅典娜》（Black Athena）（註1）的抗拒與敵意，部份應該是根源於一種天真的信念，認為文化、自我與民族認同都有其不移的正確性與不變的歷史性存在，這些著作破壞了此種天真的信念。

《東方主義》會被讀成一種對伊斯蘭的捍衛，其實是對我的一半立論加以壓制所致，我說過（就像我也在稍後的另一本書《遮蔽的伊斯蘭》〔*Covering Islam*〕中提及），即使是我們初生所屬的社群，也不能免於這種詮釋的競賽（interpretive contest），而我也說過，在西方世界中的伊斯蘭之出現、回歸與復甦，其實是發生在伊斯蘭社會中一場對伊斯蘭定義的鬥爭。沒有任何單一個人、權威或體制可以完全地掌控此定義，所以，當然也就沒有人能完全地掌控這一場競賽。基本教義派所犯的認識論錯誤便是認為「基本（教義）」（fundamentals）是屬於反歷史的範疇，可以不受制於真正信徒的批判性審視，並超越信徒之上，預設信徒原本就應該基於信仰而加以接受。對那些堅持要恢復或復振早期伊斯蘭詮釋版本的人來說，東方主義者像魯西迪（Salman Rushdie）者流擅改版本或提出質疑，並膽敢說到那基本教義是欺詐或非神（聖）的，根本就是危險份子。對他們（指基本教義派）而言，我的這一本書，不僅能指出東方主義者們的邪惡與危險性，並且也自其掌控之中多少搶救了伊斯蘭。

其實我當初幾乎沒有料想到我是在做這些事情，但他們如此堅稱道。這其中的理由有二，首先，人類的現實是持續地在被製造與瓦解，而任何一種穩定本質的存在，其實都一直受到威脅，但沒有人能夠無憂無懼地對此命題泰然處之，而沒有絲毫埋怨。愛國主義者、極端仇外的民族主義者，以及非常不愉快的沙文主義者，都可能是這種懼怕的共同反應。我們大家都需要站在一定的基礎上，但問題是，這個基礎的成分是如何地極端與不變。在這個關於本質的伊斯蘭或東方的例子上，我的立場是，意象就是意象，它可以同時被穆斯林信仰社群，也可以被（此種對應是同樣重要的）東方學專家社群所擁護。我之所以反對東方主義，並不是因為他們是針對東方語言、社會和民族所作的古老研究，而是因為這一套思想體系，站在一個非批判性的本質論者之立場，去探索一個異質性高、動態而又複雜的人類現實；這就暗示了一個持續存在的東方現實，以及一個對立並同樣持續存在的西方本質，也可以說後者是在遙遠且高高在上的地方觀察著東方。而這個虛假的位置又掩蓋了歷史變遷，更重要的是，由我的立場來看，它同時遮掩了東方主義者之**利益**，儘管嘗試著要去將東方主義作為一個單純的學術上的努力，和東方主義作為帝國的共犯這兩者作一個細膩的區分，但那也無法將之與自拿破崙一七九八年侵入埃及後，便已開啟了一般性帝國（統治）的現代全球歷史新紀元之脈絡作單方面的分離。

我知道早自歐洲近代剛開始與東方遭逢之時，強、弱勢的極端對比便已經相當明顯了。拿破崙那故意裝得莊嚴宏偉的腔調所作的《埃及描述》，其浩瀚林立的數卷鉅著，只是在證實整團的**學者專家**的系統性勞動是由殖民征服者的現代軍隊所支撐，讓其他像賈巴提（Abd al-Rahman al-Jabarti）的個人證詞馬上便顯得弱勢而氣短，賈巴提在其三卷書籍中，是由被侵入者的角度來描述法國入侵這件事。也許有人會說《埃及描述》只是對十九世紀早期的埃及所作的一個科學——所以也是客觀的——描述罷了；但是賈巴提（他不為被拿破崙所知，反而是被拿破崙忽略的人）所呈現的卻絕非如此，拿破崙的「客觀」描述，其實是站在一個擁有權力的立足點而試著去掌控埃及，將之納入法國的帝國統治範圍；至於賈巴提的描述，則只不過是由某個已付出代價，並且象徵性地來說，是被擄掠與征服的人，所作的描述罷了！

換句話說，東方與西方不能一直被視為是存在於無生命力的文件中永遠對立的兩方，《埃及描述》與賈巴提的編年紀事共同構成了一個歷史經驗，在那之中有其他的東西發展演化出來，而在那之前，也有其他的事物存在著。比起不知不覺地又陷入像「東、西方衝突」的刻板印象，其實要將這一整套經驗的歷史動態作一探究，是更迫切需要的，而這也是《東方主義》會被不當地解讀，甚至是毫無理由和故意附上追溯性的內涵，稱之為是一部暗地裡反西方（anti-Western）的作品，而此種解讀（就像任何其他立基於一種假設性、靜態性的二分對立法所作的解讀一樣）更揭舉出伊斯蘭那無辜且受委屈的形象。

而第二個關於我的反本質論立場之所以難以被接受的理由，則是由於政治性，且更是意識形態的緣故，我當初一點也沒料想到，在這本書出版的一年之後，伊朗會變成一個如此不尋常且影響廣大的伊斯蘭革命之發生地，而且沒料想到自一九八二年黎巴嫩入侵直至一九八七年底印特法達之役（*intifada*）開始〔譯註：印特法達之役指的是阿拉伯的巴勒斯坦人，在一九八七年十二月起而抗議以色列佔領約旦河西岸與加薩走廊所發動之反抗〕，以色列與巴勒斯坦間的戰爭，會演變並拖延成如此殘暴的形式。冷戰結束並沒有使東、西方之間無止境的衝突噤聲，更別說是因而終止，這其實很明顯地表現在阿拉伯和伊斯蘭世界與西方基督宗教世界兩邊之間的衝突。而最近以來，同樣尖銳的對抗更發展成為蘇聯入侵阿富汗的結果，對現狀的挑戰尚有：在一九八〇與一九九〇年代，伊斯蘭團體在各個不同的國家如：阿爾及利亞、約旦、黎巴嫩、埃及和佔領區（the Occupied Territories）之活動，及其引發各式各樣的美、歐反應，而伊斯蘭軍團也自其巴基斯坦基地成軍，並在阿富汗境內對抗蘇聯、波灣戰爭、對以色列的持續支援、「伊斯蘭」的興起之成為充滿警覺性的新聞界與學術界所關心的主題，雖然說其內容不完全精確而又訊息正確，但所有的這些都會煽動人們感覺被迫害之情緒，讓他們覺得甚至連在日常生活之中，都得宣稱自己到底是西方人還是東方人，似乎沒有人能逃得開此種在「我們」與「他們」之間的對立，而這也會造成原本尚未特別有根基的認同變得更增強、深化與堅固。

在如此騷動不安的情境下，《東方主義》的命運是幸但也是不幸，對那些身在阿拉伯與伊斯蘭世界，並且對西方之入侵深感憂慮與緊張的人來說，他們似乎認為這是第一本給西方一個嚴肅回應的書籍，因為西方從來就沒有真正去傾聽東方的聲音，或者從未原諒東方人之為東方人。我還記得曾經有一篇阿拉伯的書評描述本書作者是一個阿拉伯主義的鬥士（a champion of Arabism），為被蹂躪苛待者捍衛的勇士，他的任務便是要以一種史詩式與具浪漫情懷的頭破血流正面衝突（*mano-a-mano*）來與西方的權威交戰，儘管這實在有點誇張與言過其實，但的確也透過了阿拉伯長久以來所感受到來自西方的敵意，並且也傳達了一項反應，就是許多受過教育的阿拉伯人確實都有如此的感受。

在寫作本書時，我引用了馬克思的話「他們不能再現自己；必須經過再現詮釋。」作為書前的題辭，我並不否認其實我早就明瞭這個主觀性真理其中暗含的諷刺意味，那就是當你感覺到你的發言機會被拒絕了，你可能會更激烈地努力嘗試要去爭取那機會。當然，賤民是**能夠**發言的，二十世紀的解放運動的歷史已經明白地證實了這一點，但我從來也不覺得我是在推波助瀾兩個敵對陣營、兩個政治與文化上根深柢固的集團之間的敵意，我其實是在描述這兩大陣營的建構，並且試著將其恐怖的關連效應減低。相反地，就如同我前面所說的，東方與西方的這種對峙不僅是一種誤導，而且是不必要的；（這種東、西方對立）在事實的描述工作上除了視為一部充滿詮釋與利益競逐的引人入勝之歷史外，無需太過節外生枝，這樣會更好。但另一方面，許多英、美和其他非、亞、澳洲及加勒比海區域的英語世界讀者，會視本書所要強調的真實內涵為一種多元文化主義（multiculturalism），而非仇外、懼外與具攻擊性的具種族傾向之民族主義，我很樂意將此情形記錄下來。

雖然如此，但是《東方主義》仍常常被認為是一種為處於受壓迫地位者的證言，是世界上那些不幸人們的反擊之聲，而不被認為是對利用知識來增強自身權力所作的多元文化批判。所以，身為本書作者的我，就被認為在扮演一個被指派好的角色：是一種自我再現的意識，這種意識在過去已知的學術文本之中，總是被壓抑與被扭曲，而這些文本的論述乃經過精心設計，它並非被東方人，而是被西方人所閱讀。這一點非常重要，它引入了固定認同（fixed identities）的意涵，但這種為永久性區隔而爭戰的概念，卻是我在本書中特別宣誓要放棄的，很弔詭地，它又正是我在書中所預設與仰賴的，但似乎沒有任何一位我所提及的東方學專家，曾經有意將東方人視為其讀者。東方主義的論述，它的內在一致性及其嚴格的流程，都是為西方宗主國的讀者與消費者所設計的，這在我所衷心景仰的藍尼與福樓拜身上是如此，他們都對埃及深深地著迷；其他像克羅莫這樣傲慢的殖民行政官員，像雷南那樣優秀的學者，與像巴佛一般的貴族而言，也都是如此，他們都對他們所統治或研究的東方人，或紆尊降貴地表示高傲的關懷，或根本就是很厭惡。我必須坦承作為一位不速之客，在傾聽這些東方學專家學者們彼此間各式各樣的發表與討論時，我多少是覺得愉快的，而將我的發現與想法公諸於世給歐洲人及非歐洲人知曉，也令我覺得愉悅。無疑地，這之所以會成為可能，乃是由於我遊走東、西方帝國分野之間，我進入了西方的生活圈，但我也一直與原來生長的地方保持一些有機聯繫。我寧願在此再次說明，這樣的經歷，是一種超越障礙的過程，而不是維繫著一種障礙；我相信《東方主義》這本書可以展現這一點，特別是當我言及人文研究就是一種理想性的追求，一種超越思想的壓迫性箝制，並且努力朝向非支配性、非本質主義式的學習典範。

事實上，這些考量的確給了我許多壓力。這本書要再現一種傷者的誓約和受苦受難者的記錄，且代表長久以來被期待卻總是太晚來到的一段對西方的反擊之詳述。在此，我並不打算太過謙虛，那會顯得虛偽，我只是覺得很遺憾本書如此簡單地被歸類，因為它將不同的人物、時期與各種形式的東方學作很細微的區別。我的每一點分析都將那（既有）的圖像改變了，將那差異性與區辨性更增加了些，並且也將作者與時期都作了分別，雖然這些全都跟東方主義有所關連。所以，若是用完全相同的強調重點去閱讀我對夏多布里昂和福樓拜的分析，或是去讀我對波頓和藍尼的分析，而後化約地導出一個陳舊的公式說道：「這是在攻擊西方文明」，則我認為這真的是一個太簡化而又錯誤的說法！但我也相信，以如此的方式去解讀近期的東方學權威專家們的作品是完全正確的，例如，路易斯這位幾乎是滑稽且始終如一的學者，一直持續試著要將他的政治動機和敵視的目擊者立場，隱藏在其柔和有禮的語氣及不夠具說服力的學識展現之下。

所以，我又得再一次對本書的政治和歷史脈絡作個討論，我從來不曾假裝本書中的內容與這些是不相干的。而這兩者的關連，一篇由莫沙藍（Baism Musallam）（MERIP, 1979）所寫的評論，可說是最具洞察力、獨具慧眼且又有鑑別力的陳述之一。他首先比較本書和另一本由一位黎巴嫩學者羅斯頓（Michael Rustum）在一八九五年所寫的《衰敗與毀滅之書》（*Kitab al-Gharib fi al-Gharb*），那也是想將東方學去神祕化的早期著作，而後說道，這兩本書最大的差別，在於我的書是有關失落（loss），但羅斯頓的書則非如此；莫沙藍說道：

> 羅斯頓寫的樣子就好像他是個自由的人，且是自由社會中的成員一般：一個敘利亞人，說阿拉伯語，依舊獨立的鄂圖曼土耳其國家的公民……但薩依德和羅斯頓不同，他並沒有一個已接受了的認同，他（筆下）的**民族**是仍舊處於爭論之中的，薩依德及他們那一代的人們，可能有時候會覺得他們是站在一個不穩固的基礎上，處於羅斯頓（筆下）的敘利亞社會殘敗之餘燼上或其記憶中，亞洲和非洲的其他人們在民族解放年代終獲得成功；但在這兒，正好相反，而也讓人覺得痛苦，對那壓倒性優勢的一方之拚命抗拒至今終究是惘然，所以寫這本書的不是任何一位「阿拉伯人」，而是一位有特定的背景和經驗的阿拉伯人（頁22）。

莫沙藍說得沒錯，阿爾及利亞人絕不會寫一本如此悲觀的書，我在本書中對法國與北非，特別是與阿爾及利亞關係的歷史，討論得很少。對《東方主義》這本書的一般印象，都認為它是出自於一段有關個人的失落感和民族解體之極為具體歷史，我基本上接受這樣的說法——就在我寫《東方主義》的數年以前，梅爾總理（Golda Meir）曾經發表過一段有名且非常東方主義式的議論，認為並沒有巴勒斯坦民族存在——而我也在此要再加入一些說明，除了本書以外，我在其後很快問世的《巴勒斯坦問題》（*The Question of Palestine*, 1980）和《遮蔽的伊斯蘭》（1981）兩本書，都不是要去提議一套恢復認同與復興民族主義的政治綱領，當然，在稍後的那兩本書中，我的確嘗試著要去對《東方主義》書中可能遺漏的部份作些補充，也就是由我個人的觀點出發，意圖將東方的某一部份（分別為巴勒斯坦與伊斯蘭）之替代圖像呈現出來。

但基本上來說，在我所有的著作中，我對那種幸災樂禍、冷眼旁觀式和沒有批判性的民族主義，都是抱持批判態度的。我所再現出的伊斯蘭圖像絕不是一種斷言式的論述、武斷的言論或正統之教條，而是立基於一種想法，認為在伊斯蘭世界之內與之外存有多個詮釋社群（communities of interpretation），他們在平等性對話之中與彼此相互溝通。我對巴勒斯坦的看法，從最初形成《巴勒斯坦問題》一書到現在，都沒有改變：對那基於民族共識而有的漫不經心的本土主義（nativism）和好戰的軍國主義（militarism），我抱持相當保留的態度；取而代之，我倒認為應該要對阿拉伯環境、巴勒斯坦的歷史和以色列的現實，都加以批判性地審視，而據此所獲致的明確結論便是，只有這兩個受苦受難的社群——阿拉伯人和猶太人——彼此協商和解，才能中止這一場無止盡的戰爭。（在此我要特別說明白的是，雖然我那本關於巴勒斯坦的書，曾在一九八〇年代初被譯為典雅的希伯來文，由一個以色列小出版商米法爾斯〔Mifras〕出版，但其阿拉伯文譯本至今仍未出現，每一個對此書有興趣的阿拉伯出版商，都要求把書中公開批判阿拉伯政權〔包括PLO〕的章節刪去或作修改，但這樣的要求，我一直拒絕接受。）

儘管有狄伯的傑出翻譯，但我仍覺得遺憾並要說明的是，阿拉伯世界之接受《東方主義》，仍然刻意地漠視了我想竭力減低的那種民族主義狂熱的努力，但這點隱含在我對東方主義所做的批判，我將此一批判結合於對帝國主義支配與控制的驅力之討論中。狄伯不辭辛勞地翻譯此書，其最大的成就便是他極力迴避將西方式的表達阿拉伯化；一些專門的術語像**論述**（discourse）、**影像**（simulacrum）、**典範**（paradigm）或**符碼**（code）等，都在阿拉伯古典修辭傳統中被翻譯表現出來，他的理念在於欲將我的作品放置在一個已完全成形的傳統之中，就好像他可以由一個文化適當且平等的觀點來討論另一個文化，而他的理由是，如此一來，我們也許便能夠，不僅可在西方的傳統中，也可以在阿拉伯的傳統中，提出認識論批判。

然而，當那被情緒所界定出的阿拉伯世界，激烈地遭逢到一個更是由情緒所經驗的西方世界時所形成的觀感便會將如下的事實給淹沒：事實上，《東方主義》是意圖成為一種批判研究，而不是要去肯定爭戰或無望的反命題式認同。再者，在本書最後幾頁中，我所描述的強大論述體系鞏固霸權之現實，用意乃在作一種開場式的砲火，希望能激發阿拉伯世界的讀者與評論家能更毅然決然地去與東方主義的系統進行論戰。我一方面被譴責，說應該更注意到馬克思（舉例來說，阿拉伯和印度的教條式批評家挑出我書中一些文字段落，其中涉及馬克思本身的東方主義），因為馬克思的思想體系被認定已經超越其顯然的偏見，另一方面，也有批評說我沒有給東方主義及西方等等偉大成就正面的評價，我認為，當我在替伊斯蘭（世界）辯護時，我若又去依賴那統整一貫的系統如馬克思主義或「西方」，似乎會變成在用一個正統說法去對另一個正統痛加攻擊罷了。

我認為，阿拉伯世界與其他地方對《東方主義》的反應之差別，乃在於其能正確地表示出，阿拉伯地區的知識和文化生活是如何地受到數十年以來的失落、挫折和缺乏民主的影響。我意圖要讓本書可以成為先存於當今思潮的一部份，而其目的便是要解放知識份子，讓知識份子從像東方主義的系統性桎梏中解放出來，我希望讀者們可以善加利用我的書，並以豐富多量且促發潛能的模式生產出一些他們自己的新研究，闡明阿拉伯與其他地方的歷史經驗，那當然已經在歐洲、美洲、澳洲、印度次大陸、加勒比海、愛爾蘭、拉丁美洲，以及非洲的部份地區發生過了，因此被激發鼓舞而出現的非洲學（Africanist）及印度學論述（Indological discourse）的研究、賤民歷史的分析，後殖民人類學、政治科學、藝術史、文學批評和音樂學等研究領域的重新形構，再加上女性主義和弱勢團體論述的長足新進展——所有的這些，都證實了《東方主義》的確造成了不凡的影響，這真的讓我覺得欣慰且有受寵若驚之感。（到目前為止，我所能斷定的只有）阿拉伯世界似乎沒有如上所述的情形，這其中的原因，部份是由於我的作品在那兒被正確地認為是有歐洲中心意涵的文本，而部份則是如莫沙藍所說的，文化存續之戰在那兒是一個太熱門的話題，以致像我的書，會被詮釋成一種較支持「西方」或是反對「西方」的防衛性表態，而不是有用處或具生產力的說法。

雖然如此，在美國和英國學術界那明確嚴謹與不苟且的條理之中，《東方主義》以及我所有的其他著作，因為其中所「殘餘」的人文主義、其中的理論不一致性、對行動主體處理的不足，或甚至是太過情緒化的處理等，也已經招致了許多不以為然的批評，而我很高興見到如此的批評！《東方主義》原本就是一本有派別立場的書（a partisan book），而不是一本理論機器。儘管有思想體系、論述與霸權的存在（事實上，它們從來就不是完美無瑕，也非絕對必要存在），沒有人能充分地顯示，從某種深奧不可傳授的層次，從來沒有一種個人的努力不會被認為是古怪，或如霍布金斯（Gerard Manley Hopkins）所言的**原創的**（original）。我對東方主義的興趣所在，是將之視為一個文化現象（就像我在一九九三年出版的《文化與帝國主義》（*Culture and Imperialism*）結語中所說的帝國主義文化），而這個興趣是來自於其多變性與不可預測性，也就是這兩種特質給了像馬西格農和波頓等作家們驚人的力量及吸引力。我在對東方主義所作的分析中，試著要保存的，便是將這一致性和不一致性結合起來。也就是說，只有在我為了我自己，作為一個作者和批評家，保留了某種情緒力量的權利，保留了被感動、生氣、驚訝和愉悅的權利時，這種運作才能產生。這也就是為何在普拉客西（Gayan Prakash）與歐杭龍（Rosalind O'Hanlon）、瓦西布魯克（David Washbrook）的論辯中，我認為普拉客西更富變化的後結構主義應該會得到其所應得的公平對待的原因（註2）。同樣地，荷米．巴巴（Homi Bhabha）、史碧伐克（Gayatri Spivak）和藍地

（Ashis Nandy）的作品指出的殖民主義所造成的主體關係的紛亂時刻，對我們了解到像東方主義體系所設下的人文主義陷阱所做的貢獻，是絕對不能被否定的。

最後，在一一檢視了《東方主義》的這些批判性質變（transmutations）之後，我還得提到在意料之中會出現的另一群人，那就是對本書反應最激烈和喧囂的那些東方學者。他們其實根本就不是我這本書訴求的**主要**讀者群，我的用意只是要藉由說明他們的作為，來突顯一個專業領域中特殊的運作程序與系譜學，以便讓其他的人文學者明瞭。「東方學」這個字眼被認為是一個專業性的研究專長，已經很久了，我試著要將其在一般文化、文學、意識形態與社會及政治態度中的運用與存在加以闡明，故當提及某個人是東方人時，就像那些東方學者常做的，並不是僅僅涉及這個人的言語、地理和歷史等這些作為學術性論文的背景材料，更常意涵著東方人是一種較沒教養的人類，是一種具貶抑意味的表達。但這也不是要去否定像聶瓦和賽加侖等文學家們所使用的「東方」字眼時，那麼棒而又那麼巧妙地將其與異國情調、魅力、神祕感和許諾等相連結，但這也是一種概括性的歷史推論。除了像**東方**、**東方人**和**東方學**等字眼的使用之外，**東方學專家**這個詞語也變成代表那些博學的學者，且主要是指那些對東方語言和歷史有專精研究的學術界專家。然而，就如胡拉尼在他不幸意外過世的前幾個月，即一九九二年三月寫信給我時所說的，正由於我的申論威力強大（他說他不可能因此而責難我），所以這本書便造成了一種令人遺憾的效果，那就是「東方學」成為一個常被濫用的詞語，以致幾乎再也不可能以中性的方式去使用「東方學」這個專有名詞了，他因此下結論道，他仍會繼續保留並使用此字，但是只用它來描述「一個有限的、有些含糊卻仍有其正當性的學術研究專門學科」。

胡拉尼一九七九年所作的一篇對《東方主義》堪稱公允的評論中，提出他的主要反對意見，那就是認為我只挑選許多東方學作品中的誇張、種族歧視和敵意來討論，卻忽略了應該也要提及其中尚有許多學術及人文學成就。他所提出來的人名包括哈吉森（Marshall Hodgson）、柯亨（Claude Cohen）、雷蒙（André Raymond）等，和其他以嚴謹著名的德國作家們，都應該要被承認是對人類知識有真正貢獻的人。但是，我認為這並不會與我在《東方主義》書中所討論的內容有所衝突，差別只是在於我堅持認為，在論述本身之中的態度結構如此普遍，絕對不能輕易地就將之抹煞掉或不予以考量。而事實上，我也從來沒有在任何一處說過東方學是邪惡或草率，或說所有的作品與每一個東方學專家都一模一樣。我倒是說過，東方學專家所形成的**行會**（guild），其與帝國主義權力之間的共謀，有一段特殊的歷史，但這被過度樂觀者（Panglossian）認為是不相干的。

所以，雖然我同情胡拉尼的辯解，但我也同時強烈地懷疑，東方學這個概念，在與其複雜且並不總是愉快的環境完全脫離之後，是否能被適當地了解，我想人們充其量能夠想像得到的東方學專家，就如胡拉尼所指稱的，大約便是像對奧圖曼或法帝瑪（王朝）檔案（Ottoman or Fatimid archives）有專精研究的人，但我們其實更需要去追問的是，這類的研究**今日**仍在何處進行？如何進行？是什麼樣的機構和部門在支持著？在我這本書之後，也有許多作者問到同樣的問題，甚至包括那些最鮮為人知與最超脫世俗的學者，有時候往往也有破壞性的結果產生。

但是，仍然有一些批評的聲音持續著，其論調主要是針對東方學批評（特別是我的批評）而來的，他們認為東方學批評不僅是無意義的，而且也違背了不涉個人利益偏好之學術圈的基本理念。這項批評主要是由路易斯所提出的，我在本書中有數頁批判文字是針對他而寫的，在《東方主義》問世後十五年，路易斯寫了一系列的論文，其中有部份收錄在《伊斯蘭與西方》（*Islam and the West*）一書。其中收錄了一篇對我的批評，而那裡面的論點與其他相關的章節、論文都圍繞著一個主題：欲推動一個鬆散且有東方學專家特色的公式——穆斯林對現代性相當不滿，伊斯蘭世界從來就沒有政教分離過（教會和國家不曾區分開來）等等——他們的這些發言，充斥著極端的概化，並且很少提及穆斯林個人之間、各個穆斯林社會之間、穆斯林傳統與年代之間的差異性。既然路易斯自許為我所主要批評的對象——東方學專家行會——的發言人，在此我要多花一些時間來談論他的步驟程序：可嘆啊！他的想法算是相當流行於他的那些助手或模仿者之間，他們的任務似乎就是要警告西方的消費者，要小心那些來自伊斯蘭世界被激怒的、先天就不民主且暴力的威脅。

路易斯的長篇大論並無法隱藏他的立場之意識形態基礎，也不能掩飾他那幾乎將每件事情都搞錯的超凡能力，當然，這種特質在東方學專家們的血統裡並不少見，只是其中有一些人至少會比較坦白地承認他們對伊斯蘭和其他非歐洲民族充滿著貶抑。但路易斯並不是這類誠實人們中的一個。他由扭曲真相著手，並且透過影射的手法應用了一些錯誤的類比與方法，他還用一種他認為學者該有的、虛偽的談話方式，並且以無所不知的篤定權威姿態來故弄玄虛，舉個典型的例子來說，他將我對東方學的批判與一個對古物研究的假設性攻擊類比，他認為這根本是一項愚蠢的舉措。東方主義和泛希臘主義（Hellenism）當然是不可以互相比較的，前者乃是嘗試著要去描述世界上的一個整體區域，並將其當作伴隨這個區域殖民征服而來的產物，而後者則與希臘在十九和二十世紀的殖民征服一點關連都沒有，除此之外，東方主義表現的是對伊斯蘭的憎惡，但泛希臘主義卻是對古希臘有相當的同情理解。

除此之外，有大量種族歧視性的反阿拉伯和反穆斯林的刻板印象（但卻沒有類似對古希臘的攻擊），當今的政治時局讓路易能以其學術論辯的形式，挾帶其反歷史與剛愎的政治主張，而此類學術論辯正是一種與舊式殖民式東方主義之最不可信賴的層面完全掛勾的作為（註3）。所以，路易斯的著作根本就是現今政治——而非純粹知識——環境中的一部份。

就如他所指出的，東方學的一個分支討論伊斯蘭與阿拉伯世界，是一學術分科，因此便可以將之歸為與古典語文學同一類別，這實在很荒謬，就好比把已經在為約旦河西岸和加薩走廊佔領區權威當局做事的以色列阿拉伯專家及東方學專家之一，和像威拉莫威茲（Wilamowitz）或莫姆森（Mommsen）等學者相較，是同樣不恰當的。在一方面，路易斯希望能把伊斯蘭東方學的地位，化約成一門天真無辜而又熱情洋溢的學門科系，而在另一方面，他又冀望能將東方學偽裝成是具有很複雜、多樣且專門的形式，以致任何非東方學專家（像我以及其他許多人）無法對之加以批判。路易斯此處的策略，其實是欲將大量的歷史經驗都潛抑住。就如我所指出的，歐洲人對伊斯蘭的興趣不是出於好奇求知心，而是源自於畏懼，他們其實是在害怕對基督宗教來說，在一神信仰上、文化上及軍事上等各方面都很難纏的競爭對手。正如許多歷史學家曾指出的，早期歐洲的伊斯蘭學者都是中世紀的辯士，他們寫作是為了防護伊斯蘭黨羽和叛教徒們的威脅。大體而言就是如此，這種結合了害怕與敵意的情緒一直持續至今，不管是學術性的或非學術性的，他們會注意到的伊斯蘭，均是將其視為屬於世界另一部份——東方——與歐洲和西方是**對立**的，不管是想像性、地理學上的或是歷史上均相互抗衡。

而關於伊斯蘭和阿拉伯東方學最有趣的問題便是：第一，中世紀的遺跡，似乎仍以相同的形貌根深柢固地持續著；第二，針對東方學和生產出它的社會之間的各種關係作社會學和歷史學的探討。例如，在東方學和文學想像及帝國主義意識之間，存有相當強烈的**親近性**，而驚人之處乃是，在歐洲歷史中的許多時期，學者專家所寫的有關伊斯蘭的內容與詩人、小說家、政治家和記者們所說的內容之間有著交流相通。除此之外——這也是很重要的一點，但路易斯拒絕去作探討——在現代東方學術之崛起與英、法所佔據之遼闊的東方帝國二者之間，可以進行一個相當不尋常（但可理解）的平行類比。

雖然英國正統的古典教育與大英帝國之擴張，兩者之間的關連，比路易斯所能料想到的更要複雜，但最為顯著的對比，則是存在於當代語源學史裡東方學個案中權力與知識之間的關係。殖民強權運用了許多東方學專家所生產出的學術作品中有關伊斯蘭和東方的資訊及知識，來為它們自己的殖民主義作合理化的狡辯。最近一份由許多人合作而成的研究，《東方主義與後殖民困境》（*Orientalism and the Postcolonial Predicament*）（註 4），由布列肯瑞奇（Carl A. Breckenridge）和德．維爾（Peter Van der Veer）所編纂，便舉證出豐富的文獻來說明東方學的知識如何為南亞殖民官員所使用。所以在區域研究學者，如那些東方學專家們，與主管外交事務的政府部門之間，其實一直持續有交流。除此之外，許多和伊斯蘭與阿拉伯有所關連的刻板印象，如淫蕩、懶散、宿命論、殘暴、墮落和華麗等，也都可以從一些作家，上自布侃（John Buchan），下至奈波爾（V.S. Naipaul）的作品中發現，而這些也一直都是學術性東方學相關連領域的一些底層預設。相反地，在印度學（Indology）與漢學及其與一般文化之間，那些陳腔濫調的互換交流卻沒有那麼盛行，雖然說這之間的關係和彼此採借仍是要去留意的，另外在西方的漢學專家與印度學專家們所獲知的見解和許多歐洲及美國的伊斯蘭專業學者的情況亦無太大相似處，後者花了畢生精力去研究這個主題，卻仍然發覺到這種宗教與文化不可能受到喜愛，更不用說受到什麼讚賞了。

就如路易斯和他的模仿跟隨者所言，所有如此的觀察都只不過是為了要擁護「流行的主張」那一回事，但我認為這樣的說法並不能回答一些問題，例如：為何會有那麼多伊斯蘭專家過去且現在仍然是，例行性地為政府提供諮詢，或是主動地為其工作，但那些政府在伊斯蘭世界所作的設計安排，根本上就是在經濟剝削、支配或說是公然地侵略；或者為何會有如此多的伊斯蘭學者——像路易斯他自己——自願地感覺到並且認為，對當代阿拉伯或伊斯蘭民族發動攻擊是他們責任的一部份，而又裝模作樣地說「古典的」伊斯蘭文化可以是那些客觀無私的學術關懷目標。中世紀伊斯蘭行會歷史專家們，被國務院指派對在波斯灣地區的使節進行簡報有關美國安全利益的議題，這種現象並不是和路易斯所提及，古典語源學的相關領域學者之對古希臘的熱愛，有任何相似處。

因此，伊斯蘭及阿拉伯的東方學之研究專業領域總是會泰然地否認其與國家權力之共謀共犯，也就不足為奇了！而也是直到最近，像我稍前所描述的，對這種串聯共謀的內在批評才逐漸產生，而對這種批判，路易斯竟能發出那種驚人之語——這類東方學批判必然是「無意義」的，而另外一點也不足為疑的是：除了一些少數的例外，大部份那些產自於「專家們」對我的作品之負面批判，就如路易斯的批判，到後來都變成不過是一種呆板的描述，就像是某男爵的領地被一位粗魯的侵入者所冒瀆侵犯了。唯有一類專家（再次說明，有少數的例外），他們會試著去處理我所討論的——不只是關於東方學的內容，還包括它的關係、串聯、政治傾向和世界觀——即有一些漢學家們、印度學家們與年輕一代的中東學者們，能敏銳地感染到新近的影響以及東方學批判所蘊含的政治論辯。其中一個例子是哈佛大學的史瓦茲（Benjamin Schwartz），他利用在一九八二年亞洲研究協會的主席演說之場合，發表了他的看法，一方面不同意我的一些批判，但另一方面也從知識的角度歡迎我的論辯。

許多較資深的阿拉伯專家和伊斯蘭專家的反應則是，他們不自我反省，卻以一副傷慟欲絕似的氣憤來作回應，使用的字眼多為「誹謗」、「恥辱」、「中傷」，好像批判本身便是一種對至聖學術資產之不可容許的侵犯。在路易斯的辯護上，我們見到了一個引人注目的壞信仰（bad faith）作為，因為他不只是像大部份的東方學者，在美國國會、《評論》及其他許多地方，也都曾是一位狂熱反阿拉伯（及其他）主張的政治黨派份子之一。所以，回應他的所作所為，對他的一個恰當描述，應該要由政治上及社會學上的觀點，來解析當他在故作姿態地捍衛其專業領域的「榮譽」時，他所提出的答辯不過是一種精緻的意識形態性、半真相的混合糖衣，是設計出來誤導那些非專家的讀者。

簡言之，伊斯蘭或阿拉伯的東方學和現代歐洲文化的關係之探討，並不必然要同時將每一個曾經活在世界的東方學專家、每一個東方學傳統或是東方學專家們寫的所有東西加以歸類，而後將他們全拼在一起並稱之為腐敗的或沒價值的帝國主義。無論如何，我從來沒有如此做過。將東方學說成一種陰謀或暗示著「西方」是很邪惡的，乃公然的愚昧之論，但這兩種說法卻都很魯莽地被路易斯及其門徒之一——伊拉克的政治評論家馬其亞（Kanan Makiya）——將其歸諸在我身上。另一方面，將人們，不管他們是否為學者，針對東方之所為、所思、所言的情境脈絡，不論是文化的、政治的、意識形態的及制度性的，均壓抑住不去考量，真是太虛假了，就如我稍早所言，我們需了解到為何東方主義會被那麼多深思熟慮的非西方人所反對的理由，乃是由於其現代的論述，可以正確地視為一種在殖民主義年代所緣起的權力論述，這個見解極其重要，而這也正是最近一場很精采的研討會的主題：《殖民主義與文化》，由狄爾克斯（Nicholas B. Dirks）所編纂（註5）。在這一類的論述中，都有一種預設作為根基，亦即伊斯蘭是很單一且沒有變化的，所以它是可以被「專家們」為了有力的國內政治利益而加以行銷上市，並且，在這一類的論述中，不管是穆斯林、阿拉伯人或是任何去人性的低等民族，都無法認清他們自己是一種人類（human beings），而他們的觀察者也不會認為自己只是單純的學者。在現代的東方主義論述中，或是另一種為印地安人及非洲土著建構之相似知識的論述中，大部份他們所能見到的，乃是一種長期的傾向，去否認、壓抑或扭曲這一類思想體系的文化脈絡，以便能維持他們所謂無關私人利益的學術興趣之虛構幻象。

II

然而，我也不是要去提議說，當今的思潮就如路易斯的看法一般，這些都是在過去十五年來孕生或被增強而產生出來唯一的一種想法。的確，自蘇聯瓦解之後，在美國有一些學者和新聞記者似乎一窩蜂地，像是發現新大陸般，認定東方化了的伊斯蘭就是一個新的邪惡帝國。結果呢？電子和平面印刷媒體就全被那貶抑性的刻板印象所湮沒了，認為伊斯蘭必然是恐怖主義、阿拉伯與暴力，或東方與暴政都一定是結合在一起，可混為一談。另外還有一種情形，就是在中東和遠東等地區，似乎急於要回復到本土主義式的宗教和原始的民族主義上，而其中最可恥的一個面向，莫過於伊朗的伊斯蘭教之律令（*fatwa*）持續地迫害魯西迪的這個案例。但這也仍然不是（事情的）全貌，我在這篇文章以下的部份所要探討的，是關於學術研究、批判和詮釋的一些新趨勢，儘管我書中所提的基本前提仍是被接受，但是我認為這些新趨勢在各方面已超出我的前提，可以更豐富我們所感受到的歷史體驗之複雜性。

當然，這些新趨勢都不是突如其來便孕生而出的；此外它們都還沒有得到一種已經完全建制性之知識與實踐的地位。這世俗的脈絡仍然維持著一種混淆了既讓人迷惑且充滿著意識形態、反覆無常的、緊張的、隨時可變的，甚至是兇惡的氣氛，雖然蘇聯已經崩解了，而東歐國家也獲得了政治獨立，但很明顯地，權力與支配的模式仍然維持著懸而未決的狀態。南半球——一度被浪漫化，甚或情感性地被指稱為第三世界——被套牢於債務陷阱之內，分裂成以打計的已支離破碎的實體，且又被貧窮、疾病和低度發展等問題所困擾著，而這在過去的十到十五年中，問題更不斷地擴增著，反倒是那些不結盟運動與天縱英明型的領袖，過去努力從事去殖民和獨立運動者，現在卻消失無蹤了。也另有族群衝突與區域性戰爭的警訊在各處不斷地浮現，並不限於南半球，像波士尼亞的悲劇事例所顯示者便是。而在像中美洲、中東及亞洲等地區，美國也仍掌控有支配的權力，而那尚未統一的歐洲則是憂慮地落在其後。

對現今世界景象的解釋和試著從文化上以及政治上的角度去作的各種理解，已經以某種戲劇性的快速方式冒出來了。我曾提及的基本教義派，它的世俗對等物便是回歸民族主義，並且立論去強調不同文化與文明之間的根本差別——但我認為，這是一種錯誤的總括式（a falsely all-inclusive）區別，舉例來說，就像最近哈佛大學的杭亭頓教授所提的一個並不能讓人信服的主張，說到冷戰時代的兩極對立已經被他所謂的「文明衝突」所取代，他的理論命題基礎便是在於他將世界上各式各樣的文明，主要劃分出西方、儒家和伊斯蘭三種文明和一些其他文明，這似乎是相當無懈可擊的文明區隔，基本上，這些文明的追隨者，主要的興趣是為了要擋開其他的文明（註6）。

這是很荒謬可笑的，因為現今的文明理論的一大進展便是了解到，或者說幾乎是已經被普遍承認了，各文化都是混種且異質的，就如我在《文化與帝國主義》一書中所主張的，文化和文明是如此地相連和互賴，以致要去奢求任何單一性或簡單地刻劃描繪它們的個別性，都會顯得荒謬。談到「西方文明」，除非說者是在很大的程度上將之視為一個意識形態性的虛構，暗示說有少數的價值與理念具有高高在上的優越性，但那些價值與理念的意義，是絕對無法脫離征服、移民、旅行和人種混合的歷史，而也就是由此西方國家呈現出現今這種混合性認同，否則要如何去談？這在美國尤其如此，現今我們只能形容美國（歷史）為一張巨大並可反覆書寫的羊皮紙（palimpsest），在其上，不同的種族與文化共享著一部有問題的歷史、一部充滿征服與消滅，當然也有一些重大的文化與政治成就的歷史，除此之外，可能再嚴肅認真地去描述美國歷史。而這也是《東方主義》所意圖透露出來的訊息之一：任何嘗試著硬要去將各文化與民族分成不同的血緣與本質，不僅會隨之而暴露出錯誤的再現（misrepresentation）與誤稱（falsification），並且，如此的理解方式也可說是因為與生產像「東方」與「西方」如此東西的權力共謀的結果。

不只是杭亭頓，在他之後的許多西方志得意滿傳統下的理論家與辯護者，如福山

（Francis Fukuyama），他們對公共意識的了解與掌握都還不夠。就像強森（Paul Johnson），他便是一個已經展現出癥狀的例子，由其身上我們可以明顯看出，他們這些人都一度是左派的知識份子，但今日，他們則可說都已變成是退化的社會與政治的辯士，在一九九三年四月十八日的《紐約時報雜誌》——這雜誌當然不是一份邊緣的出版物——在其中，強森發表了一篇名為〈殖民主義回來了——一點也不算太快！〉的論文，他主要是認為「文明國家」（civilized nations）應該要承擔起責任，對第三世界國家再進行殖民統治，因為「那兒文明生活的基本條件都已崩潰瓦解了」，而如此的作法即是意謂著可以有一套強加的託管體系（a system of imposed trusteeships）存在，他所提出的模型，很明顯地，就是十九世紀的殖民主義，他說道，為了要讓歐洲人的貿易更有利可圖，所以，一定要強加一些政治秩序在其上。

強森的論辯引起了許多檯面下的回響，包括美國的政策制定者、媒體，當然還包括美國的干預性外交政策的本身；在中東、拉丁美洲和東歐等地，以及其他的許多地方，坦白說，根本就像是在各處傳道，尤其是對俄羅斯和前蘇聯共和國的政策，更是如此。然而，重點是有許多未經檢驗卻又很嚴肅的衝突與嫌隙，已經在公共意識之中開始產生，那就是在一方面是西方霸權的舊理念（而東方主義體系便是其中的一部份），在另一方面，則是那些賤民和弱勢的社群所產生的新理念與更廣泛的知識份子、學術界和藝術家。但很值得注意的是，以往是較低下的族群——先前被殖民、奴役與壓迫者——保持著沈默，並且不被那些老一代的歐洲和美國男性看在眼裡並加以討論，但現在已不再是如此。女性、弱勢團體以及邊緣份子意識所引起的革命是如此有力，以致全世界的主流思想也因而受到了影響，雖然說當我在一九七〇年代寫作《東方主義》之時，多少便已察覺到此點，但到今天，這變得極為明顯，讓每一個從事有關文化的學術性和理論性研究的人，都無法不去認真地注意這股立論的趨勢。

但基本上，這股潮流可區分為二：後殖民主義與後現代主義；這個「後」字被用在字首，並非意指其更為超越（going beyond），而是，就如修哈特（Ella Shohat）在其一篇有關後殖民的研討會論文中所指出的，「連續與斷裂；但強調的重點乃在於舊殖民實務的新模式與新形式，所以要強調的並不是在超越（beyond）」（註7），後殖民主義與後現代主義都是在一九八〇年代興起，針對相關的主題作論戰與探討，並且似乎常常將像《東方主義》這樣的作品視為其先驅。在此，當然不可能將圍繞著「後殖民」與「後現代」這兩個字眼的眾多術語之論辯加以深入探討，這類論辯的其中部份甚至是長篇大論地討論在這兩個詞之中，是否應該要有（或沒有）短橫線連字號作連結。所以在此重點應該不是談論那些孤立存在的特例或是可笑的術語，而應該是去考量那些從本書自一九七八年出版以來，直至現在一九九四年，多少有些涉入牽連的潮流和努力加以定位。

許多當今令人信服的討論政治和經濟新秩序之作品，他們關心的問題就是如麥格朵夫（Harry Magdoff）在最近的一篇論文中所描述的「全球化」，一個體系讓少數的財政菁英份子能擴張其權力至全球的規模，將商品和服務的價格膨脹了，並且也將財富重新分析，由低收入部門（通常是非西方世界）流到高收入部門（註8）。隨之而來的，就是如三善正男（Masao Miyoshi）和德利克（Arif Dirlik）以嚴厲字眼所討論到的，新的跨國秩序已然形成，而在此秩序中，國家不再有疆界；勞動與收入都受制於全球性的經理人，而殖民主義也就以南臣服於北的樣貌再出現（註9）。三善正男和德利克接著更表示，西方學術界的興趣，例如多元文化主義與「後殖民」等科目，在全球權力新現實的脈絡中，事實上根本就可說是一種文化上及知性上鳴金收兵的撤退行動。三善正男說道，「我們所需要的，是嚴謹地對政治和經濟層面作審視，而不是一種學究式的權宜姿態」，但這種姿態在一些新出現的研究領域，如文化研究和多元文化主義，包含在其中的「自由派式的自我欺瞞」（liberal self-deception），就是個很好的例證（751）。

但是，即使我們對這個斷言嚴肅看待（當然這是一定要如此做的），今日所呈現出對後現代主義，及那個和它很不一樣的配對者（counterpart）——後殖民主義——的興趣，從歷史經驗來看，是可以尋覓出其穩固基礎的。首先，後現代主義之中有相當多的歐洲中心偏見，強調區域性與偶然性的理論及美學重點佔有優勢，以及幾乎只是為了要裝飾而有的歷史失重感、模仿與最重要的消費主義。而早期的後殖民研究，主要是由傑出的思想家像馬列克（Anwar Abdel Malek）、阿敏（Samir Amin）、詹姆斯（C. L. R. James）等人所作的，他們幾乎都是立基於一種完全的政治獨立或一種不完全的解放主義者計畫的立場而作成其探討支配與控制的研究，但是，正當後現代主義的一個最有名的綱領式陳述（由李歐塔所提出的）強調：解放與啟蒙的大敘述（grand narrative）已經消失無蹤，第一代後殖民的文學家與學者在其許多作品背後欲強調的重點則正好相反，大敘述仍然存在著，雖然說其履行與實施現似已處在困境之中，受到阻遏而較為延緩。也就是這種後殖民主義對歷史與政治的迫切必然性，與後現代主義對歷史與政治相對的退縮之間有根本的差異，所以造成二者在取向與結果上有很大的不同，儘管它們二者仍有些許重疊之處（例如，在「魔幻寫實主義」〔magical realism〕之技術方面）。

假如認定那些自一九八〇年代初已急速生產出的眾多最優異後殖民作品，尚未將強調的重點擺在在地性、區域性及偶然性，那就大錯特錯了，當然有，但對我來說，後殖民作品的一般研究取向之間最普遍會去關懷的，也是最有趣的一個關連，即是它們似乎與解放、與一種對歷史文化抱持修正主義的態度發生關連，並廣泛地不斷運用許多理論模式和風格，而其中的一個重要主題便是持續地對歐洲中心主義和父權體制加以批判。在一九八〇年代歐美的校園中，師生們都同樣很著重並熱衷於女性書寫，非歐洲文學家與思想家，和賤民階級的書寫作品，這些並被納入所謂的核心課程之中。相伴而有的另一個重要改變則是區域研究的取向，而這長久以來都是在古典的東方學專家和其他類似領導的專家的掌握之中。現在，人類學、政治科學、文學、社會學和最重要的史學，也都感受到這種效應：要對其材料作廣泛的批判，理論的引介，並且要去除歐洲中心的觀點，而這類修正主義的作品中，最引人注目的並不是在中東研究，而是出現在印度學的研究領域，這伴隨問世的是賤民研究（Subaltern Studies），一個由古哈（Ranaiit Guha）所領導的、由傑出學者與研究者所組成的團體。他們的目標不只是要作一場歷史編纂學（historiography）的革命，而更是將立即的目標訂為要從民族主義者菁英的手中，將印度歷史的書寫權拯救回來，重還都市貧民與鄉村大眾的重要角色。而若認為這一類的學術作品大部份都是一種同行標榜的，且是「超國際」新殖民主義的共謀，則是相當錯誤的看法；我們需要的是去對往後的潛在陷阱一直保持警覺，但對其既有成就也應記下並加以承認。

我最感興趣的是將後殖民所關懷的問題延伸至地理學的領域，畢竟，《東方主義》的基礎是要對過去數世紀以來一直被信以為真，認為東、西方區隔萬里無法溝通的事實加以重新思索，就如我在前面說過的，我的目標並非要將差異本身消弭——那些否認人類關係之間民族與文化差異的構成性成分者，便是如此認為——而是要去挑戰認為差異意涵的敵意，差異是一套被凍結物化後的對立本質，並且也會有一整套敵對的知識由此而生的那種想法。在《東方主義》這本書中，我所要大聲呼籲的，便是希望能將那引起數代以來的敵對、戰爭與帝國控制之區隔和衝突，以一種新的方式來思考。而事實上，後殖民研究所發展出來最有趣的一項探討，便是對那些正典的文化作品作重新解讀，但這並非意謂著要將這些作品降級或視之如糞土，而是將這些作品的預設加以重新檢視，試圖要超越出沈悶的主僕二元辯證關係的堅持，而這也就必然會如一些內容超級豐富的小說，像魯西迪的《半夜的小孩》（*Midnight's Children*）、詹姆斯的敘事、賽沙黑（Aime Cesaire）和瓦克特（Derek Walcott）的討論，可以產生相同的效果。實際上，這些作品勇敢創新的重要成就便是，它們都是一種對殖民主義歷史經驗的重新採借，將其重振並轉化成為一種分享與超越重組的新美學。

另外有一項類似的發展，便是在一九八〇年由傑出愛爾蘭作家所組成的一個「原野日」（Field Day）的團體，他們所出版的作品，其中有一部作品集的前言曾談及這些作者：

> （這些作者）相信藉由分析既有的意見、迷思和刻板印象——這些是引致現今愛爾蘭與北愛爾蘭之間情勢紛擾的原因與症狀——「原野日」能夠且應該對解決當今的危機有所貢獻，由於憲政和政治的安排瓦解了，以及那些被設計出來為了壓制或拘留的暴力一再復發，讓這個需求在北愛爾蘭比在（愛爾蘭）共和國中更顯迫切……這個團體因此決定要著手繼續出版的工作，從一系列小冊子的出版開始（除了由黑倪〔Seamus Heaney〕所寫的讓人印象深刻的系列詩篇，狄恩〔Seamus Deane〕所寫的論文，傅瑞爾〔Brian Friel〕和保林〔Tom Paulin〕所寫的戲劇之外），在這些小冊子中，愛爾蘭問題的本質才有可能被深入探討，而且是至今以來，較成功地去面對問題所獲取的成果（註10）。

這些源源不絕的學術和批判作品的論辯核心，基本上就是在於要將這造成各民族與文化的地理區隔所構成的歷史經驗，加以重新思考與重新組構。舉三例來說，像阿克萊（Amiel Alcalay）的《超越阿拉伯與猶太：地中海東岸文化的重建》（*Beyond Arabs and Jews: Remaking Levantine Culture*）、基爾羅（Paul Gilroy）的《黑色大西洋：現代性和雙重意識》（*The*

Black Atlantic: Modernity and Double Consciousness），以及福格森（Moira Ferguson）的《受制於他人：英國女性作家與殖民奴隸，一六七〇～一八三四》（*Subject to Others: British Women Writers and Colonial Slavery, 1670-1834*）（註11）；在這些作品中，那些過去一度被認為是完全歸屬於某一民族、性別、種族或階級的領域，都被重新檢視，並且也被指出其實有他者牽涉在其中。長久以來，地中海東岸地區都被再現為阿拉伯與猶太人之間的一個戰場，二者勢不兩立，但是阿克萊在他的書中所刻劃的地中海東岸文化中，這兩個民族被認為都屬於同一個地中海文化（Mediterranean culture）。而在基爾羅的書中，也有類似的過程存在，的確是雙重的；這改變了我們過去對大西洋的概念，認為它主要就是歐洲人的通路。而福格森重新檢視了英國主人與非洲奴隸之間的對立關係，一個更複雜的模式在其中被呈現出來，將白人女性自白人男性中區分開來而使其能站在檯面上，並且也將那些在非洲展現出來新的貶抑和錯置的結果彰顯出來。

我當然可以再繼續多列舉出一些例證，但是在此，我想先簡短地作個總結，雖然我將東方主義視為一個文化和政治現象的興趣之起點，是源自於那至今仍然存在的敵意與不平等；但至少在今天，一般說來，大家已可接受這一種看法：認為這種現象並非是一種永恆不變的秩序，而是一種歷史經驗，是可以被終結，或至少被部份地廢除。歷經了多事的十五年後的今天，再回頭以一定的距離來看這本書，大量可用的新詮釋與學術上的經營努力，造成帝國主義的桎梏對於思想與人類關係的影響，已普遍可見是逐漸減小，故寫《東方主義》這本書至少有一報酬，即是：在這一場將「西方」與「東方」都牽涉在一起的持續鬥爭之中，本書可公開地列名其上。

薩依德 紐約
一九九四年三月

註釋：

註1：Martin Bernal, *Black Athena* (New Brunswick: Rutgers University Press, Volume I, 1987; Volume II, 1991); Eric J. Hobsbawm and Terence Rangers, eds., *The Invention of Tradition* (Cambridge: Cambridge University Press, 1984).

註2：O'Hanlon and Washbrook, "After Orientalism: Cultre, Criticism, and Politics in the Third World"; Prakash, "Can the Subaltern Ride? A Reply to O'Hanlon and Washbrook," both in *Comparative Studies in Society and History*, IV, 9 (January 1992), 141-84.

註3：有一個特別鮮活的例子，即路易斯立場鮮明的概化習慣，確實讓他牽扯上法律的麻煩。根據《解放報》(1 March 1994) 與《衛報》(8 March 1994) 的報導，路易斯目前在法國同時面臨了亞美尼亞人與人權組織對他提出的刑事與民事訴訟。據以控告他的條款，正是在法國使得否認納粹大屠殺存在成為罪行的同一條款；對他提出的控訴是他（在法國報紙上）否認奧圖曼帝國治下曾經發生亞美尼亞人的滅種屠殺。

註4‧‧Carol Breckenridge and Peter van der Veer, eds., *Orientalism and the Postcolonial Predicament* (Philadephia: University of Pennsylvania Press, 1993).

註5‧‧Nicholas B. Dirks, ed., *Colonialism and Culture* (Ann Arbor: The University of Michigan Press, 1992).

註6‧‧"The Clash of Civilizations," *Foreigh Affairs* 71, 3 (Summer 1993), 22-49.

註7‧‧"Notes on the 'Post-Colonial'," *Social Text*, 31/32 (1992), 106.

註8‧‧Magdoff, "Globalisation—To What End?," *Socialist Register 1992: New World Orier?*, ed. Ralph Millband and Leo Panitch (New York: Monthly Review Press, 1992), 1-32.

註9‧‧Miyoshi, "A Borderless World? From Colonialism to Transnationalism and the Decline of the Nation-State," *Critical Inquiry*, 19, 4 (Summer 1993), 726-51; Dirlik, "The Postcolonial Aura: Third World Criticism in the Age of Global Capitlism," *Critical Inquiry*, 20, 2 (Winter 1994), 328-56.

註10‧‧*Ireland's Field Day* (London: Hutchinson, 1985), pp. vii-viii.

註11‧‧Alcalay (Minneapolis: University of Minnesota Press, 1993); Gilroy (Cambridge: Harvard University Press, 1993); Ferguson (London: Routledge, 1992).

愛戀智慧 閱讀大師

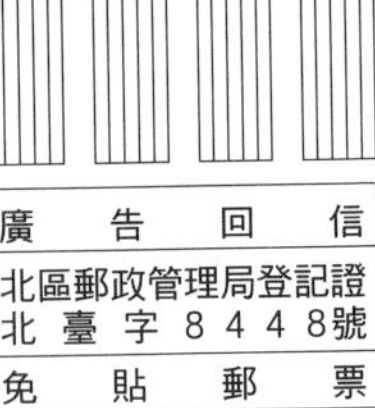

立緒文化事業有限公司 收

新北市 2 3 1

新店區中央六街62號一樓

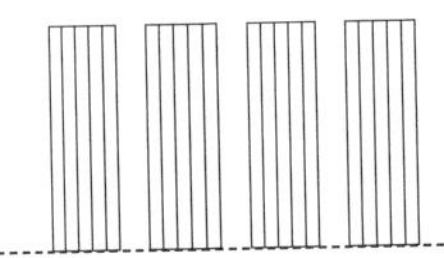

請沿虛線摺下裝訂，謝謝！

感謝您購買立緒文化的書籍

為提供讀者更好的服務，現在填妥各項資訊，寄回閱讀卡（免貼郵票），或者歡迎上網http://www.facebook.com/ncp231 即可收到最新書訊及不定期優惠訊息。

大都文化 閱讀卡

姓　名：

地　址：□□□

電　話：(　　)　　傳 眞：(　　)

E-mail：

您購買的書名：________________

購書書店：________市（縣）________書店

■您習慣以何種方式購書？

□逛書店 □劃撥郵購 □電話訂購 □傳真訂購 □銷售人員推薦
□團體訂購 □網路訂購 □讀書會 □演講活動 □其他________

■您從何處得知本書消息？

□書店 □報章雜誌 □廣播節目 □電視節目 □銷售人員推薦
□師友介紹 □廣告信函 □書訊 □網路 □其他________

■您的基本資料：

性別：□男 □女　婚姻：□已婚 □未婚　年齡：民國______年次

職業：□製造業 □銷售業 □金融業 □資訊業 □學生
□大眾傳播 □自由業 □服務業 □軍警 □公 □教 □家管
□其他________

教育程度：□高中以下 □專科 □大學 □研究所及以上

建議事項：

年度好書在立緒

文化與抵抗
- 2004年聯合報讀書人最佳書獎

威瑪文化
- 2003年聯合報讀書人最佳書獎

在文學徬徨的年代
- 2002年中央日報十大好書獎

上癮五百年
- 2002年中央日報十大好書獎

遮蔽的伊斯蘭
- 2002年聯合報讀書人最佳書獎
- News98張大春泡新聞2002年好書推薦

弗洛依德傳
（弗洛依德傳共三冊）
- 2002年聯合報讀書人最佳書獎

以撒・柏林傳
- 2001年中央日報十大好書獎

宗教經驗之種種
- 2001年博客來網路書店年度十大選書

文化與帝國主義
- 2001年聯合報讀書人最佳書獎

鄉關何處
- 2000年聯合報讀書人最佳書獎
- 2000年中央日報十大好書獎

東方主義
- 1999年聯合報讀書人最佳書獎

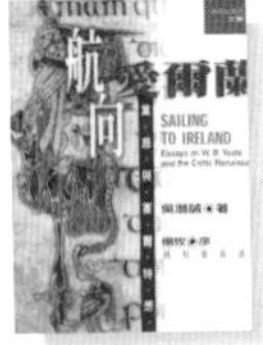

航向愛爾蘭
- 1999年聯合報讀書人最佳書獎
- 1999年中央日報十大好書獎

深河(第二版)
- 1999年中國時報開卷十大好書獎

田野圖像
- 1999年聯合報讀書人最佳書獎
- 1999年中央日報十大好書獎

西方正典(全二冊)
- 1998年聯合報讀書人最佳書獎

神話的力量
- 1995年聯合報讀書人最佳書獎

國家圖書館出版品預行編目(CIP) 資料

東方主義/ 愛德華・薩依德(Edward W. Said)作；王志弘、王淑燕、莊雅仲、郭菀玲、游美惠、游常山譯 -- 三版 -- 新北市新店區：立緒文化事業有限公司, 民112.02
面； 公分. -- (新世紀叢書)
譯自 : Orientalism

ISBN 978-986-360-205-7(平裝)

1. 東方學

730.01 112000629

東方主義（2023 年版）

Orientalism

出版——立緒文化事業有限公司（於中華民國 84 年元月由郝碧蓮、鍾惠民創辦）
作者——愛德華・薩依德（Edward W. Said）
校訂——傅大為、廖炳惠、蔡源林
譯者——王志弘、王淑燕、莊雅仲、郭菀玲、游美惠、游常山

發行人——郝碧蓮
顧問——鍾惠民

地址——新北市新店區中央六街 62 號 1 樓
電話—— (02) 2219-2173
傳真—— (02) 2219-4998
E-mail Address —— service@ncp.com.tw
劃撥帳號—— 1839142-0 號 立緒文化事業有限公司帳戶
行政院新聞局局版臺業字第 6426 號

總經銷——大和書報圖書股份有限公司
電話—— (02) 8990-2588
傳真—— (02) 2290-1658
地址——新北市新莊區五工五路 2 號
排版——文盛電腦排版有限公司
印刷——尖端數位印刷股份有限公司

法律顧問——敦旭法律事務所吳展旭律師

分類號碼—— 730.01
ISBN —— 978-986-360-205-7
出版日期——中華民國 88 年 9 月初版 一刷（1 ～ 4,000）
中華民國 89 年 10 月～ 109 年 7 月二版 一～二十三刷（1 ～ 18,500）
中華民國 112 年 2 月三版 一刷（1 ～ 800）
中華民國 112 年 11 月三版 二刷（801 ～ 1,300）

定價◎ 500 元（平裝）

莊雅仲

清華大學社會人類學研究所碩士，美國杜克(Duke)大學文化人類學系博士候選人。曾任中研院民族學研究所助理、輔仁大學社會系兼任講師。目前從事有關台灣社會運動研究。

郭菀玲

台灣大學外文所碩士，現任職傳播界。主要譯作包括：《兩個女人的故事》、《烏鴉》、《心靈雞湯——關於工作》等書。

游美惠

清華大學社會人類學研究所碩士，美國猶他大學社會學博士，花蓮師範學院多元文化教育研究所副教授。

游常山

輔仁大學大眾傳播系學士(1985)，美國猶他大學(University of Utah, Salt Lake City)教育碩士(1997)。現任天下雜誌資深編輯兼召集人。曾獲兩屆金鼎獎雜誌編輯採訪獎，兩屆吳舜文新聞獎。譯有《揹小孩的男人》。

校對：

馬興國

中興大學社會系畢，資深編輯。

譯文校訂者：

傅大為

清華大學歷史學研究所教授，專研科學史、科學哲學、性別與科學等，對「翻譯」的歷史與哲學有興趣，譯有孔恩《科學革命的結構》等書。

廖炳惠

美國加州大學比較文學博士，現任清華大學外語系教授，著有《回顧現代》、《里柯》、《形式與意識型態》等，英文論述散見*Postcolonial Studies*、*Public Culture*、*Musical Quarterly*等。

蔡源林

台灣大學政治研究所碩士，美國天普大學宗教學博士，現任南華大學比較宗教研究所助理教授。

譯者：

王志弘

台灣大學建築與城鄉研究所博士。現任花蓮師範學院與世新大學兼任助理教授。著有《流動、空間與社會》、《減速慢行》，譯有《看不見的城市》、《帕洛瑪先生》。

王淑燕

清華大學社會人類學研究所碩士。

作者：

愛德華・薩依德(Edward W. Said)

愛德華・薩依德自一九六三年起，擔任哥倫比亞大學教授至今，教授英國文學與比較文學等課程。一九三五年生於耶路撒冷，後來先後就讀於開羅維多利亞學院、美國麻州茂特賀蒙學院，以及普林斯頓大學和哈佛大學。

一九七四年，擔任哈佛大學比較文學客座教授，一九七五年到七六年，任史丹福大學行為科學高級研究中心研究員，一九七九年，任約翰霍普金斯大學人文客座教授。

一九七六年與一九九四年，曾分別獲得哈佛大學包登獎(Bowdoin Prize)，以及萊諾雀陵(Lionel Trilling)獎。

著作有：《喬瑟夫．康拉德與自傳性小說》、《文學與社會》、《世界、文本與批評者》、《遮蔽的伊斯蘭》、《最後一片天空之後》、《音樂的闡發》、《文化與帝國主義》、《知識分子論》，以及《和平與其不滿：從加薩到耶利歌1993-1995》等書。

內文簡介：

薩依德的《東方主義》於一九七八年出版，旋即引起廣泛的迴響與不同立場的批評爭議，直至今日，已有日文、德文、葡萄牙文、義大利文、土耳其文等二十多種譯本相繼出版。

薩依德的論述，其影響力甚至從中東、伊斯蘭世界到非洲、南亞、中南美洲等地，有如骨牌效應，成為文化論述的重要著作、後殖民主義思潮之經典，也影響了整個西方對東方的研究方向與思考態度。

《東方主義》是一本有關歐美如何看待中東、阿拉伯和伊斯蘭世界的兩百年學術傳統的權力與想像的研究。薩依德以葛蘭西的「文化霸權論」及傅柯的「知識／權力論」為其論述的基礎，將東方主義者在全球性的網絡中，所建構的西方殖民勢力對東方世界權力的支配、知識再生產之霸權架構、殖民與被殖民者、西方與東方之不對等權力關係及主奴式的霸權體系一一展演於前。

他進一步分析西方對伊斯蘭世界及中東研究的東方學文本與作者，主要內容從殖民的政治建制、東方學專家的學術生產事業、與有關文學創作和通俗報導方面，來釐清剖析西方對東方的東方化想像與現實東方的差異，為東、西方多年來的文化交流，做了鞭闢入裡的多元詮釋。

〈中英索引〉

一畫

二畫

三畫

四畫

五畫

六畫

七畫

八畫

九畫

十畫

十一畫

十二畫

十三畫

十四畫

十五畫

十六畫

十七畫

十八畫

十九畫

二十畫

二十一畫